◎ 高等院校经济与管理核心课经典系列教材 ◎

国际经济与贸易专业

国际商务谈判

INTERNATIONAL BUSINESS NEGOTIATION

（第七版）

刘 园 ◎ 主 编
李晓妮 ◎ 副主编

首都经济贸易大学出版社
Capital University of Economics and Business Press
·北 京·

图书在版编目（CIP）数据
国际商务谈判 / 刘园主编. -- 7 版. -- 北京 : 首都经济贸易大学出版社, 2024. 7. -- ISBN 978-7-5638-3725-0
Ⅰ. F740.41
中国国家版本馆 CIP 数据核字第 2024XC6374 号

国际商务谈判(第七版)
Guoji Shangwu Tanpan
刘 园 主 编
李晓妮 副主编

责任编辑 田玉春
封面设计 砚祥志远·激光照排 TEL: 010-65976003
出版发行 首都经济贸易大学出版社
地 址 北京市朝阳区红庙（邮编 100026）
电 话 (010)65976483 65065761 65071505(传真)
网 址 http://www.sjmcb.com
E-mail publish@cueb.edu.cn
经 销 全国新华书店
照 排 北京砚祥志远激光照排技术有限公司
印 刷 北京市泰锐印刷有限责任公司
成品尺寸 170 毫米×240 毫米 1/16
字 数 426 千字
印 张 21.75
版 次 2004 年 2 月第 1 版 2007 年 7 月第 2 版 2011 年 1 月第 3 版
2014 年 4 月第 4 版 2018 年 1 月第 5 版 2021 年 3 月第 6 版
2024 年 7 月第 7 版 2024 年 7 月总第 21 次印刷
书 号 ISBN 978-7-5638-3725-0
定 价 49.00 元

图书印装若有质量问题，本社负责调换

第七版前言

2024年的春天，在经历了新冠疫情肆虐三年之后，全球经济终于开启了复苏的大幕。然而，与人们心中的预判大相径庭的是，世界经济复苏的进程十分艰难：欧美国家的通胀居高不下，新兴市场国家的改革面临诸多掣肘，俄乌冲突局势复杂胶着，中东地区的战火仍在燃烧……与此同时，冷战思维还在大行其道，制裁、反制裁，报复、反报复，常常为国际经济的正常运行拉响警报。

没有和平，如何让百姓安居乐业？没有增长，如何让经济迸发活力？在这个错综复杂、波谲云诡的时代，国际商务谈判如果能够正常进行，企业就可以远离冲突，繁荣就可以回归，人民生活的福祉就能不断增长。因此，以谈判而不是流血的方式解决矛盾与冲突，在任何时代任何场合都显得弥足珍贵。基于此，本书在第六版的基础上，更新了全部引导新闻、案例应用和延伸阅读的内容。在案例的选取上，本书跟踪最新国际经济大事，尤其注重选取成功与失败的不同类型事件，以期为读者呈现出国际经济运行的真实场景。与第六版相比，全书的现实性、逻辑性、实操性更强，也更加通俗易懂。

本版仍由对外经济贸易大学国际经贸学院博士生导师刘园教授主编，李晓妮担任副主编。此外，林琦琦、宋月莹、曹汝瑛、刘雨秋、许思佳、余想珍等也为本书做出了重要贡献，在此一并致谢。

刘园

2024年3月于北京

第六版前言

2020年伊始，一场席卷全球的新冠肺炎疫情让全球经济经历了断崖式下跌。2020年秋天来临后，新冠疫情再次席卷而来，使得本已雪上加霜的全球经济的前景更加暗淡。在逆全球化思潮沉渣泛起的时候，疫情的蔓延、石油战的爆发、各国央行的放水、资本的加速转移、地区冲突的加剧、分化的深入、贫富差距的拉大，使得让疫情改变的世界更加需要人们重新开启谈判，以实现人类共同的福祉，迎来更加美好的明天。

本书在第五版的基础上，为读者提供了全新的引导案例、案例思考和英文延伸阅读，为读者提高国际商务谈判技巧提供了鲜活的读本。与第五版相比，全书的逻辑性、现实性和实战性更强，也更加通俗易懂。

本版仍由对外经济贸易大学国际经贸学院博士生导师刘园教授主编，都雨菲担任副主编。书中谬误在所难免，敬请批评指正。

刘园

2020年10月于北京

第五版前言

自本书第四版于2014年修订以来,国际经济和政治形势发生了巨大变化:无论是美国经济一枝独秀,还是中国成为世界第二大经济体;无论是英国脱离欧盟重创欧元,还是包括俄罗斯和委内瑞拉在内的产油国经济遭遇重大挑战,均使得企业竞争、国家博弈日趋白热化。当美国出现了一位要带领美国回到本土并一切美国为先,从而为国际资本市场、国际贸易市场带来重大不确定性的民选总统后,当意大利修宪公投及法国大选也在英国之后呈现与欧盟分道扬镳的态势后,国际商务谈判在国际市场波谲云诡的复杂形势中的重要作用日益凸显。

基于上述重大变化和美国经济对全球市场举足轻重的作用,第五版在重新修订第四版各章内容的基础上,重点增加了一章深度阅读内容"美国企业收购战中的防御战场策略",以帮助读者更好地了解美国市场的企业行为、惯例和相关法律实践,助推读者和相关企业更好地走向国际市场,占领国际竞争的制高点。此外,为了进一步展现国际商务谈判战场上的真实场景,第五版特增加了中英文最新企业投资兼并的新闻和案例,从而使本书的视野更加广阔,内容更加鲜活生动。

第五版仍由对外经济贸易大学国际经贸学院博士生导师刘园教授主编,郑忱阳、刘馨爽、王亦豪、黄兰任副主编,此外,彭翼、江璐(第十章)、王梦宇、蔡菁、侯彬(试卷、思考题)等均对本书做出了贡献,在此一并表示感谢!

刘园

2017年8月于北京

第四版前言

中国共产党十八届三中全会的召开,确立了未来十年乃至更长时间中国的改革之路,中国将在更加广阔的领域和更加彻底的深度与全球经济融为一体。过去的世界第一制造大国,将以更为开放的心态和更加雄厚的实力向着国际资本大国、科技大国、新兴服务业大国迈进。所有这一切均对国际商务谈判工作者的素质、技能、眼界甚至情商都提出了更高的要求。

基于上述背景,本版对原书做了较大调整:重新撰写了第七章“国际商务谈判礼仪”、第八章“文化差异对国际商务谈判的影响”、第十一章“国际商务谈判经典案例分析”,并对第五章和第六章进行了全新的改编。这使得本版教材与上一版相比发生了重大变化,信息量更大,时效性更强,案例更新,分析更为透彻,内容更加丰富。

本版仍由对外经济贸易大学国际经贸学院金融系博士生导师刘园教授主编,刘艳、付朝欢为副主编。此外,张水滢、许开亮、周琼艺、郭含光、罗丹、朱倩翌、夏骏、李捷嵩、梁宝升、汪洋、孙秉珂、苏华山均为本书新编内容的撰写付出了辛勤劳动,在此一并表示感谢。

刘园

2014 年 3 月于北京

第三版前言

2007 年夏天，本书修订第二版完成。此后，虽然仅仅过去了三年多的时间，但世界经济却经历了自战后以来范围最广、影响最深、至今仍未走出的金融危机。各国经济如何才能走出危机的谷底？商务活动应发挥怎样的作用才能带给与危机抗争的人们以信心？国际商务活动何时才能全面恢复到危机前的水平？国际商务谈判技巧应如何向更高层面和更深程度拓展……所有这一切，都是摆在后危机时代国际商务界人士面前的严峻课题。

本书修订第三版正是在重新审视金融危机为国际商务领域提出的新挑战的基础上，补充了商务活动在遭遇危机、谈判各方发生冲突后面临的法律问题的解决途径和各种谈判理论如何指导商务谈判活动实践并发挥重要作用的内容。这些新内容对于全面提升谈判工作者的实战技能和了解国际商务谈判领域的发展趋势等方面有着重要的参考价值。

本书修订第三版仍由对外经济贸易大学刘园教授担任主编，万山峰、樊菊隐、安倩、张雪为副主编。此外，吕萍、罗亮、袁博、许狄迪、安倩、龚美若、江迪等均为本书最后成稿做出了贡献。在此一并表示感谢。

刘园

2011 年 1 月于北京

第二版前言

自本书于2004年出版第一版以来，我国经济体制改革突飞猛进的发展、经济全球化进程的不断加快，不仅使国际商务谈判在经济领域中的重要性日益凸显，而且国内对于国际商务谈判的研究和实践经验的总结也出现了前所未有的景象。中国加入世界贸易组织（WTO）过渡期的结束，中国利用外资进入新阶段，中国外汇储备超过1万亿美元名列世界第一的现实，中国对外贸易规模的急速扩大，所有这些都使得在更广泛更深入的领域里调整、补充、更新本书第一版内容有了重要的现实意义。

本书首次出版后受到广大读者的肯定，许多师生对相关内容提出了宝贵意见，编者在此深表感谢！此外，本书第一版还被评选为2006年北京高等教育精品教材，有了读者的喜爱，编者才有更进一步完善的动力，希望能做得更好。

基于上述背景，结合编者近年来教学实践的体会和广大读者的反馈意见，在修订版的《国际商务谈判》中，编者更新了三章相关内容，补充了两章全新内容，并在每章后面增加了思考题和在全书后面附上了思考题答案和两套模拟试卷，以帮助读者对自己所学知识进行检验。

修订版《国际商务谈判》由对外经济贸易大学刘园教授担任主编，黄海群、孙美丹、范畅、胡雅珊担任副主编。此外，牟铁钢、刘敏、王帅蓉等也参与了本书的编写工作。

刘园

2007年3月于北京

前言

21世纪是一个经济日益全球化的世纪。国际贸易的规模迅速扩大，国际投资的领域空前拓展，国际商务合作的形式日益多样。历史上从未有过任何一个时代像今天这样迫切需要谈判高手，这样讲究谈判技巧。

商务谈判是一门科学，又是一门艺术，在经济生活中几乎无处不在。国际商务谈判作为世界经济交往的重要环节，在很大程度上决定着交易的成败与企业的兴衰。商场如战场，谈判桌上风云变幻，波澜起伏，不仅会使缺乏经验的谈判者穷于应付，即使老练的谈判人员，有时也难免束手无策。而谈判本身，也成为浩瀚商海中输赢博弈、利益相争的“战略制高点”。

在当代，商务谈判理论越来越受到重视。欧美等西方发达国家对谈判理论的研究起步比较早，经过不断深入，逐步使谈判理论发展成为一门学科。美国早在20世纪60年代初就成立了全国性的谈判学会，其中哈佛大学谈判中心不仅负责政府部门、公司和企业高级谈判人员的培养，而且常常参与重大的国际谈判活动。我国改革开放至今仅有短短20多年的时间，在这方面的研究起步较晚。刚刚走向世界的我国企业界对国际商务谈判技巧常感到陌生，运用不够纯熟。许多声名卓著的大企业有时仅因为谈判人员谈判知识和商务礼仪素养的欠缺而痛失商机，给国家和企业造成了不必要的损失。

当历史的车轮驶进21世纪的时候，一个崭新的世界经济格局展现在中国面前。中国加速走向世界，世界急切拥抱中国。尤其在中国加入世界贸易组织(WTO)之后，中国与世界的经济交往日益深化，中国企业和世界各国企业的商务往来与日俱增，这意味着中国和中国企业在世界范围内获取更广泛商机的同商机的同时，也面临着国际商务活动中越来越严峻的挑战。同时，加入WTO还意味着中国要在新的框架下，按照国际惯例开展商务活动，进行国际商务谈判，这对我国参与国际商务谈判的人员也提出了更新更高的要求。

本书是应时之需，向读者介绍国际商务谈判的过程和相关知识、主要贸易国家的风俗习惯和谈判禁忌，以及中国加入WTO之后参与国际商务谈判应遵守的国际惯例与规则，最后，我们精选并剖析了许多最新的国际商务谈判案例，具体分析了商务谈判的战略战术以及需要注意的问题，从而有利于读者加深对谈判知识的理解，提高商务活动中的谈判技巧。

揭开商务谈判的神秘面纱，知己知彼，抢占先机，你——就是赢家！

本书由对外经济贸易大学刘园教授担任主编，贾玉良、王淳任副主编。此外，参加本书编写的人员还有胡福印、彭程跃、于红英、屈国柱、吴祖丁等。

本书理论与实务并举，适合作为本科及研究生国际商务谈判课程的教材，同时也可以作为国际经贸、国际商务谈判工作者的参考用书。由于编者水平有限，加之时间仓促，书中恐有疏漏之处，恳请各位专家、读者不吝指正。

刘园

2003年12月

目 录

第一章 国际商务谈判概述 1

第一节 国际商务谈判的概念及特点 …… 5
第二节 国际商务谈判的种类 …… 8
第三节 我国国际商务谈判的基本原则 …… 11
第四节 国际商务谈判的基本程序和 PRAM 模式 …… 13
思考题 …… 18
案例应用 …… 19
延伸阅读 …… 21

第二章 国际商务谈判的主要内容 25

第一节 货物买卖谈判 …… 28
第二节 技术合同谈判 …… 32
第三节 租赁合同谈判 …… 40
第四节 工程承包合同谈判 …… 46
第五节 其他合同谈判 …… 52
思考题 …… 60
案例应用 …… 60
延伸阅读 …… 61

第三章 国际商务谈判人员的组织与管理 65

第一节 商务谈判人员的个体素质 …… 68
第二节 商务谈判人员的群体构成 …… 73
第三节 商务谈判人员的管理 …… 78
思考题 …… 81
案例应用 …… 81
延伸阅读 …… 82

第四章 国际商务谈判前的准备 85

第一节 国际商务谈判前的信息准备 …… 90
第二节 谈判目标与对象的确定 …… 101
第三节 谈判方案的制订 …… 105
第四节 模拟谈判 …… 111
第五节 确定谈判中各交易条件的最低可接受限度 …… 113
思考题 …… 116
案例应用 …… 117
延伸阅读 …… 118

第五章 国际商务谈判各阶段的策略 121

第一节 国际商务谈判策略概述 …… 123
第二节 开局阶段的策略 …… 125
第三节 报价阶段的策略 …… 130
第四节 磋商阶段的策略 …… 136
第五节 成交阶段的策略 …… 148
思考题 …… 150
案例应用 …… 150
延伸阅读 …… 151

第六章 国际商务谈判技巧 155

第一节 国际商务谈判技巧概述 …… 157
第二节 国际商务谈判中“听”的技巧 …… 165

第三节　国际商务谈判中“问”的技巧……170
第四节　国际商务谈判中“答”的技巧……175
第五节　国际商务谈判中“叙”的技巧……178
第六节　国际商务谈判中“看”的技巧……184
第七节　国际商务谈判中“辩”的技巧……189
第八节　国际商务谈判中“说服”的技巧……190
思考题……194
案例应用……194
延伸阅读……195

第七章　国际商务谈判礼仪　199

第一节　国际商务谈判礼仪惯例……203
第二节　日常交往礼仪……210
思考题……216
案例应用……216
延伸阅读……217

第八章　文化差异对国际商务谈判的影响　221

第一节　跨文化差异……223
第二节　各地区和国家迥异的谈判风格……231
第三节　不同地区与国家迥异的谈判礼仪与禁忌……250
第四节　正确应对国际商务谈判中的跨文化差异……263
思考题……267
案例应用……267
延伸阅读……268

第九章　美国企业收购战中的防御战场策略　273

第一节　直接拒绝……277
第二节　绿票讹诈和暂停收购协议……279
第三节　反噬防御……280
第四节　寻找白衣骑士……282
第五节　白衣护卫……283

第六节　资本重组和结构重组 …… 285
第七节　员工持股计划 …… 288
第八节　公司私有化 …… 290
第九节　防御性收购 …… 291
第十节　诉讼和公共关系闪电战 …… 292
思考题 …… 292
案例应用 …… 293
延伸阅读 …… 295

附录 1　思考题答案 303

附录 2　模拟试卷及答案 313

附录 3　专业名词中英文汇编 325

参考文献 …… 333

第一章

国际商务谈判概述

An Introduction to International Business Negotiations

作为国际贸易的一个关键环节，国际商务谈判对企业的微观利益和国家的宏观利益都起着举足轻重的作用。本章介绍了国际商务谈判的基本概念、特点、基本种类、基本流程，以及我国开展国际商务谈判的基本原则。

通过本章的学习，读者可以了解国际商务谈判的概念、特点等基础知识，以及有关国际商务谈判的主要理论。

学习要点

As one of the key elements in international trade, international business negotiations are significant to the micro benefits of enterprises and the macro benefits of the country. This chapter deals with the basic concepts, features, types, and procedures of international business negotiations, as well as the basic principles of international business negotiations held in China.

By studying the chapter, the readers can learn the basic concepts, features and other basic knowledge of international business negotiations, as well as the major theories of international business negotiations.

WTO 电子商务谈判与数字贸易规则博弈①

伴随着数字经济发展和全球化扩张，以信息通信技术和网络为基础的数字贸易蓬勃兴起，给现有国际贸易规则体系带来巨大挑战。世界贸易组织（WTO）是负责制订和维护国际贸易规则的最主要国际组织，在数字贸易国际规则制订中扮演了重要角色。WTO 对数字贸易规则的讨论通常在电子商务框架下进行，并未严格区分“电子商务”和“数字贸易”的概念。2017 年，WTO 部长级会议上，43 个成员发表了第一份《电子商务联合声明》，重申电子商务在包容性贸易和发展中的重要性，将推动 WTO 就贸易相关电子商务议题进行谈判。2019 年，在瑞士达沃斯举行的电子商务非正式部长级会议上，包括中国在内的 76 个 WTO 成员发表了第二份《电子商务联合声明》，确认启动与贸易有关的电子商务谈判，寻求尽可能多的成员参与，以及在现有 WTO 协定和框架基础上建立高标准的电子商务国际规则。

截至 2020 年 7 月，共 83 个 WTO 成员（含欧盟 27 国）加入电子商务谈判。参与谈判成员的经贸体量足以主导国际经济秩序，合计 GDP 在世界总量中的占比为 90.1%，货物出口和进口占比分别为 90.9%和 89.5%，服务出口和进口占比分别为 90.5%和 88.9%。从结构上看，参与谈判的发达经济体和非发达经济体数量大体平衡，有 38 个发达经济体和 45 个非发达经济体。进一步分析两类经济体参与率发现，发达经济体参与率远高于发展中经济体和转型经济体，发达经济体中仅百慕大群岛、安道尔、格陵兰岛、圣马力诺等极少数个体没有参加，非发达经济体则大部分没有参加，甚至包括印度、沙特、南非、巴基斯坦、孟加拉国、越南等国际影响力较大的发展中经济体。

截至 2020 年 7 月，WTO 已收到 27 个成员的 59 份提案，其中公开提案 43 份、非公开提案 16 份，涉及规则提案 52 份、礼节性来文 7 份。从提案来源看，发达经济体提交提案的比率更高，非发达经济体提交的数量更多，33 个发达经济体提交了 22 份涉及具体规则提案，21 个非发达经济体提交了 34 份涉及具体规则提案。需要强调的是，提交提案的非发达经济体大部分属于高收入经济体，中低收入的发展中经济体即便参与谈判也很少提交提案。从提案内容看，发达经济体提案内容更具体和丰富，非发达经济体提案较为简单，甚至仅表达了参与谈判意愿。

通过比较提案中观点、主张的差异，可以看出各国在跨境数据流动、市场开放、知识产权保护等方面的分歧较大，在完善贸易相关制度安排和弥合数字鸿沟等方面分歧较小。谈判的博弈焦点直接或间接的指向数据要素、市场空间、监管治理、

① 资料来源：国际商务研究，2021-11-20。

技术发展和收益分配五个方面。

数字贸易发展给传统外贸监管带来前所未有的挑战。从监管对象看,通过网络跨境交付的无形数字化要素和商品正成为新的监管重点。相比传统贸易,数字贸易的交易标的还包括通过互联网等数字化手段传输的数字产品与服务和作为重要生产要素的数字化知识与信息。例如,个人、企业、政府数据,图书、影音、资讯等数字内容,社交媒体、搜索引擎、云计算等数字服务。从监管方式看,传统依靠人力为主的监管方式难以为继。在货物贸易领域,小金额、大批量、分散化的B2C跨境电子商务订单给传统针对大额商品贸易的海关监管带来巨大压力;在服务贸易领域,具有广域、匿名、即时、交互等特点的数字服务贸易对传统服务贸易监管带来新的挑战。从监管主体看,仅依靠海关监管已无法满足数字贸易发展需求,亟待引入新的监管机构,如跨境数据流动监管部门、跨境数字内容审核部门、处理境外平台垄断和算法歧视等问题的管理部门。从监管范围看,外贸监管可能从国境内拓展至其他国家。数字贸易中,监管机构需要对"在本国无实体存在企业"的"无实体存在的服务"进行监管,限定在国境内的外贸监管制度,既无法对其他国家境内企业进行监管,也无法对核心内容存储在其他国家境内的数字服务进行监管。

监管对象、监管方式、监管主体、监管范围的变化导致了复杂的国际政策、法律、标准等的协调问题,特别是当监管范围从境内扩展至境外,原本经济问题进一步上升到国家主权问题,各国均希望尽可能掌控更多的数字贸易监管权。谈判中涉及的监管议题非常多,包括消费者权益保护、非应邀电子信息、互联网中介责任、平台垄断、网络安全、监管合作等,可以根据监管对象的不同分别进行讨论:

一是数据的监管,关系到个人隐私、企业商业秘密、知识产权和国家经济社会各领域安全。从监管角度看,"数据存储本地化限制""跨境数据流动"等规则关乎对数据的控制和管理权。"数据存储本地化限制"是基于国境的客观数据管辖,本国政府通过数据存储于境内计算机设施,客观获取对数据管辖权。如上文所述,发达经济体在跨境数据流动方面有重大经济利益,且能单方面获取大量的发展中国家数据,因此大多支持跨境数据流动和取消数据存储本地化限制;发展中经济体则相反,采取了更多不同程度的数据存储本地化限制,以管控本国数据。"个人隐私保护""关键基础设施数据管理""数据分级分类"等是基于国内规则的数据管辖,本国政府通过法律法规限定可出境数据范围、使用方法,对监管机构的监管治理水平要求较高,且对数据的管控能力相对较弱。发达经济体采用该类管辖方式的较多,最典型代表是欧盟的《通用数据保护条例》(GDPR),通过法律规定了企业如何收集、使用和处理欧盟公民数据,进而达到数据管控的目的。发展中经济体采用的较少,主要是受制于国内落后的数字经济监管治理制度。

二是数字内容的监管,包括图书影音、新闻资讯、社交媒体等。数字内容涉及风俗、习惯、文化、历史等,可能对意识形态和国家政治产生巨大影响。目前,各国均加强了对网络内容的管理和审核,例如,2019年新西兰血腥枪击事件发生以后,新西兰政府要求脸书、推特等社交媒体删除枪手发布的枪击案直播视频。电子商务谈判中的“自由开放的互联网”“禁止网络审核”“数字主权”等议题与数字内容监管最为相关。发达经济体倾向于自由开放的互联网环境,因为它们的数字服务提供商具有较强的全球竞争优势,开放互联网不仅不会削弱监管能力,反而能扩大监管范围和输出监管标准。美国提案认为,各国应禁止网络封锁,不随意屏蔽或过滤网络内容;日本提案认为,政府单方面干预互联网服务,将给有关国家的消费者和服务提供者造成严重损失和负担。发展中经济体认为,取消网络审核等同于将数字内容监管权力移交给了境外数字内容提供者,亦等同于移交给境外监管机构,可能损害本国利益。中国的提案认为,应寻找技术发展和公共政策目标的平衡,充分考虑互联网主权、数据安全、隐私保护等问题。

三是数字服务监管与网络安全保障,包括对电信、云计算、数字中介平台、在线软件等服务的监管与安全保障,目的是为了防范境外数字服务广泛渗透入境内经济社会活动所导致的各方面负面影响和风险隐患。从规则角度看,数字服务监管与网络安全保障的核心是国内法律规制建设,电子商务谈判仅在国际贸易和国际协调领域有所涉及,相关议题包括“网络安全”“平台垄断”。在“网络安全”议题上,发达经济体立足于国内完善的网络安全法律和制度体系,反对过度的网络安全保护。美国和日本的提案认为,过度的网络安全保护将阻碍数字贸易的发展,各国应取消使用特定加密技术、标准的限制,采用更灵活的基于风险的网络安全防范手段。发展中经济体更关注网络主权与安全合作,中国和巴西的提案均指出,各成员应尊重互联网主权,交流最佳实践,加强电子商务安全,深化合作,维护网络安全;新加坡提案指出,建立网络安全共识有助于培育更安全的网络环境。“平台垄断”是另外一个重要议题,因为平台不仅具有“自然垄断”特征,且对各国经济影响不断加大。在该议题上,巴西提案认为,各成员应确保网络平台不滥用其市场地位,不应限制市场竞争,不应给予自身或特定的产品、服务和应用差别性优势;欧盟提案认为,在一个具有垄断结构市场特征的行业,监管机构应确保有效竞争,防范特定市场中的巨型企业利用其市场地位损害竞争对手和用户利益。

从美国和欧盟的历史经验来看,拥有高水平的国内治理是引领国际规则制定的前提。因此,应对WTO电子商务谈判,中国不仅需要深入参与国际规则谈判,还需建立完善的国内发展政策体系和监管治理体系。

伴随着美欧将数字贸易条款加入越来越多的区域自贸协定和协定的不断生效,它们的数字贸易规则主张、框架可能作为“黄金标准”在更大范围内得到推广,甚至左右诸边、多边谈判走势。中国应加快构建自己的数字贸易规则模板:一是制订数字贸易规则模板设计的工作计划、实现路径和完成时限，建立统筹协调机制，推动各规则模块有序构建；二是组建跨学科、跨领域的数字贸易专家团队，除了法律和贸易领域专家外，还应整合从事数字经济研究的专家学者，以及技术、产业界的代表；三是开展数字贸易专项调研，了解我国数字贸易相关企业的发展现状、贸易中遇到的制度性障碍和外部壁垒，以及对规则的诉求；四是更深程度参与电子商务规则谈判，积极参与传统电子商务议题以外的新兴议题的磋商和对话，同时在区域贸易协定谈判中也应加入数字贸易议题的讨论，扩大我国规则主张的国际影响力。

我国加入世界贸易组织(WTO)之后，我国企业参与世界分工、开展国际贸易的格局在深度和广度上都迅速扩展。不论是进行国际上的货物买卖、技术引进还是外资引进，都不可避免地需要经过一个中外双方就所拟进行的业务进行磋商、以求达成协议的过程，这就是我们所说的谈判过程。

实践证明，谈判是我们进行对外经济贸易活动的一个极其重要的环节。凡是涉及有关交易的价格和其他交易条件，都要通过谈判予以确定。也就是说，买卖双方在一笔交易中的权利及义务将通过谈判确定下来，双方在这方面所达成的决议具有法律的约束力，不得轻易改变。所以，谈判的结果直接关系着国家的宏观利益和企业的微观利益。

第一节　国际商务谈判的概念及特点

国际商务谈判是指在对外经济贸易活动中，买卖双方为了达成某笔交易而就交易的各项条件进行协商的过程。谈判是对外经济贸易工作程序中不可缺少的一环。在整个对外经济贸易活动中，每一次进出口贸易活动能否通过谈判达到自己的目的，怎样谈判并提高谈判效率，作为一门学问已引起了买卖双方的普遍关注。

一、国际商务谈判的定义

(一)谈判(*Negotiation*)

所谓谈判，是指参与各方基于某种需要，彼此进行信息交流、磋商协议，旨在协调相互关系，赢得或维护各自利益的行为过程。

美国谈判协会会长、著名律师杰德勒·I. 尼尔龙伯格(Gerard I. Nierenberg)在《谈判的艺术》(*The Art of Negotiating*)一书中所阐述的观点非常明确：谈判的定义最为简单，而涉及的范围却最为广泛，每一个要求满足的愿望和每一次要求满足的需要,至少都是诱发人们展开谈判过程的潜因。只要人们为了改变相互关系而交换观点,只要人们为了取得一致而磋商协议,他们就是在进行谈判。

谈判是一个过程,在这个过程中,利益双方就共同关心或感兴趣的问题进行磋商,协调和调整各自的经济、政治或其他利益,谋求妥协,从而使双方都感到是在有利的条件下达成协议、促成均衡。谈判的目的是协调利害冲突,实现共同利益。

谈判作为协调各方关系的重要手段,广泛应用于政治、经济、军事、外交、科技等各个领域。

(二)商务谈判(*Business Negotiation*)

商务谈判主要集中在经济领域,是参与各方为了协调、改善彼此的经济关系,满足贸易的需求,围绕标的物的交易条件,彼此通过信息交流、磋商协议达到交易目的的行为过程。这是市场经济条件下流通领域最普遍的活动之一。

商务谈判涉及的领域具体包括:商品买卖、投资、劳务输出输入、技术贸易、经济合作等。

(三)国际商务谈判(*International Business Negotiation*)

国际商务谈判是指在国际商务活动中,处于不同国家或不同地区的商务活动当事人为了达成某笔交易,彼此通过信息交流,就交易的各项要件进行协商的行为过程。国际商务谈判是国际商务活动的重要组成部分,是国际商务理论的主要内容,是国内商务谈判的延伸和发展。可以说,国际商务谈判是一种在对外经贸活动中普遍存在的、解决不同国家的商业机构之间不可避免的利害冲突、实现共同利益的一种必不可少的手段。

由于谈判双方的立场不同,所追求的具体目标各异,因此,谈判过程充满了复杂的利害冲突和矛盾。正是这种冲突和矛盾,才使谈判成为必要。而如何解决这些冲突和矛盾,正是谈判人员所承担的任务。

二、国际商务谈判的特点

国际商务谈判既具有一般贸易谈判的共性,又具有国际商务谈判的特殊性。

(一)国际商务谈判具有一般贸易谈判的共性

1. 以经济利益为谈判的目的。人们之所以要进行各种谈判是因为需要一定的目标和利益得到实现。国际商务谈判的目的集中而鲜明地指向经济上的利益,虽然参与商务谈判的双方要受政治、外交因素的制约,但他们考虑的却是如何在现有政治、外交关系的格局下取得更多的经济利益。

2. 以经济利益作为谈判的主要评价指标。商务谈判本身就是经济活动的组成部分,或其本身就是一项经济活动,而任何经济活动都要讲究经济利益,不仅要核算从谈判中能获得多少经济利益,还要核算谈判的三项成本,即谈判桌上的成本、谈判过程的成本和谈判的机会成本。

3. 以价格作为谈判的核心。虽然商务谈判所涉及的项目和要素不仅仅是价格,价格只是谈判内容的一个部分,谈判者的需要和利益也并不仅仅表现在价格上,但在几乎所有的商务谈判中,价格都是谈判的核心内容。这不仅是因为价格的高低最直接、最集中地表明了谈判双方的利益切割,而且还由于谈判双方在其他条件,诸如质量、数量、付款形式、付款时间等利益要素上的得与失,在很多情况下都可以折算为一定的价格,并通过价格的升降而得到体现或予以补偿。

(二)国际商务谈判的特殊性

国际商务谈判的特殊性表现为以下几点:

1. 国际商务谈判既是一笔交易的商洽,也是一项涉外活动,具有较强的政策性。谈判双方之间的商务关系是一国同别国或别的地区之间的经济关系的一部分,并且常常涉及一国同该国或该地区之间的政治关系和外交关系。国际商务谈判必须贯彻执行国家有关的方针政策和外交政策,还应注意国别政策,执行对外经济贸易的一系列法律和规章制度。

2. 应按国际惯例办事。国际商务谈判商讨的是两国或两个地区的企业之间的商务关系,因此在适用的法律方面就不能完全以任何一方所在国家或地区的经济法为依据,而必须以国际经济法为准则,按国际惯例行事。当需要仲裁时,仲裁地点与仲裁所适用的规则直接相关, 般说来,规定在哪一国仲裁,往往就要适用该国的有关仲裁规则和程序。

3. 国际商务谈判涉及面很广。由于受供求关系的影响,加之国际市场价格变化多端,竞争十分激烈,因此必须特别重视调查研究工作。通过调查研究,了解国外的经济情况和市场情况。出口业务要了解市场的需求,进口业务要了解国外的供应。对不同国家和地区,还应根据国别政策,区别对待。

4. 影响谈判的因素复杂多样。由于谈判者来自不同的国家和地区,有着不同的社会文化背景和政治经济体制,人们的价值观念、思维方式、行为方式、语言及风俗习惯各不相同,从而使影响谈判的因素大大增加,导致谈判更为复杂。

5. 谈判的内容广泛复杂。由于谈判结果将导致有形或无形资产的跨国转移,因而要涉及国际贸易、国际金融、会计、保险、运输等一系列复杂的问题,这就对从事国际商务谈判的人员在专业知识方面提出了更高的要求。

第二节　国际商务谈判的种类

根据不同的标准,可以将国际商务谈判划分为各种不同的类型。

一、按参加谈判的人数规模来划分

从参加谈判的人数规模来划分,可以将谈判分为谈判双方各只有一人参加的一对一的个体谈判,以及各方都有多人参加的集体谈判。一般来说,关系重大而又比较复杂的谈判大多是集体谈判。

谈判的人数规模不同,在谈判人员的选择、谈判的组织与管理上都有很大的不同。例如,在人员的选择上,如果是一对一的个体谈判,那么所选择的谈判人员必须是全能型的。也就是说,他必须具备本次谈判所涉及的各个方面的知识和能力,如国际金融、国际贸易、商品、技术和法律等方面的知识。因为在谈判中只有他一个人独立应对全局,难以得到他人的帮助。虽然在谈判前的准备工作中,他可以得到同事的支持和协助,在谈判过程中也可以得到领导的指示,但整个谈判过程始终是以他一个人为中心来进行的,他必须根据自己的经验和知识做出分析、判断和决策。个体谈判尽管有谈判人员不易得到他人帮助的不足,但它也有有利之处,这就是谈判人员可以随时有效地把自己的谈判设想和意图贯彻到谈判中去,不存在集体谈判时内部意见协商困难,以及某种程度上的内耗问题。

二、按参加谈判的利益主体的数量来划分

根据参加谈判的利益主体数量的不同,可以将谈判分为双方谈判(两个利益主体)以及多方谈判(两个以上的利益主体)。

很显然,双方谈判的利益关系比较明确具体,也比较简单,因而容易达成一致意见。相比之下,多方谈判的利益关系则要复杂得多,难以协调一致。例如,在建立中外合资企业的谈判中,如果中方是一家企业,外方也是一家企业,两家企业之间的意见就比较容易协调。如果中方有几家企业,外方也有几家企业,谈判将困难得多。这是因为中方几家企业之间存在着利益上的不一致,需要进行协商谈判,同样,外商几家企业之间也存在利益上的矛盾,也需要进行谈判,然后才能在中外企业之间进行协商谈判。这样,矛盾的点和面就大大增加了,关系也更为复杂。

三、按谈判双方接触的方式来划分

从谈判双方接触的方式,可以将谈判划分为面对面的口头谈判与间接的书面谈判两种。

口头谈判是双方的谈判人员在一起,直接地进行口头交谈协商。这种谈判形式的好处是便于双方谈判人员交流思想感情,双方谈判人员随着日常的直接接触,会由“生人”变为“熟人”,产生一种所谓的“互惠要求”。因此,在某些谈判中,有些交易条件的妥协让步完全是出于感情上的原因。在一般情况下,在面对面的谈判中,即使实力再强的谈判人员也难以保持整个交易立场的不可动摇性,或者拒绝做出任何让步。面对面的谈判还可以通过观察对方的面部表情、姿态动作,借以审查对方的为人及交易的诚实可靠性。

书面谈判是谈判双方不直接见面,而是通过传真、电报、互联网、信函等方式进行商谈。这种谈判方式的好处在于:在阐述自己的主观立场时,用书面形式比口头形式显得更为坚定有力;在向对方表示拒绝时,书面谈判要比面对面的谈判方式方便得多,特别是在双方人员已经建立起个人交往的情况下更是如此;这种谈判方式还比较节省费用。书面谈判的缺点是不便于谈判双方的相互了解,信函、电报、传真、电子邮件等通信媒介所能传递的信息量有限。因此,这种谈判方式只适用于交易条件比较规范、明确,内容比较简单,谈判双方彼此比较了解的情况。对一些内容比较复杂而双方又缺少必要了解的谈判是不适用的。随着现代通信事业的发展,通过电话进行谈判的形式也逐渐发展起来。不过,在涉外商务谈判中,因国际电话费用太高而很少运用,一般只在特殊情况下使用。

四、按谈判进行的地点来划分

根据谈判进行的地点不同,可以将谈判分为主场谈判、客场谈判、中立地谈判三种。

所谓主场谈判是指对谈判的某一方来讲谈判是在其所在地进行,他就是东道主;相应的,对谈判的另一方来讲就是客场谈判,他是以宾客的身份前往谈判的;所谓中立地谈判是指在谈判双方所在地以外的其他地点进行的谈判。在中立地进行谈判,对谈判双方来讲就无宾主之分了。

不同的谈判地点使得谈判双方具有不同的身份(主人身份和客人身份,或者无宾主之分)。谈判双方在谈判过程中都可以借此身份和条件,选择运用某些谈判策略和战术来影响谈判,争取主动。

五、按谈判中双方所采取的态度与方针来划分

根据谈判中双方所采取的态度,我们可以将谈判划分为三种类型:让步型谈判(或称软式谈判)、立场型谈判(或称硬式谈判)、原则型谈判(或称价值型谈判)。

(一)让步型谈判法

让步型谈判者希望避免冲突,随时准备为达成协议而让步,希望通过谈判签订一

个皆大欢喜的协议。采取这种谈判方法的人,把对方不是当做敌人,而是当做朋友,他们的目的是要达成协议而不是获取胜利。因此,在一场让步型的谈判中,一般的做法是:提议、让步、信任对方、保持友善,以及为了避免冲突对抗而屈服于对方。

如果谈判双方都能以宽大及让步的心态进行谈判,那么达成协议的可能性、达成协议的速度以及谈判的成本与效率都会比较令人满意,并且双方的关系也会得到进一步的加强。然而,由于利益的驱使,加上价值观及个性方面的不同,并非人人在谈判中都会采用这种谈判的方法。而且,这种方法并不一定是明智的、合适的,在遇到强硬的谈判者时,极易受到伤害。因而在实际的商务谈判中,采取让步型谈判的人是极少的,一般只适用于双方的合作关系非常友好并有长期业务往来的谈判。

(二)立场型谈判法

立场型谈判者把任何情况都看做是一场意志力的竞争和搏斗,认为在这样的竞赛中,立场越强硬者,最后的收获也就越多。

在立场型谈判中,双方把注意力都投入到如何维护自己的立场、否定对方的立场上,而忽视双方在谈判中真正需要的是什么、能否找到一个兼顾双方需要的解决方法。

立场型谈判者往往在谈判开始时提出一个极端的立场,进而固执地加以坚持。只有在谈判难以为继、迫不得已的情况下,才会做出极小的松动和让步。在双方都采取这种态度和方针的情况下,必然导致双方的关系紧张,增加谈判的时间和成本,降低谈判的效率。即使某一方屈服于对方的意志而被迫让步、签订协议,其内心的不满也是显然的。因为在这场谈判中,他的需要没能得到应有的满足,这会导致他在以后协议履行过程中的消极行为,甚至是想方设法阻碍和破坏协议的执行。从这个角度来讲,立场型谈判没有真正的胜利者。

总之,立场型的谈判因双方陷入立场争执的泥潭而难以自拔,不注意尊重对方的需要和寻求双方利益的共同点,所以很难达成协议。

(三)原则型谈判法

原则型谈判法要求谈判双方首先将对方作为与自己并肩合作的同事对待,而不是作为敌人来对待。也就是说,首先要注意与对方的人际关系。但是,原则型谈判法并不是像让步型谈判法那样只强调双方的关系而忽视利益的获取,它要求谈判双方尊重对方的基本需要,寻求双方利益上的共同点,设想各种使双方各有所获的方案。当双方的利益发生冲突时,则坚持根据公平的标准来做决定,而不是通过双方意志力的比赛一决胜负。

与立场型谈判相比，原则型谈判注意调和双方的利益而不是双方的立场，这样做常常可以找到既符合自己的利益，又符合对方利益的替代性立场。

原则型谈判法认为，在谈判双方对立立场的背后，存在着某种共同性利益和冲突性利益。我们常常因为对方的立场与我们的立场相对立而认为对方的全部利益与我方的利益都是冲突的，但是，事实上在许多谈判中，深入地分析双方对立立场背后隐含的或代表的利益，就会发现双方共同性利益要多于冲突性利益。如果双方能认识到并看重共同性利益的话，调解冲突性利益也就比较容易了。

原则型谈判法强调通过谈判所取得的价值。这个价值既包括经济上的价值，也包括人际关系的价值，因而是一种既理性又富有人情味的谈判，为世界各国的谈判研究人员和实际谈判人员所推崇。

上述三种方法都是比较理论化的谈判方法，现实中的谈判往往与上述三种方法有所差别，或者是三种方法的综合。

影响和制约上述方法运用的因素有四个方面：

首先，今后与对方继续保持业务关系的可能性。如果一方想与另一方保持长期的业务关系，并且具有这样的可能性，那么就不能采取立场型谈判法，而要采取比较注意建立和维护双方关系的原则型谈判法与让步型谈判法；反之，如果是一次性的、偶然的业务关系，则可以适当地考虑使用立场型谈判法。

其次，对方谈判实力与己方谈判实力的对比。如果双方实力接近，可以采取原则型谈判法；如果己方的谈判实力要比对方强许多，则可以考虑适当采用立场型谈判法。

再次，该笔交易的重要性。如果交易很重要，谈判人员可以考虑采用原则型谈判法或立场型谈判法。

最后，谈判在人力、物力、财力和时间方面的限制。如果谈判的花费很大，在人力、物力、财力上支出较多，谈判时间过长，己方必然难以负担，故应考虑采用让步型谈判法或原则型谈判法。

六、按谈判的内容来划分

企业经济活动的内容是多种多样的，因此商务谈判的内容也是复杂多样的。我国企业涉外经济活动中经常碰到的涉外商务谈判主要有以下几种：①投资谈判；②租赁及“三来一补”谈判；③货物买卖谈判；④劳务买卖谈判；⑤技术贸易谈判；⑥损害及违约赔偿谈判。

第三节 我国国际商务谈判的基本原则

根据我国对外经济贸易的一贯政策，在谈判中应遵循如下一些基本原则。

一、平等互利的原则

平等互利原则的基本含义是:在商务活动中,双方的实力不分强弱,在相互关系中应处于平等的地位;在商品交换中,自愿让渡商品,等价交换;谈判双方应根据需要与可能,有来有往,互通有无,做到双方互利。

平等互利原则作为我国对外经贸关系中的一项基本准则,必须贯彻于国际商务谈判的各个方面:

第一,在我国与各国的贸易交往中,必须根据双方的需要与可能,在自愿的基础上进行交易,绝不能强人所难,强塞给对方不需要的商品或强要对方无力供应的商品。

第二,我国与各国进行贸易时,反对以任何借口、附带任何政治条件去谋求政治上和经济上的特权。同时,我国也决不接受任何不平等的条件和不合理的要求。

第三,在对外贸易作价中,我们应当坚持按照国际市场价格水平确定商品进出口价格,绝不能违反价值规律,脱离实际情况,不顾对方利益凭主观决定。

第四,在外贸交往中,必须"重合同,守信用"。合同是贸易双方共同协商后产生的一种契约,它体现了双方的权利与义务,代表着双方的利益。任何一方违反合同,都会给另一方带来损失。因此,在签订合同以前必须慎重对待,合同一经签订,必须严格履行,反对各种形式的违约行为。

二、灵活机动的原则

在国际商务谈判中要灵活运用多种谈判技巧以使谈判获得成功。谈判过程是一个不断组织思考的过程,需用灵活掌握各种谈判技巧,猜测出对方内心的想法与计策,使自己在谈判中始终占据比较有利的位置。总之,在谈判过程中,在不放弃重大原则的前提下,要有实现整个目标的灵活性,特别是要根据不同的谈判对象、不同的市场竞争情况、不同的销售意图,采用灵活的谈判技巧,才能促使谈判成功。

三、友好协商的原则

在国际商务谈判中,双方必然会就协议或合同条款发生这样或那样的争议。不管争议的内容和分歧程度如何,双方都应以友好协商的原则来谋求解决,切忌使用要挟、欺骗或其他强硬手段。如遇到几经协商仍无望获得一致意见的重大分歧,则宁可终止谈判,另择对象,也不能违反友好协商的原则。终止谈判的决定一定要慎重,要全面分析谈判对手的实际情况,看其是否缺乏诚意,或是确实不可能满足己方最低要求的条件,因而不得不放弃谈判。只要尚存一线希望就要本着友好协商的精神,尽最大努力达成协议。谈判不可轻易进行,也切忌草率终止。

四、依法办事的原则

对外谈判最终签署的各种文件都具有法律效力。因此,谈判当事人的发言,特别是书面文字,一定要符合法律的规定和要求。一切语言、文字应具有双方一致承认的明确的合法内涵,必要时应对用语给以具体明确的解释,写入协议文件,以免因解释条款的分歧,导致签约后在执行过程中发生争议。按照这一原则,主谈人的重要发言,特别是协议文件,必须经由熟悉国际经济法、国际惯例和涉外经济法规的律师进行细致的审定。

五、原则和策略相结合的原则

谈判过程是一个调整双方利益以求得妥协的过程。由于谈判双方的立场不同,利益不同,引起冲突和斗争在所难免,讨价还价在谈判过程中是很自然的,而且是大量存在的。问题是应持什么态度、根据什么原则、采用什么办法来妥善解决这些困难,争取通过谈判,达到最佳效果。在国际商务谈判中,我们既要坚持原则,又要留有余地。凡涉及我国对外经贸活动的政策法令及国家或企业根本利益的原则问题,我们必须寸步不让,据理力争,但又要避免简单粗暴,一定要以不卑不亢的态度,从实际出发,耐心地反复说明立场,争取对方接受。对某些非原则性问题,必要时则可以在不损害根本利益的前提下做某些让步。在合同条款的谈判中,有时也可以在某些条款上做出一些让步,以换取对方在其他条款上接受我方的意见。不论是原则问题还是非原则问题的讨论,我们应该自始至终坚持贯彻"有理、有利、有节"的方针,以理服人。

第四节　国际商务谈判的基本程序和 PRAM 模式

一、国际商务谈判的基本程序

在长期国际商务谈判实践的基础上,谈判人员将谈判的程序逐步确定下来,并以此作为工作的规范和要求。国际商务谈判的基本程序一般包括准备、开局、正式谈判和签约四个阶段。

(一)准备阶段

简而言之,商务谈判前的准备工作就是要做到知已知彼、心中有数。一场谈判能否达到预期的目的,获得圆满的结果,不仅要看谈判桌上有关策略、战术和技巧的灵活运用和充分发挥,还有赖于谈判前充分细致的准备工作。后者是前者的基础,尤其是在缺少谈判经验的情况下,准备工作就显得更为重要。在与经验丰富的对手谈判时,相关人员更要重视谈判前的准备工作,以充分、细致、周到的准备来弥补经验和技巧上的不足。

谈判准备工作的内容主要包括以下五个部分:

1. 对谈判环境因素的分析。谈判往往涉及政治、经济、社会文化、法律等各个方面的因素,这些因素对谈判的成败有很大影响,必须对这些因素进行认真分析,才能制订出相应的谈判计划。

2. 信息的收集。在商务谈判中,谈判人员对谈判信息的收集、分析和利用的能力,对整个谈判活动有着极大的影响,在谈判信息方面占据优势的一方往往会把握谈判的主动权。因此,经验丰富的谈判大师们都极其重视对各种谈判信息的运用,他们都具有敏锐地洞察细微事物的能力,并十分注意捕捉对方思想过程和行为方式中的各种信息。

3. 目标和对象的选择。由于整个谈判活动都是同谈判对象围绕谈判的主题和目标来进行的,因此,任何谈判方案的制订必须首先确定谈判的对象和目标,既要明确与谁谈判,又要明确通过这次谈判想获得什么。

4. 谈判方案的制订。在我们了解了谈判环境、谈判对手和自身的情况之后,正式进行激烈的谈判交锋以前,我们还需制订出一个周全而又明确的谈判计划,即制订一个谈判方案。谈判方案是指在谈判开始以前对谈判目标、谈判议程、谈判策略预先要做的安排。谈判方案是指导谈判人员行动的纲领,在整个谈判过程中起着非常重要的作用。

5. 模拟谈判。模拟谈判能使谈判人员获得实际经验,随时修正谈判中可能出现的错误,提高谈判能力。

谈判前的准备是否充分是决定商务谈判成败得失的关键。准备工作充分,谈判中就能处于主动地位,谈判就能顺利,效果也好;否则,仓促上阵,往往容易使自己陷入被动地位,难以取得好的谈判效果。我们将在第五章对谈判前的准备工作进行详细阐述。

(二)开局阶段

开局阶段,主要指谈判双方见面后,在进入具体交易内容之前,相互介绍、寒暄以及就谈判内容以外的话题进行交谈的那段时间和经过。开局阶段所占用的时间较短,谈论的内容也与整个谈判主题关系不大或根本无关,但这个阶段却很重要,因为它为整个谈判过程确定了基调。

（三）正式谈判阶段

正式谈判阶段又称实质性谈判阶段，是指从开局阶段结束以后，到最终签订协议或谈判失败为止，双方就交易的内容和条件进行谈判的时间和过程。它是整个谈判过程的主体。正式谈判阶段一般要经历询盘、发盘、还盘、接受四个环节。从法律的角度来看，每一个环节之间都有着本质的区别。询盘和还盘不是必须经过的程序，买卖双方完全可以依据实际情况，不经过询盘直接发盘，或不经过还盘而直接接受，但发盘和接受则是谈判获得成功和签订合同必不可少的两道程序。国际商务谈判人员只有熟练掌握每道程序的中心问题和重点问题及其相互衔接关系，精通有关法律规定或惯例，才能在谈判时发挥自如，运用得当，控制整个谈判进程，直到获得成功。

1. 询盘。询盘是指在外贸交易洽谈中，由买卖双方中的一方向另一方就某项商品的交易内容和条件发出询问(一般多由买方向卖方发出询问)，以便为下一步彼此间进行详细而周密的洽谈奠定基础。询盘可以口头表示，也可以书面表示；可以询问价格，也可以询问其他一项或几项交易条件。由于询盘纯属试探性接触，询盘的一方对能否达成协议不负有任何责任，因而它既没有约束性，也没有固定格式。

2. 发盘。继询盘之后，通常要由被询盘的一方进行发盘。发盘又称发价，它是由交易的一方向另一方以书面或口头形式提出交易条件，并表示愿意按照有关条件进行磋商，达成协议，签订合同。在多数情况下，发盘是由卖方向买方发出。有时也可以由买方主动发出，这种由买方主动做出的发盘，国际上称为买方发盘或递盘。

发盘是交易洽谈中至关重要的一环。若发盘人发出实盘后，受盘人无条件地表示接受，交易即告达成，协议亦即成为一项对买卖双方均具法律约束力的契约。

3. 还盘。还盘是指受盘人不同意发盘的交易条件而提出的修改或增加条件的表示。

4. 接受。接受是买方或卖方无条件同意对方在发盘中提出的交易条件，并愿按这些条件与对方达成交易、订立合同的一种肯定表示。一方的发盘经另一方接受，交易即告达成，合同即告成立，双方就应分别履行其所承担的合同义务，一般用“接受”“同意”和“确认”等术语表示接受。作为一项有效的接受，应具备相应的条件。

（四）签约阶段

谈判双方经多次反复洽谈，就合同的各项重要条款达成协议以后，为了明确各方的权利和义务，通常要以文字形式签订书面合同。书面合同是确定双方权利和义务的重要依据，因此，合同内容必须与双方谈妥的事项及其要求完全一致，特别是主要的交易条件都要订得明确和肯定。拟订合同时所涉及的概念不应有歧义，前后的叙述不能自相矛盾或出现疏漏和差错。

在国际贸易中,对销售合同的书面形式没有特定的限制,从事进出口贸易的买卖双方,可采用正式的合同、确认书、协议书,也可采用备忘录等形式。在我国进出口业务中,主要采用合同和确认书两种形式,这两种形式在法律上具有同等效力。

二、国际商务谈判的 PRAM 模式

PRAM 谈判模式提供了一条成功谈判可供借鉴的方法,以下将介绍这种模式的实施方法。

(一)PRAM 谈判模式的构成

PRAM 模式的主要内容包括以下部分:

1. 制订谈判计划。制订谈判计划时,谈判人员首先要明确己方的谈判目标;其次要设法去理解和弄清楚对方的谈判目标;在确定了两者的目标之后,应该把两者加以比较,找出在本次谈判中双方利益一致的地方。对于双方利益的共同点,应该在随后的正式谈判中首先提出,并由双方加以确认。这种做法能够提高和保持双方对谈判的兴趣和争取成功的信心,同时也为后面解决利益不一致的问题打下良好的基础。对于双方利益不一致的问题,则要通过双方发挥思维创造力和开发能力,根据"成功的谈判应该使双方的利益需要得到满足"的原则,积极寻找使双方都满意的办法来加以解决。

2. 建立关系。在正式谈判之前,要建立起与谈判对方的良好关系。这种关系不是那种一面之交的关系,而应该是一种有意识形成的、能使谈判双方的当事人在协商过程中都能够感受到的舒畅、开放、融洽的关系。换言之,就是要建立一种彼此都希望对方处于良好协商环境之中的关系。

要建立这样一种关系,是因为在一般情况下,人们不愿意与自己不了解、不信任的人签订合同。在与一个从未谋面也没有听说过的人做交易时,人们从不敢麻痹大意,在行动之前就层层设防,在谈话中也尽量做到不轻易许诺;反之,如果双方都已相互了解,建立了一定程度的信任关系,谈判的难度就会大大降低。因此,可以说谈判双方之间的相互信赖是谈判成功的基础。

如何建立谈判双方的信任关系,增强彼此的信赖感呢?经验证明,做到以下三点至关重要:

(1)要坚持使对方相信自己的信念。对事业与个人的关心、周到的礼仪、工作上的勤勉都能使对方信任自己。

(2)要表现出自己的诚意。与不熟悉的人进行谈判时,向对方表示自己的诚意是非常重要的。为了表明自己的诚意,可向对方介绍一些在过去的交易中自己

与他人真诚相待的例子。

(3)通过行动最终使对方信任自己。为了使对方信任自己,要做到有约必行、信守诺言。必须时刻牢记,不论自己与对方之间的信赖感有多强,只要有一次失约,彼此之间的信任感就会崩溃,而其一旦崩溃就将难以修复。

3. 达成使双方都能接受的协议。在谈判双方建立了充分信任的关系之后,即可进行实质性的事务谈判。在这里,首先应该核实对方的谈判目标;其次,应对彼此意见一致的问题加以确认,而对彼此意见不一致的问题则通过充分地交换意见,寻求一个有利于双方的利益需要和双方都能接受的方案来解决。

对谈判人员来讲,应该清楚地认识到,达成满意的协议并不是谈判的终极目标,谈判的终极目标应该是使协议的内容能得到圆满的贯彻执行。因为,写下来的协议无论对己方多么有利,如果对方感到自己在协议中处于不利地位,那么他就很少或者根本没有履行协议条款的动机。如果对方不遵守协议,协议也将变得一文不值。虽然我们可以依法向对方提起诉讼,但是解决问题却可能需要花相当长的时间,并且要为此投入大量的精力。此外,在提起诉讼的期间内,希望对方办到的事情依然得不到实现,这样即使己方最后可以胜诉并得到赔偿,也同样付出了沉重的代价。

4. 协议的履行与关系维持。在谈判当中,人们最容易犯的错误是:一旦达成了令自己满意的协议就认为万事大吉,会鼓掌欢呼谈判的结束,以为对方会立刻毫不动摇地履行他的义务和责任。这实在是一种错觉,因为履行职责的不是协议书而是人,协议书不管规定得多么严格,它本身并不能保证得到实施。因此,签订协议书是重要的,但维持协议书、确保其得到贯彻实施更加重要。

为了促进对方履行协议,必须认真做两件工作:

(1)对对方遵守协议约定的行为给予适当的、良好的情感反应。经验告诉我们,对一个人的成绩给予良好的反应是最能鼓舞其干劲的。因此,在对方努力信守协议时,给予其及时肯定的赞扬和感谢,其信守协议的精神就会保持下去。

情感反应的形式是多种多样的,可以是亲自拜访致以问候和表示感谢,也可以通过写信、打电话来表示。

(2)当你要求别人信守协议时,自己首先要信守协议。通过努力确保协议认真履行,这对具体一项交易来讲,可以画上一个圆满的句号,但对于一个具有长远战略眼光的谈判人员来讲,则还有一项重要的工作要做,这就是维持与对方的关系。从为以后继续进行交易往来的目的考虑,对于在本次交易协商中发展的与对方的良好关系,应想方设法予以保持和维护,避免以后与对方进行交易时,再花费力气重新培养与对方的关系。

维持与对方关系的基本做法是:保持与对方的接触和联络,主要是个人之间的接触。

(二)*PRAM* 谈判模式的运转

PRAM 谈判模式的四个部分实际上也就是进行谈判的四个步骤,依次经过这四个步骤,也就完成了某一具体交易的谈判过程。如图 1-1 所示。

一般的谈判人员习惯把谈判看作一个独立的、互不联系的、个别的过程,把与对方的初次会面作为开始,而把达成协议后的握手作为结束。而 PRAM 谈判模式则不同,它把谈判看做是一个连续不断的过程,因而,本次交易的成功将会促使今后交易的不断成功。

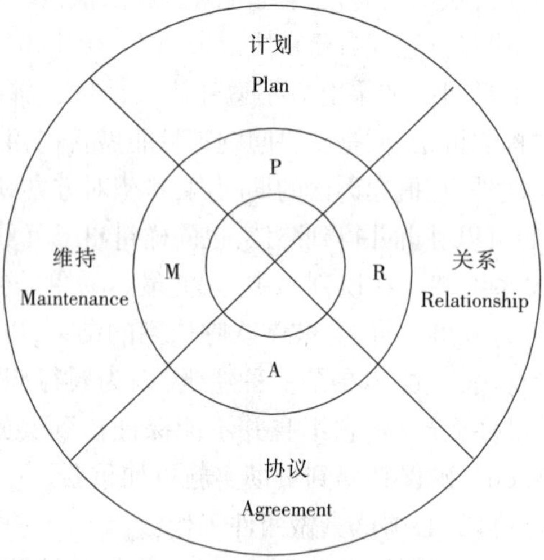

图 1-1 PRAM 谈判模式

思考题

1. 我国国际商务谈判中应该遵守的基本原则是什么?

2. 国际商务谈判的特点是怎样的?

3. 书面谈判的定义及优缺点是什么?

4. 影响和制约让步型谈判、原则型谈判、立场型谈判三种谈判方法运用的因素有哪些?

5. 国际商务谈判的 PRAM 模式是怎样运转的? 与一般的谈判过程相比,它强调了哪些因素?

案例应用

辉瑞54亿美元收购GBT谈判圆满收官[①]

2022年8月8日，辉瑞宣布以54亿美元收购Global Blood Therapeutics(GBT)，以每股68.50美元的现金收购GBT所有流通股，包括债务和获得的现金净额。此次收购补充并进一步增强了辉瑞在稀有血液学领域30多年的传统，并通过带来专业知识和领先的产品组合和管道，从而增强了公司对镰状细胞病(SCD)的承诺，辉瑞打算继续巩固两家公司对SCD社区的共同承诺和参与。

辉瑞的目标是收购该公司及其主要产品Oxbryta(voxelotor)，以加强自己的产品组合和管线。辉瑞的血液学重点是镰状细胞病(SCD)和血友病。镰状细胞病(SCD)是一种终生遗传的罕见血液疾病，它会影响血红蛋白，血红蛋白是一种由红细胞携带的蛋白质，可将氧气输送到全身的组织和器官。由于基因突变，患有SCD的个体会形成异常血红蛋白，称为镰状血红蛋白。

GBT的主导产品是Oxbryta(voxelotor)，于2019年11月获得美国食品和药物管理局(FDA)批准用于治疗成人和12岁以上儿童患者的镰状细胞病，成为首个也是唯一一个获得FDA批准的镰状血红蛋白聚合抑制剂。2021年12月，Oxbryta被批准用于治疗4至12岁以下患者的镰状细胞病。在镰状细胞病新药获得国际市场批准后，该公司的销售额将继续增长。

一、关于镰状细胞病

镰状细胞病(SCD)是一种终生、使人衰弱的遗传性血液疾病，其特征是溶血性贫血、急性疼痛危象和进行性终末器官损伤。当镰状红细胞刺激血管内壁并引起炎症反应，导致血管闭塞、组织缺血和疼痛时，就会发生急性疼痛危象或血管闭塞危象(VOC)。SCD的并发症始于儿童早期，并与预期寿命缩短有关。SCD的早期干预和治疗已显示出改变这种疾病病程、减少症状和事件、预防长期器官损伤和延长预期寿命的潜力。全球有500万人患有SCD，超过4 500万人患有镰状细胞性状。SCD尤其发生在祖先来自撒哈拉以南非洲的人中，尽管它也发生在西班牙裔、南亚裔、南欧和中东血统的人身上。

从历史上看，对于解决SCD及其急性和慢性并发症的根本原因的治疗方法的需求一直未得到满足。虽然在发达市场很少见，但有4个。GBT开发的Oxbryta®(voxelotor)片剂，这是一种直接针对SCD根本原因的一流药物。Oxbryta于2019

① 资料来源：江西财经涂鸦，2022-08-10。

年11月在美国获得批准,在欧盟、阿拉伯联合酋长国、阿曼和英国也获得批准。2021年Oxbryta的净销售额约为41.95亿美元。利用其全球平台,辉瑞计划加速将GBT的创新疗法分销到世界上受SCD影响最严重的地区。

二、成立于2011年的生物制药公司GBT

GBT是一家生物制药公司,致力于发现、开发和提供改变生活的治疗方法,从镰状细胞病(SCD)开始为服务不足的患者带来希望。GBT成立于2011年,正在实现其改变SCD治疗和护理的目标。

公司推出了Oxbryta®(voxelotor),首个获得FDA批准的直接抑制镰状血红蛋白(HbS)聚合的药物,镰状血红蛋白是SCD中红细胞镰状化的根本原因。GBT还在推进其在SCD的管道计划,其中包括:inclacumab,这是一种处于Ⅲ期研究中的P-选择素抑制剂,以解决与该疾病相关的疼痛危机。GBT021601(GBT601),该公司的下一代HbS聚合抑制剂。

GBT021601(GBT601)是一种口服、每日一次的下一代镰状血红蛋白(HbS)聚合抑制剂,用于Ⅱ/Ⅲ期临床研究的第Ⅱ期部分。GBT601有可能成为一流的药物,旨在改善溶血和血管闭塞危象(VOC)的频率。GBT有希望的管道还包括inclacumab,这是一种针对P-选择素的全人源单克隆抗体,正在两项Ⅲ期临床试验中进行评估,作为一种潜在的季度治疗方法,以降低VOC的频率并降低VOC引起的再入院率。GBT601和inclacumab均已获得美国食品和药物管理局(FDA)的孤儿药和罕见儿科疾病认定。此外,GBT的药物发现团队正在研究新的靶点,以开发下一代SCD治疗方法。

三、关于Oxbryta®(voxelotor)

Oxbryta(voxelotor)是一种每日一次的口服治疗镰状细胞病(SCD)药物。Oxbryta通过增加血红蛋白对氧气的亲和力起作用。由于含氧镰状血红蛋白不会聚合,因此Oxbryta抑制镰状血红蛋白聚合以及由此产生的红细胞镰状和破坏导致溶血和溶血性贫血,这是每个患有SCD的人面临的主要病症。通过解决溶血性贫血和改善全身氧气输送,GBT认为Oxbryta有可能改变SCD的进程。

“镰状细胞病是最常见的遗传性血液疾病,它对非洲裔的影响尤为严重。我们很高兴欢迎GBT的同事加入辉瑞,并共同努力改变患者的生活,因为我们长期以来一直在努力满足这个服务不足的社区的需求,”辉瑞董事长兼首席执行官Albert Bourla说。“我们在稀有血液学方面建立了三十多年的深厚市场知识以及科学和临床能力,这将使我们能够加速镰状细胞病社区的创新,并尽快将这些治疗方法带给患者。”

“今天是一个激动人心的里程碑,它加速了GBT发现、开发和提供改变生活的治疗方法的使命,为服务不足的患者社区带来希望”,GBT总裁兼首席执行官Ted

W. Love 医学博士说。“辉瑞将扩大我们对患者的影响,并进一步推动急需的创新和资源,用于治疗镰状细胞病和其他罕见疾病患者,包括资源有限国家的人群。我们期待与辉瑞合作,为我们的社区服务,推进我们共同的目标,即改善健康公平和扩大获得改变生活的治疗的机会,为所有人创造更健康的未来。”

延伸阅读

华润资本英国“出海记”[①]

资本的逻辑,总是带有强烈的目的性。近年来,随着全球化的不断加深,越来越多国内企业瞄准海外市场的投资价值。其中,与日常生活密不可分的公用事业板块,具有全球视野下较为稳定的配置价值,吸引着新老资本不断涌入。

2020 年 7 月 8 日,华润集团旗下的华润资本管理有限公司(以下简称“华润资本”)宣布参与 Kohlberg Kravis Roberts & Co. L. P. (连同其附属公司,简称 KKR)及其他投资机构组成的投资财团,并成功以 42 亿英镑对价收购英国垃圾处理公司 Viridor。

对于此次收购,华润资本 CEO 秦锋认为,Viridor 是英国第二大垃圾能源回收商、垃圾发电厂数量行业第一,因此对于此次与 KKR 合作投资 Viridor 充满期待,并直言“将持续看好英国基础设施及公用事业行业”。

一、华润资本海外投资重点领域

作为华润的产业基金管理平台,华润资本前身为汉威资本,主要投资于大健康、城市综合开发及运营、大消费、能源综合建设运营、科技创新及节能环保等多个领域,目前负责统筹华润集团各产业基金的管理与运营,并围绕集团产业进行投资。

据介绍,依靠华润集团强大的产业能力和客户资源网络,并进一步向并购基金、夹层基金、公开市场基金等品类延伸,华润资本已经逐步打造为综合性的资产管理公司。

截至 2020 年上半年,华润资本旗下境内外在管基金共 17 支以及 3 家投资公司,累计签约资产管理规模 1 120 亿元,旗下各产业基金共投资 71 个项目,累计投资规模 310. 2 亿元。

一直以来,相对于国内市场的整合并购机会,华润资本更热衷于海外市场。

观点新媒体查阅发现,华润资本早年成立了专门的海外投资团队,并已经在英

① 资料来源:观点网,2020-07-13。

国、澳大利亚、新西兰,以及东南亚地区的缅甸、老挝、越南等地相继进行投资。

在海外产业投资布局上,华润资本有具体的规划,主要聚焦两大板块,即大健康消费品领域与基础设施建设领域。其中,基础设施建设领域主攻燃气、水泥、电力行业等方向,更多关注能源的开发与循环利用。

值得注意的是,华润资本在英国早有颇为成功的投资案例。将时间回溯至2018年3月,华润资本协同华润电力"试水"投资英国Dudgeon海上风电项目,并以5.5亿英镑获得30%股权。彼时,英国Dudgeon海上风电场是全球第六大海上风电场,并被世界三大评级机构之一的惠誉评为A-(稳定)级,为目前全球海上风电项目所获的最高评级。最终,这场投资在9个月后借助资本的力量,成功再融资了14亿英镑,也成为华润资本日后进入英国市场的切入点。

此次收购英国Viridor无疑符合华润资本的投资规划。据悉,Viridor是英国富时250指数旗帜集团的一部分,为英国领先的回收利用、可再生能源和废物管理公司,业务涵盖垃圾处理全产业链,包含垃圾收取、循环利用、能源回收及填埋制气。

据观点新媒体了解,在具体业务数据上,Viridor每年处理大约1 500万吨材料,回收200万吨并生成10 100万瓦再生资源。在2018—2019年,Viridor接收了约680万吨残余垃圾,发电量2 694GWh,基本上为英国近74万家庭提供能源。同期,Viridor的营业额超过了5 000万英镑。

有投资业内人士表示,英国的公用基建事业资产具有稀缺性,部分产业甚至还有国家背书,投资风险低的同时还有相对稳定的回报保障。

可以说,单从体量和业务上看,华润资本此番投资价值可期,但当前全球政治经济不稳定与疫情叠加风险之下,这无疑也是一场面临重重考验的挑战。

二、华润资本的"李嘉诚路径"

一直以来,中资企业进行海外收购,一方面是为进一步优化企业境外资产配置的结构,提升境外资产配置的能力;另一方面,作为投资者与国际机构合作,获取标志性大型项目,也可以扩大知名度,从而获得更多类型的投资机会。

华润资本的投资逻辑有例可循,最典型例子便是多年以来不断加码海外投资公用基础事业的李嘉诚。20世纪80年代,李嘉诚开始看重海外市场,并瞄准当时石油供应紧张的时机,斥资32亿港元购入了加拿大赫斯基石油52%股权。随后几十年里,李嘉诚商业帝国的海外版图遍及世界各地,产业横跨通信、基建、港口、零售等各个领域,分支机构遍布全球。早前的数据显示,李嘉诚56%的投资在欧洲,其中有37%在英国,亦被外媒称为"买下了一半英国的人"。

1996年,李嘉诚的Orange电讯公司在英国上市;四年后,李嘉诚投资47亿美元为英国Three电信商购买电信运营牌照;随后在2010—2012年,李嘉诚的长江基建斥资超过150亿美元分别收购了英国电网、英国水务和英国管道燃气业务。

被当成海外资产购置主战场后,李嘉诚几乎"扼住"英国的命脉产业,包括超40%的电信市场、约四分之一的电力分销市场、近三成的天然气供应市场。

更有数据表示,李嘉诚旗下公司在英国投资实际已经超过了4 000亿港元。

"超人"李嘉诚的投资总是精明的,这些大手笔买下的各类公用事业资产,垄断的是居民基础公用事业,这显然是一个稳妥的选择,不仅拥有较为固定的利润,也为其"反哺"地产业务提供了强有力的财务保证。

因此,在投资公用事业同时,李嘉诚早已"同步"在英国进行房地产投资。

1998年,李嘉诚利用和记黄埔拿下皇家门肯辛顿(Royal Gate Kensington),作为在英国的首处地产开发项目,该项目位于伦敦高档社区肯辛顿与切尔西之间,占地约2 444平方米,包含了132套住宅。随后2000—2005年,李嘉诚先后通过和记黄埔拿下位于伦敦巴特西地区住宅项目 Mentevetro 公寓,并与格罗夫纳集团(Grosvenor Estate)共同开发位于伦敦传统富人区 Belgravia Place 的住宅项目,以及投资阿尔贝恩河岸(Albion Riverside)住宅项目、切尔西海滨(Chelsea Waterfront)公寓项目等。截至目前,李嘉诚在英国已经投资了6个公寓类项目,总面积超过20万平方米。最新为2020年7月10日消息,李嘉诚已正式获得伦敦 Lewisham 区政府的规划批准,允许动工新建价值10亿英镑的大型地产项目 Convoys Wharf,并对外宣称该项目是犹如港版太古城的"千亿香港城"。

如出一辙的是,2017年5月23日,华润置地联合体在英国成功以3.12亿英镑(折合人民币27.9亿元),签约收购位于伦敦的写字楼项目20 Gresham Street。作为华润在英国的第一笔投资,该项目属于永久产权物业,华润在收购联合体中占有80%的股份。

显然,华润资本同样有"李嘉诚路径"影子,并不是一项简单的金融游戏,更像是一次战略性投资与布局。对投资付诸行动的同时,"出海"不只是机遇,还将是一场斗智斗勇的资本之战。

第二章

国际商务谈判的主要内容

The Contents of International Business Negotiation

国际商务谈判的所有惯例、经验和技巧，都是为国际商务谈判的实际内容服务的，因为一场谈判成功与否的标志是双方达成交易。故而，国际商务谈判到底在谈什么、最终要达成哪些妥协、签订什么样的合同、执行何种法规，就需要掌握国际商务谈判所包含的具体要件，熟悉各种商务合同的范式，为最终达成交易、签订合同打下基础，这是学习本章的主要目的。

学习要点

All practices, experience and skills in international business negotiation serve for its actual contents, because the sign of whether a negotiation is successful is whether agreement can be reached in the transactions. Therefore, to know what are discussed in international business negotiation, what compromises have to be reached, what kind of contracts should be signed and what kind of regulations should be carried out, we ought to master specific elements in international business negotiation and be familiar with paradigms of various business contracts. This lays the foundation of reaching agreement and signing contracts.

借口“国家安全”，英国调查李嘉诚旗下电讯集团与沃达丰合并案①

综合英国《每日电讯报》《卫报》6日报道，当地时间周一，英国电信巨头沃达丰(Vodafone)行政总裁德拉瓦勒(Margherita Della Valle)证实，该公司与中国香港首富李嘉诚执掌的长和集团旗下电信公司Three UK的合并案，正在配合英国政府根据《国家安全与投资法》展开的国安审查。有美媒指出，这意味着英国政府有权以所谓“国安理由”阻止这宗交易。

报道称，已深耕英国市场超过20年的母公司长和集团，因其中资身份被无端指控有可能对英国国家安全造成风险，尽管沃达丰和Three UK方面均做出过否认回应，但这一合并案仍遭到了英方的严格审查。

据路透社介绍，这起合并案始于2023年6月14日，长和集团在港交所发布公告宣布，正落实与沃达丰合并在英国的电信业务。此举也标志着英国电信市场历史性地整合为三家移动运营商——目前英国电信市场主要有沃达丰、Three UK、O2(2 400万用户)和EE(2 500万用户)四家运营商。

两者合并后，将会成为英国最大的移动通信运营商网络，拥有超过2 700万客户，约为英国总人口的三分之一。当时的消息还称，沃达丰与长和集团在一年前便展开了谈判。合并后的公司计划未来10年投资110亿英镑，以建立欧洲最先进的独立5G网络。沃达丰将持有合并后公司51%的股份，长和集团则持有剩余股份。这笔交易需要等待监管机构和股东的批准，预计将在2024年底前完成。

大半年后，再传来的消息就是这起合并案遭到了英国政府的审查。据《每日电讯报》报道，当地时间2月5日，当被问及英国当局是否正根据《国家安全与投资法》审查这笔交易时，沃达丰行政总裁德拉瓦勒证实：“确实，与所有同类交易一样，我们正在配合国家安全局的审查程序。”她补充称，沃达丰和长和集团都受到英国数据保护法和电信安全法规的严格规范，审查正在“按计划”进行，“我认为这证明了我们都遵守了严格的规定，而这些规定在不同情况下都适用。”

据《卫报》介绍，英国《国家安全与投资法》在2022年初生效，授权英国政府审查和介入可能损害国家安全的收购。如果收购涉及包括国防、能源、通信等的17个敏感产业，而且收购比率高于25%，英国政府就有权审查。

在该法案生效后，英国政府多次介入商业交易，限制中资企业收购英国的敏感项目，包括电力公司和晶片厂等。2022年底，英国政府亦以此为由，将中国广核集

① 资料来源：观察者网，2024-02-07。

团有限公司排除出塞兹韦尔 C(Sizewell C)核电建设项目。

据报道,由于沃达丰与英国政府之间合作有敏感政府合同和海底电缆网络,一些议员和工会主席借机声称对 Three UK 的中资母公司长和集团可能会获准使用英国敏感基础设施感到担忧,这一合并案遭到严格审查。

报道提到,李嘉诚家族支持香港特首李家超和《中华人民共和国香港特别行政区维护国家安全法》(简称《香港国安法》)的立场,遭到一些有心之人的针对。首批因涉嫌违反《香港国安法》而被点名的英国反华非政府组织"香港监察",去年 6 月曾撰文污蔑称,英国最大电信供应商若有一半被中资控制将会带来"前所未有"的国家安全风险,此举类似于允许华为主导西方的 5G 网络,英国有充分理由以所谓国家安全问题审查这一合并案。

对于上述无端指控,沃达丰和 Three UK 方面均做出否认回应,并强调长和集团已经深耕英国市场超过 20 年,在英拥有不少资产,包括费利克斯托港(Port of Felixstowe)、保健和美容连锁店 Superdrug、铁路车辆租赁公司 Eversholt Rail、配电基础设施 UK Power Networks 和 Northumbrian Water。

德拉瓦勒还透露,若合并案最终顺利达成,沃达丰将持有合资企业 51%的股份,并计划逐步稀释长和集团的股份,合资企业的首席执行官将由沃达丰任命。

就在两周前(1 月 26 日),英国反垄断机构"竞争与市场管理局"(CMA)宣布将对这起合并案启动为期 40 天的第一阶段审查,审查重点是这笔交易对英国移动通信市场竞争的影响,确定其是否可能导致"竞争大幅减少"。如有需要,CMA 还将会进行第二阶段审查,调查时限可延长至 24 周。

报道提到,在英国脱欧之前,Three UK 曾于 2015 年寻求与另一英国大型电信公司 O2 合并,但遭到欧盟委员会以"市场竞争的显著减少可能会导致英国移动服务价格上涨"和"可能损害移动领域创新"的理由阻止。

据英国《金融时报》早前统计,李嘉诚家族在英国持有的大都是公共事业类资产,曾控制着英国约 1/4 的电力分销市场、近 30%的天然气供应市场、近 7%的供水市场、超 40%的电信市场、近 1/3 的英国码头和超 50 万平方米的土地资源,一度被调侃为"买下半个英国"。

自 2020 年起,李嘉诚家族传出连续抛售旗下英国巨额资产的消息,包括出售其在欧洲市场的电信基础设施业务、出售持有超过 34 年的赫斯基能源以及瑞银伦敦总部大楼,其所有的英国配电公司 UK Power Networks 也传出了寻找买主的消息。

第一节　货物买卖谈判

一、货物买卖谈判的概念

货物买卖谈判，是指针对有形商品即货物的买卖而进行的谈判。货物买卖谈判，按照交易地位可分为采购谈判和推销谈判；按照国域界限可分为国内货物买卖谈判和国际货物买卖谈判，在国际货物买卖谈判中，又有进口谈判和出口谈判。

二、货物买卖谈判的特点

与其他一些商务谈判相比，货物买卖谈判具有以下两个特点。

（一）难度相对较低

货物买卖谈判相对较为简单，这是因为：一是大多数货物均有通行的技术标准；二是大多数交易均属重复性交易；三是谈判内容大多围绕与实物商品有关的权利和义务。但绝不能因此而轻视该类型谈判，特别对初次合作、大宗交易、国际货物买卖更是如此。

（二）条款比较全面

货物买卖是商品交易的基本形式，货物买卖谈判也是商务谈判的基本形态。在货物买卖的谈判中，通常要包括：货物部分的谈判，如标的、品质、数量、包装、检验等；商务部分的谈判，如价格、交货、支付、索赔等；法律部分的谈判，如不可抗力、仲裁与法律适用等。在这些内容中，习惯上将货物部分和商务部分的条款列为主要条款，它们属于交易的个别性条款；其他条款列为一般条款，它们是适用于每一笔交易的共同性条款。总之，这些内容涉及货物买卖交易的各个方面、各个环节，不可有所疏忽，以避免日后引起纠纷。而且，货物买卖谈判的条款内容往往可以作为其他商务谈判参照的一般基础。

三、货物买卖谈判的主要内容

（一）标的

标的，即谈判涉及的交易对象或交易内容。在货物买卖合同中，标的即指被交易的具体货物，并应为规范化的商品名称。

（二）品质

货物的品质，是指货物的内在质量及其外观形态。它是量度货物使用价值和价值的依据，也是货物买卖谈判中的主要交易条件。许多国家的有关法律规定，如果卖方所交货物的品质不符合合同的规定，即可视为违约，买方有权要求赔偿。因此，在谈判中必须对货物品质做出准确、全面的规定。

根据货物特点和交易惯例，品质表示方法通常以样品、规格等级、品牌商标、产地名称、说明书和图样等为标准，并在表述品质标准时注意避免使用引起误解的概念。

（三）数量

数量也是货物买卖的主要交易条件，它既影响合同的总金额，又与单价直接相关。许多国家法律规定，卖方所交货物的数量如果小于或大于合同规定，买方有权拒收。

有关数量问题，谈判中应根据货物性质和交易需要选用适当的计量单位，如重量单位、长度单位、个数单位等。其中，重量最易引起纠纷，故须对毛重、净重及皮重的扣除方法等予以明确。

（四）包装

包装分为运输包装和销售包装，它不仅有利于保护货物的使用价值，也有利于实现和增值货物的价值。货物买卖中，除少数散装货、裸货外，绝大多数货物需要包装。

在货物的包装方面，买卖双方一般主要就包装材料、包装方式、包装标志和包装费用等方面进行磋商。在国际货物买卖中，谈判人员还应注意了解有关国家或地区对包装的规定和偏好，如美国、加拿大、日本等国对进口货物严禁用稻草、木丝、报纸做包装垫衬物；伊斯兰国家忌用猪和类似的动物做图案；英国人视孔雀为祸鸟；巴西、叙利亚忌用黄色；法国、比利时忌用墨绿色等。另外，有些国家对进口货物的标签内容也有明确的规定。

（五）价格

价格是货物买卖谈判的核心，它直接关系交易各方的经济利益，也与其他交易条件有着密切的联系。

货物买卖谈判中的价格条款主要涉及以下内容：

1. 价格水平。价格水平即单价，它通常是在买卖双方报价的基础上经过讨价还价最终确定的,而且,价格水平的确定必须结合其他各项交易条件统筹考虑。

2. 价格计算的方式。货物买卖中通常采用固定价格,即在合同中明确规定交易价格并在合同期内不做调整;有时也采用非固定价格,即只规定作价原则或暂行价。这些均应进行具体磋商并达成一致意见。

3. 价格术语的运用。价格术语是贸易(主要是国际贸易)中习惯采用的,用以概括价格构成并说明交易各方权利与义务的专门用语,如离岸价格(FOB)、到岸价格(CIF)、成本加运费价格(C&F)等。使用价格术语,有助于简化交易磋商的内容和规范交易各方责任,在订立合同时应根据交易需要予以运用。

(六)交货

怎样使货物按照合同规定及时、完整地交付给买方,这是卖方的责任和义务,也是货物买卖谈判中的重要内容。

在交货问题上,买卖双方主要应就货物运输方式、装运时间、装运地和目的地等进行磋商。其中,装运时间尤其重要,如果卖方未能在合同规定的时间内装运货物,即构成违约,买方有权撤销合同并要求赔偿。对买卖双方来说,交接货时间应争取与自己的生产计划和营销计划相吻合。

(七)支付

货款的支付,是货物买卖中的一项重要问题。在不同的支付条件下,尽管表面支付的价格总额不变,但对买方的实际支出和卖方的实际收入却可能有很大影响,所以,谈判各方都应努力争取对自身有利的支付条件。

关于支付须注意以下问题:

1. 支付手段。货物买卖中的支付手段分为现金结算和非现金结算两种,大多数采用非现金结算,并应就采用的票据如汇票、本票、支票等做出明确规定。

2. 支付时间。支付时间的早晚影响到交易双方的实际收益和风险分担,须根据自身资金周转状况商定具体的支付时间,以免日后出现枝节。对分期付款,须明确首付时间及金额,以及之后的分期次数及各期的时间与金额;对延期付款,应订明具体的付款时间和进度。

3. 支付货币。在国际货物买卖中,还涉及以何种货币计价和支付的问题。一般情况下,应选择兑换比较方便、币值也较稳定的货币作为计价和支付货币。由于普遍实行浮动汇率制度,在出口谈判中选用汇率呈上浮趋势的"硬货币"、进口谈判中选用汇率呈下浮趋势的"软货币"较为有利。

4. 支付方式。货物买卖中涉及的支付方式主要有汇付、托收和信用证三种,每种方式又有多种具体形式。不同的支付方式为买卖双方带来的收益和风险也不同,谈判中应结合双方实力对比、对方资信状况和贸易惯例选择合适的支付方式。

(八)检验

检验,是对被交易的货物的品质、数量、包装等实施的检查和鉴定。检验合格,是卖方履约的重要标志,也是买方支付货款的前提条件。许多国家的法律与有关国际公约都明确规定或默示了买方收到货物后的检验权利和卖方对所供货物不符合合同规定须承担的违约责任。

为保障买卖双方的利益和避免合同履行中的矛盾,谈判中关于检验的磋商主要有:

1. 检验内容和方法。检验通常针对交易货物的品质、数量、包装等项基本内容进行。检验方法指物理检验还是生化检验、抽样检验还是总体检验等。

2. 检验时间和地点。货物检验的时间和地点通常有:以离岸品质和数量等为准;以到岸品质和数量等为准;以装运港的检验证明为依据,但货物到达目的港后买方有复验权利并可依此索赔。以上三种做法中,第一种、第二种分别有利于卖方和买方,第三种兼顾了双方利益,比较公平合理,是目前采用比较普遍的做法,但在给予买方复验权的情况下,也须对复验时间和地点做出明确规定。

3. 检验机构。检验机构应具有资格并与交易双方无利害关系。检验机构的类型很多,如中国商品检验局主要负责进出口货物的检验。

(九)不可抗力

不可抗力,指某些非可控的自然或社会力量引起的突发事件。不可抗力可能会影响合同的顺利履行,贸易实践和各国法律均认可不可抗力,但对其细节没有统一规定。为防止交易中某一方任意扩大或缩小对不可抗力范围的解释和维护当事各方的权益,通过磋商并在合同中规定不可抗力条款是必要的。

谈判中关于不可抗力条款一般涉及:①不可抗力事件的范围;②出具不可抗力事件证明的机构;③事件发生后通知对方的期限;④不可抗力事件后合同的履行和处理等。

(十)索赔和仲裁

在货物买卖中,常常会发生一方因种种理由而违约的情况,而另一方则有权索取相应的赔偿,这是商务谈判中不可回避的一个问题。关于谈判中的索赔问题,通常应就以下内容达成一致:①索赔的依据,即在什么情况下可索赔;②索赔的有效期限;③索赔损失的计算办法等。

仲裁,是指合同当事人在产生争议不能协商解决的情况下,由仲裁机构居中做出的判断和裁决。仲裁一般有以下两个特点:一是仲裁申请的自愿性,即仲裁申请必须由当事各方一致同意并通过订立协议确定,没有仲裁申请协议的争议是不予仲裁的;二是仲裁结论的终局性,即一旦当事各方将争议递交仲裁,就排除了法院对该争议的管辖权,任何一方都不得再向法院起诉。因此,用仲裁方式解决争议,具有保持交易关系、手续简便、费用较低、时间较短等特点。商务谈判中的仲裁条款应协商的问题主要是:①仲裁地点;②仲裁机构;③仲裁程序;④仲裁费用等。

第二节　技术合同谈判

随着科学技术的进步和经济生活国际化趋势的发展,各种技术转让日益成为当今国际经济交往中的重要形式。在我国,随着对外开放的扩大,技术转让也成为我国对外经济技术合作的重要组成部分,不仅引进新技术的规模不断扩大,而且对外技术的输出也有了较大的发展。

一、技术转让的特征

(一)概念

技术转让是指技术持有者通过各种方式将其拥有的生产、销售或管理的专有技术以及专利技术转让或许可给他人使用的行为,并从中获得经济报酬。跨越国境的技术转让行为就是国际技术转让。

技术转让一般是指无形的技术知识,亦即所谓的软件买卖。有时,技术转让交易中也包括了一些机器和设备的进出口,这种机器设备交易是与技术转让结合在一起的,是技术实施必不可缺的物质保证条件。

如果一笔交易只涉及机器设备的买卖,不包含无形技术和经验的让渡,那么,这笔交易就属于商品贸易的范畴;若只有技术转让,没有设备配套,就属于技术转让贸易范畴;既有技术转让,又有相应生产设备的供应,即为成套项目交易范畴。

专有技术是人们在生产活动中制造某种产品、应用某种方法制造产品或提供服务的系统性知识。技术的表现形式既可以是文字、语言、表格、数据、公式、配方等有形形态,也可以是实际生产经验、个人技能或头脑中的观念等无形形态。技术必须可以传授、可以用于生产并能带来一定的经济效益,技术不能依附于个人的生理特点。

(二)形式

技术转让中的许可贸易方式很多,亦十分灵活。从许可贸易的客体来看有专利使用许可、专有技术使用许可和商标使用许可等方式;从交易中许可方授权大小和受许可方生产经营、使用范围和地域上所受的限制等方面来划分,可以分为独占许可、全权许可、普通许可、从属许可和互换许可等多种方式。达成交易的方式不同、交易双方所承担的义务和所享受的权利不同,由此而产生的技术转让费用也不同。

技术咨询与服务是另一种形式的技术转让。以咨询与服务形式出现的技术转让的一般做法是,雇主与技术咨询公司签订合同,由咨询公司负责对雇主提出的技术课题进行研究,提出建议或解决方案,雇主向咨询公司支付咨询费或服务费。

技术咨询与服务的内容十分广泛,几乎所有的技术课题都可以委托咨询公司协助解决。最常见的有:项目可行性论证、技术方案的制订与审核、工艺与产品的改进、人员培训、项目实施的监督与指导、设备采购与安装指导、招标投标文件的研制、企业经营管理等。

二、商标和专利

(一)商标的概念与合同基本内容

商标是生产者或销售者为将自己的商品与他人制造或销售的商品区别开来而为商品加上的标志。这种标志可以由一个或多个具有特色的文字、字母、数码、线条、图形或颜色组成。商标象征着商品的信誉。商标的种类很多,归纳起来大体有制造商标、销售商标和服务标志三种。

在商品经济中,商标的作用越来越重要,成为识别商品来源、宣传商品和促进销售的有效手段,世界绝大多数国家都对商标予以法律保护。按照大多数国家商标法的规定,商标所有者向主管商标的专门机构办理注册登记获准后,即得到法律的承认和保护,享有商标权。

商标权是一种专用权,具有独占性特征。只要商标所有人依法取得了在一定期限内对某种商标的专用权,其他任何人不得随意使用相同或相似的商标,否则就构成了仿冒他人商标的侵权行为,商标所有人有权向法院或商标主管机构提出投诉,请求依法对仿冒者进行惩处。

商标是工业产权的一种。商标所有人可以将商标的使用权转让给他人使用,商标有时与专利、专有技术一起转让,有时也可单独转让。

商标使用权转让合同中应明确规定下列内容。

1. 商标的内容和特征。即明确注明商标名称、图样、使用该商标的商品。

2. 商标权的合理性和有效性。为了表明商标的合法性和有效性,合同中必须注明商标注册的国别、时间、有效期限和适用的区域范围。

3. 受许可方使用商标的方式。一般来讲,受许可方使用商标的方法有四种:

(1)直接使用。即对供方的商标不加任何改动,将商标直接标在自己生产的产品上。

(2)联结使用。即将自己拥有的商标和供方许可的商标,择其有代表性的部分联结在一起,组成一个新的商标,如福日牌电视机。

(3)联合使用。即将自己拥有的商标与供方许可的商标并列使用,如上海—桑塔纳汽车。

(4)许可使用。将供方许可的商标与制造地点联系起来使用,即在使用对方提供的商标时,注明×国×厂根据×方提供的许可制造。

总之,无论采取哪种形式,都应在合同中明确规定。

4. 商标许可的备案和注册。商标许可合同或含有商标使用权转让的许可合同,都应视情况向受许可方国家商标管理机关办理备案或注册手续,以便转让的商标在受许可方国家得到法律保护。

5. 关于产品的质量监督。供方在向受方转让商标使用权的时候,一般均要求对受方的产品进行质量监督,享有质量控制权,目的在于维护其商标的信誉,各国的法律大都承认这种权利。在许可合同中除了规定供方享有质量控制权外,还应具体规定质量监督的方法,如:规定供方有权按期抽查,发现不合格时,要求受方立即予以改进;若在一定时期内,产品质量仍不合格,供方有权终止受方使用商标的权利等。

(二)专利的概念

专利是政府主管部门根据发明人的申请,经核查认定其发明符合法律规定的条件,而在一定期限内授予发明人的一种法定权益。

取得专利的发明人在法定期限内享有专利技术的专有权,在未征得专利所有者的许可并付给一定报酬之前,任何人不得随意利用专利进行生产。未获专利所有者的同意而擅自使用其专利,即构成了法律上的侵权行为,专利所有者可以利用法律手段追究其法律责任并要求赔偿经济损失。

(三)相关立法

目前,世界上绝大多数国家和地区都建立了专利制度,颁布了专利法,对专利实行了普通的法律保护。为了扩大专利权、商标权和著作权的保护范围,一些国家还共同制订了一些国际公约,就某些问题和在一定范围内达成协议,共同实施对专利权、商标权等的保护。

保护技术专利的主要国际性公约有《保护知识产权巴黎公约》《世界知识产权

组织公约》《国际专利合作条约》。参加国际性公约的国家都必须遵守公约对技术保护的规定,不得任意无偿使用他人的专利、商标或专有技术。如欲获得其他国家的技术,必须征得技术持有者的许可。

知识产权保护被列为关税贸易总协定乌拉圭回合谈判的重要内容之一,最终达成了《与贸易有关的知识产权协定》,对知识产权保护标准、实施程序和补救措施等做了明确的规定。世界贸易组织成立以后,知识产权保护的国际规范得到了进一步的强化。

三、专有技术

专有技术来自英文 Know-How,亦即知道如何制造的意思,一般指未申请专利的技术。联合国工业发展组织对专有技术所下的定义为:“为生产某种产品或采用某种流程,以及为此目的而建立某一企业所需要的知识、经验和技巧的总和。”

从法律角度讲,专有技术没有经过法律的认可,不是法定权利。但是,专有技术持有人对这种技术拥有所有权,这种所有权是一种非法定权利,仅为技术持有者所独有。根据法律界的意思,专有技术虽然得不到专利法、商标法的保护,但它应当得到财产法的保护,作为一种财产,专有技术也可以以许可合同的方式进行转让。

由于专有技术是未公开的技术,不受法律保护,所以专有技术的保密尤为重要,因此专有技术许可合同中一般都特别重视保密问题,专门订有保密条款。由于在专有技术洽商过程中会牵涉到保密问题,交易双方在交易洽商之前就须先签订一个初期保密协议,明确规定供方在洽商中提供的哪些技术情况应按秘密处理,受许可方应当承担哪些保密义务,如果违反初期保密合同规定,受方应当赔偿经济损失等。

所谓保密条款就是规定受许可方应对供方转让的技术秘密承担保密义务,保证不将这些技术秘密泄露给第三方,其目的是为了维护供方的权益,保持专有技术的价值。

在实际经济生活中,专有技术的应用越来越广泛,专有技术在国际技术转让中的比重日趋增大,不少经济组织都在研究专有技术的归属问题。

国际商会已经将“Know-How”列入工业产权之中,世界知识产权组织认为,专有技术也应当列入知识产权的范畴,不少国家也已开始制订保护专有技术的专门法律,如英国的《保护秘密权利法》、法国和日本的《Know-How》。我国公布的《技术引进合同管理条例》就已经把专有技术作为技术引进的管理内容之一。

四、许可合同

许可合同是指双方当事人为共同实现专利权、专有技术使用权和商标权有偿转让的特定目标而规定双方权利和义务的法律性文件。国际许可合同是国际技术转让合同的主要形式。

许可合同一般包括以下十个方面的内容，每个方面内容的条款订立都会对交易双方的利益带来影响，在具体洽商和订立过程中都必须反复磋商和修改。

（一）序言

序言部分一般包括合同的名称、合同编号、签约时间、签约地点、双方当事人及其法定地址等。

（二）关键词语的定义

为了使合同条款清楚、明确地表达双方达成的一致意见，对合同中的关键性名词、术语有一个统一的认识，防止协议执行过程中对有关名词、术语产生分歧和争议，许可协议中一般都有专门的条款对关键性的名词、术语规定明确的定义。

（三）技术转让的范围和内容

技术转让的范围和内容方面的条款是合同的中心内容，有的简称为合同宗旨或合同目标，其条文内容较多，技术性较强，是双方权利和义务的基本依据。

在这一部分中应当明确规定技术转让的具体对象和技术要求；明确规定提供技术资料的详细内容和具体清单、份数、交付时间；明确说明许可方必须提供的技术培训、专家指导、技术服务等有关事项；明确说明许可类别和受许可方对该技术享有使用权、制造权和销售权的权利范围、使用和活动的领域、制造和销售的地区；明确说明交换改进和发展的技术，即规定继续技术援助和技术反馈权等。

在对外签订技术引进合同的过程中，对这一部分条款的订立应当注意以下几个方面的问题：

首先，技术指标的规定要恰当，要根据已批准的可行性研究的技术要求，不得随意提高或降低，要符合许可方的水平和受许可方的消化吸收能力。

其次，要规定许可方提供的技术资料完整、正确、可靠，并要求及时发送。所谓完整是指许可方提供的技术资料应与他自己在其有关经营范围内所使用的一样，不应有任何扣减。所谓正确是指文件不得有任何差错，熟练人员按技术资料规格加工出来的零部件不得有任何缺陷。所谓可靠是指测量值不超过有关规范标准所规定的测量公差。同时，要注意受许可方获得的技术资料具有永久的使用权，除非由于受许可方的过失，不得终止受许可方的资料使用权，或要求受许可方退回资料。

（四）价格与支付

许可协议中的价格就是技术转让的价格，又称许可使用费。技术价款的支付方式也不同于商品贸易的支付方式，较之于商品贸易支付更为复杂。应明确是一次性定价、一次支付，还是一次定价、分期支付，或者现有预付，然后依使用效果来分成收益等。

（五）保证与索赔

这方面内容的条款主要包括：

1. 保证。双方应明确许可协议执行相关条件的保证义务；对许可协议相关的技术使用效果是否保证或保证的目标。

2. 索赔。索赔是指许可方没有履行或没有按期履行合同规定的义务而支付的罚款或赔偿金。其中包括：

（1）因未按合同规定按期交付技术文件资料而支付的罚款。此类罚款的金额可以用技术使用费为基数，迟交一周按一定比例支付罚款，迟交时间越长，罚款比例越大，但合同中一般都应规定一个最高罚款额和最长迟交时间限度。

在规定的最长迟交时间限度内，许可方支付了罚款后并不解除交付技术文件的义务，如果文件迟交超过了合同规定的最长期限，受许可方可按许可方违约而终止合同。

（2）由于资料错误或许可方专家指导错误，致使产品、零部件返修或报废的损失补偿。

（3）合同产品最后一次考核不合格，且责任在许可方，其赔款条款可以规定酌减或退回部分已支付的使用费，在达到合同规定的技术指标前暂不支付提成费。考核虽不合格，但技术所达到的标准在受许可方可以接受的范围内，可以根据实际达到的技术指标与合同规定技术指标之间的差距程度，修改付款条件或相应降低提成率。

（六）不可抗力

不可抗力是指合同签订后，不是由于许可方或受许可方的原因，而是由于发生了意外的事故致使合同不能执行或不能按期执行，在此情况下，遭受不可抗力事故的一方可以免除责任，另一方无权提出索赔。

不可抗力条款是国际贸易中通行的惯例，一些国家的法律和国际组织制订的公约或规则都有明确规定。不可抗力条款应当包括的内容有：不可抗力事故的范围、发生不可抗力事故时当事人应当采取的行动和措施，以及允许遭受不可抗力事故一方延迟履行合同的最长时间限度等。

(七)税费

许可协议中应当明确规定与技术贸易有关的税种,包括关税、财产税、印花税、增值税和所得税等。若交易方所在国对所得税的征收有互相避免双重课税的协议,就应明确相互配合的程序。如许可方和受许可方国家关于征收所得税的规定不同,甚至会出现重复征税的现象,该笔费用则属谈判交易总价的范围。

(八)适用法律与争端解决

国际技术转让是一种跨国经济活动,在合同执行过程中究竟适用哪一国的法律来解决争议是一个十分重要的问题,因为按照不同国家的法律处理争端,可能会产生不同的结果,所以,契约当事人双方都十分重视契约适用法律的选择。

《中华人民共和国涉外经济合同法》(以下简称《合同法》)第五条对合同适用法律做了明确规定,指出"合同当事人可以选择处理合同争议所适用的法律,当事人没有选择的,适用与合同有最密切联系的国家的法律。"

我们在对外签订技术转让合同时,选择适用法律时一般有两种做法:一是明确规定,"本合同适用中国法律";二是如果对方不能接受适用中国法律的规定,可在合同中不明确规定适用法律的国别,只规定争议的仲裁地点,最后由仲裁机构选择适用法律。

在技术贸易合同执行过程中如果发生争端,若系国内贸易一般采取友好协商、提供仲裁和诉讼等方法解决。若系国际贸易一般以仲裁形式解决,在合同中应明确规定仲裁的地点、仲裁的机构、仲裁的程序和仲裁裁决的效力。

(九)合同的生效、期限、展期及终止

关于合同的生效,根据多数国家的规定,技术转让合同须经国家主管部门审查批准后才能生效,合同的生效日期一般以国家有关部门批准的日期为准。根据我国的有关规定,技术转让合同须于签字后30天内由受许可方报请有关政府部门批准,审批机关一般在收到合同后60天内完成审批工作,审查合格者发给证书,证书上标明的日期就是合同生效日期。

有时许可方政府也需要审批,那么合同生效日期以最后批准一方政府的批准日期为准。

合同期限实际上就是当事人双方承担合同规定的权利和义务的期限,在规定合同期限时要注意考虑国家政府部门和有关法律规定对合同期限的要求,要考虑技术复杂的程度和掌握技术所需要的时间,要考虑技术更新的程度和受许可方研

究发展技术的能力等因素。

合同有效期届满之前,当事人可根据双方在合同有效期内合作的情况、技术的发展趋势、专利保护的期限等洽商适当延长合同的有效期。合同续展有两种处理办法:一是合同中专列展期条款,规定合同延长的条件;二是合同中不做明确规定,届时双方根据实际需要进行协商。需要注意的是,合同当事人双方协商合同展期后,一般仍需报请政府有关当局批准。

合同终止有两种现象:一是合同有效期满后自然终止;二是合同有效期未满,因一方违约或其他原因造成的中途终止。自然终止,双方履行了合同规定的义务和权利,交易即告成功;中途终止需根据其原因进行善后处理,因为在合同保证、索赔、不可抗力等条款中也做了明确规定,中途终止亦可根据合同规定进行善后处理。

(十)附件及其他

合同附件是合同不可分割的组成部分,与合同正文具有同等的效力,许多技术标准、技术培训与服务要求等都应以附件的形式加以明确规定。

作为一般的技术转让,专利、商标和专有技术使用权转让合同大体包括了前面所列的十项内容,但是,由于自身的特点,专利、商标、专有技术转让的合同条款各自又具有一定的特殊性,需要根据各自的特点增加相应的条款。

例如,专利许可合同应增加的条款如下:

第一,专利条款。鉴于专利问题的复杂性,在洽商专利许可合同时应当要求出让方将转让项目中所包括的专利内容一一列明,并标明专利号、专利申请国别、申请的时间和有效期限。目的是使受许可方得以鉴别专利的真伪,有利于引进方从中选择适用的专利技术,比较准确地核算应支付的专利使用费。

第二,专利有效保持条款。根据各国专利法的规定,专利申请后还需按期向主管部门缴纳年金,而且年金缴纳的金额一般采取累进制,即越接近期末,缴纳的年金越高。因此,为了保持专利的有效,合同中应规定,供方应按期向有关主管当局缴纳年金,以保证专利在许可合同有效期内保持有效。

第三,侵权处理条款。侵权处理是指在发生未经专利权人许可,第三者即实施专利,或专利权人(或其利害关系人)被第三者指控侵犯了第三者的专利产生侵权纠纷时对双方的行为义务予以约定。即明确由谁出面应诉、起诉,谁承担费用,谁受益,谁负责配合等义务。

第四,保密条款。一般来讲,保密的范围应当是专有技术的核心部分,即基本设计、图纸和工艺等。保密措施是指受许可方采取哪些方法保密,例如,对材料的保管、复制和使用的办法,技术资料的回收,以及对保管人员的要求等。这些都应当在合同中加以规定。

保密期限是指受许可方承担保密义务的截止日期。根据通常的情况，合同终止后，双方的义务结束，保密期限即满，所以保密期限一般与合同有效期相一致。但也有例外，保密期限长于或短于合同有效期的现象时有发生，要根据具体情况而定。

第三节　租赁合同谈判

租赁合同是出租人和承租人为租赁一定资产而明确相互权利与义务的契约。租赁各方行为的法律依据主要表现在租赁合同上，内容往往根据不同的租赁方式而有所差异。由于租赁业务本身的特殊性，一笔租赁业务涉及多方当事人和多笔业务，因此与租赁业务有关的合同包括购销合同、国际租赁合同、贷款合同等多项合同。

一、租赁合同特征

现代租赁作为一种新型的融资方式，涉及多方当事人，业务关系比较复杂。现代租赁具有不同的类型，主要包括自营进口租赁、进口转租赁、回租后的进口转租赁等。出口租赁在我国尚处于探索阶段。

租赁业务项下的销售合同可由出租人作为买方，按照承租人与供货商磋商达成的条件，就买卖某项设备各方应享有的权利和应承担的义务，代承租人与供货商签订并由承租人确认同意连署签字。

租赁业务销售合同的基本内容和性质与一般进出口合同类似，必须对进出口设备或生产线的供货范围、规格、性能、价格、交货、付款、保险、运输、质量保证、不可抗力、索赔和仲裁等项条款做出具体规定，但由于租赁业务中的进出口销售合同是租赁合同中不可分割的附件，因此，需要增加一些与租赁业务有关的条款。这些条款主要包括：

第一，卖方（供货人）要在进出口销售合同中确认合同货物是作为买方（出租人）和用户（承租人）之间签订的租赁合同中的标的物，由买方向承租人出租。

第二，卖方要对买方和承租人保证合同规定货物的规格、式样、质量、性能及其他全部条件均符合承租人的使用目的。

第三，明确合同期内有关合同规定的质量保证、卖方提供的服务和应承担的义务，均由卖方直接对承租人负责。

第四，与租赁有关的特别条款（合同中其他任何条款如与特别条款有抵触，以特别条款为准）。

二、法律条款

租赁合同包括一般性条款和特殊性条款两类法律条款。

(一)租赁合同的一般性条款

租赁合同的一般性条款包括以下内容:

1. 合同说明条款。首先要确定合同的名称,也就是说要确定合同的交易性质。比如,交易属于一项融资租赁交易,合同文本就应标明为融资租赁合同。合同说明条款还包括这样一些内容:①叙明租赁合同当事人(即出租人和承租人)的名称住所;②如属涉外合同,还应写明当事人的国籍;③标明合同签订的日期和地点;④说明出租人应承租人的要求购进经承租人选定的设备,按照双方共同商定的条件租赁给承租人使用。这一说明在融资租赁合同中十分重要,因为在法律上这是融资租赁合同与其他租赁合同的重要区别之一,明确出租人购进设备用于承租人使用,所购设备经承租人选定,可以免除出租人对设备质量、性能缺陷的责任。同时,这也是在融资租赁合同中订立出租人对租赁设备所负责任条款的根据,从而明确了出租人所承担的责任仅限于设备资金融通。

2. 合同实施的前提条件条款。有些合同还规定了实施合同的前提条件或生效条款,表明此类合同虽经当事人签字,但必须在履行了前提条件或生效条款后方能生效。这些前提条件根据各个国家的规定和各个合同当事人之间的协议而定。租赁合同实施的一般前提条件有:项目批准件、进口许可证和偿还租金保证函等。

3. 租赁设备条款。租赁合同的标的物是承租人要求出租人融资购进的设备,因此在合同中应详细专列一条款项,将租赁设备的名称、制造厂家、出厂日期、规格、型号、数量、设备的技术性能、交货地点和使用地点等写明。

由于此类条款烦琐详细,且多属于工程技术方面的说明,在合同文本中详细写明会影响文本的阅读,因此租赁设备都另具附表详列,作为合同不可分割的组成部分,而在合同正文条款中只做简明规定。如果前述进出口销售合同已对设备条款做了详细规定,这里可以不另具附表详细说明。

4. 租赁设备的交货和验收条款。融资租赁标的物由卖方直接运交承租人所指定的交货地点,由承租人验收。因此,在交货和验收条款中应规定:承租人确认出租人与供货人之间有关进口销售合同中的租赁设备是承租人根据自己的需要所选定的;承租人须向出租人提供出租人认为必要的各种证明;条款中应明确规定租赁设备的交付时间、地点及由何人交付(即明确由供货人或出租人负责交付)。

该项条款还应规定交付人不能按期交付租赁设备时应承担的责任,明确规定因哪些原因造成的租赁设备迟付不属于交付人的责任;应规定租赁设备抵达交货地点后应由承租人自负保管责任;承租人要在当事人双方协商一致的期限内检查验收租赁设备是否符合要求,并在租赁设备的收据上签字盖章,向出租人出具验收证书。

如果承租人未能在规定期限内办理验收事宜,租赁设备将被视为在完整状态下已由承租人验收完毕,并被视为在规定期限的最后一天租赁设备验收证书已由承租人交付给出租人。如果供货人延迟租赁设备的交货或租赁设备的规格、式样、性能、机能等与购货合同规定的内容不符,或因设备质量不良、有瑕疵等使承租人受到损害,对这个问题,出租人虽不负责任,但在合同中要明确规定出租人有义务将购货合同中对供货人的索赔权转让给承租人,并有义务协助承租人办理有关索赔事宜。对于进口租赁设备,条款中还应明确规定卸货港、设备到达卸货港口应办理的报关手续等。

5. 税款费用条款。租赁交易中涉及的进口关税、进口工商税和海关当局规定的增值税和产品税等税款和费用,如果未做其他规定,则应由承租人支付。其支付方法按照租赁设备由承租人自行提取或委托出租人转运至承租人安装地点或使用地点而不同。因此,在租赁合同中应做出相应规定。

6. 租期和起租日期条款。租期即合同有效期或承租人使用租赁设备的基本期限,其长短可由双方当事人协商。起租日就是租金开始计算日,一般有付款日、提单日、开证日或交货日等几种计算方法。租期从何日开始到何时截止应有明确规定,否则就会引起纠纷。条款还应明确规定在合同有效期内,除非另有规定,当事人双方不得单方面要求解约或退租。

7. 租金支付条款。租金是租赁合同的主要内容。在此条款中,必须明确规定,除非因出租人的过错,承租人有义务按照租赁合同规定向出租人支付租金。

租金的确定可依据概算成本估算,如果租赁设备的实际成本与概算成本有出入,则应以实际成本为准调整租金;也可依租期与所租货物的总价值核算租金收入;还可以根据出租货物的所有权是否转让,依投资回报的目标来确定。

租金支付方式可根据承租人的资金收入情况与出租人商定,支付方式一般包括:

(1)租金支付次数。即租金在租期内分几次或几期支付。

(2)期前付租或期后付租。期前付租就是在每次付租期开始日支付租金,而期后付租是在每次付租期末日支付租金。

(3)均等付租或不均等付租。均等付租就是每期支付的现金相等,不均等付租就是根据承租人的资金收入情况而商定的各期租金支付数,通常有宽限期支付、季节性支付、逐步递减支付等几种方式。通常规定第一次缴纳租金要在租赁设备开始正常运转以后,以便承租人用所租设备生产产品出售后获得的收入支付租金。

在国际租赁合同中应订明偿付租金的货币种类,以避免因货币兑换率变动而发生纠纷。一般情况下,租金与购货合同所支付的货价款为同一货币。这些条件在租赁合同中一般都以附表形式列入并作为合同的附件。

国际租赁合同还应规定承租人按期支付的租金除国家规定应扣除的预提税外,不负责和不能扣除任何其他税款,也不得以任何理由抵消或扣除出租人对承租人的其他债款费用,以保障出租人的租金所得不受影响。

如遇支付租金日为一方营业日,而为另一方节假日,应由双方商定后在支付条款中明确规定如何支付。为了阻止承租人延期支付租金,保证出租人按期收到租金,合同应有加收罚息的规定。

(二)租赁合同的特殊性条款

由于融资租赁的特殊性,除了一般性条款外,租赁合同中还应规定一些特殊性条款。这些特殊性条款主要包括以下几个方面。

1. 购货合同与租赁合同的关系条款。在融资租赁交易中,租赁合同是购货合同成立的前提,是主合同;购货合同是租赁设备的依据,是辅合同。两个合同所指为同一标的物。若购货合同签订在先,在签订租赁合同时应说明本合同的依据是第××号转让或回租购货合同,并说明该合同项下设备将出租给承租人使用。若租赁合同签订在先,应明确租赁合同及购货合同签订的法律关系。

2. 租赁设备的所有权和使用权保障条款。在融资租赁业务中,租赁设备的所有权和使用权相分离。出租人对租赁设备的保障非常重视,因为设备掌握在承租人手中,需要规定一些法律条款来保障出租人对租赁设备的所有权以及承租人对租赁设备的使用权。

租赁设备的所有权在租期内始终属于出租人。为了保障出租人对租赁标的物的所有权,租赁合同应规定出租人有权在标的物上设立表明所有权的标志,标志的设立不应影响承租人的使用和商誉。

除经出租人书面同意可转租赁外,承租人不得转让、抵押、出售或产生其他任何侵犯出租人租赁标的物所有权的行为。若承租人破产,出租人对标的物的所有权构成了对破产执行人和其他债权人等第三者要求的有效对抗。

承租人在合同期内对标的物享有充分的使用权,出租人不得以所有权为理由损害这一使用权。出租人的破产或将标的物产权的抵押及转让,都不得影响承租人对标的物的使用权。在发生原出租人破产清算偿债或将租赁标的物转让时,原出租人有义务向标的物新的所有者明确原租赁合同中承租人的权利不得改变及受到妨碍,并有义务通知承租人,有义务为承租人与新标的物所有者建立租赁关系提供协助。

3. 承租人不得中途解约条款。融资租赁有别于传统租赁的主要之处在于融资租赁合同一经生效，租赁设备经承租人验收出具验收证书后，承租人就不能单方面提出解除合同。如发生丢失或毁损，承租人不得终止或解除租赁合同，全部损失由承租人负担，不能免除承租人支付租金的绝对义务。

下列条款代表了承租人对租赁设备的绝对的和不可撤销的义务。

灭失和毁损：承租人承担在租赁期内发生的租赁设备灭失和毁损（正常损耗不在此限）的风险。在发生任何情况下，承租人应立即通知出租人，出租人可选择下列方式之一由承租人负责处理并承担其一切费用：①将租赁设备复原或修理至完全能正常使用状态；②更换与租赁设备同等型号、性能的部件或配件，使其能正常使用；③当租赁物件灭失或毁损至无法修理程度时，承租人应按规定的预定损失金额赔偿出租人，出租人收到赔偿金额后将租赁设备（以其现状）的所有权及对第三者的权利（如有）转交给承租人。

在保障承租人权益方面，合同中应规定：如果因出租人迟付货款或违反购货合同行为造成租赁设备的延误交付、未按合同交付或交付与合同不符，承租人有权根据合同有关条款向出租人提出赔偿要求。

4. 对出租人负责和对承租人保障的条款。出于融资租赁的性质，出租人对承租人不承担和保证任何租赁设备质量、性能、适用与否等方面的责任。但为了保障承租人的利益，在租赁合同中应规定出租人即购货人将对租赁设备供货人的索赔权转让给承租人，所有向供货人索赔而支出的费用均由承租人负担，而取得的赔偿金也归承租人所有。无论承租人取得赔偿与否，承租人均应无条件按照租赁合同规定交纳租金。

5. 对承租人违约和对出租人补救的条款。承租人到期不付租金、侵犯租赁设备所有权、违反租赁合同条款及承租人破产均构成违约。对于承租人违约，出租人为了挽回和减轻损失，通常采取的补救方式包括：终止合同、收回租赁设备、收取已发生但尚未支付的租金及利息并收取赔偿金。

6. 租赁设备的使用、保管、维修和保养条款。在融资租赁合同中，一般都订有“租赁设备由承租人使用，承租人负责日常保管、维修和保养，使设备保持良好的状态，并承担由此产生的全部费用”的条款，要求承租人像对待自己所有的财产一样保护租赁设备，使其经常处于良好的工作状态。

对于那些零部件使用寿命低于设备本身的，需要定期更换，有些租赁业务还与卖主（原制造厂）签订了设备维修、保养合同，承租人有责任保证这些合同的全部执行。

7. 保险条款。租赁设备保险是保障出租人和承租人利益都不受损失的重要手段。几乎所有融资租赁合同都订有承租人应对租赁财产投保的条款，不仅要求投保设备本身的水灾、火灾、盗窃和损害险，而且还要求投保对第三者构成损害的险别和其他意外险。

租赁公司一般对租赁设备保险有如下规定:租赁合同签订生效后就应立即向保险公司投保;保险可由承租人投保,也可由出租人投保,但在合同中应明确对保险公司的选择,如由承租人投保须事先取得出租人的同意,投保的范围视租赁设备的情况而定。

投保金额可以是投保租赁设备成本总价或租金总额或预计赔偿金额,由出租人与承租人商定。保险期限自交费日起至租赁合同期满时止。

保险赔偿金的受益人,由于租赁设备所有权属于出租人,保险单上的受益人应为出租人,但也可规定出租人与承租人为共同受益人。在租赁期间发生的保险事故,承租人应立 即通知出租人和保险公司,不论保险是出租人或承租人投保,都应向出租人提供检验报告和有关资料,承租人会同出租人向保险公司索赔,保险金由出租人领取。

出租人可以将承租人为修复租赁设备或更换与设备同等型号、性能的部件或配件,使其能正常使用所支出的款项从保险赔偿金内扣付给承租人。如承租人支出的款项超过保险赔偿金,多余部分则由承租人负担。如果租赁设备灭失或毁损至无法修理的程度,保险赔偿金应归出租人,以扣抵应收租金和损失,不足部分由承租人赔偿给出租人。

8. 租赁保证金和担保条款。融资租赁中的租赁设备虽属出租人所有,但是一旦承租人违约,出租人虽可收回租赁物件,但仍将蒙受损失,因为租赁项下的设备是专门为特定承租人专购专用的,难以处理。所以,融资租赁合同常订有向承租人收取保证金和获得经济担保的规定。

租赁保证金的数额及如何支付是出租、承租双方谈判的内容。保证金在保证期内,如未因承租方过失而补偿给出租方,保证期满后或抵付末期租金的全部或一部分,或归还承租人。无论保证金在保证期满后如何处置,出租方在保证期内对保证金不能无偿占有,双方应按商定的计息办法计算利息;在谈判末期租金或总的租金水平时应考虑保证金利息额因素,以补偿承租方的利息损失。保证金利息率的计算应参考双方各自的资金收益率和银行贷款利率因素。

租赁保证金金额由出租人与承租人双方商定或按租金比例规定。在租赁合同中还应规定:承租人违反租赁合同任何条款时,出租人有权根据合同规定从租赁保证金中抵扣承租人应支付给出租人的款项。

租赁保证金一般只收租金总额的百分之十儿,远不足以保障全部租金,所以合同中还规定有经济担保人,担保和负责承租人切实履行租赁合同的各项条款。如承租人不能按照合同的规定向出租人缴付其应付的租金及其他款项,担保人要按照合同的规定,无异议地代承租人向出租人支付包括迟延支付利息在内的未付租金余额和其他应付款项。

9. 租赁设备租赁期满的处理条款。租赁设备期满处理问题,不同国家有不同的法律规定。在我国,融资租赁的承租人有三种选择权——留购、续租或退租。但是在现行融资租赁交易中,大多数承租人在租赁期满,将应交的租金及其他款项付清后,只需支付名义货价即可获得租赁设备的所有权。

10. 对第三方的责任条款。为了明确出租人或承租人在租赁设备租赁期限内对第三方的责任,一些租赁合同规定了涉及第三方(出租和承租双方以外的有关方面)的权益条款:

(1)出租方应在租赁期内,保证租赁财产权益的合法性,排除第三方对财产权益的异议,确保承租方正常享受对租赁财产的使用权。

(2)承租方在使用租赁财产的过程中,因自身过错致使第三方的权益受到损失时,应负责赔偿。

11. 转租赁条款。由于承租人在融资期间承担绝对的和无条件支付租金的义务,承租人有权要求将租赁设备转租给其他人使用,但是必须取得出租人的书面同意。使用转租赁方式的承租人有两种:一种是租赁公司转租赁;另一种是承租人对所租设备在本厂使用不经济或受其他条件影响不能有利使用,但却有合适的第三者承租时,经出租人书面同意,可将租赁设备转租赁出去。

12. 租赁债权的转让和抵押条款。在融资租赁交易中,出租人可以不经承租人同意,将租赁合同规定的全部或一部分权利转让给第三者,或提供租赁物件作为抵押。但是,这项转让和抵押的权利以不影响承租人根据租赁合同享有的各种权益为限,并不能解除出租人在租赁合同中的任何义务,以保障承租人的权益。

13. 预提所得税条款。世界各国,除少数免税国家和地区外,对外国公司、银行、企业和其他经济组织,在本国境内没有设立机构而有来源于本国的股息、利息、税金、特许权使用费和其他所得都要征收所得税。这些税通称预提税。税收由支付单位在每次支付的款额中扣除,获得收入的外国公司、银行、企业和其他经济组织为纳税义务人,支付所得的单位为扣缴义务人。因此,一个国家的企业对进口租赁设备向外国支付租金时,有义务对外国出租人扣缴预提税。

出租人在外国所取得的所得,必须在其本国缴纳所得税。如果他在外国被扣缴预提税,那么,他就交纳了双重所得税。为此,一些国家政府之间签有避免双重征税的协议。

第四节　工程承包合同谈判

工程承包是一项综合性商务活动,是通过国际的招标、议标或其他协商途径,以提供自己技术、资本、劳务、管理、设备材料、许可权等方式，在与工程业主达成的总预算内，按工程业主（发包人）的要求，为其营造工程项目的活动。该类合同谈判应关注以下几点。

一、招标投标

目前，承包工程项目的建设主要采用招标方式进行，即业主招标（Invitation to Tender）、承包人投标（to Submit Tender）。

在工程承包业务中，所谓“标”即“标的”的意思，是指“拟发包工程项目内容与要求”。因而，标的制订有两种方式：一种是招标人（业主或发包人）就拟建工程提出设计图纸和若干经济技术条件，通过公开或非公开的方式邀请投标人报出工程价格及支付条件；一种是业主或发包人明确技术条件和总价，承包人来投标，投标条件优者中标。

通过这种方式成交，招标人和投标人都可达到自己的目的。招标人通过招标引进竞争，可以“货比三家”，从众多的投标人中选择自己最满意的投标人来承建工程，提供技术和设备，使招标人以最小的代价取得最佳的经济效益；投标人则可通过这种方式进入承包市场，夺取项目，不断提高自己的经营管理水平和技术水平，扩大自己的知名度，提高自己在承包市场上的地位。

目前，国际上通常采用的招标方式一般可分为竞争性招标和非竞争性招标两大类。竞争性招标（Competitive Bidding）又可分为公开招标和选择性招标。

公开招标亦称国际公开招标或国际竞争性招标（International Competitive Bidding，简称 ICB）。英文中“Bidding”和“Tendering”两词一般可相互替代使用。公开招标是招标人通过公共宣传媒介发布招标信息，使世界各地所有合格承包商前来购买标书参加投标，条件对业主最有利者可中标。

世界银行根据“三 E”原则，对借款国执行土建工程和采购业务要求采用“国际竞争性招标”方式，并把招标方式广告刊登在世界银行发行的《发展论坛》上或借款国国内一两家知名度较高的报纸上，面向所有的成员国。所谓“三 E”原则，即 Efficiency（效率）、Economy（经济）、Equity（公平）。世界银行认为，只有通过公开招标方式，才能实现上述三项原则。

选择性招标（Selected Bidding）亦称邀请招标（Invited Bidding），属于一种有限竞争性招标。在选择性招标条件下，招标人通过咨询公司、资格审查或其他途径了解到承包商的情况，有选择地邀请数家有实力、讲信誉、经验丰富的承包商参加招标，经评定后决定中标者。采用这种方式一般不刊登招标信息，而是由招标人将有关招标材料直接寄交给被邀请参加投票的承包商。

选择性招标方式主要适用于工程所需技术、设备、材料只有少数几家承包商可提供的工程、特殊工程或不宜公开招标的工程。

二、合同种类

工程承包合同又称工程承包契约，是业主和承包商为确定各自应享受的权利和应履行的义务而订立的双方共同遵守的法律文件。承包合同是双方在合同实施过程中应遵守的行为准则，也是解决双方可能发生的纠纷的基本依据。

国际工程承包合同的种类从不同的角度划分有不同的种类（如按价格形式划分可分为总价合同、单价合同、成本加酬金合同），下面分别予以介绍。

（一）总价合同（*Lump-sum Contract*）

总价合同即总价不变合同，即业主要求承包商按照规定完成全部工程而付给其确定价款的合同。也就是说，业主支付给承包商的价款在合同中是一个确定的数目，承包商同意按照合同中确定的数目，履行合同规定的全部工程。

采用这种合同形式，无论承包商承担多大的风险或获取多大的利润，业主和承包商最终以合同规定的总价进行结算。因而采用这种合同，承包商必须对发包工程的详细内容及各种经济技术指标进行深入的研究，否则将会蒙受损失。

总价合同对当事人既有利又有弊。从业主角度讲，它可以在工程开工前确定工程总造价，易于评标，便于控制项目总预算，但业主需花大量的时间进行招标的准备工作。从承包商角度讲，承包商承担风险较大，因而在报价前应对一些不可预见的因素（如工资上涨、原材料价格上涨等）做出综合评价和判断，但采用这种形式，也可调动承包商的积极性，如管理得好，就可获得高额利润。总价合同是国际工程承包中应用较广的一种形式。

（二）工程咨询合同（*Consultant Contract*）

工程咨询合同即业主与咨询人（工程师或建筑师）签订的合同，这种合同是专业服务合同。咨询人（或称咨询公司）通常是由不同的工程业务的会员公司组成，各自承担不同的专业咨询业务。

工程咨询业务主要分为投资前研究（Preinvestment Studies）、项目的准备活动（Preparation Service）、工程实施服务（Implementation Service）、技术服务（Technical Service）四种。

（三）施工合同（*Construction Contract*）

施工合同亦称建筑合同，是业主与承包商签订的工程实施合同。许多国家都制订了本国的标准合同格式。目前，使用最广泛的合同格式是国际顾问工程师联合会(FIDIC)拟订的《土木建筑工程(国际)施工合同条款》。

(四)工程服务合同(*Engineering Contract*)

对于大型或复杂的工程项目,业主往往要委托工程公司、制造公司或生产公司负责有关工程服务工作,为此而签订的合同,叫工程服务合同。在此合同项下的工作基本上与咨询合同的内容相同,但范围更大。

(五)设备供应合同及设备供应与安装合同

为完成整个工程的设备部分,业主可根据情况签订四种范围不同的合同。

1. 单纯设备供应合同。这种合同属买卖合同,当事人是买主和卖主。

2. 设备供应与安装合同。这种合同属承包合同,当事人为业主和承包商,除买卖合同外,还附加一项服务合同。

3. 单纯安装合同。这种合同属服务合同,当事人是业主和承包商,承包商只负责安装设备。

4. 监督安装合同。这种合同适用于业主自行安装设备,承包商(一般是设备供应厂商)负责指导监督安装的情形。

(六)交钥匙合同(*Turn-key Contract*)

交钥匙合同又称"一揽子合同"(All-in Contract),是指承包商从工程的方案选择、建筑施工、设备供应与安装、人员培训直至试生产承担全部责任的合同。也就是说,承包商自始至终对业主负责。

工程竣工后,承包商只要交给业主工厂的钥匙,业主开门即可正式投入生产。这种合同实际上是以业主为一方,以咨询人、设备供应厂商、土建承包商为另一方所签订的合同。对于承包工程的一方,可以是一家公司,也可以是总包商与分包商共同合作的多家公司。

采用这种方式,对业主来讲省时、省事,但费用太高;对承包商来讲,则有较大的主动权,可掌握项目的进展,但对项目的履约保证程度较高,风险也较大。在交钥匙合同的基础上除去建筑施工部分,就是半交钥匙合同(Semi-turn-key Contract),总承包商只对建筑施工负监督责任。

(七)交产品合同(*Product-in-hand Contract*)

交产品合同亦称产品到手合同,是指在工程项目投产以后,承包商仍在一定的时间内(一般为1~2年)继续负责指导生产、培训人员和维修设备,保证生产出一定数量的合格产品,并达到规定的原材料、燃料等消耗指标后才算完成任务,故这种合同又称为“保产合同”。

这种合同形式是在交钥匙合同形式的基础上发展起来的,与交钥匙合同相比,承包商的履约保证范围更大了,要通过实际运转,而不仅是试运转和试生产。

三、FIDIC 合同的主要内容

工程承包合同的内容是业主和承包商权利和义务的具体规定,对于合同内容并无统一规定,合同双方可根据工程的实际需要商定。一些国际性组织和机构为了推广承包业务,方便业主与承包人之间的交易,降低谈判成本,也编制有“标准合同”(即范本)供业主和承包商选用。“标准合同”种类较多,目前国际市场上应用最为广泛的是由“国际顾问工程师联合会(FIDIC)”编制的,并经几个国际性组织批准的《土木建筑工程(国际)施工合同条款》。这个范本得到了世界银行的推荐。

FIDIC 合同条款主要由一般条款和专用条款组成,一般条款具有普遍性,适用各种项目,而专用条款是根据工程的特点制订的。下面介绍一下 FIDIC 合同条款的主要内容。

第一,合同范围(Scope of Contract)。合同范围一方面是指承包商的责任范围,另一方面指的是工程范围。有时此项条款省略写入其他有关条款中。

第二,工程期限(Period of Construction)。工程期限即工期,指工程从开工之日起到全部建成为止所需的时间。因此要写明开工时间和竣工时间,如果承包商无故拖延工期,给业主造成损失,则要受到罚款。

第三,承包商的义务(Contractor's Obligation)。承包商除按合同规定完成并维修该项工程外,还要提交履约保函,提出工程进度计划,接受工程的监督,执行工程的命令,在工程监理签发竣工证书前照看工程,对工程进行保险,对分包商的工作负责。其中,最重要的义务之一就是按合同规定的工期和质量要求完成项目。

第四,业主的责任(Employer's Obligation)。业主除按合同规定支付工程价金外,还要提供建设用地,负责工地的“三通一平”,协助承包商办理工程机械、原材料、设备、生产用品的出入境手续,采取适当措施保护现场,派遣工程监理及其代表等。

第五,工程监理及其代表(Engineer and Engineer's Representative)。工程监理与业主签订工程服务合同,在工程施工中,作为业主的代理人。但工程监理在执行任务时,又处于独立的地位。工程监理往往要派驻代表进入工程现场,即驻地工程监理。工程监理应把委托给驻地工程监理的权限,以书面形式通知承包商。

第六,价格条款(Price Clause)。合同双方要在价格条款中写明是总价合同、单价合同还是成本加酬金合同,价格中是否包括税金,计价采用的货币,以及是采用固定价格还是滑动价格等。

第七,支付条款(Payment Clause)。支付条款包括支付方式和支付期限。国际承包中,经常采用银行保函和信用证办理支付,它们都属银行信用,风险小,收汇有保证。工程承包中,常有预付款、进度款、最终结算款。由于一些国家经济不景气,出现了延期付款和实物支付工程款的方式。

第八,误期罚款(Liquidated Damage)。一般合同中都规定,若承包商不能如期完成工程建设,则要受到罚款。

第九,转包(Sub-letting)。承包商未经业主事先书面同意,不得转包工程的任何部分,同时,承包商选择的分包商还要征得业主的同意。

第十,工程变更条款(Contract Modification Clause)。合同签订后,由于各种原因,在履行过程中,可能要做一些必要的修改。其主要原因是:当事人的要求、原图纸有误或意外事故等。不论何种原因引起工程变更,都必须由工程监理以书面形式下达变更命令,否则承包商无权更改工程。工程变更必然会影响价格,当工程量变化超过一定幅度时,应对合同价格进行调整。

第十一,承包商违约(Default of Contractor)。若承包商违反了合同中列举的事项,应受到处罚,如承包商未经许可转包工程、无正当理由不开工、质量不合格等。在承包商违约时,业主有权没收承包商的履约保证金,并另雇承包商完成该工程,有权免费使用工地上的施工机械,并要求赔偿损失。

第十二,业主违约(Default of Employer)。若业主未按合同规定履行义务,如干涉工程签发各种证书,未按规定向承包商办理支付,或处于破产停业清理等,承包商有权发出书面通知,甚至可以终止合同并撤离现场,同时承包商还可要求业主赔偿由此造成的损失。

第十三,不可抗力条款(Force Majored Clause)。它是指由于人力不可抗拒的事故致使合同不能履行或不能如期履行,而免除当事人的责任。

第十四,仲裁条款(Arbitration Clause)。合同实施过程中,业主和承包商之间难免发生争端,如经协商或工程监理调解仍不能解决,就可提交有关仲裁机构进行仲裁。仲裁的裁决对双方都有约束力。

第十五,验收条款(Acceptance Clause)。业主对承包商所提供的一切设备、材料、做工,经检查、试验、试生产后,认为完全符合合同的规定并表示满意,验收即为合格,验收合格的应发给合格证书。验收不合格的,若责任在承包商一方,由承包商负责修补,直到合格为止。验收条款中应订明验收的组织形式、验收方法和时间以及验收文件等内容。

除此之外,FIDIC 合同还包括担保、保险、索赔等条款。

第五节 其他合同谈判

一、借款合同

借款合同是借款人向贷款人借款,到期返还借款并支付利息的合同。借款合同的内容包括借款种类、币种、用途、数额、利率、期限和还款方式等条款。订立借款合同,贷款人可以要求借款人提供担保。

借款合同主要包括以下三个部分:合同条款;贷款人权利和义务;借款人权利和义务。

(一)合同条款

合同的主要内容有以下几个方面:

1. 借款方、贷款方、保证人的名称、住址、法人代表的姓名(保证人是否需要根据借款方的情况或者借贷双方协商,由借款方提出)。

2. 贷款的种类。

3. 贷款的用途。国家政策规定,贷款不准用于弥补亏损、垫交被挪用的税收、利润,不准用于行政开支和职工福利,不准用于基本建设(建行的基建贷款除外),只能用于提高经济效益,扩大再生产。

4. 借款币种。借款的币种是指人民币或其他外币。

5. 借款的数额。这是指经批准的数额,超规定借款要经上级人民银行批准。

6. 借款的期限。借款的期限双方应在合同中约定,它是指借款人还款的时间,借款人应当按照规定按期履行,超过期限要承担民事责任。在借款合同中还款时间没有约定或者约定不明确的,一般应补充协议确定或者按交易习惯解决,不能达成补充协议或按交易习惯仍不能确定,借款人可以随时还款,贷款人也可以随时要求借款人在合理的期限内还款。

7. 借款利率。利率是国家严格规定的,双方应在中国人民银行规定的利率上下限之间确定借款利率。

8. 还款方式。这是指借款人按照中国人民银行规定的还款结算方式归还借款,如不能按期还款,借款人应向贷款人提出申请,经同意后,可以延期归还,逾期不还,应承担民事责任。

9. 保证条款。这是指借款人对所借款项的使用方向、还款期限所做的承诺。

10. 违约责任。这是指借款人将所借款项用于借款用途以外的项目或者逾期还款应承担的责任。

11. 其他条款。即双方当事人认为有必要约定的其他事项。

（二）贷款人权利和义务

贷款人权利和义务的规定有：

1. 根据《合同法》第二百零五条借款人应当按照约定的期限支付利息和第二百零六条借款人应当按照约定的期限返还借款的规定，贷款人享有按期收回合同中约定的借款和到期利息的权利。

2. 贷款人按照合同的约定，享有《合同法》赋予的对借款人使用借款的检查、监督权。

3. 借款人未按合同约定使用借款、贷款，贷款人享有停止发放未发放的借款和提前收回借款的权利。

4. 向借款人提出纠正借款使用建议书的权利。

5. 按照合同约定的期限、数额提供给借款人借款。逾期交付借款，贷款人应承担违约责任。

6. 通知借款人按期还款的义务。借款合同期限届满 10 日前，贷款人应书面通知借款人按期还款，未做书面通知，造成借款人逾期归还借款的，借款人不承担逾期还款责任。

（三）借款人权利和义务

借款人权利和义务的规定如下：

1. 请求贷款人按照借款合同约定的期限、数额、交付贷款，并获得该笔款项的所有权。

2. 依合同约定的方向使用借款。

3. 借款人不能按期还款，可以在还款期限届满之日前向贷款人申请延展，最高可享受延展原定借款期限一半以内的时间。

4. 除双方当事人另有约定以外，借款人可以提前归还借款。

5. 需要提供保证的，借款人应提供符合法定条件的保证人。

6. 借款人需向贷款人提供与借款有关的业务活动和财务状况的真实情况。

7. 依合同确定的用途使用借款。

8. 依合同约定的期限支付利息。《合同法》第二百零五条规定，对支付利息的期限没有约定或者约定不明确的，依照《合同法》第六十一条仍不能确定，借款期间不满 1 年的，应当在返还借款时一并支付；借款期间在 1 年以上的，应当在每届满 1 年时支付，剩余期间不满 1 年的，应当在返还借款时一并支付。

9. 借款人应当按约定的期限返还借款。《合同法》第二百零六条规定，对借款期限没有约定或者约定不明确的，依照《合同法》第六十一条仍不能确定的，借款人可以随时返还，贷款人也可以催告借款人在合理期限内返还。

二、信托合同

信托合同就是指委托人基于对受托人的信任，将其财产权委托给受托人，由受托人按委托人的意愿以自己的名义为受益人的利益或者特定目的，进行管理或者处分的行为而签署的合同。

设立信托，必须有合法的信托目的，有确定的信托财产，并且必须是委托人合法所有的财产（包括合法的财产权利）。采取信托合同形式设立信托的，信托合同签订时，信托成立。采取其他书面形式设立信托的，受托人承诺信托时，信托成立。

（一）合同条款

信托文件：包括信托合同、遗嘱，或者法律、行政法规规定的其他书面文件等。

信托法规：在中华人民共和国境内，信托所依据的法律及相关法规有《中华人民共和国信托法》《信托投资公司管理办法》《信托投资公司资金信托管理暂行办法》等。

1. 信托文件应当载明的事项。信托文件应当载明下列事项：①信托目的；②委托人、受托人的姓名或者名称、住所；③受益人或者受益人范围；④信托财产的范围、种类及状况；⑤受益人取得信托利益的形式、方法。

除前款所列事项外，可以载明信托期限、信托财产的管理方法、受托人的报酬、新受托人的选任方式、信托终止事由等事项。

2. 信托合同应当载明的事项。信托合同应当载明下列事项：①信托目的；②委托人、受托人的姓名或者名称、住所；③受益人或者受益人范围；④信托财产的范围、种类及状况；⑤信托当事人的权利和义务；⑥信托财产管理中风险的揭示和承担；⑦信托财产的管理方式和受托人的经营权限；⑧信托利益的计算，向受益人交付信托利益的形式、方法；⑨信托投资公司报酬的计算及支付；⑩信托财产税费的承担和其他费用的核算；⑪信托期限和信托的终止；⑫信托终止时信托财产的归属；⑬信托事务的报告；⑭信托当事人的违约责任及纠纷解决方式；⑮新受托人的选任方式；⑯委托人和受托人认为需要载明的其他事项。

（二）信托风险

信托风险申明书应当载明下列内容：

1. 信托投资公司依据信托文件的约定管理、运用信托资金导致信托资金受到损失的，其损失部分由信托财产承担，即由委托人交付的资金以及由受托人对该资金运用后形成的财产承担。

2. 信托投资公司违背信托文件的约定管理、运用、处分信托资金导致信托资金受到损失的，其损失部分由信托投资公司负责赔偿。

3. 受托人承诺：受托人制订信托合同或者其他信托文件，应当在首页右上方用醒目字体载明下列文字："受托人管理信托财产应恪尽职守，履行诚实、信用、谨慎、有效管理的义务。"

（三）信托资金管理

信托资金管理报告书应当载明如下内容：①信托资金管理、运用、处分和收益情况；②信托资金运用组合比例情况；③信托资金运用中金额列前 10 位的项目情况；④信托执行经理变更说明；⑤信托资金运用重大变动说明；⑥涉及诉讼或者损害信托财产、委托人或者受益人利益的情形；⑦信托合同规定的其他事项。

（四）公益信托

公益信托的扶助范围主要包括：①救济贫困；②救助灾民；③扶助残疾人；④发展教育、科技、文化、艺术、体育事业；⑤发展医疗卫生事业；⑥发展环境保护事业，维护生态环境；⑦发展其他社会公益事业。

三、保理合同

保理业务是指出口商以商业信用形式出卖商品，在货物装船后立即将发票、汇票、提单等有关单据，卖断给承购应收账款的财务公司或专门组织，收进全部或部分贷款，从而取得资金融通的业务。应用于国际的保理业务称为国际保理。

保付代理是一项综合性制度，是将代理制度、担保制度和银行融资制度结合在一起的商贸法律制度。保付代理的核心是出售债权以获取融资。

（一）保理分类

保理大体分为以下四类：

第一，根据是否融资，可分为到期保付代理和融资保付代理。

第二，根据是否将货款直接付给保付商，可分为公开型保付和隐蔽型保付。

第三，根据是否保留追索权，分为有追索权保付和无追索权保付。

第四，根据供应商与客户的分布情况，分为国际保付和国内保付。国际保付中根据委托保付商的数量，分为单保付体制和双保付体制。

(二)保付代理业务的程序

保付代理业务的程序,简略可概括为如下步骤:①出口商赊销;②签订保理协议(应收款项出售予保付代理组织);③交易报告(进口商的名称及有关交易情况报告给本国保付代理组织);④通知(出口方的保付代理组织通知进口方的保付代理组织);⑤资信调查(进口方的保付代理组织对进口商的资信进行调查,并将调查结果及可以向进口商提供赊销金额的具体建议通知出口方的保付代理组织);⑥交易确认;⑦单据交付;⑧保理商支付货款;⑨催收货款;⑩保付代理业务服务内容;⑪进口商的资信调查和评估;⑫财务信用风险的担保;⑬财务管理和货款追收;⑭账目记录管理;⑮提供融资。

四、担保合同

担保方式为保证、抵押、质押、留置和定金。担保活动应当遵循平等、自愿、公平、诚实信用的原则,第三人为债务人向债权人提供担保时,可以要求债务人提供反担保规定。

担保合同是主合同的从合同,主合同无效,则担保合同无效。担保合同另有约定的,按照约定。担保合同被确认无效后,债务人、担保人、债权人有过错的,应当根据其过错各自承担相应的民事责任。

(一)保证

保证是指保证人和债权人约定,当债务人不履行债务时,保证人按照约定履行债务或者承担责任的行为。

保证合同应当包括以下内容:①被保证的主债权种类、数额;②债务人履行债务的期限;③保证的方式;④保证担保的范围;⑤保证的期间;⑥双方认为需要约定的其他事项。

保证合同不完全具备前款规定内容的,可以补正。

保证的方式有一般保证和连带责任保证两种。保证责任中担保的范围包括主债权及利息、违约金、损害赔偿金和实现债权的费用,保证合同另有约定的,按照约定。当事人对保证担保的范围没有约定或者约定不明确的,保证人应当对全部债务承担责任。

(二)抵押

抵押,是指债务人或者第三人将财产作为债权的担保。债务人不履行债务时,债权人有权以该财产折价或者以拍卖、变卖该财产的价款优先受偿。

抵押合同应当包括以下内容:①被担保的主债权种类、数额;②债务人履行债务的期限;③抵押物的名称、数量、质量、状况、所在地、所有权权属或者使用权权属;④抵押担保的范围;⑤当事人认为需要约定的其他事项。

最高额抵押,是指抵押人与抵押权人协议,在最高债权额限度内,以抵押物对一定期间内连续发生的债权作担保。借款合同可以附最高额抵押合同。

(三)质押

1. 动产质押。动产质押是指债务人或者第三人将其动产移交债权人占有,将该动产作为债权的担保。债务人不履行债务时,债权人有权以该动产折价或者以拍卖、变卖该动产的价款优先受偿。

质押合同应当包括以下内容:被担保的主债权种类、数额;债务人履行债务的期限;质物的名称、数量、质量、状况;质押担保的范围;质物移交的时间;当事人认为需要约定的其他事项。

质押合同自质物移交于质权人占有时生效。

2. 权利质押。下列权利可以质押:汇票、支票、本票、债券、存款单、仓单、提单;依法可以转让的股份、股票;依法可以转让的商标专用权、专利权、著作权中的财产权;依法可以质押的其他权利。

以汇票、支票、本票、债券、存款单、仓单、提单出质的,应当在合同约定的期限内将权利凭证交付质权人。以股份、股票质押的,应到工商管理部门、股票交易中心登记。质押合同自权利凭证交付之日起生效。

(四)留置

因保管合同、运输合同、加工承揽合同发生的债权,债务人不履行债务的,债权人有留置权。留置是指债权人按照合同约定占有债务人的动产,债务人不按照合同约定的期限履行债务的,债权人有权依照规定留置该财产,以该财产折价或者以拍卖、变卖该财产的价款优先受偿。

留置担保的范围包括主债权及利息、违约金、损害赔偿金、留置物保管费用和实现留置权的费用。

(五)定金

当事人可以约定一方向对方给付定金作为债权的担保。债务人履行债务后,定金应当抵作价款或者收回。

定金法则:给付定金的一方不履行约定的债务的,无权要求返还定金;收受定金的一方不履行约定的债务的,应当双倍返还定金。

定金应当以书面形式约定。当事人在定金合同中应当约定交付定金的期限，定金合同从实际交付定金之日起生效。

定金的数额由当事人约定，但不得超过主合同标的额的20%。

（六）保函

保函（Letter of Guarantee，简称L/G）又称保证书，是指银行、保险公司、担保公司或个人（保证人）应申请人的请求，向第三方（受益人）开立的一种书面信用担保凭证，保证在申请人未能按双方协议履行其责任或义务时，由担保人代其履行一定金额、一定期限范围内的某种支付责任或经济赔偿责任。

在保函项下，按索偿条件分，通常可分为以下两种。

1. 有条件保函（Conditional L/G）。有条件保函是指保证人向受益人付款是有条件的，只有在符合保函规定的条件下，保证人才予付款。因此，有条件保函的担保人承担的是第二性、附属的付款责任。

2. 见索即付保函（Demand Guarantees）。国际商会《见索即付保函统一规则》（即国际商会第458号出版物）规定：见索即付保函"是指由银行、保险公司或其他任何组织或个人出具的书面保证，在受益人提交符合保函条款的索赔书（如工艺师或工程师出具的证明书、法院判决书或仲裁裁定书）时，即承担付款责任的承诺文件"。据此，见索即付保函的担保人承担的是第一性的、直接的付款责任。所以，这种保函又称无条件保函（Unconditional L/G）。

银行保函（Banker's Letter of Guarantee）是由银行开立的承担付款责任的一种担保凭证。银行根据保函的规定承担绝对付款责任，所以在进出口业务中逐渐被广泛使用。

五、委托合同

委托合同是委托人和受托人共同约定，由受托人处理委托人事务的合同。

以下是供委托动产拍卖用的委托合同样本。

合同编号：________

签订地点：________

签订日期：________

委托人（简称甲方）：

住所：________

法定代表人：________电话：________传真：________

拍卖人（简称乙方）：________拍卖行

住所：________

法定代表人:________电话:________传真:________

委托代理人:________电挂:________邮政编码:________

根据《中华人民共和国拍卖法》和其他有关法规,甲乙双方经协商一致,签订本合同。

第一条 甲方愿意就下述拍卖物委托乙方依法公开拍卖。

1. 拍卖物名称____________________

2. 品种规格____________________

3. 数量____________________

4. 质量____________________

5. 包装____________________

6. 存放地____________________

第二条 拍卖物的交付方式。

第三条 拍卖物的支付方式。

第四条 拍卖方式。

第五条 拍卖期限。

第六条 双方的权利和义务。

1. 甲方应保证对拍卖物拥有无争议的处分权,并向乙方提供有关的证明文件和拍卖物的详尽资料。必要时,乙方可随时向甲方要求提供咨询,甲方不得拒绝。

2. 甲方可在法律允许的情况下确定拍卖物的底价;乙方不得以低于该底价的价格进行拍卖,但因此而造成不能成交的,由甲方承担责任。

3. 甲方在交付拍卖物时,应向乙方提出其知道或应当知道的拍卖物瑕疵。否则,由此造成的后果由甲方负责。

4. 甲方应向乙方预付受理费________元,用于对拍卖物进行估价、仓储保管、运输、保险和公告、广告等项费用开支,由乙方按实际开支多退少补。当由乙方先行垫付时,其金额在拍卖成交后,从所得价款中扣除。

5. 甲方应按拍卖成交总金额的________%向乙方支付佣金;如果流拍,则甲方不支付佣金。

6. 乙方应对拍卖物的底价保密,不得委托或代理他人参加竞价,亦不得委托他人进行拍卖。

7. 乙方对其占管的拍卖物负适当保管责任,并应将拍卖物的变动情况及时通知甲方。确因乙方的过错而造成拍卖物损失的,由乙方负赔偿责任。

8. 拍卖过程结束,乙方在收齐全部应收款项后,应通过其银行账户,将拍卖所得价款一次全部付给甲方,不得延误。

9. 对需要征税的拍卖物,由甲方交付税金;经税务机关同意,税金可从拍卖所得价款中取得。

10. 拍卖成交后，由乙方按成交价金开给竞买人发票或符合税务机关规定的收据。

第七条　有关拍卖程序的中止和终止问题，根据有关规定予以处理。

第八条　合同经双方签字后生效，不得违约。否则，由违约方向他方按拍卖的底价的________%支付违约金。因合同履行产生纠纷时，任何一方均可向仲裁委员会申请仲裁。

第九条　其他需要约定的事项：____________________。

第十条　本合同有效期至________年________月________日止。

委托人(公章)：________拍卖人(公章)：________

法定代表人：________　　　　法定代表人：________

委托代理人：________　　　　委托代理人：________

开户银行：________　　　　开户银行：________

账号：________　　　　账号：________

附件：有关拍卖物的证明文件及资料影印件共________件

思考题

1. 货物买卖谈判包括哪些主要内容？

2. Know-How 的具体含义是什么？

3. 现代租赁有哪几种类型？

4. 什么是“交钥匙合同”？

5. 什么是信托合同？

案例应用

腾讯收购 Sumo Group①

2021 年 7 月 19 日，英国游戏开发商 Sumo Group 正式披露，同意腾讯控股旗下全资子公司 Sixjoy(香港)以纯现金方式对公司实现全额收购。根据双方达成的协议，腾讯将会以每股 513 便士的价格进行收购，对公司估值达到 9.19 亿英镑，较公司 7 月 16 日收盘价溢价 43.3%。值得注意的是，腾讯早在 2019 年就收购了该公

① 资料来源：界面新闻，2021-07-20。

司 8.75%的股权,在本次全资收购之前便已是 Sumo Group 的第二大股东。

英国 Sumo Group 成立于 2003 年,总部位于谢菲尔德,目前在 5 个国家拥有 14 个工作室,员工超过 1 200 人,公司为世界上最知名的发行商、平台和娱乐品牌(索尼、漫威、EA、动视暴雪、Xbox 等)提供终端视觉和开发解决方案,参与制作的游戏包括《龙与地下城》《古墓丽影》《绿林侠盗:亡命之徒与传奇》《麻布仔大冒险》《除暴战警 3》《杀手 2》等。Sumo Digital 还与世嘉、微软、苹果等公司合作开发《索尼克全明星赛车》《极限竞速地平线》等游戏作品。除了游戏工作室外,Sumo Group 旗下也有视觉设计公司 Atomhawk,曾为多部漫威电影提供设计服务。

2017 年,Sumo Group 登陆伦交所,发行价为 100 便士,估值 1.45 亿英镑。以最新价计算,Sumo Group 市值在 4 年时间里涨超 4 倍。

全资收购 Sumo Group 背后是腾讯日益增加的焦虑:一方面,行业新秀崛起。业内人士分析,随着包括莉莉丝、米哈游在内二线游戏厂商在细分游戏赛道的崛起,已经让腾讯产生一定的危机感。Sensor Tower 数据显示,2020 年 9 月,米哈游的《原神》上线首月,全球收入达到 2.45 亿美元,超过《王者荣耀》的 2.4 亿美元。直到今年 5 月份,《原神》全球移动游戏收入仍位列第三。另一方面,字节跳动亦成为腾讯在游戏领域不可忽视的挑战力量。

延伸阅读

网约车巨头 Grab 上市:市值 346 亿美元 创始人为华裔①

东南亚网约车和快递巨头 Grab 昨日完成与特殊目的收购公司(SPAC)Altimeter Growth Corp 合并,并在纳斯达克交易,股票代码为“GRAB”。新公司获得约 45 亿美元现金,还包括 40 亿美元的上市后私募投资(PIPE),参与者将包括贝莱德、富达、T. Rowe Price、摩根士丹利的 Counterpoint Global 基金、新加坡主权基金管理公司及淡马锡等机构。

Grab 集团首席执行官和联合创始人陈炳耀(Anthony Tan)此前说,这是 Grab 发展的里程碑,让每个人都受益于数字经济。“随着我们成为一家公开交易的公司,我们将更加努力地为社区创造经济赋权。”

陈炳耀上市当日说:“Grab 从一个国家起步的打车 App 成长为跨 8 个国家的超级 App,在吃喝、出行、支付等领域服务于超过 400 个城市的消费者”。

Grab 开盘后一度大涨,市值突破 500 亿美元。但股价高开低走,收盘价 8.75

① 资料来源:雷递网,2021-12-03。

美元,较发行价下跌20.53%。以收盘价计算,Grab市值为345.56亿美元。

一、创始人是华裔,渴望证明自己

Grab总部位于新加坡,业务遍及东南亚大部分地区,提供包括网约车、送餐、酒店预订、网上银行、移动支付和保险服务。

Grab创始人陈炳耀是一个华人,出生于马来西亚汽车世家,是当地最富有的家族之一,2000年进入芝加哥大学学习经济学和公共政策,几年后申请进入哈佛商学院,2011年获得MBA学位。陈炳耀曾说,“我父亲一直对我们抱有很高的期望,他坚信孩子们必须努力工作并证明自己。”陈炳耀曾回归过家族生意,掌管公司的供应链与市场营销部门。真正开始创业,是源于老友的一句吐槽。2009年的一天,陈炳耀的好友陈慧玲向他吐槽了马来西亚出租车行业的糟糕状况。陈慧玲说:你的曾祖父曾是出租车司机,你的祖父在马来西亚创办汽车企业,但你的朋友在乘坐出租车时仍然可能会遇到很多安全问题。你为什么不为此做些事情?这样一句话,萌生了陈炳耀的创业想法。

2012年,陈炳耀和合伙人陈慧玲(Tan hoi Ling)在家乡马来西亚推出了MyTeksi应用(Grab前身),此后,公司业务重心移到新加坡。

据GGV纪源资本全球管理合伙人符绩勋说,2014年,其和GGV纪源资本管理合伙人李宏玮、童士豪去新加坡出差,经人引荐,认识了一位名叫陈炳耀的创业者,决定约他在狮城大厦的星巴克见面。“犹记得当时初见,迎面走来一位体格健壮、笑容灿烂的年轻人,他十分礼貌且自信满满。他告诉我们,他在哈佛凭借一个名为MyTeksi的网约车服务应用赢得了一场商业计划大赛,并正在努力将其打造成为一家真正的公司。当时,我们很好奇他为什么想做这件事。”符绩勋说,陈炳耀来自马来西亚一个富有的名门望族,有两个哥哥,在家中排行老三。对话中,他讲述了他的曾祖父陈唱(Tan Chong)的故事。陈唱是马来西亚一家颇具影响力的汽车商业帝国的缔造者,而在此之前,他曾是一名出租车司机。正是出租车司机这一质朴的形象激发了陈炳耀的灵感,他想让他们过上更好的生活——毕竟,出租车司机对于乘客获得便捷的乘车体验来说至关重要。在谈话的过程中,符绩勋可以感受到他想在家族荫庇之外获得成功、证明自己的强烈决心。陈炳耀从来不想靠家族生意或财富发家——他想独立创业,凭自己的实力扬名天下。陈炳耀的决心和动力打动了GGV,符绩勋决定认真考察这家公司。

符绩勋一行在拜访了Grab当时在马来西亚的办公场所之后,决定领投Grab的B轮融资,并由其本人加入Grab董事会。当时,网约车行业是一个备受瞩目的热门话题,美国有Uber和Lyft,中国有滴滴和快滴。但对于推广网约车业务来说,东南亚是一个棘手的地区。首先,它比美国和中国都小。此外,该地区有11个不同的国家,这些国家又因其法律、文化、宗教、语言等方面的多样性而进一步分化。

这个市场规模有限且盘根错节,按照常理,应该不必为它投入大量心思和自寻烦恼。符绩勋说,在这些复杂性中,他看到了一线机会。陈炳耀的与众不同来自很多方面:他在该地区拥有强大的人脉,这让他获得了相当大的优势;另一方面,美国哈佛接受教育的背景也意味着他拥有多元化的人才网络;此外,他有来自菲律宾、越南、印度尼西亚的同学。以上因素在东南亚市场至关重要,汇集成为解决东南亚市场分化从而带来急需人才的密匙。

后来,在陈炳耀的带领下,Grab 从一款网约车应用成功转型为一款超级应用。这一成功转型很大程度上得益于在 Grab 中植入了电子钱包功能。事实上,多年以来,符绩勋不断在董事会上提出创建电子钱包的想法,认为 Grab 非常适合搭载这项功能。符绩勋说,如同阿里巴巴通过蚂蚁金服和支付宝提供的无缝支付体验而被赋能一样,Grab 也需要挺进支付领域来进一步发展壮大。如今,陈炳耀有四个小孩,一家人生活在新加坡。

二、第三季净亏损 9.88 亿美元

当然,Grab 的规模与 Uber 和滴滴都存在不小差距。

来自 Grab 的数据显示,Grab 在 2020 年的净收入为 11.9 亿美元,但净亏损为 27 亿美元。Grab 在截至 2021 年 9 月 30 日的三个月商品交易总额(GMV)达到 40 亿美元,较上年同期增长 32%。

但由于疫情的影响,Grab 在 2021 年第三季度的营收为 1.57 亿美元,较上年同期的 1.72 亿美元下降 9%,主要是受到越南严格的政策影响,详见下图。

($ in millions, unless otherwise stated)	Three Months Ended September 30,		2020-2021
	2021 (unaudited)	2020 (unaudited)	% Change
Financial Measures:			
Revenue	157	172	-9%
Loss for the period	−988	−621	-59%
Total Segment Adjusted EBITDA (Non-IFRS)	−33	10	N/M
Adjusted EBITDA (Non-IFRS)	−212	−128	-66%
Operating Metrics:			
GMV	4,038	3,061	32%
MTUs (millions of users)	22.1	23.9	-8%
GMV per MTU ($)	183	128	43%
Gross Billings	616	436	41%
Partner Incentives	187	132	42%
Consumer Incentives	271	132	106%

Grab 在 2021 年第三季度净亏损高达 9.88 亿美元,较上年同期的净亏损 6.21 亿美元扩大 59%;经调整 EBITDA 为−2.12 亿美元,上年同期的经调整 EBITDA 为

-1.28 亿美元,同比扩大了 66%。

三、软银、滴滴、Uber 是重要股东

Grab 也被称为“东南亚版滴滴”,成长路径与滴滴比较类似,而且,两家公司的股东中均有软银、Uber,且均是重要股东,一前一后均是 2021 年上市。

所不同的是,滴滴是 Grab 重要股东,且滴滴曾多次进行投资。其中,2017 年,Grab 完成 25 亿美元的融资,领投方就为软银和滴滴。

2018 年,将 Uber 中国和滴滴合并一年多后,Uber 又在东南亚复制这一模式,Uber 让 Grab 收购 Uber 东南亚业务,作为这次收购交易的一部分,Uber 收购 Grab 27.5%的股权。

2018 年 8 月,Grab 宣布已完成 20 亿美元的融资,这次的投资人包括丰田汽车公司与多家全球金融机构,包括 Oppenheimer Funds、平安资本(Ping An Capital)、未来资产(Mirae Asset) 旗下的 Naver Asia Growth Fund。

2021 年 1 月,Grab 宣布完成 20 亿美元的贷款。

此次交易后,陈炳耀持股为 2.2%,拥有 60.4%的投票权;软银持股为 18.6%,有 7.6%的投票权;Uber 持股为 14.3%,有 5.8%的投票权;滴滴持股为 7.5%,有 3.1%的投票权;Toyata Motor 持股为 5.9%,有 2.4%的投票权。

以收盘市值计算,滴滴所持这部分股权价值约 25 亿美元。

在 Grab 上市同一天,滴滴出行官方微博发文称:经认真研究,公司即日起启动在纽交所退市的工作,并启动在香港上市的准备工作。

第三章 国际商务谈判人员的组织与管理

Organization and Management of International Business Negotiation Participants

要搞好商务谈判，无论是谈判前筹划谈判方案，还是在谈判中坚持原则、精心选择策略、灵活运用谈判技巧，都离不开精明强干的谈判人员。商务谈判往往不是一个人所能完成的，而需要由谈判小组进行。因此，要以一定的组织形式作保证，成立谈判小组，并做好谈判班子的配备、管理等方面的工作。

通过本章的学习，读者应当了解商务谈判人员的个体素质、群体构成以及组织与管理等方面的内容。

学习要点

In a good business negotiation, shrewd negotiators are indispensable in planning the negotiation scheme before the negotiation, sticking to the principle in negotiation, wisely choosing strategies, and flexibly using negotiation techniques. A business negotiation usually cannot be accomplished by one person, it needs a group. Therefore, a certain organizing forms should be needed to ensure the establishment of a negotiation team, and efforts should be made to carry out supply, management and other work.

By studying this chapter, the readers are supposed to learn the individual quality of international business negotiation participants, the staff composition, organization and management and other related issues.

吉利与沃尔沃的“合体”①

2020年2月,吉利和沃尔沃曾表示“要合并为一家公司”。转眼一年后,2月24日晚,吉利控股宣布与沃尔沃达成合并方案,双方将在保持现有独立公司架构、实现战略目标的同时,继续拓展、深化及融合合作领域。

喧喧嚷嚷,虽然吉利宣称与沃尔沃达成“合并方案”,但“保持现有独立公司架构”的潜台词仍是“吉利还是吉利,沃尔沃还是沃尔沃”。

“合并”更准确的意思是:合作并行。

一、十年前的伏笔

合并却保持独立公司架构,这样的结果或许在十年前就埋下了伏笔。

“汽车领域合作成功的典范”,这是十年前吉利收购沃尔沃时,中国汽车业界给予该收购案的评价。但沃尔沃起初是“看不上”吉利的。据媒体报道,沃尔沃工会曾到中国“告状”,希望中国工会能够出面制止吉利对沃尔沃汽车的收购。

关于李书福和吉利如何打动沃尔沃高层、成功拿下沃尔沃此处不再详述,但李书福当初“沃尔沃是沃尔沃,吉利是吉利”这句话,或许正是现在吉利与沃尔沃合并的阻碍。

“合作落地更上一层楼”是外界对吉利与沃尔沃进一步合并的期待。然而,两者的合并并非外界想象的那般简单。

“我们很多投资者此前都非常的担心,如果按照大家以往所想的两家公司股权合并至一家上市公司,那么势必会产生以下几方面的问题:对沃尔沃如何估值?基于这样的估值,上市公司将付出什么代价?上市公司会不会有更大的压力?现有股东的股份稀释方案能不能得到非常合理的安排?”吉利汽车控股有限公司行政总裁桂生悦,列举了几个吉利沃尔沃合并为一家公司后将面临的问题。

此外,据报道,2月份在投资者电话会议上吉利汽车高层透露:沃尔沃嫌吉利汽车开出的估值太低,同时沃尔沃工会和员工不认可合并。

从收购到合并,吉利似乎又遇到十年前一样的难题。

此次公布的合并方案,桂生悦表示“我们这次的合并方案让大家的疑问全部都得到了解决”。

尽管这次“合并”吉利和沃尔沃仍保持独立,但吉利想并购沃尔沃的心没有变,不过沃尔沃的态度也依然没有改变。

---

① 资料来源:澎湃新闻,2021-03-01。

二、形“分”神“合”

表面上，吉利和沃尔沃保持独立，但实际上两者之间已经离不开彼此，此次合并内容说明了一切。

此次合并方案，主要包含5条：①双方合资成立动力总成公司，重点开发新一代双电机混合动力系统和高效内燃发动机；②共同开发、使用下一代纯电专属模块化架构；③共同开发全球领先的高度自动驾驶解决方案；④扩大联合采购范围和规模，降低成本；⑤领克汽车将充分利用沃尔沃汽车海外渠道和售后网络，逐步服务全球用户。

“动力总成的合并是我们双方合作的一个重要事情”，吉利汽车集团CEO、总裁安聪慧接受媒体采访表示，“沃尔沃会将现有的动力总成的资产和吉利汽车进行合资进入到吉利汽车，这项工作我们将会在年底完成”。

这家新成立的动力总成公司，不仅服务吉利汽车、沃尔沃汽车以及吉利控股集团旗下的一些汽车品牌，不排除其还将对全球其他汽车品牌供货。

如此来看，这家新成立的动力总成公司，不仅成功整合了吉利集团和沃尔沃的动力系统业务，还成功从集团剥离出来，成为一家面向全汽车产业的零部件供应商，为吉利集团带来新业务增长的可能。

此外，吉利和沃尔沃在电动汽车专属模式化架构，以及自动驾驶技术领域同样有了更深入的合作。最重要的是，吉利和沃尔沃还将扩大采购范围和规模，意味着两家公司的零部件通用率将更高。

去年10月，吉利发布SEA浩瀚架构。据安聪慧透露，SEA架构现在有9个品牌在全面使用，还有7个品牌、16个车型在全面开发中。此外，吉利与沃尔沃还在共同使用沃尔沃的SPA2架构。

过去十年，吉利成立了吉利控股集团战略对话委员会，成员包括吉利控股、沃尔沃汽车和吉利汽车的主要领导决策人员。“我们建立了非常有效的联合研发、联合采购、共享产能等一系列的工作机制。”吉利控股集团CEO李东辉表示，“未来也像大家所看到的一样，我们会进一步加强这方面的协作机制。”

三、吉沃的共同难题

不管是成为一家公司还是合并，吉利与沃尔沃的合作势在必行，因为两者的当务之急是紧跟电动化大潮。

对于合作内容的介绍中，沃尔沃汽车集团总裁、CEO汉肯·塞缪尔森表示，“通过我们的合作，消费者会以更低的成本获得更好的产品。我们会更快地满足消费者的期待，以更低的成本将更多的电动车（包括插电混动式汽车和纯电动汽车）推向市场。”

“效应的表现形式就是，快速的增长以及不断增长的利润率。”汉肯·塞缪尔森对于双方合并方案的预期这样总结。

更快、更低成本、更多电动车,三个"更"形象地体现出双方合作的方向和优势。毕竟,现在的电动汽车市场已经瞬息万变。

去年,欧洲市场凭借德国新能源汽车的爆发,成功超越中国成为全球新能源汽车销量最多的区域。尽管沃尔沃总部瑞典也是新能源汽车增长较快的国家,但与德国的体量无法相提并论。其中,德国新能源汽车的增长主要靠大众的快速崛起,沃尔沃并未在欧洲市场占据优势。

中国市场上,2020 年特斯拉 Model 3 国产后成功霸榜新能源汽车市场。凭借国产 Model 3 的热销,特斯拉给其他豪华品牌带来不小压力。

此外,今年大众也开始抢夺新能源汽车市场。大众 ID. 3 和奥迪 e-tron 在欧洲持续热销,大众在中国也推出首款电动车 ID. 4,开始与特斯拉抢夺中国市场。

面对日益激烈的竞争市场,吉利和沃尔沃必须抓紧时机,否则将错失风口。

数据显示,2020 年全年,吉利汽车新车累计销量为 132 万辆,其中新能源汽车销量为 6. 8 万辆,同比下滑 39. 8%,占整体销量规模 5. 2%。而沃尔沃作为较早宣布全面电气化的品牌,从目前其电动化产品布局来看,规划进展显然有些缓慢。

尽管吉利在新能源领域发展较慢,但吉利对新能源领域的布局并不少。近几年吉利不仅布局多种动力技术,还推出 GKUI 吉客智能生态系统,以及智能网联、智能驾驶、智能家居、电子商务等 AI 技术在汽车和出行领域上的研发应用。在 2021 年,吉利还分别与百度、富士康、腾讯达成了一系列合作,此外与 FF 的合作业务范围不仅包含智能化,还包括代工新业务。

此次,吉利与沃尔沃的合并方案,虽然两家公司仍保持独立,但两者的合作内容聚焦电动化和智能化领域,按照吉利与沃尔沃此前的成功合作,这次双方的合并或许将开启吉利和沃尔沃在电动化领域的新时代。相比这样的结果,两家公司是合并还是独立已经不重要。

第一节　商务谈判人员的个体素质

谈判是一种对思维要求较高的活动,是对谈判人员知识、智慧、勇气、耐力等的测验,是谈判人员间才能的较量。素质所包括的范围较广,它不仅指谈判人员的文化、技术水平和业务能力,也指谈判人员对国际、国内市场信息,有关商品知识、价格情况,法律知识,各国、各民族的风土人情、风俗习惯等知识的掌握情况,还指谈判人员的道德情操、气质及性格特征。总的来讲,商务谈判人员的个体素质主要是指谈判人员对与谈判有关的主客观情况的了解程度和解决谈判中遇到问题的能力。

一、谈判人员应具备的基本观念

（一）忠于职守

谈判人员是作为特定组织的代表出现在谈判桌前的。国际商务谈判人员不仅代表组织个体的经济利益，而且还肩负着维护国家利益的义务和责任。因此，遵纪守法、廉洁奉公、忠于国家和组织，是谈判人员必须具备的首要条件。在我国的国际商务谈判中，也存在见利忘义，损公肥私，甚至与外商合伙坑害自己的同胞，牺牲国家利益的现象。可以说，一旦谈判班子中出现了这样的人，泄露己方的谈判目标、战略战术以及许多机密，使对手对己方的底细了如指掌，己方在谈判中便有可能吃败仗。为了防止这类情况的发生，必须要求参加谈判的人员具备忠于职守、廉洁奉公的思想素质。作为谈判人员，必须自觉维护国家、组织的利益，绝不能见钱眼开，收受贿赂，必须严守组织机密，决不能毫无防范，多嘴多舌。

（二）平等互惠

在商务谈判中，双方地位平等，关系互惠。可是，有些谈判人员常常不能把自己和对方放在平等的地位上以求互利互惠，而存在着以下两种倾向：

1. 妄自菲薄。遇到身份、级别较高和实力较强的对手，有些谈判人员总觉得比对手要矮三分，尤其是和欧美的客商打交道，欲出口货物或进口仪器设备时，认为自己有求于对方，对方是对自己“施恩”，结果让谈判的控制权落入对方手中；或是强调“谦虚”“礼让”，总觉得对方的意见应当受到重视，无形中丧失了对自己有利的形势，以致无法充分发挥自己的谈判能力。

2. 妄自尊大。对待身份低、实力较弱的对手，有的人总是觉着对方的地位低，有求于自己，自己是向对方“施恩”，从而盛气凌人，一心只想利益独占。

以上两种倾向都不利于国际商务谈判的顺利进行，只有本着平等互惠的原则，才能排除妄自菲薄和妄自尊大两种错误情绪的干扰，对谈判事件、交易条件保持清醒的头脑，做出正确的判断，充分发挥自身的谈判能力，力求收到最理想的效果和获得最大的利益。

（三）团队精神

商务谈判多为集体谈判，每一方都是由几个人组成的小组或团队，其中一人为总代表或主谈人，主持领导整个团队完成实际的谈判工作。参加谈判的人员，无论是作为团队总代表的主谈人还是其他的团队成员，都必须具有集体主义精神和团队精神，除了各自负责好分内工作以外，还要注意协调配合，以争取己方在谈判交易中获得更多的利益。坚持这种集体主义和团队作战的意识，可收到以下效果：

1. 减少暴露己方弱点的机会。在谈判过程中，虽然每位谈判人员根据自己的专业、特长对谈判的某些事项有深入的认识，但就谈判事项的各项细节而言，则需要各类高深、广博的专业知识的综合。通常，要求参加谈判的团队整体提供这些必要的知识和见解。在这种情况下，无论是由谈判团体的各个队员表达自己的见解，或是由主持人综合陈述团队整体的主张，抑或其他成员对前一代表发言进行补充、说明，都必须坚持集体主义精神和团队意识，相互呼应，密切配合，力求做到天衣无缝。

2. 增强己方谈判的整体力量。在商务谈判中，如果团队成员各执己见，就会出现"各吹各的号"的局面，削弱甚至丧失己方谈判的力量，很容易被对方控制。因此，参加谈判的人员若能发挥集体主义精神和团队意识，取长补短，密切配合，很容易产生倍增的谈判力量。

3. 一致对外，积极主动。如果参加谈判的团队成员缺乏集体主义精神和团队意识，那么在谈判过程中即使不出现内部摩擦，也很容易造成主谈人孤军作战的局面，其他成员由于害怕发言与主谈人意见不一致被对方抓住把柄而缄默不语。因此，在谈判前增强集体主义信念和团队意识，在团队内充分发表不同意见和见解，经统一协调，形成己方一致的对外意见，将之化为各成员的自觉行为，才会出现谈判场上一致对外、积极主动的局面。各个成员在谈判场上要做到攻有目标（己方达成一致的最高谈判目标及其所规定的各项细节）、守有底线（己方达成一致的最低谈判目标及其所规定的各项细节），从而积极主动、灵活机动地参与谈判场上的交锋。

二、谈判人员的基本知识

一名国际商务谈判人员，应当具备"T"型知识结构，也就是说，不仅在横的方面有广博的知识，而且在纵向方面要有较深的专门学问，两者构成一个"T"型的知识结构。

（一）横向方面的基本知识

从横向方面来说，国际商务谈判人员应当具备的知识有以下几方面：①我国有关对外经济贸易的方针政策以及我国政府颁布的有关涉外法律和法规；②某种商品在国际、国内的生产状况和市场供求关系；③价格水平及其变化趋势的信息；④产品的技术要求和质量标准；⑤有关国际贸易和国际惯例的知识；⑥国外有关法律知识，包括贸易法、技术转让法、外汇管理法以及有关国家税法方面的知识；⑦各国、各民族的风土人情和风俗习惯；⑧可能涉及的各种业务知识，包括金融尤其是有关的汇率知识和市场知识等。

（二）纵向方面的基本知识

从纵向来说，国际商务谈判人员应当具备的知识包括以下几个方面：①丰富的商品知识——熟悉商品的性能、特点及用途；②了解某种（些）商品的生产潜力或发展的可能性；③有丰富的谈判经验与应对谈判过程中出现的复杂情况的能力；④最好能熟练地掌握外语，直接用外语与对方进行谈判；⑤了解国外企业、公司的类型和不同情况；⑥懂得谈判心理学和行为科学；⑦熟悉不同国家谈判对手的风格和特点。

以上各种知识构成了一个成熟的商务谈判人员所必须具备的条件，也是一名称职的谈判人员应具备的最起码的知识方面的素质要求，否则，不但无法应对复杂的谈判局面，承担谈判任务，而且更谈不上维护本企业和国家的利益。作为谈判人员，应当努力将自己培养成具备上述纵向与横向知识的团队成员，同时又应当特别精通其中的某一方面，如商务和法律方面的知识。例如，对商品技术方面的知识一窍不通，在谈判技术条款的时候，就会显得很被动，己方的谈判人员在配合方面也会比较困难，无疑降低了己方的谈判实力。如果出现了己方技术人员、商务人员、法律人员各执己见的现象，谈判工作就更难进行下去。因此，一个商务谈判人员必须是全能型专家。所谓“全能”，即通晓技术、商务、法律和语言，涵盖上述纵横向的知识，“专家”即指能够专长于某一方面。

三、谈判人员应有的能力和心理素质

谈判人员除了应当具备一定的知识之外，还要注重培养能力及心理素质。知识是与能力密切联系的，但两者又有区别。一个人具有某方面的知识并不够，还得将其灵活有效地加以运用，这样才能化为能力。

另外，谈判中还体现着谈判人员的性格和气质。所谓气质，一般指人的生理、心理等素质。巴甫洛夫根据动物和人的行为表现提出四种基本的高级神经活动类型：兴奋型、活泼型、安静型、懦弱型，分别对应胆汁质、多血质、黏液质、抑郁质，并且指出，一般人的气质属于混合类型。所谓性格，一般指的是表现人的态度和行为方面的较稳定的心理特征，如果断、刚强、懦弱等，它是个性的重要组成部分。性格是在一个人的心理素质的基础上，在社会实践活动中逐渐形成、发展和变化的。由于每个人的生活经历、所处社会环境不同，每一个人的性格就都会有不同特征。个性则表现为个人稳定的心理特征（如性格、兴趣和爱好等）的总和。

一个高效率的、称职的国际商务谈判人员应具备一定的能力和良好的心理素质，主要包括四个方面：

（一）敏捷清晰的思维推理能力和较强的自控能力

谈判双方由于利益的抗衡和相互依存，使谈判人员心理上承受的压力很大，需要随时就某个谈判事项的具体典型特征和实质进行分析与判断。这就要求谈判人员在承受压力的情况下，依据自身的知识经验，细心地观察与思考，根据已知的前提进行分析判断与推理，在种种可能与假设的分析过程中识破对方的计谋，并使自己的提议与要求得以实现。即使在谈判局势发生急剧变化，甚至在激烈的辩论争执中也能克服自身的心理障碍，控制自身的行为，以恰当的语言和举止来说服和影响对方。

（二）信息表达与传递的能力

谈判者信息表达与传递能力的大小直接决定了其谈判能力的大小与水平的高低。表达传递的方法包括有声语言和无声语言，应当具备表现力、吸引力、感染力和说服力。综合语言的表达与传递，则要根据谈判情况的变化，灵活地、巧妙地加以设计和表现，其效果取决于谈判人员的创造性思维与行为，使信息表达与传递准确、适度。

（三）坚强的毅力、百折不挠的精神及不达目的绝不罢休的自信心和决心

商务谈判往往很困难、很艰苦，有时甚至要“知其不可为而为之”。但是，一旦接受了谈判任务，就要依照己方既定的目标与原则，以勇往直前的姿态全力以赴。在谈判桌上，双方的利益是你进我退的，一方若有半点委曲求全的意思，对方定会得寸进尺。因此，在谈判中，不管有什么样的困难和压力，都要显示出奋战到底的决心和勇气。即使是妥协求和，也要在经过力争后以强者的大度予以提出。

谈判如同作战，先要精心设计合理的目标和周全的计划，然后依靠毅力和耐力去与对手周旋，以期最终实现自己的目标。谈判顺手时，必须乘势前进，步步深入，扩大战果，一气呵成；遇到双方僵持不下的情况，也不能放弃原则，而要据理力争，维护己方的最大可获得利益。

（四）敏锐的洞察力、高度的预见和应变能力

商务谈判中需要与各种各样的人打交道，而且谈判环境复杂多变，谈判进行中很多意想不到的事都是有可能发生的。因此，谈判人员要善于察言观色，及时掌握对方动向，摸清对方“底牌”，随机应变。美国的尼尔伦伯格在《谈判的艺术》一书中认为：老练的谈判家能把坐在谈判桌对面的人一眼看穿，断定他将采取什么行动

和为什么行动。

合格的谈判人员要随时根据谈判中的情况变化及有关信息，透过复杂多变的现象，抓住问题的实质，迅速分析并做出判断，采取必要的措施，果断地提出解决问题的具体方案。

另外，主持谈判的代表必须是能统帅全局的人，要有长远的眼光，能运筹帷幄，善于针对谈判内容的轻重、对象的层次，事先决定“兵力”部署和方案设计，并随时做出必要的改变，以适应谈判场上形势的变化。

第二节　商务谈判人员的群体构成

国际商务谈判内容复杂，涉及面很广，往往不是一个人的知识、精力、时间所能承担、胜任的，一般需采取集体谈判的形式，所以，谈判人员的组成是一个群体，是一个组织。谈判人员群体构成常涉及三方面内容，即谈判队伍的规模、组成结构和分工配合问题。总的来说，谈判人员的群体构成是由谈判的性质、对象、内容、目标等方面决定的。

一、谈判组织的构成原则

谈判队伍由多方面的人员构成，可以满足谈判中对多学科、多专业的知识需求，取得知识结构上互补与综合的整体优势，群策群力，取长补短，集思广益，形成集体的进取与抵抗力量。队伍规模过大，调配不灵，将会产生内耗，增大开支，不利于谈判的进行；人员过少，则又难以应对谈判中需要及时处理的问题，拖长谈判时间，因而错过时机，失去市场。因此，确定适度的谈判组织规模是组建谈判队伍首先要考虑的问题。在筹建谈判小组、选择谈判人员、考虑谈判规模时，一般要遵循以下四个原则。

（一）根据谈判对象确定组织规模

谈判队伍的具体人数如何确定，并没有统一的模式。一般商品的买卖谈判只需 3~4 人就行了，如果谈判涉及项目多、内容较复杂，则可分为若干项目小组进行谈判，适当增加人员，但最多不超过 8 人。根据国内外的谈判经验，谈判队伍的人数一般在 4 人左右。其理由是：①在这个范围内，谈判组织能够有效地进行工作，内部能适当而严密地分工和协作，内部的意见交流也易保持通畅；②根据管理学原理，每个管理者的能力都是有限的，当他直接指挥和协调的下属人数超过一定数量时，就不可能进行有效的领导，因为他应对不了自己和下属人员间迅速增加的信息交换量。

谈判作为紧张、复杂、多变的活动,既需要充分发挥个人的独创性和独立应对事件的能力,又需要组织内部随时协调统一,始终一致对外,其领导者的有效管理幅度只能在 3 人左右。

在一些重要的国际贸易谈判中,会涉及更多、更广的专业知识,不仅有商品知识、金融知识、运输知识,还必须懂得国际法律知识、国外的民族特点、风土人情等,有时还需要某些方面的国际问题专家。这种谈判组织不仅规格要高,人数也比较多,甚至超过 10 人。但是,这并不意味着谈判需要吸收所有相关专业的专家同时参加。为了控制人员规模,有时会采取人员轮换的方法,当某几个人完成谈判任务而又要转变谈判内容时,可以有准备地调换一个或几个谈判人员,而使总人数没有太大变化。同时,也可发挥“外脑”的作用,聘请专家作为顾问,使他们可以接受谈判班子的咨询,或为谈判人员献计献策。

(二)赋予谈判人员法人或法人代表资格

经济谈判是一种手段,目的是要达成协议,签订符合双方利益要求的合同或协议。整个谈判和协议签订的过程,都要依据一定的法律程序进行,所以,谈判人员应具有法人或法人代表的资格,拥有法人所具有的权利能力和行为能力,有权处理经济谈判活动中的一切事务。但即使作为法人或法人代表,也只能行使其权限范围以内的权力,如有越权行为,应由本人负完全责任。谈判代表可以由作为法人代表的厂长、经理直接担任,也可委托本企业熟悉某项业务的业务人员代理,还可以委托律师进行某项经济法律活动,但事先应有委托书,并注明代理人所负经济法律责任的内容、目的、要求和期限,即委托其作为代表的法人身份证明书。

(三)谈判人员应层次分明、分工明确

在谈判过程中,往往会涉及许多专业性知识,仅靠小组负责人是难以胜任的。选择谈判人员时,既要有掌握全面情况的企业经营者,还应当考虑各种专业知识的需要,考虑人员的层次结构,而且一定要分工明确,这样才能组成一支强有力的谈判队伍。

(四)组成谈判队伍时要贯彻节约原则

一支谈判队伍,从参加谈判直到协议达成的整个过程,必然要支出一定费用,其中很多费用甚至需要支付外汇。对企业来说,对外谈判费用的支出都由企业负担,支出越多,企业负担越重,在组织谈判小组时要充分考虑到这一点,以节省谈判费用支出。值得注意的是,在有些贸易谈判中甚至存在行政人员多于业务人员的不正常现象,从而造成问题不能及时解决、谈判时间延长、谈判费用增加的后果,更

为严重的是往往还会造成一些决策失误，使国家遭受巨大损失。国际商务谈判是企业经营活动的一个环节，谈判费用涉及企业的经营成本，因而，应尽量按经济规律要求，将其纳入企业的整体经营活动中进行考虑。

二、谈判人员的组织结构

在一般的商务谈判中，所需的专业知识大体上可以概括为以下几个方面：一是有关工程技术方面的知识；二是有关价格、交货、支付条件、风险划分等商务方面的知识；三是有关合同权利、义务等法律方面的知识；四是语言翻译方面的知识。

根据上述专业知识的需要，一支谈判队伍应包括以下几种人员：

第一，技术人员。熟悉生产技术、产品性能和技术发展动态的技术员、工程师或总工程师，在谈判中可负责对有关产品性能、技术质量标准、产品验收、技术服务等问题的谈判，也可与商务人员紧密配合，为价格决策做技术参谋。

第二，商务人员。商务人员由熟悉贸易惯例和价格谈判条件、了解交易行情的有经验的业务员或厂长、经理担任。

第三，法律人员。法律人员一般为律师或掌握经济、法律专业知识的人员，通常由特聘律师、企业法律顾问或熟悉有关法律规定的人员担任。

第四，财务人员。财务人员由熟悉成本情况、支付方式及金融知识，具有较强的财务核算能力的会计人员担任。

第五，翻译人员。翻译人员由熟悉外语和有关知识，善于与别人紧密配合，工作积极，纪律性强的人员担任。

第六，谈判领导人员。企业委派专门人员，或者是从上述人员中选择合适者对谈判加以总体组织领导。

第七，记录人员。一般由上述各类人员中的某人兼任，也可委派专人担任。

以上参加谈判的人员，按谈判的复杂程度不同可多可少，少的时候一人身兼数职，多的时候可达十几人至几十人，可分成几个小组，如商务小组、技术小组、法律小组等，各自负责自己的专业领域的谈判。另外，谈判人员还可以组织台上和台下两套班子，台上班子主要负责对付谈判及对方临时提供的技术价格资料，台下班子负责收集整理有关资料，为台上班子提供技术和价格谈判的依据。

值得注意的是，作为谈判队伍中的一员应当对上述几方面的知识都有所了解，而又在某一方面有专长，即所谓的全能型专家，这样比较容易沟通不同意见，促进形成一致的主张。

国际商务谈判中，语言翻译非常重要。谈判人员本身有较高的外语水平将有助于他们理解书面文件的意义，把握口头表达的分寸乃至判断对方对己方意见的反应等。但是，尽管这样，仍然要为谈判队伍配备一名得力的翻译人员。

三、谈判人员的分工配合

当挑选出合适的人员组成谈判班子以后，就必须在成员之间做出适当的分工，也就是根据谈判内容和各人专长做适当的分工，明确各自的职责。各成员在进入自己的角色、尽兴发挥的同时，还必须按照谈判的目标和具体的方案与同伴彼此呼应，相互协调和配合，真正演好谈判这一台集体戏，这就是谈判人员的配合。分工与配合是一个事物的两个方面，没有分工就没有良好的配合，没有有机的配合，分工也就失去了其目的性和存在的基础。

（一）谈判人员的分工

谈判队伍的人员包括三个层次：

1. 第一层次的人员是指谈判小组的领导人或首席代表，即主谈人。他应当是富有谈判经验，兼备领导才能，能应对变幻莫测环境的谈判人员。依谈判的内容不同，谈判队伍中的主谈人也不同。购买产品原材料的谈判，可由原料采购员、厂长或生产助理做谈判主谈人；购买工厂设备的重要零部件时，可由采购部经理、总工程师、有关部门经理担任；重要销售合同的谈判，其主谈人可由销售部经理、资历较深的业务总管或指定担任此合同谈判的项目经理担任；而对合同的争议，则由项目经理、销售部经理、合同执行经理或其他曾参加过谈判的有关部门经理担任主谈人的职位。

主谈人的主要任务是领导谈判班子的工作，其具体职责是：监督谈判程序，掌握谈判进程，听取专业人员的说明、建议，协调谈判班子的意见，决定谈判过程的重要事项，代表单位签约，汇报谈判工作。

2. 第二层次的人员是懂行的专家和专业人员。他们凭自己的专长负责某一方面的专门工作。谈判队伍中的各专业人员要能适应谈判工作的需要，有利于谈判的顺利进行，既要有熟悉全部生产过程的设计、技术人员，也应有基层生产或管理人员，更要有了解市场信息、善于经营的销售、经营人员。这些人员的具体职责是：阐明参加谈判的意愿和条件，弄清对方的意图、条件，找出双方的分歧或差距，同对方进行专业细节方面的磋商，修改草拟的谈判文件中的有关条款，向主谈人提出解决专业问题的建议，为最后决策提供专业方面的论证依据。

翻译在国际商务谈判中是实际的核心人员，一名好的翻译，在谈判的过程中能洞察对方的心理和发言的实质，既能改变谈判气氛，又能挽救谈判失误，在增进双方了解、合作和友谊方面，可起相当大的作用。翻译的职责是：①在谈判过程中要全神贯注，工作要热情，态度要诚恳，翻译内容要准确、忠实；②对谈判人员的意见或谈话内容如觉不妥，可提请考虑，但必须以主谈人的意见为最后意见，不能向谈判双方表达翻译个人的意见;③谈判一方如有不正确的言论,应据实全部报告主谈人考虑,如谈判一方单独向翻译提出,在辨明其无恶意的情况下,可做一些解释,如属恶意,应表明自己的态度。

除此之外,第二层次人员还包括常由会计师担任的经济人员。国际商务谈判要求他们熟悉国际会计核算制度。经济人员的职责是:掌握该谈判项目总的财务情况,了解谈判对方在项目利益方面的期望值指数,分析、计算、修改谈判方案所带来的收益的变动,为主谈人员提供财务方面的意见、建议,在正式签约前提出对合同或协议的财务分析表。

法律人员是一项重大项目的必然成员,也属这一层次,其具体职责是:确认谈判对方经济组织的法人地位,监督谈判程序在法律许可的范围内进行,检查法律文件的准确性和完备性。

3. 第三层次的人员是指谈判必需的工作人员,如速记员或打字员。他们不作为谈判的正式代表,只是谈判组织的工作人员,他们的职责是准确、完整、及时地记录谈判内容,包括双方讨论过程中提出的问题和条件,达成的协议,谈判人员的表情、用语、习惯等。

(二)谈判人员的配合

所谓谈判人员的配合就是指谈判中成员之间语言及动作的互相协调、互相呼应。

英国贸易专家斯科特认为,谈判组织的领导人在谈判开始时如何向对方介绍自己的同事,会对谈判对手具有强烈的影响。例如,一位谈判领导人这样介绍自己的同事:“这位是我们的会计,诺尔曼·凯特勒”。而在另一种场合,他这样介绍:“这位是诺尔曼·凯特勒。他具有 15 年财务工作的丰富经验,有权审核 1 500 万英镑的贷款项目”。显然,同前一种场合相比,诺尔曼·凯特勒在后一种场合就会给谈判对手以引人注目的印象。

谈判人员之间的支持可以是口头上的附和,如“绝对正确”“没错,正是这样”等,也可以是姿态上的赞同,如眼睛注视正在发言的主谈人、不住地点头等。谈判人员的这种附和、赞同对发言人是一种有力的支持,会大大增强发言人说话的分量和可信程度。如果在主谈人提出己方的意见和观点时,其他谈判人员或是眼睛望着天花板,或是将脸扭向一旁,或私下干自己的事,这样会影响己方主谈人的自信心,从而减弱他讲话的力量。

当然,谈判小组内部人员之间的配合,不是一朝一夕能够协调起来的,而需要长期的磨合。总之,一支谈判队伍成员素质良好且相互配合协调,是谈判成功的基础。

第三节　商务谈判人员的管理

对商务谈判人员的管理,包括人事管理和组织管理。就人事管理而言,其主要环节是选拔谈判人员、培训谈判人员,以及尽量调动谈判人员的积极性。就组织管理而言,其内容包括健全谈判班子,调整好领导与谈判人员的关系以及谈判人员之间的关系,从而协调工作。

一、人事管理

(一)谈判人员的挑选

商务谈判胜负的决定性因素在于商务谈判人员的素质,因此,选拔优秀的谈判人员是进行商务谈判的重要环节。

如何挑选一名合格的商务谈判人员,其主要内容已在前面做过介绍。根据发达国家一些专家们的意见,结合我国的具体情况,商务谈判人员的标准大致可分为以下几方面:

1. 政治素质。在我国,谈判人员首先要坚持四项基本原则,热爱本职工作,忠于职守,作风正派。

2. 专业知识。谈判人员应具有相关商业、技术、市场、金融、财务、法律等方面的专业知识,熟悉商务谈判的基本理论与技巧。

3. 个人性格。作为一名有效率的商务谈判人员,应当具有鲜明的个性。它具体包括:追求高的目标,勇于开拓,风度优雅,表达能力强,善于听取别人的意见,具有较强的综合概括能力、决断能力,思维的条理性强,能经受挫折的考验,不易受感情的支配,自信。

4. 主观能动性。商务谈判人员常会脱离集体和上级领导而单枪匹马地作战,这需要他有一定的主观能动性以及较强的自信心,对成功要具有一定的期望,在错综复杂、扑朔迷离的谈判过程中能独当一面,得心应手,掌握主动权。

5. 年龄。年龄界限也是一个重要的挑选标准,但这并不是绝对的,只是说谈判人员有一个最佳年龄区。一般来说,选择谈判人员可以考虑在 35~55 岁年龄跨度内,因为这是一个人思维敏捷、精力旺盛的阶段。这个阶段的谈判人员,已积累了一定的经验,事业心、责任心和进取心也比较强,选择这个年龄段的谈判人员较为理想。当然,由于谈判内容不同、要求不同,年龄结构也可灵活掌握,有时让雄风犹在的老谈判家和思维敏捷的年轻人参加,会收到意想不到的效果。

（二）谈判人员的培训

谈判人员应具有较高的素质，而素质并不完全是先天造就的，多半还需后天培养。

1. 社会的培养。社会的培养主要是指对基本素质的培养，包括基础文化知识、经济理论知识、谈判理论的教育，还有比较重要的如人际交往能力、决断能力、毅力、健康心态的培养等内容。社会培养营造的环境很宽广，它给谈判人员奠定一个最基本的素质。社会培养的目标也是不确定的，培养目标不太精确，严格地说，它只是提供了一个谈判人才的“毛坯”。

2. 企业的培养。企业对谈判人员的培养是有意识、有系统的培养，一般包括四个阶段，即打好基础、亲身示范、先交小担、再加重担。企业着重帮助谈判人员处理好两个转折：谈判受挫时，防其气馁并善于引导；谈判成功时，防其骄横并严格要求。

(1)打好基础。新的谈判人员加入谈判队伍中，无论其年龄大小，作为组织领导者，第一件事就是向他们讲授和交代本行业的基本知识和要求，并检查其是否掌握了这些基本知识和要求。采取的形式可以有两种：集中授课和单兵教练。前者指接受任务之前集中时间，系统授课，考试合格再上阵，这种方式便于检查效果，并适合人员较多的情况；后者指以师傅带徒弟的方式，明确专人负责，这种方式便于安排，常用于增加零星谈判新手的情况。

(2)亲身示范。谈判是一门实践的科学，书本中的理论须放到实践中去检验，因此，新手在掌握了谈判的基本知识以后，应当体验并逐步适应千变万化的谈判环境。亲身示范应包括从谈判的组织准备、实质性谈判到签约的全过程，一边示范给新手看，一边向新手讲评。

(3)先交小担。经历过以上两阶段，便可让新手参加真正的谈判，亲自体验商务谈判中的种种情形。

一般来讲，可以先给新手一些金额不大、谈判内容不太复杂的“小担”项目，让新手独立去挑，这对谈判人员的成长具有重要意义，有人称之为“起飞前的助跑”，这一阶段不可缺少。

此外，委以“小担”，要力求选择可以代表谈判基本知识、基本技巧的某一方面的“小担”。几次“小担”责任的圆满完成也就等于掌握了系统的谈判技能，从而具备参加并主持大型、复杂、艰难谈判的能力。

(4)再加重担。对在若干“小担”的负载中取得成功实绩的谈判人员，适当赋予“重担”，可以促进其成才，是实现其“起飞”的重要条件。这样的“重担”，通常是具有交易金额大、谈判目标高、交易标的技术复杂、涉及的交易多、己方的竞争对手多、政策性强等特点的谈判项目。

领导人员在此阶段中，肩负着“指导—检查—再指导—再检查”的工作，随时或定期检查其进展情况和实际效果，针对谈判的实际进展及时予以指导，让谈判人员能继续挑好重担。在谈判遇到重大挫折或难以继续前进时，领导应接过担子打破僵局，然后再把担子交给谈判人员继续挑，直至最终完成谈判任务。

3. 自我培养。社会与企业只是为谈判人员创造了成长的外部条件，要想真正发挥作用还得依靠谈判人员的内因，即自我培养。

作为谈判人员，首先应当有所追求，以谈判事业为毕生追求的目标。同时，谈判人员也要执着地为国家、民族、企业的利益而谈判，坚持不懈地提高自己的谈判能力和自身素质，只有这样才能具有强大的思想动力。此外，我们还要通过博览、勤思、实践、总结等方法提高自己的善辩能力、业务能力、组织能力和交际能力。

（三）调动谈判人员的积极性

谈判需要付出巨大的劳动，谈判成果又与企业单位的经济利益有直接联系，因此，对谈判人员应给予适当奖励，以充分发挥他们的聪明才智，在谈判工作中创造优异成绩。

对谈判人员的奖励可分为物质奖励和精神奖励两类，或者说外在奖励和内在奖励两个方面。

按照心理学理论，人的动机来自需要，而人的需要是多种多样的。高的物质报酬，满足的只是人的第一层次的需要，它虽然能调动人们的积极性，但却不一定能长期稳定地维持，因为人的劳动并不仅仅是为了取得物质上的报酬，有时社会的承认、受到人们的尊重等精神因素更能激发人们的积极性。

物质奖励的满足是根据谈判人员自己定出的标准来衡量的，这个标准受到他本人心目中社会平均标准的影响，同时，也受到周围相关人员所受奖赏多少的影响。

精神奖励则来源于谈判本身，对谈判人员的精神奖励可以采取下面多种措施：①委以重任，把困难的谈判任务交给他们，使谈判人员因某种被信任感而得到满足；②对谈判人员的工作成绩予以充分肯定，使他们得到一种事业上的满足；③在适当条件下举办一些培训班，让谈判人员发挥特长，培养人才，使个人的才能有用武之地，使事业上的抱负能够实现，这也是人的较高层次的需要；④给谈判人员以较大的自主权，有权处理谈判过程中出现的新问题；⑤给谈判人员与其他同行交流的时间和机会，以探讨总结取得成功的经验和失败的教训等。

通过以上措施，从物质、心理上激励谈判人员自觉提高自身素质，使他们在谈判中更好地发挥作用。

二、组织管理

对于谈判人员的组织管理,主要包括:

第一,健全谈判班子。健全谈判班子指挑选各类专业人员,配备好主谈人,并给予足够的自主权。

第二,调整好领导干部与谈判人员的关系。领导干部与谈判人员之间最重要的关系是明确各自的职责范围,各自权力的划分,建立共同的奋斗目标。在实际谈判中,单位领导更多的是在必要与充分的授权下,给谈判人员以高度的支持、理解、谅解和协调。

第三,调整好谈判人员之间的关系。调整好谈判人员之间的关系主要是指谈判人员之间应强调相互默契、信任、尊重,达到有效合作的目的,以保持工作效率。其措施有以下几种:①明确共同的责任和职权;②明确谈判人员的分工;③整个谈判小组共同制订谈判方案,集思广益;④明确相互的利益;⑤共同检查谈判进展状况,相互支持工作;⑥谈判小组的负责人要尊重小组成员的意见,发扬民主作风,以身作则,廉洁奉公,处处关心同志,使小组成为一个团结、友爱、共同奋斗的集体。

思考题

1. 什么是国际商务谈判人员的“T”型知识结构?
2. 国际商务谈判人员良好的心理素质包括哪些方面?
3. 谈判组织的构成原则是什么?
4. 一支谈判队伍应包括哪些人员?
5. 如何对谈判人员进行管理?

案例应用

微软收购 Nuance 谈判成功①

当地时间 2021 年 4 月 12 日,微软和人工智能及语音技术公司 Nuance

① 资料来源:新浪财经,2021-04-13。

Communications 共同发布公告，宣布双方已达成最终协议，微软将以每股 56 美元（包括 Nuance 的净债务）、总价 197 亿美元的现金收购 Nuance。这个价格较 Nuance 于 4 月 9 日的收盘价溢价约 23%。

Nuance 成立于 1992 年，是北美语音人工智能和医疗临床智能领域老牌玩家，主要深耕语音识别领域，开发医疗保健、汽车、金融服务等领域的“对话人工智能”应用，为客户提供的产品与服务包括电子病历、医疗解决方案和安全生物识别解决方案等。2005 年，Nuance 在纳斯达克上市。2011 年，Nuance 成了苹果智能助手 Siri 的语音识别技术提供商，同时为三星、各大航空公司及政府机构提供语音技术支持。2013 年后，Nuance 在 B 端的市场扩张困难，发展陷入瓶颈，经简化业务后专注于医疗和企业服务解决方案。

2019 年 Nuance 和微软就在人工智能（AI）医疗保健领域建立了合作伙伴关系，开发就诊时自行文档记录医患对话的临床智能（ACI）技术，并将 Nuance 的医疗平台与微软的 Azure、Azure 人工智能服务等技术相结合。另外，Nuance 大部分的内部基础设施和托管产品迁移到了 Azure。高价收购 Nuance 后，微软通过旗下相关业务与 Nuance 的语音识别技术整合，将提升在 AI+医疗领域的实力。

延伸阅读

谈判成功，德国政府未批——环球晶圆收购 Siltronic AG“告吹”①

在芯片领域，最终由于未能获得政府放行而导致并购失败的名单上，又多了一宗本可能改变晶圆领域市场格局的重大交易。这笔交易，就是中国台湾地区晶圆大厂环球晶圆对德国老牌晶圆厂商 Siltronic AG 的并购。

日前，环球晶圆发布公告称，公开收购 Siltronic AG 一案，于交易截止日前未能获得德国政府核准。这意味着环球晶圆对 Siltronic AG 的并购就此“告吹”，这家台湾晶圆巨头企业本寄望通过这笔收购，拿下全球晶圆市场份额第二的宝座，但最终未能如愿。

晶圆实为简称，其全称为半导体晶体圆形片，在半导体制造过程中属于关键的材料。自全球新冠肺炎疫情以来，全球芯片供应链处在供不应求的状态，作为芯片制造的“上游”，晶圆已经阶段性地形成了“卖方市场”，因此，该领域内的并购重组交易，既受到市场层面的普遍关注，也被各国监管部门重点审查。

① 资料来源：中国经营报，2022-02-03。

环球晶圆对 Siltronic AG 的并购已经持续了一年有余的时间，其间历经多个国家反垄断监管部门的审查，其中德国政府的相关部门对这笔交易的审查时间最长。在交易正式“告吹”之前，这笔交易已经得到了包括奥地利、日本、新加坡、韩国等国家和地区反垄断监管部门的放行，并在中国农历虎年春节前，获得了中国反垄断监管部门附条件放行。

接近环球晶圆的人士告诉记者，德国政府相关部门对这笔交易的审查超过 14 个月，这个部门是德国联邦经济和气候事务行动部。该部门是德国负责管理外国投资的政府部门，在审查的过程中，这个部门还延长了审查期限，而这个期限超过了并购截止日期。

根据交易双方订立的协议以及德国金融监管局(BaFin)给出的交易最后时限，交易须在 2022 年 1 月 31 日之前完成。但是，在这个时限到来之前，环球晶圆仍未能获得德国政府对这笔交易的放行。“没有放行，超过这个时限，就意味着并购交易失败，并不需要德国政府相关部门正式否决”，接近环球晶圆的人士向记者表示。

这笔并购交易的起点为 2020 年 11 月，其时，环球晶圆和 Siltronic AG 展开实质性协商，并于当年 12 月 10 日正式签订并购协议。根据协议，环球晶圆最终最高可以取得 Siltronic AG 70.27%的股权，最低也可以获得 50%的股权。收购价最初为 125 欧元/股，但此后，每股收购单价经过两次调整，2021 年 1 月 21 日，收购价上涨至 140 欧元/股，仅仅在一天之后，收购价又上调至 145 欧元/股。

一家台资芯片代工企业负责原材料采购的人士告诉记者，环球晶圆是硅晶圆的主要供应商之一。在欧洲，环球晶圆有比较稳定的客户关系，这也是其发起对总部设在德国慕尼黑的 Siltronic AG 并购的原因之一。这一并购可以改变硅晶圆的市场份额格局，完成并购后，环球晶圆的市场份额将有望从原来的全球第三晋升到全球第二，拿到 26.7%的市场份额。

与此同时，这笔并购交易达成也有利于进一步巩固环球晶圆在硅晶圆制造领域的技术优势。环球晶圆掌握的区熔法制造技术在全球范围内处于领先状态，这种技术被应用于 8 英寸晶圆的制造，其产品主要供功率半导体的制造使用。该领域恰是当前芯片供求关系最为紧张的领域，而环球晶圆区熔法生产技术的重要下属企业之一也设在欧洲，即位于丹麦的 Topsil GlobalWafers A/S 公司。

“行业内都知道，环球晶圆非常重视这笔交易，董事长徐秀兰亲自负责这笔交易的相关事宜，包括和德国政府相关部门的沟通，很多会议都是徐秀兰亲自带队去开的。”相关人士向记者表示。

然而，这笔交易从最开始就引起了德国政府和产业界的担心，这种忧虑集中在“市场份额的提升会否对下游厂商的利益造成损害”，以及“其先进的产线是否会更大规模地向欧洲以外地区转移”等方面。

记者了解到,为了打消德国政府方面和产业界的忧虑,环球晶圆提出了若干方案,希望能够获得德国政府的认可,并换得对并购交易的放行。这些方案包括:在收购后,德国政府在公司中获得特殊股权继而拥有特别投票权,以及对 Siltronic AG 的关键部分资产解除收购或者向德国方面回售,但这些方案都未获得德国政府方面的积极回应,直至超过交易截止日期。

这笔并购交易的失败将会触发赔偿条款,根据双方订立的相关协议,环球晶圆将向 Siltronic AG 支付总额为 5 000 万欧元的赔偿金。这是跨国并购领域的惯例,一般重大并购交易订立的协议中,都会包含内容类似的条款。此前,智路资本对芯片厂商美格纳的并购,因未能获得美国相关部门的放行而告吹,智路资本也向美格纳支付了赔偿金。

记者查阅交易法定文件显示,环球晶圆目前持有的 Siltronic AG 的股份包括两部分:一是通过市场收购而来,这类股份占比约 13.67%;二是通过双方订立协议进行转让,这类股份占比约 56.60%,这即是环球晶圆一旦完成交易,将最高拥有 Siltronic AG 70%以上股权的来源。

此次并购交易"告吹"之后,环球晶圆从市场收购的 13.67%的 Siltronic AG 股份,可以"自由处置"并且"无持有期限限制",但是,通过订立协议转让的 56.60%的股份,仍将保持原有的股东归属,不会被交割。根据法定意见,2022 年 2 月 8 日,这些股份将转为普通流通股。Siltronic AG 在法兰克福证券交易所上市。

在并购交易"告吹"之后,Siltronic AG 的股价一度上涨了 3.9%,一家香港投行的分析师告诉记者,这是因为市场预期 Siltronic AG 会重新成为并购交易的对象。

第四章

国际商务谈判前的准备

Preparation Before International Business Negotiations

“凡事预则立，不预则废”，谈判前的准备工作做得如何，在很大程度上决定了谈判能否顺利进行，以及能否达成有利于己方的协议。

除了谈判前的信息准备以及谈判目标与对象的确定之外，谈判的整体方案也是在准备阶段就开始运筹和制定的。为了更好地把握谈判进程，模拟谈判并事先确定各交易条件的最低可接受程度也是非常重要的准备步骤。

通过本章的学习，读者可以了解在商务谈判正式展开之前应当进行哪些准备工作，以及如何进行这些工作。

学习要点

"Preparation will lead to success, but lack of preparation will result in failure." To a large extent, good preparation before a negotiation will determine a smooth process and a contrast that is beneficial to your own party.

In addition to information preparation before a negotiation as well as specification of goals and targets of the negotiation, the overall negotiation scheme is initiated in the preparatory phase. In order to control the negotiation process, a mock negotiation and specification of the minimum acceptability of various trade conditions in advance are also important steps.

By studying this chapter, the readers can learn what preparatory work should be done before the offlcial start of the business negotiations and how they should proceed.

拼多多:进击的出海业务,险象环生①

2016年,央视《对话》栏目的一次“换位思考”中,拼多多创始人黄峥曾表示:“如果我是张一鸣,我会更加激进地做全球化,因为我们这一代互联网创业者跟上一代相比,会比他们具有更大的全球化视野、更早地接受国际资讯、全球化的机会也更大……当你整个公司布局到全球,并且反过来用全球的资源集中回来打中国的市场的时候,我想那个时候可能也会变得更加从容一些。”

那一年张一鸣的字节跳动正在进行估值超100亿美元的融资。一年后字节跳动收购海外短视频平台Musical. ly,后者逐渐成长为北美家喻户晓的TikTok,时下估值是当时字节跳动的数倍(400亿~500亿美元)。

给出“更激进地做全球化”建议的黄峥,那一年,他新一轮创业开始不久。其创立的拼多多与拼好货2016年合并,用户数达1亿,合并后公司估值“一年速成”10亿美元独角兽。此后拼多多在“红海”电商市场高速增长,营收几乎保持三位数增速。直到2021财年拼多多收入增速开始放缓,2022年增速放缓至39%。这时候,全球化成为拼多多寻求新增长的重要选择。

一、小试牛刀

最早的出海尝试并非直接进入其他国家,而是从我国香港开始。拼多多在香港拓展社交电商业务,以低价和直送吸引消费者。2022年7月消费者发现,在拼多多平台可以直接使用Visa卡和Mastercard卡,没有内地银行账户的用户也可以在该平台购买商品,拼多多还开通了直送香港的服务,这意味着消费者不再需要第三方货运代理来处理海关问题——这是香港跨境电商的普遍需求。

与竞争对手相比,拼多多在香港消费者中的品牌认知度有限,部分原因是它没有在香港广泛推广。与在当地交易所公开上市的竞争对手(例如阿里巴巴)不同,拼多多只在纽约上市。不过,对于熟悉该平台的人来说,低价可能无法抗拒。例如一位用户表示,她在拼多多购物,为儿子的生日聚会购买了所有的气球、玩具和笔,整批货物的价格只需要400港元,这是当地实体店难以匹敌的价格优惠。但也有本地消费者对新品牌服务持怀疑态度,在拼多多上购物似乎还不如去内地购物顺畅。

在香港地区的业务能否取得成功尚不确定,但很快拼多多开始进入美国市场——9月初,拼多多推出在线购物网站Temu,该网站提供多个类别的商品,包括服装、珠宝、宠物用品以及家居和园艺等。

① 资料来源:Tech商业,2023-05-15。

“重要的是要记住,你可能会看到比其他电子商务网站习惯的交货时间更长的时间。这是因为这些物品可能来自另一个国家或需要与其他类似尺寸的物品捆绑或包装”,Temu 网站在运输信息页面强调上述信息,并显示订单满 49 美元免运费。

尽管早期一些类目产品很少,但 Temu 可以在价格上和当地电商进行竞争。比如 Temu 在特定日期提供全场商品 20%的折扣优惠。而且 Temu 产品普遍看起来很便宜:从 2 美元的衬衫到 1 美元的肥皂架,列出的女装大多低于 20 美元。

低价吸引力是显著的,Temu 应用进入美国的第一个月中旬,曾短暂进入美国 Android 购物应用的榜首。

尽管进入跨境电商的时间相对较晚,但 Temu 仍有它的优势。在中国,拼多多迅速崛起归功于将制造商直接与消费者联系起来的策略——这能够削减中间商成本,并最终将产品定价比其他依赖多层分销商的公司更具竞争力。出海到美国的时候,Temu 还将继续发挥相似的策略和供应链优势。同月,拼多多公司宣布将投资“数百亿元人民币”“培育出口导向型品牌”。通过该方式,国内制造商可以在全球销售产品,拼多多的 Temu 也可以直接将制造商和海外消费者连接起来。

次月,Temu 将商品选择扩展到 100 多个产品类别,满足当地更为多样化的消费者需求,商品范围从化妆品、连衣裙到棒球手套和电动工具。

该月份拼多多的 Temu 短暂击败亚马逊、Shein 和沃尔玛,成为美国 iOS 应用商店中排名第一的购物应用。且自 9 月推出以来,Temu 在 Android 和 iOS 应用程序商店中一直排名前 10。显然,Temu“每天都是黑色星期五”(低价促销)的方法,引起了对价格敏感的消费者的共鸣。

但更长的交货时间和糟糕的客户服务体验可能会阻止这种势头。10 月下旬,Temu 给出了改善方案——提供免费快递服务 express shipping,进一步缩短交货时间。Temu 推出的快递服务,可将交货时间缩短至一周,超过一定金额的订单可享受免费快递服务(当前官网为超过 129 美元订单)。相比之下,正常的运输选项——平邮(standard shipping)需要 7 到 15 个工作日。

当时的 Temu 发言人表示:“Temu 与其全球合作伙伴,引入快递运输,缩短交货时间,同时仍保持所有产品的标志性批发价格……如果交货延迟,Temu 将对消费者进行补偿……在正常交货时间表下,大约 80% 的订单会在 10 天内到达买家手中。”

同年 11 月,Temu 登顶美国 App Store,11 月 12 日该应用夺得了美国免费 iPhone 应用程序的桂冠,连续两周成为当地最受欢迎的免费 Android 应用程序。根据应用分析公司 Sensor Tower 的数据,Temu 在美国的安装量已高于 500 万。

二、乘势进击

低价策略、改善的物流逐步打通美国市场,Temu 乘势扩张。接下来 Temu 在美国消费者中继续走红,其应用12月成为当地下载次数最多的移动应用程序——取代了免费应用TikTok、YouTube或Instagram。

12月该应用美国的安装量翻倍,达到1 080万。主打大幅折扣的Temu进一步引起了消费者的共鸣,尤其是在高通胀、高利率对消费者支出造成影响的情况下。

进入美国以来,Temu的低价和推销策略甚至引起了一些质疑:它是否合法?除了非常便宜的消费品之外,Temu还通过转轮游戏或说服朋友加入来赚取积分——与国内通过微信分享注册、购物链接相似。“进入美国的几个月里,赞扬Temu的帖子在Facebook、Twitter和TikTok上像野火一样蔓延开来——尽管他们中的许多人使用语句似乎从一个帖子到下一个帖子都是循环使用的。”但这只是Temu在社交媒体上发起的一些活动,当用户说服他人注册的次数越多,获得的积分就越多。一些获得足够信用的人甚至无需向Temu提供信用卡信息就可以收到家居用品——这对于习惯使用信用卡、超前消费的用户具备吸引力。一位Temu用户指出,她已经从该网站收到了价值高达200美元的免费商品。

2023年1月份一周内,Temu上的商品交易价值达到4 600万美元,创历史新高。截至1月31日,Temu全球的下载量接近2 000万次,其中来自北美的购物者占比超过90%。

2月Temu花费1 400万美元投放于美国国家橄榄球联盟(NFL)超级碗电视广告——美国收视率最高的电视赛事广告。30秒的广告讲述了一个“像亿万富翁一样购物”的故事:一位年轻女子对Temu所提供的廉价服装和配饰感到惊讶,“价格让我大吃一惊,我觉得很富有,我觉得自己像个亿万富翁,我正在像亿万富翁一样购物”。

该广告在赛事期间播放了两次,使Temu在美国再一次受到关注。根据Sensor Tower数据,与前一天相比,Temu在超级碗比赛当天下载量增加了45%,日活跃用户增长约20%。开年两个月的大部分时间里,Temu在美国App Store和Google Play的免费下载应用中排名第一,超过了亚马逊、TikTok和快时尚零售商Shein。

美国市场之后,Temu将继续全球化征途,登陆更多海外国家。

2023年2月,该平台产品开始在加拿大内测销售,支持快递发货。3月Temu开始进入大洋洲国家新西兰、澳大利亚。4月Temu开始往法国、德国、意大利、荷兰、西班牙、英国等欧洲国家销售商品。不到一年时间,Temu平台已进入十个海外市场,逐渐成为当地电商平台难以忽视的新竞争对手。

三、逐渐壮大的途中风险不断

有竞争自然会产生“斗争”。同为电商平台的Shein早些时候对Temu提起诉讼,称Temu聘请的社交媒体影响者对Shein做出了“虚假和欺骗性陈述”。Shein还称Temu推出了一系列“冒名顶替”社交媒体账户,诱骗用户下载Temu应用程序。

Temu 在美国的崛起,对 Shein 而言无疑是麻烦——因为前者是一个比 Shein 更彻底提供超低价购物体验的应用,正如上文所提,Temu 进入美国市场后一度晋升免费应用榜首,取代了 Shein 等原榜首应用。美国头部电商亚马逊的定价与 Temu 暂时处于错位状态,但当消费者注意力转移至 Temu,亚马逊电商仍将给出新的对策——遏制正在崛起的 Temu。

竞争是公司之间的,公司之内的问题亦不容忽视。在拼多多进入美国初期,外媒即以其"劳工待遇差和残酷的办公条件"问题做了一篇报道。该报道称"该公司以提供极低价格的商品而闻名——同时它让员工所处的条件应该让美国人感到恐惧"。该报道引用了 2020 年以来拼多多公司员工事件,称"该公司近年快速增长,但是是有代价的。拼多多超时加班问题显著,条件比美国要残酷得多。"该报受访者称,"在制造成本上,美国公司没有办法与拼多多竞争。如果拼多多成功,它可以将其对劳工的做法带到美国。"

Temu 对商家的政策和拼多多一样被诟病。用户在拼多多购物非常方便,消费者可以无原因申请退款,有时甚至不退货,平台会扣留商家的收入。这对经销商和厂家来说,意味着有一定的概率收不到货款。Temu 复制了这些规则,平台选择愿意将利润率降到极致的商家,让他们在几天内进货。而当消费者想要退回某些产品时,有两种方式可供选择——自提和送货,过程中产生的费用由卖家承担。宽容、偏袒用户而对商家的严厉,难免引起后者的不满。

技术风险亦在造成负面影响。2023 年 3 月谷歌在其他来源的应用程序版本中发现恶意软件后,称"出于安全考虑暂停拼多多应用程序"。谷歌在一份声明中表示:"Google Play Protect 已设置为阻止这些已识别的恶意应用程序的安装尝试……如果用户的设备上下载了恶意版本的应用程序,会收到警告并提示他们卸载该应用程序。"出于"安全考虑",它暂停了 Google Play 应用商店中的拼多多应用,并表示调查此事。

拼多多针对谷歌措施发表声明称:"我们强烈反对仅仅从谷歌的笼统和非结论性回应中就拼多多应用程序恶意的猜测和指责",但拼多多公司股价单个交易日仍下跌了 14%。

安全研究员 Hyppönen 对此事表示,他以前从未见过"像这样的主流应用程序试图提升他们的特权——访问他们不应该访问的东西"。"拼多多应用程序使用的方法非常不寻常",Hyppönen 在一条推文中说。"这里可能发生的事情有几种情况,而且都很糟糕:拼多多被黑,拼多多有恶意内部人员,拼多多丢失了签名密钥,拼多多黑了自己的用户。"

谷歌暂停拼多多应用下载、安全员对该应用的评估,似乎与 Temu 没有直接关系。但该事件发生在同一集团公司旗下,Temu所在地区的一些媒体开始扩散上述事件的评价,"它还可以绕过用户的手机安全,以监控其他应用程序上的活动、查看通知、阅读私人消息和更改设置。而且一旦安装,就很难移除。"美媒《今日美国报》甚至直接催促用户删除Temu应用,称Temu将收集用户的信息(例如输入的各种社交媒体信息、个人信息、手机电脑数据、交易数据等)以"促进销售"。

竞争、劳工、技术安全问题之下,Temu业务扩张风险环生。但同时表现为业务高速增长,这不禁让人们回想起拼多多(国内版应用)早期飞速增长但混乱与问题并存的状态——但它在创立三年之际即选择上市。往后5年时间里,该公司已经成长为拥有超过8亿用户的电商平台,二级市场交易市值一度超过千亿美元。如今Temu相似的状态,留给人们想象力的是:它能否复刻国内版应用的增长轨迹,又或者像TikTok那样因地制宜发展,成长为新的百亿美元平台。

第一节　国际商务谈判前的信息准备

谈判信息是指那些与谈判活动有密切联系的条件、情况及其属性的一种客观描述,是一种特殊的人工信息。本节将从谈判信息的作用出发,着重介绍谈判信息准备的主要内容,包括市场信息、有关谈判对手的情况资料、科技信息、有关政策法规、金融方面的信息和有关货物样品的准备这六个部分,最后,还将对谈判信息资料的处理做介绍。

一、谈判信息的作用

谈判信息对于谈判活动的影响是极其复杂的,有的信息直接决定谈判的成败,而有的信息只是间接地起作用。谈判信息在商务谈判中的作用可以表现在以下几个方面:

首先,谈判信息是制订谈判战略的依据。谈判战略是为了实现谈判的战略目标而预先制订的一套纲领性的总体设想。谈判战略正确与否,在很大程度上决定着谈判的得失成败。一个好的谈判战略方案应当具有战略目标正确可行、适应性强、灵敏度高的特点,这就必须有大量可靠的信息作为依据。知己知彼,百战不殆,在商务谈判中,谁能拥有谈判信息上的优势,掌握对方的真正需要和对方谈判的利益界限,谁就有可能制订出正确的谈判策略,掌握谈判的主动权。

其次,谈判信息是控制谈判过程的手段。要对谈判过程做到有效控制,必须先掌握"谈判的最终结果是什么"这一谈判信息,依据谈判战略和谈判目标的要求,确定谈判的正确策略。为了使谈判过程始终指向谈判目标,使谈判能够正常进行,必须有谈判信息作为保证,否则,对任何谈判过程都无法有效地加以控制和协调。

最后,谈判信息是谈判双方相互沟通的中介。在商务谈判活动中,尽管谈判的内容和方式各不相同,但有一点是共同的,即都是一个相互沟通和磋商的过程。沟通就是通过交流有关谈判信息以确立双方共同的经济利益和相互关系。没有谈判信息作为沟通中介,谈判就无法排除许多不确定的因素,就无法进一步磋商,也就无法调整和平衡双方的利益。因此,掌握一定的谈判信息,就能够从扑朔迷离的信息中发现机会与风险,捕捉达成协议的共同点,使谈判活动从无序到有序,消除不利于双方的因素,促使双方达成协议。

二、谈判信息收集的主要内容

如前文所述,谈判信息收集的主要内容包括:市场信息;有关谈判对手的资料;科技信息;有关政策法规的信息;金融方面的信息;有关货单、样品的准备。

(一)市场信息的概念及其主要内容

1. 市场信息的概念。市场信息是反映市场经济活动特征及其发展变化的各种消息、资料、数据、情报的统称。它通过语言表达作为传递工具,或者说,市场信息是由语言组成的。

市场信息所用的语言,有自然语言和人工语言。自然语言包括口头语言、书写文字等。人工语言是为了传递信息特征而由人们创造出来的,如数学上的专用语言、计算机语言等。人工语言的使用,可以弥补自然语言结构容易产生的意思不够明确以及不够精练等缺陷。

市场信息的语言组织结构有两种形式:一种是文字式结构,主要是通过文字叙述来表达市场信息的内容;另一种是数据式结构,它是反映市场运行数量关系的数字及必要的文字按一定规范相互联结起来形成的结构,如统计报表等。

2. 市场信息的主要内容。市场信息的内容很多,归纳起来主要包括以下几个方面:

(1)有关国内外市场分布的信息。国内外市场分布的信息,主要是指市场的分布情况、地理位置、运输条件、政治经济条件、市场潜力和容量、某一市场与其他市场的经济联系等。

(2)消费需求方面的信息。消费需求信息包括:消费者忠于某一特定品牌的期限;消费者忠于某品牌的原因、条件、因素;消费者开始使用某一特定品牌的条件和原因;使用者与购买者之间的关系;购买的原因和动机;产品的多种用途;消费者购买的意向和计划;产品被使用的次数及消费量;消费者对产品的态度;消费者对企业市场活动的反应与态度;消费者喜欢在何处购买;新的使用者的情况及使用原因;产品(资金或劳务)的需求量、潜在需求量、本企业产品的市场覆盖率和市场占有率，以及市场竞争形势对本企业销售量的影响；等等。

(3)产品销售方面的信息。如果是卖方，则要调查本企业产品及其他企业同类产品的销售情况。如果是买方，则要调查所购买产品的销售情况，包括：该类产品过去几年的销售量、销售总额及价格变动；该类产品的长远发展趋势；拥有该类产品的家庭占全社会家庭的比率；消费者对该类产品的需求状况；购买该类产品的决定者、购买频率；季节性因素；消费者对这一企业新老产品的评价及要求。通过对产品销售方面的调查，可以使谈判人员大体掌握市场容量及销售量，有助于确定未来的谈判对手及产品销售（或购买）数量。

(4)产品竞争方面的信息。这类信息主要包括：生产或购进同类产品的竞争者数目、规模以及该类产品的种类；生产该类商品的各主要生产厂家的市场占有率及未来变动趋势；各品牌商品所推出的形式与售价幅度；消费者偏爱的品牌与价格水平、竞争产品的性能与设计；各主要竞争者所能提供的售后服务的方式；顾客及中间商对此类服务的满意程度；当地经销该类产品的批发商和零售商的毛利率与各种行情；当地制造商与中间商的关系；各主要竞争者所使用销售组织的形态；是生产者的机构推销，还是中间商负责推销；各主要竞争者所使用销售组织的规模与力量；各主要竞争者所用的广告类型与广告支出额；等等。

(5)产品分销渠道方面的信息。它包括：主要竞争对手采用何种经销路线；当地零售商或制造商是否聘用人员直接推销，如使用，其使用程度如何；各种类型的中间商有无仓储设备；各主要市场的批发商与零售商的数量；各种销售推广、售后服务及存储商品的功能，哪些应由制造商提供，哪些应由批发商和零售商负担；等等。

（二）有关谈判对手的资料

在正式的商务谈判之前，对与谈判有关的环境因素进行分析是必不可少的，而对谈判对手的情况资料加以收集并进行调研与分析就更为重要。如果同一个事先毫无了解的对手谈判，其困难程度和风险程度是可想而知的。

这里先从分析贸易客商的类型入手，着重阐述对谈判对手资信情况的审查，包括对客商的合法资格、公司性质和资金状况、公司营运状况和财务状况的审查，从而判定谈判双方的谈判实力。此外，为了能在谈判中充分掌握主动权，我们还应摸清谈判对手的最后谈判期限以及对方对己方的信任程度。

1. 贸易客商的类型。为了更好地研究和分析谈判对手，首先应对贸易客商的情况有所了解，从而更深刻具体地了解对手。目前，贸易界的客商基本上可以归纳为以下几种类型：①世界上享有声望和信誉的跨国公司；②享有一定知名度的客商；③没有任何知名度但却能够提供公证书、董事会成员的副本及本人名片等以证明其注册资本、法定营业场所的客商；④皮包商；⑤借树乘凉的客商；⑥利用本人身份从事非法经营贸易业务的客商；⑦“骗子”客商。

在举行国内外技术、商务洽谈之前，必须对客商的资格、信誉、注册资本、法定营业地点和谈判者本人等情况进行审核，并请客商出示公证书来加以证明。我们知道，客商的资本、信誉情况、法定营业地址、洽谈人员的身份，以及经营活动范围等信息都是进行谈判的基础，因此，应予以审查或取得旁证。否则，在许多问题尚未弄清楚之前就开始谈判，其结果势必会给谈判带来麻烦乃至造成自身的经济损失。

2. 对谈判对手资信情况的审查。对谈判对手资信情况的审查是谈判前准备工作的重要环节，是我们决定谈判的前提条件。对谈判对手资信情况的审查主要包括对谈判对手的合法资格、公司性质和资金状况、公司营运状况和财务状况、公司商业信誉情况的审查。

(1)对客商合法资格的审查。对客商合法资格的审查应从两个方面进行：一是对客商的法人资格进行审查；二是对前来谈判的客商的资本信用和履约能力进行审查。

(2)对谈判对方公司性质和资金状况的审查。我国企业同国外的企业合作，大多数也是与国外股份有限公司进行的，但各股份有限公司的资本总额多寡不一。因此，在谈判前不但要了解对方公司的性质，还需要了解对方公司的资本状况。

(3)对谈判对手的公司营运状况和财务状况的审查。如果谈判对手是买方，卖方必须迅速地了解对方的经营状况与财务状况，判断对方的购买力、可能的付款期限、付款方式等。

(4)对谈判对手商业信誉情况的审查。商业信誉是指在同行业中，由于企业经营管理处于较为优越的地位，能够获得高于一般利润水平的能力而形成的一种价值。形成商业信誉的主要原因有：优良的商品质量、良好的信誉、周到的服务、有力的广告宣传、著名的商标及品牌、巩固的垄断权力等。

在了解上述各方面的资料后，最后还应当了解对方谈判成员的有关资料，诸如对方谈判组的人数、职务、年龄及其分工，各个成员的性格、专长及爱好甚至社会和家庭关系，特别是要搞清对方成员中实力派人物的情况，以便己方选择与对方情况相适应的合格人员，运用谈判技巧促进谈判的顺利进行。

3. 对谈判双方谈判实力的判定。谈判实力是指影响双方在谈判过程中的相互关系、地位和谈判的最终结果的各种因素的总和，以及这些因素对谈判各方的有利程度。它与企业实力不同，企业实力是指从总体上看一个企业的规模、技术水平、人员素质、市场占有率等方面均处于何种水平。企业实力是形成谈判实力的潜在基础，并不一定直接构成谈判实力。例如，如果谈判的内容正好是实力很强的某一企业的薄弱之处,那么,这个企业的谈判实力是弱而不是强。就一般情况而言,企业实力强有利于形成和强化其谈判实力,而谈判实力较强的企业却不一定就说明其企业实力一定很强。在通常情况下,谈判实力取决于以下几个因素:

(1)交易内容对双方的重要程度。商务谈判的成功标志着谈判双方都得到了一定的好处,但这并不说明交易内容本身对各方的重要程度相同。实际上,交易内容本身对双方来讲,其重要程度往往各不相同,这就决定了双方谈判实力上的差异。一般说来,交易对某一方越是重要,也就是说该方越希望成交,那么该方在谈判中的实力就越弱,反之越强。例如,在国际货物买卖业务洽谈过程中,若卖方的产品较为紧俏,而且买方急于购买此产品,这时,对卖方来讲其谈判实力就强,买方的谈判实力则较弱。

(2)看各方对交易内容与交易条件的满意程度。商务谈判双方对交易内容与交易条件的满足程度是存在差异的,某一方对交易内容与交易条件的满足程度越高,那么该方在谈判中就比较占优势,也就是说该方的谈判实力越强。在国际货物买卖中,卖方的货物在质量、数量、交货时间上越能够满足买方的要求,那么卖方的谈判实力就越强,因为买方在这种情况下无法提出一些使对方让步的借口,所以卖方谈判实力较强,买方谈判实力较弱。

(3)看双方竞争的形势。在业务往来中,很少出现一个买主对应一个卖主的一对一现象,经常是存在多个买主对应多个卖主的情况。很显然,如果多个卖主对应较少的买主时,即形成了买方市场,这时无疑会使买方的谈判实力增强,而使卖方的谈判实力减弱;反之,如果多个买主对应较少的卖主时,即形成了卖方市场,在这种情况下,显然卖方的谈判实力会增强,而买方的谈判实力会减弱。

(4)看双方对商业行情的了解程度。谈判的一方对交易本身的行情了解得越多、越详细,那么该方在谈判中就越是处于有利地位,也就相应地提高了自身的谈判实力;反之,如果对商业行情了解甚少,其谈判实力显然就较弱。我们知道,商业行情是极为宝贵的资源,它可以转化为财富,这在业务洽谈进程中是非常明显的。或者说,我们只有在掌握了充分的市场行情的前提下,才有可能制订出有针对性的谈判战略和战术。

(5)看双方所在企业的信誉和影响力。企业的商业信誉越高,社会影响越大,该企业的谈判实力就越强,反之就越弱。

(6)看双方对谈判时间因素的反应。在谈判过程中,一方如果特别希望早日结束谈判,达成协议,那么时间因素的限制就会大大削弱该方的谈判实力。由于时间限制,该方就不得不做出某些对其不利的让步,导致不利的结果。例如,对于季节性较强的商品,卖方往往为了在一定的时间内售出,有时会不惜降价进行推销,这种时间的限制削弱了季节性商品卖方的谈判实力。现在,有些过季商品并不过时，于是买方抓住了卖方在时间上的弱点，专门进行过季消费。

(7)看双方谈判艺术与技巧的运用。在谈判实践中，经常出现这种现象，即一方原来在该项目谈判中并不占优势，反而出乎意料地取得了很好的谈判效果，这是由于该方在洽谈艺术与技巧方面运用得当，从而取胜。事实证明，谈判人员若能充分地调动有利于己方的因素，尽可能地避免不利的因素，那么己方的谈判实力就会增强。谈判艺术和技巧越是高超，谈判实力就越强。

4. 摸清谈判对手的最后谈判期限。任何谈判都有一定的期限，重要结论和最终成果往往在谈判结束前取得，因而有必要摸清对手谈判的最后期限。

日常生活中，我们可以看到许多交易行为都有时间限制。例如，棉衣的交易要在天冷前完成；火车票必须在火车开出前买到；廉价展销品必须在展销结束前购买；等等。几乎每一个交易行为都包括时间因素，受着交易期限的制约，人们对交易期限都有着自觉或不自觉的反应。交易期限在谈判中有着巨大作用，最后期限往往能使买主决定购买。卖主可利用期限的力量，如"厂里要求我本周六前完成订货"，"我星期一要回去开会，你再不答应我的要求，这笔生意就做不成了"等等。总之，最后期限的压力常常迫使人们不得不采取快速行动，立即做出决定。当我们掌握了对方的谈判期限后，就可以促使对方接受有利于己方的条件。

谈判前，双方都在调查对方的谈判期限，对此要注意几个问题：

(1)对方可能会千方百计地保守谈判期限的秘密。对于谈判人员而言，了解情况要尽早，动手越早取得资料就越容易，但要不露痕迹地去探求。

(2)在谈判时，要通过察言观色，抓住对方流露出来的情绪，摸清期限。

(3)在国际商务谈判中，谨防对方有意提供假情报。对方口头上有意无意地提供的期限，谈判者可不必尽信，但也不能不信，要通过各种资料综合判断其真伪。判断卖方期限的真伪，要调查卖方存货的数量、质量，卖方的生产计划及现金需求情况等。判断买方期限的真伪，要全面分析买方谈判期间的动态、有无同时和其他卖方谈判购买、买方的职员能力如何等。只有掌握大量对方的情况，才能使判断准确。

(4)己方谈判期限要有弹性，可以由此避开对方利用谈判期限对自己的进攻。无论己方是购买商品还是出卖商品，都要有计划、有节奏地进行，不能过于急迫。

(5)在对方的期限压力面前提出对策。任何谈判都要考虑到，对方可能会公开指定期限，己方必须在谈判前就要提出对策，排除期限的压力。

总之，谈判前必须对期限问题有充分的调查和准备，不能掉以轻心。

5. 摸清对方对己方的信任程度。摸清对方对己方的信任程度，有利于我们更好地设计谈判方案，争取主动。

信任度包括对方对己方的经营情况、财务状况、付款能力、信誉、谈判能力等多种因素的评价和信任。对方若对己方有较高的信任度,可以促使谈判朝着对己方有利的方向发展,在商品价格、付款方式、运输方式、签订合同等方面易于达成协议。

(三)科技信息的具体内容

在技术方面,主要应收集以下各方面的资料:①要全面收集该产品与其他产品在性能、质量、标准、规格等方面的优缺点比较信息,以及该产品的生命周期、竞争能力等方面的资料;②收集同类产品在专利转让或应用方面的资料;③收集该产品生产单位的技术力量和工人素质及其设备状态等方面的资料;④收集该产品的配套设备和零部件的生产与供给状况以及售后服务方面的资料;⑤收集该产品开发前景和开发费用方面的资料;⑥尽可能多地收集对该产品的品质或性能进行鉴定的重要数据或指标,以及各种鉴定方法和鉴定机构,同时也要详尽地收集可能导致该产品发生技术问题的各种潜在因素。

科技信息对于国际商务谈判,特别是引进设备的谈判非常重要,它是选择技术和准确进行谈判的先决条件。取得这些技术资料大体上可以通过这样几种方法:阅读国内外有关专业杂志;参观国内外博览会和各种专业展览会;收集和熟悉国内外产品样本和产品目录;旁听有关商务谈判;查阅专利,了解技术发展现状及趋势;向国内外有关咨询机构求助;与发达国家有关的情报中心取得联系;与联合国等国际性情报机构联系;等等。

(四)有关政策法规的内容

在谈判开始前,应当详细了解有关的政策、法规,以免在谈判时因不熟悉政策、法规而出现失误。

1. 有关国家或地区的政治状况。政治对经济有着重要的影响,在国际商务谈判中,需要了解对方国家或地区的有关经济政策、经济合作的相关法令,以及国家对企业的管理制度。

2. 谈判双方有关谈判内容的法律规定。无论是国内贸易还是进出口贸易,都需要了解有关的法律、法规。法律所规定的当事人作为与不作为的界限,是企业经营合法或不合法的依据。除了要熟记我国现有的法律如《中华人民共和国合同法》《中华人民共和国专利法》《中华人民共和国商标法》《中华人民共和国企业所得税法》《中华人民共和国中外合资经营企业法》外,还应了解国外的法律制度和国际惯例。只有这样,才能避免谈判中的一些失误。

3. 有关国家或地区的各种关税政策。进行国际贸易时,需要了解有关国家或地区各种关税(诸如进口税、出口税、差价税、进口附加税、过境税或过境费等)的税率以及关税的税则和征税方法方面的资料。如果我国与交易国订有贸易协定或互惠关税协定,还必须了解其详细情况。

4. 有关国家或地区的外汇管制政策。有些国家或地区,为了保证收汇和防止逃税、套汇、黑市买卖外汇,通过颁发进出口许可证等办法来加强对外汇的管制。例如,我国对于各种外汇票据的发行和流通以及外汇、贵金属和外汇票证等的进出国境,都有较详细的规定,对此类业务必须事先加以了解。

5. 有关国家或地区进出口配额与进口许可证制度方面的情况。配额制度是指一个国家在一定时期内,对某些商品的进口数量或金额事先规定一个限额,从而起到限制某些商品的进口数量的作用。在这种制度下,凡进口的商品若是在规定的数量或金额的范围内,可以进口,超过限额则不准进口或须征收高额关税乃至罚款以后方可进口。进口配额往往与进口许可证联系在一起,一个政府采用了进口配额,就必须要发放进口许可证。其做法是:政府规定某些商品的进口配额后,再根据进口商的申请,对于每一批进口商品在其配额限度内发给进口商一定数量的进口许可证,直到配额用完为止。当然,有些没有配额限定的商品也需要许可证,因此,许可证比配额在范围上用得更广泛。目前,世界绝大多数国家都在不同程度上采用了进口配额制,对此,必须加以详细了解。

6. 国内各项政策。我国国内商务谈判要按照国家的法律、法规和政策进行,商务谈判人员不但要掌握有关的现行税制,还要熟知经济法规,使各项经济交往做到有法可依。

(五)金融方面的信息

金融方面的信息,主要包括以下四个部分的内容:①收集国际金融市场上的信息,随时了解各种主要货币的汇率及其浮动现状和发展趋势;②收集进口地、出口地主要银行的营运情况,以免因银行倒闭而影响收汇;③收集进口地、出口地的主要银行对开证、议付、承兑赎单及托收等方面的有关规定,特别是有关承办手续、费用和银行所承担的义务等方面的资料;④收集商品进口地、出口地政府对进出口外汇管制的措施或法令。

(六)有关货单、样品的准备

做好货单、样品等准备也是谈判前一项必不可少的工作,尤其是在国内外商品博览会或是在海外市场推销、谈判中,货单必须具体、正确。同时,价格手册也必须准备好,如果是在交易会上谈判,口岸之间、公司之间交叉经营的商品价格更应该核对好,不要相互矛盾。谈判样品必须准备齐全,特别要注意事先准备好的谈判样品一定要与今后交货相符,即使是包装也应保持一致,以免被动。在准备谈判样品的同时,还可以准备一些商品目录和说明书,以便顾客索取之用。

三、谈判信息资料的处理

对收集来的资料进行分析整理,其主要目的有两点:一是为了鉴别资料的真实性与可靠性;二是结合谈判项目的具体内容,分析各种因素与谈判项目的关系,并根据它们对谈判的重要性和影响程度进行排队,通过分析制订出具体的谈判方案与对策。

对谈判信息资料的处理主要有两个环节:一是对资料的整理与分类;二是对信息资料的交流与传递。

(一)信息资料的整理与分类

信息资料的整理一般分为四个阶段:

1. 对资料的评价。这是资料整理的第一步。现实中,收集的各种资料,其重要程度各不相同,有些可以马上使用,有的到后来才派上用场,而有些资料可能自始至终都用不上。如果把收集的资料不加区别地积存起来,便会使资料的使用十分困难,因此,必须首先对收集到的资料进行评价,没有用的就应毫不犹豫地舍弃。对认为有用的需要保存的资料,也要根据其重要性不同,将其分为可立即利用的资料、将来肯定可用上的资料和将来有可能派上用场的资料。只有如此,才能为资料的筛选打好基础。

2. 对资料的筛选。对于好不容易收集到的资料,人们往往不愿意将其舍弃,这是可以理解的。但是,如果把不要的或用处微小的资料全部保留,既不便于查找有用的信息资料,又会因其占用空间而耗费大量的费用,因此,应不断地对收集起来的资料进行清理。资料的筛选大体有以下几种方法:

(1)查重法。这是筛选信息资料最简便的方法,目的是剔除重复资料,选出有用的信息资料。当然,并不完全排除重复,只要不是完全相同的重要资料仍可以保存一部分。

(2)时序法。即逐一分析按时间顺序排列的信息资料,在同一时期内,较新的取,较旧的舍弃,这样可能使信息资料在时效上更有价值。

(3)类比法。它是将信息资料按市场营销业务或按空间、地区、产品层次,进行分类对比,对接近实质的保留,其余的舍弃。

(4)评估法。这种方法需要信息资料收集人员有比较扎实的市场学专业知识,即对自己所熟悉的业务范围,仅凭市场信息资料的题目就可以决定取舍。

3. 对资料的分类。在资料整理阶段,对筛选以后的资料认真地进行分类是最耗费时间的一项工作,但也是极其重要的环节。可以说,不做好分类,就不可能充

分利用资料。分类的方法大致有两种:

(1)项目分类法。这种分类法既可以和工作相联系,按不同的使用目的来分类,如可以分为商务开发资料、销售计划资料、市场预测资料等;也可按谈判的必备资料分为市场信息资料、技术信息资料、金融信息资料、交易对象的情况资料、有关政策法规等;还可以根据资料的内容,按不同性质来分,如可以根据不同产业或经营项目进行分类,产业中可以分为粮油产品、五金产品、纺织产品、机械设备等。

(2)从大到小分类法,即从设定大的分类项目开始,大项目数最好不要超过10项,经过一段时间的使用后,若觉得有必要再细分时,可以把大项目再进行细分,但不要分得太细,以免出现重复。

以上两种分类法,可以根据工作的需要结合起来使用,一般是以前者作为基本分类法,再将后者渗透进去。

4. 对资料的保存。把分好类的资料妥善地保存起来,即使是经常使用的资料也不要随便放,要与分类相适应,放到专门的资料架或卡片箱中,以便随时查找该类资料或加放同类资料。

(二)信息资料的交流与传递

为了获得有利的谈判地位,谈判人员必须十分注意信息的传递方式,恰当地选择传递的时机,把握好传递场合。通过谈判信息的传递,实现信息交流和沟通,保持谈判人员与己方的有效联系,最大限度地实现己方的谈判目标。

1. 谈判信息的传递方式。谈判信息传递方式的选择不是任意的,它往往受到自身特点的制约,因此,传递方式的选择既要考虑谈判的目的,同时又要随时注意自身条件及环境的影响和对方的变化情况。谈判者为了减少特定的谈判传递方式对自己的不利影响,必须注意观察、收集、识别对方做出的反应,根据反馈的信息,敏锐地做出推断,及时修正、调整、变换谈判信息的传递方式。谈判信息传递的一般形态就是谈判者或信息机构之间借助于口语、手势、文字、形象等进行信息传递。有的谈判学研究者认为,谈判信息的传递方式有以下几种:

(1)明示方式。所谓明示就是指谈判者在有关的、恰当的场合,明确地提出谈判的条件和要求,阐明谈判的立场、观点,表明自己的态度、打算。明示可以通过下列任何一种渠道进行,如双方相见的谈判场合,宴会、礼宾场合,群众性集会场合,官方或团体会议场合,单独会见场合,业务洽谈场合,等等。

(2) 暗示方式。所谓暗示就是指谈判者在有关的、恰当的场合,用含蓄的、间接的方法向对方表示自己的意图、要求、条件和立场等。暗示可以通过语言的形式进行,也可以通过其他的方式进行。

暗示在谈判中具有重要的意义。谈判各方在态度明确的情况下,暗示是一种极好的信息传递方式,它可以避免不必要的直接对抗,传递出在明示条件下无法传递的谈判信息。对谈判者来说,采用暗示方式比采用明示方式更具灵活性。在谈判过程中,谈判者必须善于运用暗示,这就要求对影响暗示效果的主客观因素有一定的了解,以便最大限度地发挥暗示在传递谈判信息中的作用。从主观上看,缺乏主见、随波逐流的人极容易接受暗示,独立性很强、善于独立思考的人往往很难接受暗示;从客观上看,暗示者本人的条件,如地位、权力、声望、知识、信心、相貌、身材、性别、年龄,以及谈判双方的相互关系,谈判信息与谈判环境条件等,都会对暗示效果产生不同的影响。

(3)意会方式。意会是既不同于明示又不同于暗示的一种特殊的谈判信息传递方式。它是谈判信息的发出者与谈判信息的接受者早已有了信息交流的准备,早已对信息交流的背景有所了解,早已就信息传递的渠道达成了某种默契,为了避免直接明示或暗示给各自带来的不利影响,同时也为了避免信息泄露而采取的一种较为谨慎的谈判信息的传递方式。

2. 选择谈判信息传递的时机与场合应考虑的因素。谈判信息的传递时机是指谈判者在充分考虑到各方的相互关系、谈判的环境条件、谈判信息的传递方式的情况下,确定并把握能积极调动各相关因素的谈判信息传递的最佳时间。

谈判信息传递时机的把握是否恰当,在很大程度上影响着传递效果。谈判信息的传递不是仅仅以特定的方式传递出去就行了,它需要对谈判的有关因素进行判断,尤其是需要对谈判信息在特定条件下传递的后果和对方的反应做出预测。在对传递的后果和反应有一定准备的情况下传递信息,才能确保信息准确送达接受者。

谈判信息的传递场合,主要是指谈判信息进行传递的现场。选择恰当的场合传递谈判信息有利于增强传递效果,避免不利因素的影响。因此,谈判者在选择谈判信息传递场合时应考虑以下问题:

第一,是自己亲自出面还是请第三方代为传递信息?由于涉及信息传递的可靠性问题,一般来说,自己亲自出面传递信息,可靠程度较高。

第二,是私下传递信息还是选择公开场合传递信息?如果对方与己方私交较深,较为灵活,可选择私下传递信息方式;如果己方对相互关系、环境条件、各种意外因素都考虑得比较周全,而与对方无私交时,可选择公开传递信息的方式。

在具体的谈判过程中,如能根据谈判活动的条件和需要,正确选择谈判信息的传递方式、传递时机和传递场合,将会使谈判信息的传递产生较好的效果,从而掌握谈判的主动权。

第二节 谈判目标与对象的确定

一、谈判主题的确定

所谓谈判的主题就是参加谈判的目的,对谈判的期望值和期望水平。不同内容和类型的谈判,有不同的主题,但在实践中,一次谈判一般只为一个主题服务,因此在制订谈判方案时也多以此主题为中心。为保证全体谈判人员牢记谈判的主题,在表述主题时不可赘述,而应言简意赅,尽量用一句话来进行概括和表述,比如“以最优惠的条件达成某项交易”或“达成一笔交易”等。至于什么是最优惠条件和如何达成这笔交易就非谈判主题的问题了。另外,谈判方案中的主题,应是己方可以公开的观点,不必过于机密。

二、谈判目标的确定

在谈判的主题确定以后,接下来的工作就是这一主题的具体化,即制订出谈判目标。谈判目标就是谈判主题的具体化。

谈判的具体目标,体现着参加谈判的基本目的。整个谈判活动都必须紧紧围绕着这个具体目标来进行,都要为实现这个目标服务,因此谈判具体目标的确定必须认真而慎重地考虑。

达到商务谈判目标是商务谈判的最终结果之一。商务谈判目标的内容依谈判类别、谈判各方的需求不同而不同。如果谈判是为了取得资金,那么就以可能获得的资金数额作为谈判的目标;如果谈判是为了销售产品,那么就以某种和某几种产品可能的销售数量、质量和交货日期作为谈判目标;如果谈判是为了获取原材料,就以能满足本企业(地区和行业)对原材料的需求数量、质量和规格等作为谈判追求的目标;还有一些谈判以实际价格水平、经济效益水平等作为谈判的目标。总之,商务谈判的目标应根据谈判的具体内容不同而有所差异。

由于谈判的目标是一种主观的预测性和决策性目标,它的实现还需要参加谈判的各方根据自身利益的需要、他人利益的需要和各种客观因素,来制订谈判的目标系统和设计目标层次,并在谈判中经过各方不厌其烦地“讨价还价”来达到某一目标层次。

谈判的具体目标可分为四个层次:最高目标、实际需求目标、可接受目标、最低目标。

(一)最高目标

最高目标也叫最优期望目标。它是己方在商务谈判中所要追求的最高目标,也往往是对方所能忍受的最大限度。如果超过这个目标,往往要面临谈判破裂的危险。在实践中,最优期望目标一般是可望而不可即的理想方向,很少有实现的可能性,商务谈判是双方利益重新分配的过程,没有哪个谈判者心甘情愿地把自己的利益全部让给他人。同样,任何一个谈判者也不可能指望在每次谈判中都独占鳌头。尽管如此,这并不意味着最优期望目标在商务谈判中没有作用。最优期望目标是谈判开始的话题,如果一个诚实的谈判者一开始就推出他实际想达到的目标,由于谈判心理作用和对手的实际利益,他最终可能达到实际需求目标。如在资金供求谈判中,需方可能实际只想得到50万元,但谈判一开始,需方可能报价80万元,这80万元是需方的最优期望目标,这个数字比它实际需要的50万元多30万元。用一个简式表达就是:

$$Y+\Delta Y=E$$

式中:Y为需方的实际需求资金数额;ΔY为多报价即增量;E为需方的最优期望目标。

但是,供方绝不会做提供80万元资金的慷慨之事。根据供方了解的信息(如偿还能力、经济效益高低和利率等情况),他明知对方实际只需要50万元,为了使谈判深入下去,使主动权掌握在自己手中,就故意压低对方的报价,只同意提供30万元。如此这般,几经交锋,双方列举各种理由予以论证,谈判结果既不是80万元也不是30万元,而很可能是略低于或者略高于50万元。

如果一开始需方不提出80万元,或供方不提出30万元,谈判就无法进行。为什么在谈判中形成这种习惯,其原因极为复杂,涉及心理、信誉、利益乃至历史成见等诸多因素。需要说明的是,最优期望目标不是绝对达不到的,一个信誉极高的企业和一家资金雄厚、信誉良好的银行之间的谈判,达到最优期望目标的机会是完全存在的。

(二)实际需求目标

实际需求目标是谈判各方根据主客观因素,考虑到各方面情况,经过科学论证、预测和核算后,纳入谈判计划的谈判目标。这是谈判者调动各种积极性,使用各种谈判手段,努力达到的谈判目标。如在上例中,其中的50万元资金就是实际需求目标。这个层次目标具有如下特点:

1. 它是秘而不宣的内部机密,一般只在谈判过程中的某几个微妙阶段才提出。

2. 它是谈判者"坚守的最后防线"。如果达不到这一目标,谈判可能陷入僵局或暂停,以便谈判者的单位或谈判小组内部讨论对策。

3. 这一目标一般由谈判对手挑明,己方则"见好就收"或"给台阶就下"。

4. 该目标关系到谈判一方主要或全部的经济利益。例如,上例中的企业若得不到50万元资金,将无法更新主体设备,使企业在近期内停产或不能扩大再生产等。正因为如此，这一目标对谈判者有着强烈的驱动力。

（三）可接受目标

可接受目标是指在谈判中可努力争取或做出让步的范围。它能满足谈判一方的部分需求，实现部分经济利益。在上述例子中，资金供方由于各种原因（如资金筹措能力、对方偿还能力等）只能提供部分资金（如35万元或40万元等），没有满足需方的全部实际需求，这种情况是经常发生的。因此，谈判者在谈判前制订谈判方案时应充分估计到这种情况的出现，并制订相应的谈判措施和目标。对于可接受目标，谈判一方应采取两种态度：一是现实态度，即树立“只要能得到部分资金就是谈判的成功”的观念，绝不能硬充好汉，抱着“谈不成出口气”的态度，这样可能连可接受目标也无法达到；二是资金来源多样化，应多交谈判伙伴，就有可能实现需求目标的总体利益。

（四）最低目标

最低目标是商务谈判必须实现的目标，是谈判的最低要求，若不能实现，则宁愿谈判破裂也没有讨价还价、妥协让步的可能。它与最优期望目标之间有着必然的内在联系。在商务谈判中，表面上一开始要价很高，往往提出最优期望目标，实际上这是一种策略，保护的是最低目标乃至可接受目标和实际需求目标，这样做的实际效果往往是超出谈判者的最低需求目标或至少可以保住这一目标，然后通过双方的讨价还价，最终可能达到一个超过最低目标的目标。

可以确定，最低谈判目标是低于可接受目标的。可接受目标在实际需求目标与最低目标之间选择，是一个随机值，而最低目标是谈判一方依据多种因素，特别是其拟达到的最低利益而明确划定的限制。如在上述获得资金的例子中，最低目标如定在10万元，那么可接受目标在10万元到50万元之间。

以上四个谈判目标层次是一个整体，各有各的作用，需在谈判前认真规划设计，不可凭“拍脑袋”决定，那样只会给谈判者带来麻烦。

在确定商务谈判目标系统和目标层次时，要注意坚持三项原则——实用性、合理性和合法性。所谓实用性，是要求制订的谈判目标能够谈和可以谈。也就是说，谈判双方要根据自己的经济能力和条件进行谈判。如果离开了这一点，任何谈判的结果都不能付诸实施。如一个企业通过谈判获得了一套先进的技术装备，但由于该单位的职工素质、领导管理水平和某些技术环节上存在问题，该套技术装备的效能无法发挥，这种引进谈判的目标就不具备实用性。所谓合理性，包含谈判目标时间和空间的合理性。在市场经济条件下，市场变化万千，在一定时间和一定空间范围内是合理的东西，在另一时间、另一空间可能就不是合理的。同时，商务谈判的目标对于不同的谈判对象及其在不同的空间区域,同样也有不同的适用程度。除此之外,作为商务谈判的主体,也应对自己的利益目标在时间和空间上做全方位的分析,只有这样才能获得成功。所谓合法性,是指商务谈判目标必须符合一定的法律规则。在商务谈判中,为达到自身的利益目标,有的采取对当事人行贿等方式使对方顺从,有的以损害集体利益为代价使自己得到好处,有的采用经济压力强迫经济能力不强者妥协,还有的提供伪劣产品、过时技术和假信息等,这些均属不合法行为。

值得注意的是,谈判中只有一种目标的情况是很少见的。一般的情况是存在着多个谈判目标,这时就需要考虑谈判目标的优先顺序。

当谈判中存在着多重目标时,应根据其重要性加以排序,确定是否要达到所有的目标、哪些目标可舍弃、哪些目标可以争取达到、而哪些又是万万不能降低要求的。与此同时,还应考虑到长期目标和短期目标的问题。

例如,某商家欲采购某种商品进行销售,可以就各目标做如下考虑:只考虑价格,牺牲质量以低价进货;只考虑质量,以高价购入高质量商品,期望能以高价销售保证利润;质量与价格相结合加以考虑;能否得到免费的广告宣传;将价格、质量和免费的广告宣传三个因素结合起来加以考虑。

在上述五种可能的目标中,不难看出,价格和质量问题是基本目标,若这两个问题不解决,谈判就不可能取得成功。而免费广告是最高目标或最优期望目标,它只是在对价格和质量问题不做任何让步的情况下才追求的目标,价格和质量是不可能因为免费广告而放弃的目标。

在确定谈判目标时,必须以客观条件为基础,即综合企业或组织的外部环境和内部条件,一般说来,具体谈判目标要考虑这些因素:谈判的性质及其领域;谈判的对象及其环境;谈判项目所涉及的业务指标的要求;各种条件变化的可能性、变化方向及其对谈判的影响;与谈判密切相关的事项和问题等。

三、谈判目标的优化及其方法

谈判目标的确定过程是个不断优化的过程,计划中所确定的目标要经过对比、分析、反复推敲其可行性。对于多重目标,必须进行综合平衡,通过对比、筛选、剔除、合并等手段减少目标数量,确定各目标的主次和连带关系,使各目标之间在内容上保持协调性和一致性,避免互相抵触。

评价一个目标的优劣,主要是看目标本身的含义是否明确、单一,是否便于衡量以及在可行的前提下利益实现的程度如何等等。从具体目标来说,表达要简单明了,最好用数字或简短的语言体现出来,如"在报价的有效期内,如无意外风险因素,拟以12%的预期利润率成交"。

需要指出的是,谈判的具体目标并非一成不变,它可以根据交易过程中的各种支付价值和风险因素做适当的调整和修改。

值得注意的是,这种谈判目标的优化或调整只反映了卖方的单方面愿望,而在谈判的磋商阶段,买方不会被卖方牵着鼻子走。为了达到谈判的目标,卖方有时应当做出某些让步,做出这种让步是因为对方提出了这种需求。如果对方未提出此种要求,卖方也可以在某些方面做出让步来换取其他方面的主动。但是谈判者必须牢记的一个原则是:任何让步都应建立在赢得一定利益的基础之上。

四、谈判对象的确定

在商务谈判中,确定了自己的主要需求和谈判目标,明确了谈判方向之后,就要结合市场信息调查选择谈判对象。要对所有可能的谈判对象,在资格、信誉、注册资金和法定地位等方面进行审核,并请对方提供公证书或取得旁证,避免盲目从事,在不了解客商情况、不知道国际市场及商情变化和在众多问题尚未搞清楚的情况下,不举行任何正式谈判。同时要注意寻找己方目标与对方条件的最佳结合点,即通过比较,择定一个或两个最有利于实现己方目标的可能谈判者作为正式的洽谈伙伴。一旦己方谈判意向公布后,直接或间接要求参加谈判的伙伴可能很多,其谈判条件可能有很大差别。例如,有的产品质量高价格也高,如果己方经济实力不强,就应放弃同这样的对手谈判;有的产品价格低廉,十分具有吸引力,但如果质量太差,也不应急于谈判。总之,可能谈判者的情况及谈判条件千差万别,应该认真进行研究,既不能谁先找上门就把谁作为正式谈判对象,也不能谁的产品质量好和条件优惠就同谁谈,而应知己知彼,从经营的总体利益出发,以己方代价较小而收益较大为标准,慎重选择正式谈判对象。

第三节　谈判方案的制订

在正式谈判前,我们需了解谈判环境、谈判对手和自身的情况,初步了解双方的谈判实力。此外,我们还需制订出一个周全而又明确的谈判计划,即制订一个谈判方案。

一、制订谈判方案的基本要求

谈判方案是谈判人员在谈判前预先对谈判目标等具体内容和步骤所做的安排,是谈判者行动的指针和方向。有了谈判方案,就会使参加谈判的人员做到心中有数,明确努力方向,打有准备之仗。谈判方案应对各个阶段的谈判人员、议程和进度做出较周密的设想,对谈判工作进行有效的组织和控制,使其既有方向、又能灵活地左右错综复杂的谈判局势,使谈判沿着预定的方向前进。

从形式上看,谈判方案应该是书面的。文字可长可短,可以是长达几十页的正式文件,也可以是短至一页的备忘录。一般来说,一个成功的谈判方案应该注意以下三方面的基本要求。

(一)谈判方案要简明扼要

所谓简明扼要,就是要尽量使谈判人员能容易地记住其主要内容与基本原则,在谈判中能随时根据方案要求与对方周旋。谈判的方案越是简单明了,谈判人员照此执行的可能性就越大。

谈判是一项十分复杂的业务工作,在谈判桌旁参加谈判的人员必须清晰地记住谈判的主题方向和方案的主要内容,在与对手交锋时才能按照既定目标,自如地对付错综复杂而多变的谈判局面,驾驭谈判局势的发展。因此,制订谈判方案时要用简单明了、高度概括的文字加以表述,以便在每一个谈判人员的头脑中留下深刻印象。

(二)谈判方案要具体

方案的简明扼要不是目的,它还要与谈判的具体内容相结合,以谈判的具体内容为基础,如果没有具体内容,就很难对它进一步概括并简明扼要地予以表达。谈判方案的内容虽有具体要求,但不等于要把有关谈判的细节都包括在内,如果事无巨细、样样俱全,执行起来必然十分困难。

(三)谈判方案要灵活

由于谈判过程千变万化,方案只是谈判前某一方的主观设想或各方简单磋商的产物,不可能把影响谈判过程的各种随机因素都估计在内,所以,谈判方案还必须具有灵活性,要考虑到一些意外事件的影响,使谈判人员能在谈判过程中根据具体情况灵活运用。例如,对可控因素和常规事宜应安排得细些,对无规律可循的事项可安排得粗些。

二、谈判方案的主要内容

(一)确定谈判目标

谈判目标是通过谈判要解决的问题。如前所述,商务谈判目标可以划分为:最优期望目标、实际需求目标、可接受目标和最低目标四个层次,对此,谈判者事先要有所准备,做到心中有数。对于谈判目标底数要严格保密,绝不能透露给其他人。谈判目标如有重大修改,要经过商定,没有授权的谈判者要向有关领导请示,即使是有决定权的谈判者，也应当与参加谈判的有关人员协商，取得一致意见后再加以改动。

（二）规定谈判期限

在谈判开始以前，应当对谈判的期限有所计划和安排。由于谈判的效率问题是评价现代谈判成功与否的一个重要标准，而谈判的期限直接涉及谈判的效率，因此，谈判方案的制订应将谈判期限的规定包括进去。

谈判的期限是指从谈判准备阶段到谈判终局阶段的时间。在国际贸易中谈判的期限通常指从谈判者着手准备谈判到报价的有效期结束之时为止。谈判的买卖双方都规定了一定的期限，超过这个期限后即使履行了协议，也可能带来一定的损失，如圣诞礼品在圣诞节后市价将会大跌，因此必须赶在圣诞节前销售。除去时间限制的影响，谈判的时间拖得越久，谈判双方耗费的人力、物力和财力也越多。因而，应在谈判之前对谈判的时间做出精确计算和适当安排，最后规定一个谈判期限。

谈判期限的规定，可长可短，但要具体、明确，同时又要有伸缩性，能够适应谈判过程中的情况变化。如某公司对谈判期限做出如下安排：此报价的有效期为一个月。延长有效期的费用，第一个月增加 1%，以后每个月增加 1.5%，如果超过三个月，就应重新报价，因为交货等许多交易条件都有可能发生变化，此谈判的最长宽限期应在两个月内达成交易。这是一个较为简明、灵活又能保证卖方总体目标不受影响的时间方案。

（三）拟定谈判议程

在确定谈判方案的目标、谈判对象和谈判期限之后，即可制订谈判议程。谈判议程即议事日程，它的确定和安排对谈判双方来讲非常重要，议事日程本身就是一种谈判战术，谈判高手都很重视这项工作。

谈判议程一般都要说明谈判时间的安排和谈判议题的确定，谈判议程可由一方准备，也可由双方准备、协商确定。议程包括通则议程和细则议程，前者由谈判双方共用，后者给己方使用。

1. 己方安排谈判议程的优势分析。己方安排谈判议程有许多优势，己方可根据自己的需要适当安排。例如，可根据自己的习惯来安排谈判时间，按自己制订好的谈判方式安排讨论问题的先后。如果己方认为应先就一般原则进行讨论，细节放在后面，就可以把主要领导人物的会谈放在前面先行讨论；如果己方认为，小问题容易达成协议，而大的原则问题上会存在争议，就可把细节问题放在前面先行讨论。

但是,谈判议程由己方安排也有不足之处。例如,己方安排的议事日程往往透露了己方的某些意图,对方可能会从中揣摩出一些很有价值的信息,这就对己方不利。另外,对方可以在谈判前有意不对己方的议事日程提出异议,在实际谈判中才突然提出要求修改某些议程,很容易使己方陷入被动,甚至使谈判破裂。

2. 谈判议程的内容。在拟定谈判议程时,要注意两点:一是要有互助性,即不仅要符合我们自己的需要,也要兼顾对方的实际利益和习惯做法;二是简洁性,在一次谈判过程中,过多的谈判事项往往会形成人们的思想负担。典型的谈判议程至少要包括下列四项内容:

(1)时间安排。它是确定谈判在何时举行,为时多久,倘若是分阶段的谈判还需确定分为几个阶段,每个阶段所花的时间大约是多少等。具体的时间安排须注意以下几点:①对于双方意见分歧不会太大的议题应尽量在较短的时间内解决,以避免无谓的争辩;②对于主要的议题或争执较大的焦点问题,可将其安排在整个谈判进行到总时间 3/5 时加以讨论,若把焦点性问题放在谈判进行到总时间 3/5 的前两个小时之内提出来,更有利于问题的解决;③文娱活动的安排要恰到好处,在枯燥的谈判过程中适当安排一些文娱活动,既可活跃双方气氛、增进友谊,又可放松神经、消除疲劳,是非常必要的,但是文娱活动的安排也不能过多,如果谈判进行一周的话,安排一两次文娱活动就可以了,且最好安排在谈判的第二天以及商谈焦点问题的当天,此外,安排的活动内容不要重复,要尽量丰富一些,要注意不能使文娱活动成为谈判对方借此疲劳己方,实现其谈判目标或达到其他目的的手段;④在进行时间安排时要考虑到意外情况的发生,适当安排机动时间,当然机动时间的安排也不可太多,否则会使谈判的进程过于松散,节奏过于缓慢。

在确定谈判的时间时,要考虑以下几个因素:谈判准备的充分程度、谈判人员的身体和情绪状况、谈判的紧张程度、谈判议题的需要及谈判对手的情况。

(2)确定谈判议题。谈判议题是双方讨论的对象,凡是与谈判有关的需要双方展开讨论的问题,均是谈判的议题。

确定谈判议题时,首先要将与本次谈判有关的问题罗列出来;其次,将罗列出的各种问题进行分类,确定问题重要与否及与己方的利弊关系如何;最后,将对己方有利的问题列为重点问题加以讨论,对己方不利的问题尽量回避,这将有助于己方在谈判中处于主动地位,但回避并不等于问题不存在,因此还要考虑到当对方提出这类问题时,己方采取的应对策略。

(3)谈判议题的顺序安排。谈判议题的顺序有先易后难、先难后易和混合进行等几种安排方式,可根据具体情况加以选择。

所谓先易后难,即先讨论容易解决的问题,以创造良好的洽谈气氛,为讨论困难的问题打好基础；所谓先难后易，是指先集中精力和时间讨论重要的问题，待重要的问题得以解决之后，再以主带次，推动其他问题的解决；所谓混合进行，即不分主次先后，把所有要解决的问题都提出来进行讨论，经过一段时间以后，再把所有要讨论的问题归纳起来，以统一的意见予以明确，对尚未解决的问题进行讨论以求取得一致的意见。

有经验的谈判者在谈判前便能估计到，哪些问题双方不会产生分歧意见较容易达成协议，哪些问题可能有争议。有争议的问题最好不要放在开头，这样可能要占用较多的时间，也可能会影响双方的情绪。如果谈判一开始就"卡了壳"，则对整个谈判不利。争议的问题也不要放到最后，放在最后可能时间不充分，而且在谈判结束前可能会给双方都留下一个不好的印象。有争议的问题最好放在谈成几个问题之后、谈最后一两个问题之前，也就是说，在谈判的中间阶段谈较难的问题。谈判结束之前最好谈一两个双方都满意的问题，以便在谈判结束时创造良好的气氛，给双方留下一个好印象。

(4)通则议程与细则议程的内容。通则议程是谈判双方共同遵照使用的日程安排，在通则议程中，通常应解决以下问题：双方谈判讨论的中心问题，尤其是第一阶段谈判的安排；列入谈判范围的有哪些事项，哪些问题不讨论，问题讨论的顺序是什么；讨论中心问题及细节问题的人员安排；总体及各阶段谈判的时间安排。通则议程可由一方提出，或双方同时提出，经双方审议同意后方能正式生效。

细则议程具有保密性，它是对己方审议同意后具体策略的具体安排，供己方使用。其内容一般有：对外口径的统一，包括文件、资料、证据和观点等；谈判过程中各种可能性的估计及其对策安排；谈判的顺序，何时提出问题，提什么问题，向何人提出这些问题，由谁提出，谁来补充，何时转换话题，由谁来转换话题，在什么时候要求暂停讨论等；谈判人员更换的预先安排。

(四)安排谈判人员

谈判是谈判主体间一系列的行为互动过程，谈判人员的素质和能力直接影响到谈判的成败得失，因此，欲使谈判取得成功，获得预期的经济效益和社会效益，除了靠产品的质量、企业的信誉外，在谈判方案中对谈判班子的组成和谈判人员的分工做出恰当的安排也是一项十分重要的内容。

(五)选择谈判地点

谈判场所对谈判效果也具有一定的影响作用，谈判者应当很好地理解并加以利用。通常，对于日常谈判活动，最好能争取在自己的办公室和会议室等自己熟悉的地方举行。在己方所在单位与对方谈判,具有许多好处和优势,如向上级请示、查找资料和数据等比较方便,在生活方面能保持正常等等。当然,在对方地点谈判也有一定好处,如便于观察和研究某些情况,有利于与对方上司和其他人士接触,较容易寻找借口等。

一般来说,对于重要的问题和难以解决的问题最好争取在本单位进行谈判,一般性问题和容易解决的问题,或是需要到对方处了解情况时,也可以在对方地点举行谈判,但必须做好充分准备。如果对方不同意到对方单位谈判,或另有原因,也可以找一个中间地带的场所,这样双方所处的条件就等同了。

谈判房间的布置也很重要,最好选择一个安静、没有外人和电话干扰的地方。房间的大小要适中,桌椅的摆设要紧凑但不拥挤,房间温度适宜,卫生条件要好,灯光要明亮。

另外,还要注意选择谈判桌的形状,安排谈判人员的座位。通常有以下几种谈判桌的选择情况:

第一,方形谈判桌。在方桌的两边,双方谈判人员面对面而坐,这种形式看起来正规些,但过于严肃,缺少轻松活泼的气氛,有时甚至会有对立的感觉,交谈起来较不方便。

第二,圆形谈判桌。采用圆桌,双方谈判人员坐成一个圆圈。这种形式通常会使双方谈判人员感到有一种和谐一致的气氛,而且交谈起来比较方便和容易。

第三,不设置谈判桌。在双方谈判人员不多的情况下,也可以不设谈判桌,大家随便坐在一起,轻轻松松地洽谈生意。有时,没有谈判桌的效果也很好,能增加友好的谈判气氛。但在比较正式的谈判中,还是设置谈判桌比较好。

谈判人员的位置安排也须认真考虑。在座位安排上,可以是双方人员各自坐在一起,也可以使双方人员交叉而坐。通常,双方各自坐在一起比较合适,特别是当谈判出现争议时,这样便于查阅一些不便于让对方知道的资料,并能从心理上产生一种安全感。而双方人员交叉而坐,在"谋求一致"思想的指导下,能增添合作、轻松、友好的气氛。

不仅谈判桌的形状和谈判人员座位的安排很重要,甚至双方谈判人员座位之间的距离远近也要注意:离得太近,会感到拘束不舒服;离得太远,交谈时不方便,还有一种疏远的感觉;适当坐近些,会产生一种亲密的交谈气氛。

谈判人员的食宿安排,也是谈判准备工作中不可缺少的一个方面。在食宿方面为对方提供满意的服务,能表示己方的诚意、热情和文明礼貌。要注意对方人员的生活习惯、文化传统等。当然,在通信、交通等方面,也要为对方创造尽可能方便的条件。

第四节 模拟谈判

一、模拟谈判的必要性

模拟谈判是在谈判正式开始前提出各种设想和臆测,进行谈判的想象练习和实际演习。模拟谈判的必要性体现在两个方面:

第一,模拟谈判能使谈判者获得实际经验,提高谈判能力。正如舞蹈演员演出前在脑海里练习舞步、教师在上课前准备教案内容一样,模拟谈判对谈判者的经验和能力的获得能起到重要的积极作用。根据心理学原理,正确的想象练习不仅能提高"彩排"者的能力,有时甚至比实际行动更有效,人的深层心理或神经系统根本无法区分实际行动所获得的经验和想象中获得的经验有何差异,只要正确地进行思想练习和实际演习,就能获得功效,提高谈判能力。

第二,模拟谈判可以随时修正谈判中的错误,能使整个模拟谈判过程顺利地进行,从而使谈判者获得较完善的经验。现实的谈判则只能在结束后总结经验,修正错误。

二、拟定假设

进行正确的想象练习,首先要拟定正确的假设或臆测。拟定假设是根据某些既定的事实或常识将某些事物承认(即臆测)为事实。例如,根据有钱总可以买到东西的常识,可以假设去商店买东西,只要出钱,对方就总会出卖商品;根据车子可以在绿灯时自由前进的常识,可以假定在十字路口,当交通标志变为绿灯时,车子就会往前开动。

根据假设的内容,可以把假设划分为三类:一是对外界客观存在事物的假设;二是对对方的假设;三是对己方的假设。

对外界事物假设包括对环境、时间、空间的假设。通过拟定假设,目的是要找出外在世界真实的东西。在商务谈判过程中,要通过对外界事物的假设进一步摸清事实,知己知彼,找出相应的对策。比如,在一次贸易洽谈中,若对方捧着许多材料进入谈判场所,我们需要准确地判断出对方的材料与今天的谈判是否有直接关系,我们在谈判过程中要采取一定方式摸清对方的底细。同时我们要假设,如果对方通过调查已摸清了我方的底细,我们应该如何应对;如果对方没有摸清我方的底细,我们又如何应对。

对对方的准确假设,常常是商务谈判的制胜法宝。对方在谈判中愿意冒险的程度,对商品价格、运输方式、商品质量等方面的要求,这些都需要我们根据事实加以假设。准确的假设能使己方在谈判中占据主动地位。

对己方的假设包括谈判者对自身心理素质、谈判能力的自测与自我评估,以及对己方经济实力、谈判实力、谈判策略、谈判准备等方面的评价。

无论是哪一种假设,都有可能是错误的,不能把假设等同于事实,要对假设产生的意外结果有充分的心理准备。对于假设的事物要小心求证,不能轻易以假设为根据采取武断的做法,否则,会使己方误入谈判歧途,给自己带来重大损失。例如,当我们假设只要出钱就可买到东西时,如果对方无货或者对方展示的是样品,或者对方产品质量、规格不合适,那么上面的假设就不正确。因此,拟定假设的关键在于提高假设的精确度,使之尽量接近事实。

提高假设的精确度必须明确区分哪些是事实本身、哪些是自己的主观臆测。从语意学的观点看,事实有四种:①能够经过验证的东西,如物品重量、光泽等;②能够共同感受到的东西,如商品要经过生产才能制造出来;③人们共同信仰的理论、真理,例如某些自然科学和社会科学方面的理论知识;④根据真理能够加以推理并验证的东西。

在商务谈判中,必须谨慎地调查了解并验证假设,不要轻易相信任何一个未加验证的事情或结论。

提高假设的精确度,还要以事实为基准拟定假设。所依据的事实越多,假设的精确度就越高,下面举例说明。

某家工厂的收益连续三年下降(事实A),这三年内该工厂始终维持着原有的管理体制(事实B),同时,该工厂一直没有开发新产品,开拓新市场(事实C)。立足这三个事实,我们可假设如下:①假如事实B和事实C不变,该工厂明年的收益仍可能降低;②为扭转这种局面,该工厂可能迫切需要技术、人才、资金及开发新产品、新技术,需要转产或开拓新市场;③如果己方正和这家工厂进行上述方面的谈判,己方提高要价,采取强硬立场,可能会取得成功。

如果假设的基础仍是假设,那这种假设就十分靠不住。上例中,那家经营不善的工厂可能明年收益会继续降低,立足这个假设还可以继续拟定下列假设:①明年经营恶化,可能会付不清债务;②因为付不清债务,可能会不履行契约;③该企业可能会破产,使债权人蒙受重大损失;④根据上述假设,己方不能和这家工厂进行交易,应取消谈判。

显然,上述根据假设拟定出来的假设是根本靠不住的,这种假设会使己方失去许多贸易机会。

三、想象谈判全过程

进行正确的想象练习,还要在拟定假设的基础上想象整个谈判过程。有效的想象练习不只是想象事情的结果,而且要想象事物的全过程,想象自己可能采取的一切行动,否则,想象练习是不完全的。

谈判前的想象练习应该从开始至结束按照谈判顺序想象下去,演习自己和对方面对面谈判的一切情形,包括谈判时的现场气氛、对方的面部表情、谈判中可能涉及的问题、对方会提出的各种反对意见、己方的各种答复以及各种谈判方案的选择、各种谈判技巧的运用等,即想象谈判中涉及的各种要素。

四、集体模拟

进行正确的想象练习,不仅要靠个人的苦思冥想,而且需要整个谈判队伍的集体模拟。集体模拟可采用沙龙式或戏剧式两种主要形式。

沙龙式模拟是把谈判者聚集在一起,充分讨论,自由发表意见,共同想象谈判全过程。这种模拟的优点是利用人们的竞争心理,使谈判者充分发表意见,互相启发,共同提高谈判水平。这样,谈判者的才干有了表现的机会,人人都会开动脑筋,积极进行创造性思维,在集体思考的强制性刺激及压力下,能产生高水平的策略、方法及谈判技巧。

戏剧式模拟是指在谈判前进行模拟谈判。它和想象谈判不同,想象谈判主要是谈判者个人或集体的思维活动。戏剧式模拟谈判是真实地进行演出,每个谈判者都在模拟谈判中扮演特定的角色,随着剧情发展,谈判全过程会一一展现在每个谈判者面前。根据拟定的不同假设,安排各种谈判场面,从而增强每个谈判者的实际谈判经验,通过戏剧式模拟,能够使谈判的准备更充分、更准确,能使每个谈判者找到自己在谈判中的最佳位置,能够为分析己方谈判动机及思考问题的方法等提供一次机会,最终将有助于商务谈判的成功。

第五节　确定谈判中各交易条件的最低可接受限度

在商务谈判中不可避免要进行讨价还价,谈判中的妥协让步是理所当然的,然而绝对不是无限度的让步。这个限度就是谈判双方的最低目标,如果谈判的效果低于这个限度,谈判的一方宁可终止谈判也不会达成交易。本节主要介绍在谈判中影响价格水平、支付方式、交货期以及保证期等重要交易条件的最低可接受限度的因素。

一、价格水平

价格水平的高低是谈判双方最敏感的一个问题,是双方磋商的焦点,它直接关系到获利的多少或谈判的成败。影响价格的因素有主观与客观之分,主观因素是指诸如营销的策略、谈判的技巧等可以由谈判方决定或受谈判方影响的因素，影响价格的客观因素主要有以下几种。

（一）成本因素

成本是构成商品价格的基本因素，国际贸易中的成本是指包括生产成本在内的“市场成本”，即包括产品从生产到交货的一切费用。具体说来，它包括生产该产品所需的原材料、劳动和管理费用以及为购销该商品所耗费的调研、运输、广告费和关税、保险费、中间商的佣金等费用。此外，在国际贸易中，谈判双方达成的贸易术语不同，成本也会随之不同，如 FOB 价格条款表明购货成本中未包括运输和保险费用，CFR 价格条款表明保险费未包括进去，而 CIF 条款表明价格中既包括了运费又包括了保险费。

（二）需求因素

需求因素对价格水平的影响主要通过需求弹性加以体现。从理论上讲，需求弹性可分为完全具有弹性、相对具有弹性和完全无弹性三种。

完全具有弹性指价格变动对市场需求的影响极大，价格稍有变动，市场需求就会发生较大变动。

相对具有弹性又可分为相对有弹性和相对无弹性。比如某种机床零部件，即使加价 30%，对销量的影响也不会很大，相反，即使减价 30%其销量也不会有大的增加，这种情况便是相对无弹性；另一种情况是相对有弹性，如彩电，目前各种品牌的彩电在市场上都有充足的供应，如果某品牌彩电过多地加价，人们便会倾向于购买其他品牌彩电，使加价过高的彩电销售量下降，这被称做相对有弹性。

完全无弹性是指无论价格发生何种变化，市场需求毫不受其影响。

在现实生活中，一般很少出现“需求完全无弹性”或“需求具有完全弹性”的情况，绝大多数需求属于“相对具有弹性”的情况。这就要求我们在定价时充分考虑商品的性质和市场的供需情况，以及同类产品的市场价格等因素，合理辨明产品的需求弹性，从而合理确定价格策略。

（三）竞争因素

竞争因素表明市场对价格的影响。竞争因素可分为完全竞争、完全垄断、垄断竞争、寡头垄断四种情况，企业的产品处于不同的竞争地位时其价格水平也会有所差异。

在完全竞争的市场里，如在大米、石油、橡胶、棉花等初级产品市场上，由于参与竞争的企业或国家（地区）很多，交易条件基本一样，买卖双方均无法控制价格，故这类产品的价格多是以泰国、沙特阿拉伯、新加坡和美国这些大宗交易集散地的价格为准。

完全垄断的情况在现实生活中是很少见的。由于在这种市场情况下只有一个厂商拥有这种产品，买方不可能从其他渠道获得该产品，因而卖方可以完全操纵该产品的价格。同样，在垄断竞争的情况下，由于产品被少数几个厂商垄断，卖方同样具有对价格的操纵权。尽管在美国有《反托拉斯法》，在德国和法国有《保护竞争者法》，禁止垄断厂商对产品价格进行控制，但在国际贸易中以垄断价格成交的案例仍然时有发生。

（四）产品因素

产品因素主要是指产品的声誉及产品本身的特点对价格的影响。例如，日用品的单位利润较低，而耐用消费品的单位利润较高，原因就在于日用消费品购买频率高，生产周期短，所以即使单位产品利润较低，总利润还是很可观的，而耐用消费品由于购买频率低，生产周期长，所以就必须维持较高的单位利润。同样，对于声誉好、售后服务周到、客户对其有强烈的购买欲望的产品，价格就可以定得高一点；反之，对于名气不足、售后服务又较差的商品，一旦其价格定得过高就会无人问津。

再则，产品本身的生命周期和季节性产品的时间差别对价格的影响也较大。

（五）环境因素

环境因素涉及的面很广，诸如生产国国民经济或政策的变化、世界经济形势的动向、贸易国的经济和政治状况、国际金融市场状况、银行利率的变化等都会对价格有较大的影响，所以在定价时不但要考虑产品本身的成本、市场的需求因素，而且还要考虑其环境因素。

在讨论了影响价格水平的五个因素之后，进出口公司便可制订其最低可接受的价格水平。例如，A 进出口公司在综合考虑了以上因素之后，确定的最低可接受价格水平为：只要在报价的有效期内成交，在谈判幅度内可做出让步，利润最大减让幅度为 5%。

二、支付方式

在进出口贸易中卖方常常遇到不同的支付方式，不同支付方式通过价格对谈判的预期利润会造成较大影响。在国际贸易中采用跟单托收、付款交单和承兑交单等支付方式对出口方的影响大不相同，除了收汇风险不同之外，还间接影响交易商品的单位价格。例如，售价均为 100 万美元的商品，若采用付款交单方式，售价为 100 万美元，若采取承兑交单支付方式，售价为 102 万美元。即便如此，对卖方来说前者也是更为有利的货款支付方式。因为表面看来,前者比后者少收入两万美元,但由于后者付款时间较晚,卖方会承受利息损失,并且在买方承兑交单后卖方就须交单,卖方承受的风险更大,因此,实际上承兑交单这种付款方式对卖方是不利的。

又如,采用不可撤销的信用证付款方式,由于信用证有即期和远期之分,虽然二者的收汇风险均很低,但由于收汇时间不同,两种付款方式下卖方承担的利息损失和汇率风险也有不同。可见,支付方式也是影响成交价格的重要因素。例如,A公司在综合分析了各个因素之后,可能确定支付方式的最低限度为:如果不增加卖方商业费用的话,可以接受两个月期的延迟付款。

三、交货及罚金

在货物买卖中,交货的期限与双方都有利害关系。在商务合同中,交货期限作为根本条款或是重要条款而需明确规定,一方若未按时交货就要赔偿对方的经济损失。一般情况下,卖方总是希望迟交货,而买方总是希望卖方能早交货。按照国际惯例,卖方报价中的交货期一般为签约后两个月。在上述A公司的例子中,假如买方提出要在签约后1个月交货,否则卖方就须交纳罚金。A公司根据买方提出的要求,对各方面因素进行综合考虑后,提出了本公司在交货条件方面的最低可接受限度为:如果不增加额外罚金的话,可以同意对方提出的提前交货要求。

四、保证期的长短

保证期是卖方将货物卖出后的担保期限。担保的范围主要包括货物的品质和适用性等。关于保证期限的长短,从来都是商务谈判中双方据理力争的焦点问题之一。卖方一般会尽力缩短保证期,因为保证期越长,卖方承担的风险越大,可能花费的成本也越大;买方则总是希望保证期越长越好,因为保证期越长,买方获得的保障程度越高。但是由于保证期的长短事关卖方信誉及竞争能力、事关交易能否做成和怎样做成的问题,因此卖方在通常情况下是会仔细考虑保证期问题的。例如,A公司根据可能出现的情况,确定了关于保证期的最低可接受条件为:如果能保证在保证期内风险不大的话,可以答应对方延长保证期的要求。

思考题

1. 一个国家或地区与商务谈判有关的法律制度因素主要有哪些?
2. 一个国家或地区与商务谈判有关的财政金融状况的因素主要有哪些?
3. 影响谈判实力的主要因素是什么?

4. 在确定商务谈判目标系统和目标层次时,应坚持哪些原则?

5. 在国际商务谈判中,影响价格的因素有哪些?

案例应用

纽蒙特收购纽克雷斯特谈判完成①

2023 年 5 月 14 日,据彭博社报道,澳大利亚最大的金矿企业纽克雷斯特矿业公司(Newcrest Mining Ltd)已经同意与全球最大的黄金矿企纽蒙特公司(Newmont Corp)达成收购协议,协议价值约 288 亿澳元(合 192 亿美元,约合人民币 1 338 亿元)。据报道,两家公司已经处于谈判的最后阶段。交易达成后,本就在全球黄金矿企排名第一的纽蒙特公司规模将再度扩大,与纽克雷斯特公司组成新的全球最大黄金开采商。

按照黄金产量来排名,纽蒙特是全球黄金行业当之无愧的"TOP1"。咨询机构路孚特(Refinitiv)数据显示,2022 年纽蒙特矿山产金量达到 185. 3 吨,远超第二名巴里克黄金(Barrick Gold)的产量 128. 8 吨。然而,这家行业巨头并不满足于此。今年 2 月份,纽蒙特曾向纽克雷斯特提出收购要约,欲以 169 亿美元(约合人民币 1 150 亿元)的价格收购后者 100%的股权。这已经是纽蒙特的第二次报价,相较前次的报价,这次的换股率提升了约 4. 7%。交易完成后,纽蒙特公司和纽克雷斯特公司现有股东将分别持有新公司 70%和 30%的股权。然而,正值黄金行业的"牛市",纽克雷斯特公司拒绝了此次报价,并表示"纽克雷斯特矿业公司长期的黄金储备应具有更多价值"。

为达成收购目的,这家黄金巨头提高了报价。据了解,按照本次的报价,每 1 股纽克雷斯特股票能够置换 0. 4 股纽蒙特股票。两家企业合并后,纽克雷斯特将获得合并后集团 31%的股权。这笔交易使纽克雷斯特的隐含企业价值达到 288 亿澳元,其中包括净债务。此外,纽克雷斯特还将支付每股 1. 10 美元的特别交割前股息。该公司表示已经同意将纽蒙特的尽职调查权延长至 5 月 18 日。

根据路孚特的数据,2022 年纽克雷斯特矿山产金量为 67. 3 吨,排名全球第八名。全球第一与全球第八的合并,势必将形成一个规模巨大的"巨无霸"。

据彭博社报道,纽克雷斯特公司董事长彼得 · 托姆塞特(Peter Tomsett)表示:"此次交易将把两家全球领先的黄金生产商合并在一起,通过认可我们出色的增长渠道,为纽克雷斯特股东带来巨大价值。"

---

① 资料来源:澎湃新闻,2023-05-15。

据了解，纽克雷斯特的主要资产包括西澳大利亚皮尔巴拉地区的大型金铜矿、加拿大的布鲁斯杰克（Brucejack）金矿，以及位于巴布亚新几内亚的利希尔（Lihir）金矿和隐谷（Hidden Valley mines）金矿。此次合并扩张后，纽蒙特将在北美、南美、非洲、澳大利亚和巴布亚新几内亚拥有黄金资产。一旦交易完成，纽蒙特将拥有约800万盎司的年度黄金总产量，其中超过500万盎司的黄金来自10个长运营周期和低成本的矿山。

值得注意的是，交易还将扩大纽蒙特的铜资产。作为重要的新能源金属，铜矿目前在全球市场需求旺盛，多家咨询机构认为，铜具有相当的长期投资价值。纽克雷斯特公司约四分之一的收入来自铜矿，这对纽蒙特来说可能有相当的助益。

彭博社报道称，本次交易可能标志着全球大型金矿商近五年的激烈整合达到高潮。

延伸阅读

华纳传媒与Discovery并购谈判圆满收官①

一、流媒体新巨头诞生

2022年4月8日，AT&T和Discovery发布公告称，已完成将AT&T旗下华纳传媒（Warner Media）业务与Discovery合并的交易。

值得注意的是，华纳兄弟探索将于当地时间4月11日（下周一）登陆纳斯达克，股票代码为“WBD”。

二、430亿美元并购提前完成

当地时间4月8日，Discovery和华纳传媒的合并案正式完成。

据了解，这项合并交易的内容为Discovery以430亿美元的作价从美国电信业巨擘AT&T手中买下华纳传媒29%股权。合并后的新公司华纳兄弟探索（Warner Bros. Discovery）由现任Discovery首席执行官（CEO）大卫·扎斯拉夫担任CEO。

据AT&T此前公告，该项交易预期在今年年中完成。

业内人士称，Discovery和华纳传媒的正式合并意味着流媒体领域新巨头的诞生。

据华纳兄弟探索官网，该公司对自己的定位为“娱乐和流媒体领域的全球领导者”，涵盖电视、电影、流媒体和游戏等内容。华纳兄弟探索将华纳传媒的优质娱乐、体育和新闻资产与Discovery领先的国际娱乐和体育业务相结合。

---

① 资料来源：中国证券报，2022-04-11。

华纳兄弟探索旗下将包括华纳兄弟电影、DC 影业、流媒体 HBO Max、HBO 频道、CNN 频道和探索频道等知名影视平台。这些影视平台拥有《权力的游戏》、《哈利·波特》、DC 英雄电影和探索频道纪录片等国内观众熟知的影视 IP。

华纳传媒曾在今年公布,截至 2021 年底,HBO Max 和 HBO 频道的全球付费订阅用户达 7 300 万;Discovery 旗下的探索频道和流媒体则拥有 2 200 万用户。

市场人士称,合并以后,拥有将近 1 亿订阅用户的华纳兄弟探索将有实力叫板目前流媒体行业的两家巨头奈飞(订阅用户 2.2 亿)和迪士尼(订阅用户 1.3 亿),流媒体市场将迎来一位巨头玩家。

三、新公司下周一登陆纳斯达克

在官宣合并完成的同时,AT&T 和 Discovery 还宣布新公司华纳兄弟探索将于当地时间 4 月 11 日(下周一)开始登陆纳斯达克进行交易,股票代码为“WBD”。

据媒体报道,华纳兄弟探索的估值至少 1 140 亿美元。该公司明年的营收预计达到 540 亿美元。

华纳兄弟探索 CEO 大卫·扎斯拉夫在 4 月 8 日的公告中说,“凭借我们资产实力和多元化的商业模式,华纳兄弟探索在电影、电视和流媒体领域提供了最具差异化和最完整的内容组合。”

AT&T 首席执行官约翰·斯坦基在 4 月 8 日公告中表示:“随着合并完成,我们预计将以创纪录的水平投资 5G 和光纤领域,努力成为美国最好的宽带公司。与此同时,我们将更加关注股东的回报,继续支付有吸引力的股息,使我们成为美国股息率最高的股票之一。”

四、流媒体竞争激烈

近年来,流媒体行业竞争激烈。

2021 年 5 月,迪士尼宣布,计划关闭 100 个国际电视频道,重点打造以 Disney+等流媒体服务为中心的业务。据悉,2020 年该公司已经关闭了 30 个国际网络,包括英国的迪士尼频道。迪士尼首席财务官克里斯汀·麦卡锡在今年 2 月的电话会议上提到,2022 年第二季度在流媒体上将投入大量资金,预计直面消费者业务的节目和制作费将增加 8 亿到 10 亿美元。

同样在 2021 年 5 月,亚马逊宣布已和米高梅达成最终的合并协议,亚马逊将以 84.5 亿美元的价格收购米高梅。收购完成后,这将成为亚马逊发展史上第二大收购。

2022 年 3 月 17 日,亚马逊宣布已经完成了 85 亿美元收购米高梅电影公司的交易。米高梅已加入 Prime Video 和亚马逊工作室。这笔交易将使亚马逊的电视和电影资料库变得更加强大。米高梅是《007》系列电影的制片公司,旗下还拥有 Epix 有线电视频道。

在2019年推出Apple TV+正式进军流媒体赛道的苹果公司,近两年则未见有明显动作。有网友表示,Apple TV+的内容不吸引人订阅,“真的该收一家,直接扩充内容”。

伦敦研究公司Ampere Analysis预计,今年整个流媒体行业的支出总额将超过2 300亿美元,其中以NBC环球(NBC Universal)母公司康卡斯特(Comcast)和迪士尼等公司在体育转播权上的巨额支出为首,分别为227亿美元和330亿美元。

流媒体“一哥”奈飞2021年在内容上的开支大约为170亿美元,而2022年的支出并未公布。但有分析师预计,2022年奈飞在内容上的支出将较2021年增长25%,较2020年增长57%。

市场人士称,对于一家流媒体企业来说,没有持续的优质内容作为护城河,订阅用户的流失将成为必然。老牌媒体、科技巨头布局流媒体各有优势,谁能笑到最后,让我们拭目以待。

第五章 国际商务谈判各阶段的策略

International Business Negotiation Strategies in Each Phase

商务谈判从正式开局到达成协议,要经历一个错综复杂、千变万化的过程,但大体可分为四个阶段:开局阶段、报价阶段、磋商阶段、成交阶段。长期的谈判实践中,人们就各个阶段总结出许许多多有关谈判的策略和技巧,这些策略和技巧至今仍在许多谈判中被广泛地运用。

掌握一定的谈判策略,并在谈判中灵活地加以运用,有助于达到谈判的战略目标。同时,对谈判对手的种种谈判策略和手段,不论其如何变化,谈判人员也能清楚地予以识别,处之泰然。

学习要点

A business negotiation involves a complicated process, from the official start to the final contract. In general, the process includes four phases, namely, the starting phase, the phase of price quoting, the discussion phase, the final phase. Based on negotiation process, numerous negotiation techniques and strategies have been generalized and they are still widely used in many negotiations.

Mastering certain negotiation strategies, using them flexibly in negotiations can help to achieve the strategic goals of negotiations. In the meantime, the negotiators can keep calm and clearly identify various negotiation strategies and techniques of the rivals.

民营钢企敬业集团正式收购英国钢铁[①]

中国钢铁企业海外收购再落一子。英国当地时间3月9日15时,敬业集团收购英国钢铁公司(以下简称"英国钢铁")交割仪式在英国斯肯索普英钢会议中心举行,成为敬业集团国际化的重要里程碑。参加本次交割仪式的有英国商务大臣Alok Sharma先生、中国驻英国大使刘晓明先生、敬业集团董事长李赶坡先生(视频)、英国钢铁破产管理人、工会、本地政府代表、英国钢铁全体高管团队及员工代表、敬业集团英钢收购团队。

这也是自河北省最大钢企河钢集团收购塞尔维亚斯梅戴雷沃钢厂后,中国向西方收购的第二家钢铁厂。

这桩收购始于2019年7月,敬业集团彼时提出全面要约收购英国钢铁,但一度搁浅。政府接管方在当年8月与土耳其军方养老基金的投资部门Ataer进行了独家谈判,但最终未能达成收购协议。在此之前,英国钢铁已陷入数月的不确定性。2019年5月,这家在英国排名第二的钢铁公司在向英国政府申请3 000万英镑的救助金被拒后,宣布破产。该决定直接威胁到5 000名钢铁工人,以及在供应链中至少20 000名工人的就业。

2019年10月26日,敬业集团高层开始进驻英钢,两个星期的时间完成了正常情况下需要半年才能完成的尽调工作,于北京时间2019年11月11日0时签订了收购框架协议。随后经过3个月时间,完成交割。

值得一提的是,鉴于英国钢铁工业的日益衰退,这笔交易将使得敬业集团取得英国钢铁行业1/3的控制权。

另外,双方在2019年11月签订收购框架协议时,李赶坡曾表示,未来10年还将投资12亿英镑升级工厂和机器,"改善公司的环保表现……提高能源效率,使业务更具竞争力和可持续性。"敬业集团称将向尽可能多的企业员工提供工作机会。

此次交割资产包括斯肯索普钢铁厂、提赛德钢梁轧机厂和斯金宁格罗夫钢铁厂,以及英国钢铁旗下的FN钢铁厂和TSP工程公司。敬业集团表示将全力以赴重振英钢,履行12亿英镑的投资承诺。

李赶坡表示,从此刻开始,敬业与英钢结为命运共同体。英国钢铁CEO Ron Deelen表示,"今天对英国钢铁来说是历史性的一刻,我们会抓住敬业集团给我们带来的巨大机遇,延续英国钢铁150年的传统,进一步提升英国钢铁作为世界级钢铁企业的地位。"

---

① 资料来源:澎湃新闻,2021-03-10。

敬业集团是一家以钢铁为主业,兼营钢材深加工、国际贸易、粉末冶金3D打印、旅游、酒店的大型集团公司,现有员工23 500名,总资产390亿元。据官网介绍,2018年集团实现销售收入901亿元,实现税金33.5亿元。敬业集团在全国500强企业中名列217位、中国制造业企业500强中名列95位。

敬业集团主要产品为螺纹钢、中厚板、热卷板、圆钢,是全球大型螺纹钢生产基地。英国钢铁主营业务则为生产铁轨和"长型产品",后者是泛指建筑用线材,以及用在汽车车轮上的高质量钢材及其他工业应用材料。

国际商务谈判的过程复杂多变,为了在复杂多变的谈判中取得满意的效果,得到实现利益目标的保证,必须在谈判中适时而灵活地实施有效的战略方案。通过学习在谈判开局阶段、报价阶段、磋商阶段、成交阶段的不同策略,读者应了解不同谈判阶段的不同特点,并能够针对四个阶段分别提出有效的谈判策略。

第一节 国际商务谈判策略概述

一、国际商务谈判策略的概念

商务谈判策略,从企业经营的角度来说,是为了实现企业的经营目标,在市场竞争的环境变化中求得生存和发展的一系列对策的统称;从谈判人员习惯认识的角度来说,策略是谈判者为了有效地达到预期的目的,在谈判过程中所采取的各种行动、方法和手段的总和;从商务谈判人员的习惯认识来说,可以把谈判策略理解为根据谈判战略目标的要求和谈判情况的变化,灵活地贯彻实施谈判战略方案所采取的措施的总和。简言之,谈判策略是在可以预见和可能发生的情况下应采取的相应的行动和手段。

二、制订国际商务谈判策略的步骤

制订商务谈判策略的步骤是指制订策略所应遵循的逻辑顺序。其主要步骤包括以下几个方面。

(一)了解影响谈判的因素

谈判策略制订的起点是对影响谈判的各因素的了解。这些因素包括谈判中的问题、双方的分歧、态度、趋势、事件或情况等,这些因素共同构成一套谈判组合。首先,谈判人员将这个"组合"分解成不同的部分,并找出每部分的意义,然后,谈判人员对各个部分进行分析，重新安排找出最有利于自己的组合方式。

为了判断在谈判过程中采取进攻或撤退行动的最佳时机，寻找最合适的手段或方式，达成最有利于自己的协议，谈判人员需要制订恰当的谈判策略。由于谈判是一个动态的发展过程，要求谈判人员能针对谈判中的发展趋势做出适当的反应，随时调整谈判策略。

（二）寻找关键问题

在对相关现象进行科学分析和判断之后，谈判人员需要对问题，特别是关键问题做出明确的陈述与界定，厘清问题的性质，明确该问题的重要性等。

（三）确定具体目标

根据现象分析，找出关键问题，找出谈判进展中应该调整的事先已确定的目标。然后，视当时的环境变化，调整和修订原来的目标，或是对各种可能的目标进行分析，确定一个新目标。谈判目标的确定关系到整个谈判策略的制订以及将来整个谈判的方向、价值和行动。这个过程实际上是一个根据自身条件和谈判环境的要求寻找各种可能目标进行动态分析判断的过程。

（四）形成假设性方法

根据谈判中不同问题的不同特点，逐步确定解决问题的途径和具体方法。这需要谈判人员对不同的问题进行深刻分析，突破常规限制，尽力探索出既能满足自己期望的目标、又能解决问题的方法。

（五）深度分析和比较假设方法

在提出了假设性的解决方法后，要对少数比较可行的策略进行深入分析。谈判人员需要在决策理论的指导下，运用一系列定性与定量的分析方法，对假设方法进行深度分析，分析的标准是“有效”和“可行”。所谓“有效”，是指方法的针对性强，既能切实解决问题，又能满足利益目标的要求；所谓“可行”，是指方法本身简便易行，而且要在谈判对方认可、接受的范围之内。

（六）形成具体的谈判策略

在进行深度分析得出结果的基础上，对拟定的谈判策略进行评价，得出最后结论；同时，还需要考虑提出假设性谈判策略的方式、方法，根据谈判的进展情况，特别是已准确把握了对方的企图以后，就要考虑提出己方策略的最佳时机和最佳方式。综合考虑这些方法和提出的时间、方式，确定这些假设方法中哪些是最好的，哪些是一般的，哪些是迫不得已的，即形成所谓的“上策”“中策”和“下策”。

（七）拟定行动计划草案

有了具体的谈判策略，紧接着便是考虑谈判策略的实施。要从一般到具体地提出每位谈判人员必须做到的事项，把它们在时间、空间上安排好，并进行反馈控制和追踪决策。

以上只是从商业谈判的一般情况来说明如何制订谈判策略。在具体实施的过程中，上述步骤并非机械地排列，各步骤间也不是截然分开的，这些步骤和程序仅仅是制订谈判策略时所应遵循的逻辑思维。

第二节　开局阶段的策略

在实际谈判中，从谈判双方见面商议开始，到最后签约或成交为止，整个过程往往呈现出一定的阶段性特点。

开局阶段主要是指谈判双方见面后，在讨论具体、实质性的交易内容之前，相互介绍、寒暄以及就谈判内容以外的话题进行交谈的那段时间。谈判的开局是整个商务谈判的起点，开局的效果在很大程度上决定着整个谈判的走向和发展趋势。因此，一个良好的开局将为谈判成功奠定坚实的基础，谈判人员应给予高度重视。

在开局阶段，谈判人员的主要任务是创造谈判气氛、交换意见和做开场陈述。

一、创造良好的谈判气氛

根据互惠谈判模式的要求，谈判双方应当共同努力，寻求互惠互利的谈判结果。经验证明，在非实质性谈判阶段所创造的气氛会对谈判的全过程产生重要影响。因此，谈判人员要在谈判开始前建立一种合作的气氛，为双方融洽的工作奠定良好的基础。

每一次谈判都因谈判内容、形式、地点的不同，而有其独特的气氛。有的谈判气氛是冷淡的、对立的；有的是松弛的、缓慢的、旷日持久的；有的是积极的、友好的；也有的是平静的、严肃的、拘谨的。

一种谈判气氛可以在不知不觉中把谈判朝某个方向推进。比如热烈的、积极的、合作的气氛，会把谈判朝着达成一致的协议方向推动，而冷淡的、对立的、紧张的气氛会把谈判推向更为严峻的境地。气氛会影响谈判人员的心理、情绪和感觉，如果不加以调整和改变，就会增强那种气氛。因此，在谈判一开始，建立起一种合作的、诚挚的、轻松的、认真的和解决问题的气氛，对谈判可起到十分积极的作用。

谈判双方刚见面时的寒暄等客套并不能决定谈判的气氛，这仅仅是表面现象而已。谈判人员的大脑运动才是决定谈判气氛的实质内容，正是谈判人员的大脑运动所决定的谈判人员的谈吐、目光、姿态、各种动作形式及速度造成了各不相同的谈判气氛。实际上，当双方走到一起准备谈判时，洽谈的气氛就已经形成。当然，谈判气氛不仅受开局瞬间的影响，双方见面之前的预先接触、谈判中的交流都会对谈判气氛产生影响。但谈判开始瞬间的影响最为强烈，它奠定了谈判的基础。此后，谈判的气氛波动比较有限。因此，为了创造一个良好的、合作的气氛，谈判人员应当注意以下几点：

第一，谈判前，谈判人员应静下来再一次设想谈判对手的情况，设想谈判对手的类型。若是从未谋面的人，可根据己方掌握的情况设想其工作和个人生活特点、处于企业中的地位、秉性特点等。

第二，谈判人员应该径直步入会场，以开诚布公、友好的态度出现在对方面前。肩膀要放松，目光的接触要表现出可信、可亲和自信。心理学家认为，谈判人员心理的微妙变化都会通过目光而表现出来。

第三，谈判人员在服饰仪表上，要塑造符合自己身份的形象。谈判人员不应该蓬头垢面，服饰要美观、大方、整洁，颜色不要太鲜艳，式样不能太奇异，尺码合适。

瑞士某财团副总裁率代表团来华考察合资办药厂的环境和商洽有关事宜，国内某国有药厂出面接待安排。第一天洽谈会，瑞方人员全部西装革履，穿着规范出席，而中方人员有穿夹克衫、皮鞋的，有穿牛仔裤、运动鞋的，还有的穿着毛衣外套。结果，当天的会谈草草，瑞方连考察现场都没去，第二天就匆匆地打道回府了。

这个小案例体现了谈判人员服饰礼仪的重要性，由于各国的经济发展程度不同和风俗习惯的差异，对服饰方面的要求当然不能一概而论，但干净、整齐的服饰在任何场合都是必要的。

第四，在开场阶段，谈判人员最好站立说话，小组成员不必围成一个圆圈，但最好是自然地把谈判双方分成若干小组，每组都有各方的一两名成员。

第五，行为和说话都要轻松自如，不要慌张。可适当谈论些轻松的、非业务性的中间问题，如来访者旅途的经历、体育表演或文娱信息、天气情况、私人问候以及以往的共同经历和取得的成功等，此时应不带任何威胁的语调，不要涉及个人的隐私，尽量使双方找到共同语言，为心理沟通做好准备。

第六，注意手势和触碰行为。双方见面时，谈判人员应毫不迟疑地伸出右手与对方相握。握手虽然是一个相当简单的动作，却可以反映出对方是强硬的、温和的、还是理智的。在西方，一个人如果在以右手与对方相握的同时，又把左手搭在对方的肩上，说明此人精力过于充沛或权力欲很强，对方会认为“这个人太精明了，我得小心一点”。同时，最忌讳的莫过于拉下领带、解开衬衫纽扣、卷起衣袖等动作,因为这将使人产生你已精疲力竭、厌烦等印象。

总之,谈判气氛对谈判进程极为重要,谈判人员要善于运用灵活的技巧来影响谈判气氛的形成。只有建立起诚挚、轻松、合作的洽谈气氛,谈判才能产生理想的结果。

二、交换意见

在建立良好的谈判气氛之后,谈判人员相继落座,此时谈判开始。

在开局阶段,谈判人员切忌离题太远,应尽量将话题集中于谈判的目标、计划、进度和人员四个方面。

(一)谈判目标

谈判目标因各方出发点不同而有不同类型。例如:探测型意在了解对方的动机;创造型旨在发掘互利互惠的合作机会;论证型旨在说明某些问题;还有达成原则协定型、达成具体协定型、批准草签的协定型、回顾与展望型、处理纷争型;等等。目标既可是上述的一种,也可以是其中的几种。

(二)谈判计划

谈判计划是指议程安排,其内容包括议题和双方人员必须遵循的规矩。

(三)谈判进度

这里的进度是指会谈的速度或是会谈前预计的洽谈速度。

(四)谈判人员

谈判人员是指每个谈判小组的成员情况,包括姓名、职务以及谈判中的地位与作用。

上述问题也许在谈判前双方就已经讨论了,但在谈判开始前,仍有必要再就这些问题协商一次。最为理想的方式是以轻松、愉快的语气先谈双方容易达成一致意见的话题。例如,“咱们先确定一下今天的议题,如何?”“先商量一下今天的大致安排,怎么样?”这些话从表面上看似乎无足轻重,但这些要求往往最容易引起对方肯定的答复,因此比较容易创造一种一致的氛围。如果对方急于求成,一开局急于谈论实质性问题,己方应巧妙地避开对方肯定的答复,把对方引到谈判目的、议程上来。如对方一开始就说:“来,咱们雷厉风行,先谈价格条款。”我方可以接口应道:“好,马上谈,不过咱们先把会谈的程序和进度先统一一下,这样谈起来效率更高。”这也是防止谈判因彼此追求的目标、对策相去甚远而在开局之初就陷入僵局的有效策略。

三、开场陈述

在报价和磋商之前，为了摸清对方的原则和态度，可做开场陈述和倡议。所谓开场陈述，即双方分别阐明自己对有关问题的看法和原则。开场陈述的重点是己方的利益，但它不是具体的，而是原则性的。

陈述的内容通常包括：己方对问题的理解，即己方认为这次应涉及的问题；己方的利益，即己方希望通过谈判取得的利益；哪些方面对己方来讲是至关重要的；己方可向对方做出的让步和商谈事项；己方可以采取何种方式为双方共同获得利益做出贡献；己方的原则；还包括双方以前合作的结果、己方在对方心中享有的信誉、今后双方合作中可能出现的良好机会或障碍等。

陈述的时间双方应尽量平分秋色，切忌出现独霸会场的局面。发言内容要简短而突出重点，恰如其分地把意图、感情倾向表示出来即可。例如，“希望有关技术方面问题的讨论结果，能使我们双方都满意。”在用词和态度上，尽量轻松愉快，具有幽默感，以减少引起对方焦虑、不满和愤怒的可能。

结束语需特别斟酌，其要求是应表明己方陈述只是为了使对方明白己方的意图，而不是向对方挑战或强加给对方接受。例如，“我是否说清楚了”“这是我们的初步意见”等都是比较好的语句。陈述完毕后，要留出一定时间让对方表示一下意见。同时，注意对方对自己陈述的反应，并寻找出对方的目的和动机与己方的差别。

对于对方的陈述，己方一是倾听，听的时候要思想集中，不要把精力集中在寻找对策上；二是要明晓对方陈述的内容，如果有疑问，可以向对方提问；三是归纳，要善于思考理解对方的关键问题。

双方分别陈述后，需要做出一种能把双方引向寻求共同利益的陈述，即倡议。倡议时，双方提出各种设想和解决问题的方案，然后再在设想和符合商业标准的现实之间，搭起一座通向成交道路的桥梁。

四、开局阶段应考虑的因素

不同内容和类型的谈判，需要有不同的开局策略相对应。一般来说，确定恰当的开局策略需要考虑以下几个因素。

（一）考虑谈判双方之间的关系

谈判双方之间的关系，主要有以下几种情况：双方过去有过业务往来，且关系很好；双方过去有过业务往来，关系一般；双方过去有过业务往来，但己方对对方印象不佳;双方过去没有业务往来。

1. 如果双方在过去有过业务往来,且关系很好,那么这种友好的关系应作为双方谈判的基础。在这种情况下,开局阶段的气氛应是热烈、真诚、友好和愉快的。开局时,己方谈判人员在语言上应该是热情洋溢的,内容上可以畅谈双方过去的友好合作关系或双方之间的人员交往,亦可适当地称赞对方企业的进步与发展,态度应该比较自由、放松、亲切。在结束寒暄后,可以这样将话题切入实质性谈判:“过去我们双方一直合作得很愉快,我想,这次我们仍然会合作愉快的。”

2. 如果有过业务往来,但关系一般,那么开局的目标是要争取创造一个比较友好、和谐的气氛。但是,己方的谈判人员在语言的热情程度上要有所控制。在内容上,可以简单回忆双方过去的业务往来及人员交往,亦可交流双方人员在日常生活中的兴趣和爱好。寒暄结束后,可以这样把话题切入实质性谈判:“过去我们双方一直保持着业务往来关系,我们希望通过这一次的交易磋商,将我们双方的关系推进到一个新的高度。”

3. 如果双方过去有过一定的业务在来,但己方对对方的印象不好,那么开局阶段的谈判气氛应是严肃、凝重的。己方谈判人员在开局时,语言上在注意礼貌的同时,应该比较严谨,甚至可以带一点冷峻。内容上可以就过去双方的关系表示不满和遗憾,以及表达希望通过磋商来改变这种状况的愿望。在态度上应该充满正气,与对方保持一定距离。在寒暄结束后,可以这样将话题引入实质性谈判:“过去我们双方有过一段合作关系,但遗憾的是并不那么令人愉快。千里之行,始于足下。让我们从这里开始吧。”

4. 如果过去双方从来没有业务往来,应努力创造一种真诚、友好的气氛,以淡化和消除双方的陌生感以及由此带来的防备,为后面的实质性谈判奠定良好的基础。因此,己方谈判人员在语言上应该表现得礼貌友好,但又不失身份。内容上多以天气情况、途中见闻、个人爱好等比较轻松的话题为主,也可以就个人在公司的任职时间、负责的范围、专业经历进行一般性询问和交谈。态度上不卑不亢,沉稳中又不失热情,自信但不傲气。寒暄后,可以这样开始实质性谈判:“这笔交易是我们双方的第一次业务交往,希望它能够成为我们双方发展长期友好合作关系的一个良好开端。我们都是带着希望来的,我想,只要我们共同努力,我们一定会满意而归。”

(二)考虑双方的实力

就双方的实力而言,有以下三种情况。

1. 谈判双方实力相当,为了防止一开始就强化对手的戒备心理或激起对方的对立情绪,以致影响到实质性谈判,在开局阶段,仍然要力求创造一种友好、轻松、和谐的气氛。己方谈判人员在语言和姿态上要做到轻松又不失严谨、礼貌又不失自信、热情又不失沉稳。

2. 如果己方谈判实力明显强于对方,为了使对方能够清醒地意识到这一点,并且在谈判中不抱过高的期望值,从而产生威慑作用,同时,又不至于将对方吓跑。在开局阶段,在语言和姿态上,既要表现得礼貌友好,又要充分显示出己方的自信和气势。

3. 如果己方谈判实力弱于对方,为了不使对方在气势上占上风而影响后面的实质性谈判,应在开局阶段的语言和姿态上,一方面要表示出友好和积极合作的意愿;另一方面也要充满自信,不能让对方轻视我们。

第三节 报价阶段的策略

谈判双方在结束非实质性交谈之后,要将话题转向有关交易内容的正题,即开始报价。报价以及随之而来的磋商是整个谈判过程的核心。

这里所说的报价,不仅指产品在价格方面的要价,而且泛指谈判的一方对另一方提出自己的所有要求,包括商品的数量、质量、包装、价格、装运、保险、支付、商检、索赔、仲裁等交易条件,其中价格条件是谈判的中心。外贸业务虽然种类繁多,但一般情况下,谈判都是围绕着价格进行的。

报价阶段的策略主要体现在三个方面,即报价的先后顺序、报价方式和如何对待对方的报价。

一、报价的先后顺序

谈判双方中谁先报价是个微妙的问题,报价的先后在某种程度上对谈判结果会产生实质性影响。就一般情况而言,先报价有利也有弊。

谈判者一般都希望谈判尽可能按己方意图进行,因此要以实际的步骤来树立己方在谈判中的影响。己方如果首先报价就为以后的讨价还价树立了一个界碑,实际上是为谈判划定了一个框架或基准线,最终谈判将在这个范围内达成。例如,卖方报价某种材料每吨 FOB 1 000 美元,那么双方磋商结果的最终成交价一定不会超过 1 000 美元。

另一方面,先报价如果出乎对方的预料和期望值,会使对方失去信心。例如,卖方报价 FOB 1 000 美元一吨的货物,买方能承受的价格只有 400 美元,与卖方报价相去甚远,即使经过磋商也很难达成协议,因此只好改变原部署,要么提价,要么放弃交易。总之,先报价在整个谈判中会持续地发挥作用,因此先报价比后报价影响要大得多。

先报价的弊端也很明显：一方面，由于己方先报价，对方对己方的交易起点有所了解，他们可以修改预先准备的报价，获得本来得不到的收益。如上例中，卖方报价 1 000 美元一吨的材料，若买方预先准备的报价是 1 100 美元，这种情况下，很显然，在卖方报价后，买方会马上修改其原来准备的报价条件，其报价肯定会低于 1 000 美元，那么对买方来讲，后报价至少可以使他获得 100 美元的好处。另一方面，先报价后，对方还会试图在磋商过程中迫使己方按照他们的思路进行后续谈判。其常用的做法是：采取一切手段，调动一切积极因素，集中力量，攻击我方报价，逼迫我方逐步降价，而并不透露他们自己的价格。

既然两种方式各有利弊，就应通过分析比较谈判双方的谈判实力，采取不同的策略。

如果预期谈判将会出现各不相让的僵持局面，那么就应通过先报价来规定谈判过程的起点，并由此来影响此后的谈判过程，从一开始就占据主动是比较有利的。

如果己方的谈判实力强于对方，或者与对方相比，己方在谈判中处于相对有利的地位，那么己方可以先报价。尤其是在对方对本次交易的市场行情不太熟悉的情况下，先报价就更占优势，这样可为谈判划定一个基准线。同时，由于己方了解行情，可以适当掌握成交的条件，对己方无疑利大于弊。

如果谈判对方同己方有较长的业务往来，而且双方合作一向较愉快，在这种情况下，谁先报价对双方来说都无足轻重。

就一般惯例而言，发起谈判的人应先报价。

如谈判双方都是谈判专家，则谁先报价均可。如谈判对方是谈判专家，自己不是谈判专家，让对方先报价可能较为有利。

如对方是行业外人士，不论己方是不是了解此行业，己方先报价可能较为有利，因为这样做可以对对方起一定的引导或支配作用。

按照惯例，由卖方先报价。卖方先报价的目的不是为了扩大影响，而只是用报价的方法直接刺探对方的反应思路。卖方报价是一种义务，买方还价也是一种义务。以下的案例说明了报价中的艺术。

爱迪生在做某公司电气技师时，他的某项发明获得了发明专利。一天，公司经理突然派人把爱迪生叫到经理室，表示愿意购买爱迪生的发明专利，并让爱迪生先报价。

爱迪生想了想，回答道："我的发明对公司有怎样的价值我是不知道的，请您先开个价吧。"

"那好吧，我出 40 万，怎么样？"经理爽快地先报了价。

谈判顺利结束了。

事后，爱迪生这样说："我原来只想把专利卖 5 000 美元，因为以后在实验上还要用很多钱,所以再便宜些我也是肯卖的。"

让对方先报盘,使爱迪生多获得了30多万元的收益,经历的开价与他所预料的价格简直是天壤之别。在这次谈判中,事先未有任何准备、对其发明对公司的价值一无所知的爱迪生如果先报价,肯定会遭受巨大的损失。在这种情况下,最佳的选择就是把报价的主动权让给对方,通过对方的报盘传递的信息,来探查对方的目的、动机,摸清对方的虚实。然后及时地调整自己的谈判计划,重新确定报盘的价格。

二、如何报价

由于报价的高低对整个谈判进程会产生实质性影响,因此,要成功地进行报价,谈判人员必须遵守一定的原则。

(一)掌握行情是报价的基础

报价策略的制订基础是谈判人员根据以往和现在所收集和掌握的、来自各种渠道的商业情报和市场信息,对其进行比较、分析、判断和预测。

众所周知,国际市场的行情处于不断的变化之中,这种错综复杂的变化,通常会通过价格的波动表现出来;同时,价格的波动反过来又会影响市场的全面波动。因此,要求谈判人员在收集、积累有关信息、情报和资料的基础上,注意分析和预测市场动向,主要是研究有关商品的国际市场供求关系及其价格动态。此外,该商品或其代用品在生产技术上如有重大突破和革新征兆时,也应予以密切的关注。

(二)报价的原则

卖方希望卖出的商品价格越高越好,买方则希望买进的商品价格越低越好。但一方的报价只有在被对方接受的情况下才能产生预期的结果,才能使买卖成交。这就是说,价格水平的高低,并不是由任何一方凭自己意愿决定的,它要受到供求和竞争以及谈判对手状况等多方面因素的制约。因而,谈判一方向另一方报价时,不仅要考虑报价所获利益,还要考虑该报价能否被对方接受,即报价成功的概率。

因此,报价的基本原则就是:通过反复比较和权衡,设法找出价格所带来的利益与被接受的成功率之间的最佳结合点。

(三)最低可接纳水平

报价之前最好为自己设定一个"最低可接纳水平"。最低可接纳水平是指最差的但却可以勉强接纳的最终谈判结果。最低可接纳水平可以使谈判人员避免拒绝有利条件或接受不利条件,也可防止一时的鲁莽行动。在“联合作战”的场合,可以避免各个谈判者各行其是。例如,卖方将他欲出售的某种商品的最低可接受价格定为500元,意味着假如售价等于或高于500元,他将愿意成交,但若售价不及500元,则他宁愿持有商品,也不愿出售。

(四)确定报价

一般来说,一方开盘报价之后,对方立即接受的例子极为少见,一方开价后,对方通常要还价。报价策略对卖方来说,是要报出最高价,而买方则要报出最低价。

首先,报价存在一定虚头是正常情况,虚头的高低要看具体情况而定,不能认为越高越好,也没有固定的百分比。在国际行市看好时,卖方的虚头可以略高一些,行市越趋好,虚头就可以越高。虚头是为以后的谈判留有余地,量要适当。

作为卖方,开盘价为成交的价格确定了一个最高限。一般来讲,除特殊情况外,开盘价一经报出,就不能再有提高或更改的余地。同样,作为买方,开盘价为购买价确定了一个最低限度。一般来讲,没有特殊情况,开盘价也是不能降低的。

其次,“一分钱,一分货”的观念被大多数人所信奉,尤其对于价格政策为“厚利少销”的商品(如工艺美术品),较高的虚头是必要的。

再次,在谈判过程的各个阶段,特别是磋商阶段中,谈判双方经常会出现僵持不下的局面。为了推动谈判的进程,使之不影响己方谈判的战略部署,己方应根据需要,适时做一些退让,适当满足对方的某些要求,以打破僵局或换取对己方有利的条款。所以,报出含有高虚头的价格是很有必要的。

但是,虚头并不是越高越好。离开实际,漫天要价,并不会为己方带来任何利益,而且有可能失去贸易对手,浪费了时间和精力。

20世纪70年代的某届秋季广交会,我国大豆成交价定为800元人民币,比当时国际市场行情高出200元人民币,结果大多数客户都惊呆了,他们弄不明白中国方面的意图,连还价的基础都拆除了,只好悻悻而回。一场交易会下来,除个别客户考虑到长远关系,买了几百吨外,大多数客户未能成交。

因此,报价的虚头必须是合情合理的,即能找出合适的理由为之辩护。若价格高却毫无来由,对方必然会认为你缺少诚意,从而终止谈判;或者用相对的方式过分杀价;或者提出质问,使己方丧失信誉。

过分的虚头也会给谈判造成困难。如果对方认为报价还有水分,总不敢下最后决心。为了使对方明确态度,己方往往限定最后期限。这样做可能产生两种后果,一是对方看清局势接受下来,二是被对方误认为是谈判手段而不予重视,这意味着谈判可能破裂。

（五）报价过程

卖方主动开盘报价叫报盘，买方主动开盘报价叫递盘。在正式谈判中，开盘都是不可撤销的，叫做实盘。开盘时，报价要坚定而果断地提出，这样才能给对方留下己方是认真而诚实的印象。欲言又止、吞吞吐吐必然会导致对方的不信任。

开盘必须明确清楚，必要时应向对方提供书面的开价单，或一边解释一边写明，使对方准确地了解己方的期望，切勿含混不清使对方误解。

开盘时不需对所报价格做过多解释和说明，对方定会对有关问题提出质询。如果在对方提问之前，己方主动地加以说明，会使对方意识到己方最关心的问题所在，而这种问题对方有可能尚未考虑过。有时过多地说明和辩解，会使对方从中找出破绽或突破口。

（六）两种典型报价术

在国际商务谈判中，有两种典型的报价战术，即西欧式报价和日本式报价。

西欧式报价战术与前面所述报价原则一致。其一般的模式是，首先提出含有较大虚头的价格，然后根据买卖双方的实力对比和该笔交易的外部竞争状况，通过给予各种优惠，如数量折扣、价格折扣、佣金和支付条件上的优惠（如延长支付期限、提供优惠信贷等）来逐步软化和接近买方的市场和条件，最终达成交易。实践证明，这种报价方法只要能够稳住买方，往往会有一个不错的结果。

日本式报价战术的一般做法是，将最低价格列在价格表上，以求首先引起买主的兴趣。由于这种价格一般是以卖方最有利的结算条件为前提的，并且，在这种低价格交易条件下，各个方面都很难全部满足买方的需要，如果买主要求改变有关条件，则卖主就会相应提高价格。因此，买卖双方最后成交的价格，往往高于价格表中的价格。日本式报价术一方面可以排斥竞争对手而将买方吸引过来，取得与其他卖主竞争中的优势和胜利；另一方面，当其他卖主败下阵来，这时买方原有的市场优势就不复存在了。如果买方想要达到一定需求，只好任卖方把价格抬高才能实现。

众所周知，日本商人本来最擅长谈判，他们经常采用蘑菇战术，软磨硬泡，刺探对方心理变化。他们的成功往往是以自己的耐性、韧性去克制对方的刚性，使对方感到时间拉长造成的心理窒息，从而产生思想上的松动。日本商人不但研究对方主谈人员的性格特点，还研究陪谈人员及其他人员的性格特点，充分收集有关资料，甚至建立对方人员的档案。日本商人在谈判中轻易不说“不”字，总是绕很大的一个圈子，表示出“不可能”的意思。在谈判的紧要或关键时刻往往摆出各种戏剧性态度给对方最后一击。但是在20世纪60年代，中日贸易备忘录贸易项下大豆的作价谈判中，日方递盘第一回合就亮出了底牌，大大出乎我方意料。当时的国际市场行情对对方不利，价格趋于下跌的趋势，也没有多少其他因素能够起到阻碍或干扰这种趋势的作用。日方为什么一下子就递出了理想价格呢？我方陷入了困惑之中，经过反复研究，我方不敢轻易接受，生怕上当吃亏。面对日方的反常表现，我们修改了自己的谈判方案，扩大了保底价的虚头，还出实盘之后，日方不但不予响应，反而在他们的反还盘中向后退缩。我方误认为日方要耍花招，将再还盘的虚头进一步加大，日方的反盘又再退缩，结果，双方的距离越谈越大。经过两周的长跑式谈判，我方终于体力不支，败下阵来，最后不得不以低于日方第一回合递盘价1 英镑成交。这个历史教训充分说明了日本式报价中的圈套。

三、如何对待对方的报价

在对方报价的过程中，切忌干扰对方，应认真听取并尽力完整、准确、清楚地把握对方的报价内容。在对方报价结束后，对某些不清楚的地方可以要求对方予以解答。同时，应将己方对对方报价的理解进行归纳总结，并加以复述，以确认自己的理解是否准确无误。

在对方报价完毕之后，比较正确的做法是，不急于还价，而是要求对方对其价格的构成、报价依据、计算的基础以及方式方法等做出详细的解释，即所谓的价格解释。通过对方的价格解释，可以了解对方报价的实质、态势、意图及其诚意，以便从中寻找破绽，从而动摇对方报价的基础，为己方争取重要的便利。

在对方完成价格解释之后，针对对方的报价，有两种行动选择：一种是要求对方降低报价；另一种是提出自己的报价。一般来讲，第一种选择比较有利。因为这是对报价一方的反应，如果成功，可以争取到对方的让步，而己方既没有暴露自己的报价内容，更没有任何让步。

一位谈判专家代理他的邻居与保险公司交涉一项赔偿事宜，他运用沉默的策略获得了意想不到的效果。

保险公司的理赔员首先发表意见："先生，我知道您是交涉专家，一向都是针对巨额款项谈判，恐怕我无法承受您的要价。我们公司若是只付 100 美元的赔偿金，您觉得如何？"谈判专家表情严肃，沉默不语，因为他的经验告诉他，当对方提出第一个条件之后，总暗示着可以提出第二个、第三个……

理赔员果然沉不住气，他说："抱歉，请勿介意我方才的提议，再加一些，200 美元如何？"

又是一阵长久的沉默，最后，谈判专家表态："抱歉，这个价钱令人无法接受。"

理赔员接着说："好吧，那么 300 美元如何？"

谈判专家沉思良久，理赔员显得有点慌乱，他说："好吧，400 美元。"

又是踌躇了好一阵子，谈判专家才慢慢地说道："400 美元？……喔，我不知道。”

“就赔500美元吧!”理赔员痛心疾首地说。

就这样,谈判专家只是重复着他良久的沉默,重复着他严肃的表情,重复着说不厌的那句老话。最后,谈判的结果是这件理赔案终于在950美元的条件下达成协议,而他的邻居原来只准备获得300美元的赔偿金。

四、报价解释需遵循的原则

通常一方报价完毕之后,另一方会要求报价方进行价格解释。在解释时,必须遵守一定的原则,即不问不答,有问必答,避虚就实,能言不书。

不问不答是指买方不主动问的问题卖方不要回答。其实,对于买方未问到的一切问题,都不要进行解释或答复,以免造成言多必失的结果。

有问必答是指对对方提出的所有有关问题,都要一一做出回答,并且要很流畅、很痛快地予以回答。经验告诉人们,既然要回答问题,就不能吞吞吐吐、欲言又止,这样极易引起对方的怀疑,甚至会引起对方的穷追不舍。

避虚就实是指对己方报价中比较实质的部分多做陈述,对于比较虚的部分应该少做陈述,甚至不提及。

能言不书是指能用口头表达和解释的,就不要用文字来书写,因为同样的表达失误,口述表达和书面表达产生的影响是截然不同的。有些国家的商人,只承认纸面信息,而不重视口头信息,因此要格外慎重。

第四节　磋商阶段的策略

磋商阶段也可叫讨价还价阶段,它是谈判的关键阶段,也是最困难和紧张的阶段。

一般情况下,当谈判一方报价之后,另一方不会无条件地接受对方的报价,而要进行一场谈判双方的实力、智力和技术的具体较量,这是谈判双方求同存异、合作、谅解、让步的阶段。因此,这一阶段是谈判双方为了实现其目的,运用智慧使用各种策略的过程。

一、还价前的准备

己方在清楚了解对方报价的全部内容后,要透过其报盘的内容,判断对方的意图,在此基础上分析如何能使交易既对己方有利又能满足对方的某些要求,即如何实现双方的共赢。将双方的意图和要求逐一进行比较,弄清双方分歧之所在,判断对方的谈判重点。

谈判双方的分歧可分为实质性分歧和假性分歧两种。实质性分歧是原则性的根本利益的真正分歧;假性分歧是由于谈判中的一方或双方为了达到某种目的人为设置的难题或障碍,是人为制造的分歧,目的是使自己在谈判中有较多的回旋余地。其实,要区分这两种分歧并不困难,只要谈判人员细心观察和分析就可以发现。然而当双方都用同一种方法时,就都不言自明了。但是,这种过渡性手段不影响谈判结局。所以,对待假性分歧,只要认真识别,不被对方的气势所逼迫而坚持说理,就一定会取得最后成功。

而对于实质性分歧则更需认真对待,要反复研究做出某种让步的可能性,并决定是否让步。同时,根据预期的目标决定让步的阶段和步骤。当然,谈判人员的分析受到经验和水平的限制,在谈判开始不一定准确,但允许在谈判过程中不断修正。

通过分析应得出:若己方还盘,还价的幅度应如何掌握;在其他各项交易条件上所做的针对原报盘的变动、补充和删减中,识别能为对方所接受和对方急于讨论的问题。然后以此为基础,设想出双方最终可能签订的合同的大致面目,并据此把握谈判的总体方向和讨论范围。

二、让步策略

谈判中讨价还价的过程就是让步的过程。让步是一种侦察手段,是探清对方期望的过程。让步的方式灵活多样,无论是以价格的增减换取原则条款的保留、以放弃某些次要条款或要求换取价格的效益,还是以次要条款或要求的取舍换取主要条款或要求的取舍,都要掌握好尺度和时机,这需要凭借谈判人员的经验、直觉和机智来处理。但这并不意味着谈判中的让步无法从科学的角度去认识、把握、计划和运筹。恰恰相反,有经验的谈判专家无不在谈判之前就胸有成竹,在进入实际让步阶段后,再凭借自己的经验、直觉和机智来灵活处理,变换和发展自己已有的让步方案罢了。

(一)考虑对方的反应

在做出让步的决策时,事先要考虑到对方的反应。总的来讲,己方的让步给对方造成的影响和反应有以下三种情况。

1. 对方很看重己方所做出的让步,并感到心满意足,甚至会在其他方面也做些松动和让步作为回报,这是己方最希望的结果。

2. 对方对己方所做的让步不很在乎,因而在态度上或其他方面没有任何改变或是松动的表示。

3. 己方的让步使对方认为己方的报价有很大的水分,甚至认为只要他们再加以努力,己方还会做出新的让步。也就是说,己方的让步不但没能使对方心满意足,反而鼓励对方向己方争取更多的让步。

显然,后两种反应及结果都对己方不利。

(二)注意让步的原则

谈判中的让步不仅仅取决于让步的绝对值的大小,还取决于彼此的让步策略,即如何做出让步,以及对方如何争取到让步。在具体讨价还价的过程中,要注意以下几方面的基本原则:

1. 不要做无谓的让步,应体现对己方有利的宗旨。每次让步都是为了换取对方在其他方面的相应让步和策略。

2. 让步要集中于关键环节上,幅度要适当,使己方较小的让步能给对方以较大的满足。

3. 在己方认为重要的问题上要力求对方先让步,而在较为次要的问题上,根据情况的需要,己方可以考虑先做让步。

4. 不要承诺做同等幅度的让步。例如,对方在某一条款项目上让步60%,而己方在另一项目上让步40%。假如对方说:“你也应该让步60%”,己方则可以说“我方无法负担60%”来拒绝他。

5. 做出让步时要三思而行,不要掉以轻心。因为每一次让步都包含着己方利润的损失甚至成本的增加。

6. 如果做出让步后又觉得考虑欠周,也可以收回,因为让步不同于决定,完全可以推倒重来。

7. 即使己方已决定做出让步,也要使对方感受到己方为让步所付出的努力,要使对方珍惜所得到的让步。

8. 一次让步的幅度不要过大,节奏不宜太快,应做到步步为营。如果一次让步太大,会使人觉得己方这一举动是处于软弱地位的表现,会建立起对方的自信心,导致对方在以后的谈判中掌握主动。

(三)选择理想的让步方式

在商务谈判实践中,人们总结出了八种常见的、理想的让步方式,见表5-1所示。由于每一种方式传递的信息不同,对不同的对象也就有不同的结果。选择、采取哪种让步方式,取决于以下几个因素:谈判对手的经验;准备采取什么样的谈判方针和策略;让步后期望对方给予何种反应。

表 5-1　　八种理想的让步方式

让步方式	预定让步(元)	第一期让步	第二期让步	第三期让步	第四期让步
1	60	0	0	0	60
2	60	15	15	15	15
3	60	13	8	17	22
4	60	22	17	13	8
5	60	26	20	2	12
6	60	49	10	0	1
7	60	50	10	-1	1
8	60	60	0	0	0

下面具体地探讨这八种常见的理想让步方式的特点及优缺点。

1. 方式 1。方式 1 是在让步的最后阶段一步让出全部可让利益。该方式使对方感觉一直没有妥协的希望,因而被称做坚定的让步方式。如果买方是一个意志比较弱的人,当卖方采用此方式时,买方可能会尽早放弃讨价还价了,因而得不到利益;如果买方是一个意志坚强、坚持不懈的人,那么买方只要不断迫使对方让步,即可达到目的,获得利益。在运用这种方式时,买卖双方往往都要冒着形成僵局的危险和可能。

(1)特点。让步方态度比较果断,往往被认为较有魄力。这种方式是在开始时寸步不让,态度十分强硬,但到最后时刻一次让步到位,促成和局。

(2)优点。由于在起初阶段寸利不让,因此已向对方传递了己方的坚定信念,因此如果谈判对手缺乏毅力和耐性,就有可能被征服,使己方在谈判中获得较大的利益。

(3)缺点。由于在谈判的开始阶段一再坚持寸步不让的策略,则有可能失去伙伴,有较大风险;同时,易给对方造成己方缺乏谈判诚意的印象,进而影响谈判的和局。

(4)适用对象。适用于对谈判投入少、在谈判中占有优势的一方。实践证明,在谈判中投入少的一方有承担谈判失败风险的力量,或在某种意义上说,不怕谈判的失败。

总之,此种让步方式有其利,也有其弊,有时在卖方一再坚持"不"的情况下,还有可能迫使恐惧谈判的买方做出较大的进步。

2014 年 5 月,中国南方某市工艺品公司作为供货方同某外商就工艺品买卖进行谈判。谈判开始后,工艺品公司谈判人员坚持 800 元一件,态度十分强硬,而外商只出500元的价格,亦是毫不示弱。谈判进行了两日,没取得任何进展。外商提出休会再谈一次,若再不能取得共识,谈判只能作罢。我方坚决不退让,眼看谈判即将破裂。

第三天谈判继续开始,双方商定最后阶段谈判只定为3个小时,因为没有办法破解僵局,再拖延下去也只能是浪费时间。谈判进行了两个多小时仍是毫无进展。在谈判还剩下最后10分钟时,双方代表已做好退场准备了,这时工艺品公司首席代表突然响亮地宣布:“这样吧,先生们,我们初次合作,谁都不愿出现不欢而散的结局,为表达我方的诚意,我们愿把价格降至660元,但这绝对是最后的让步。”外商代表先是一惊,而后沉默了好几分钟,就在谈判结束的钟声即将敲响之时,他们伸出了手说:“成交了!”

这次谈判中,工艺品公司在做了最大限度的坚持后,一步到位的让步,既维护了谈判的胜利结束,也博得了对方的信任,双方不失时机地握手言和了。

2. 方式2。方式2是一种等额地让出可让利益的让步方式。此种方法只要遇到耐心等待的买主,就会鼓励买方期待进一步的让步。

(1)特点。在商务谈判让步的过程中,一步步地讨价还价,让步的数量和速度都是均等、稳定的,国际上称这种让步方式为“色拉米”香肠式谈判让步方式。

(2)优点。首先,此种让步平稳、持久,本着步步为营的原则,因此不易让对方轻易获利;其次,对于双方充分讨价还价比较有利,容易在利益均享的情况下达成协议;再次,遇到性情急躁或无时间应付长期谈判的对方时,往往会占上风,削弱对方的还价能力。

(3)缺点。首先,每次让利的数量相等、速度平稳,给人的感觉平淡无奇,容易使人产生疲劳、厌倦之感;其次,该谈判方式效率极低,通常会浪费大量的精力和时间,因此,谈判成本较高;再次,对方每次讨价还价一次,都有等额利润让出,这样会给对方传递一种信息,即只要耐心等待,总有希望获得更大的利益。

(4)适用对象。等额让步方式目前使用极为普遍,在缺乏谈判知识或经验的情况下以及在进行一些较为陌生的谈判时运用,常常会取得明显效果。

3. 方式3。方式3是一种先高后低,然后又拔高的让步方式。

(1)特点。比较机智、灵活、富有变化。在商务谈判的让步过程中,能够正确处理竞争与合作的尺度,在较为恰当的起点上让步,然后缓速减量,给对方传递一种接近尾声的信息。这时,如果买方表示满意即可收尾,如果买方仍要穷追不舍,卖方再大步让利,在一个较高的让步点上结束谈判。

(2)优点。首先,起点恰当、适中,能够向对方传递合作、有利可图的信息;其次,使谈判富有变化,如果谈判不能在减缓中完成,则可采取大举让利的方法,使谈判易于成功;再次,在二期让步中减缓一步,可以给对方造成一种接近尾声的感觉,易促使对方尽快做出决定,最终能够保住己方的较大利益。

(3)缺点。首先,这种让步方式是一种由少到多、不稳定的让步方式,容易鼓励对方继续讨价还价;其次,由于二期让步就已向买方传递了接近尾声的信息,而后来又做了大幅让利,会给对方造成不诚实的感觉,因此,对于想与对方建立友好合作关系的谈判者来说往往不利。

(4)适用对象。这种方式适用于竞争性较强的谈判。该策略在运用时要求技术性较强,而且富有变化性。同时又要时时刻刻观察谈判对方对己方让步的反应,以调整己方让步的速度和数量,故实施难度较大。

4. 方式4。方式4是一种小幅度递减的让步方式,即先让出较大的利益,然后再逐期减让,到最后一期让出较小的利益。

(1)特点。比较自然、坦率,符合商务谈判讨价还价的一般规律。先以较大的让步作为起点,然后依次下降,直到可让的全部利益让完为止。这种让步策略往往给人以和谐、均匀、顺理成章的感觉,是谈判中最为普遍采用的一种让步方式。

(2)优点。首先,易为人们所接受,给人以顺其自然之感;其次,由于让步采取先大后小的方式,这往往有利于促成谈判的和局;再次,让步的程度是一步较一步更为谨慎,一般不会产生让步上的失误;最后,达成协议是在等价交换、利益均衡的条件下完成的,不会影响谈判的和谐气氛。

(3)缺点。首先,让步由大到小,对于买主来讲,越争取利益越小,因而往往使买主进行继续谈判的期望降低,终局情绪不会太高;其次,这是谈判让步中习惯使用的方法,缺乏新意。

(4)适用对象。此种谈判让步方式一般适用于商务谈判的提议方。原因是提议方对谈判的和局更为关切,理应做出较大的让步,以诱发对方从谈判中获利的期望。

5. 方式5。方式5是一种从高到低再到微高的让步方式。这种让步方式往往显示出卖方的立场越来越坚定,表示卖主在条件适当时愿意妥协,但不会轻易让步,并告诉买方,让步的余地越来越小,最后以一个适中让步结束谈判。

(1)特点。合作为主,竞争为辅,诚中见虚,柔中带刚。在初期以高姿态出现,并做出较高的礼让,向前迈进两大步,然后再让微利,以向对方传递无利再让的信息。这时,如果买方一再坚持,则以较为适中的让步结束谈判。

(2)优点。首先,由于谈判的让步起点较高,富有较强的诱惑力;其次,大幅度的让利之后,到三期仅让微利,给对方传递了已基本无利可让的信息,因此比较容易使对方产生获胜感而达成协议;再次,如果三期所做微小让步仍不能达成协议的话,再让出最后稍大一点的利润,往往会使对方满意而最终达成协议。

(3)缺点。首先,由于一开始让步很大,容易造成己方软弱可欺的不良印象,加强对方的进攻性;其次,头两步的大让利和后两步的小让利形成鲜明对比,容易给对方造成己方诚意不足的印象。

(4)适用对象。适用于以合作为主、以互惠互利为基础的谈判。在开始时做出较大的让步,有利于创造出良好的合作气氛和建立友好的伙伴关系。

6. 方式6。方式6是一种开始时大幅度递减,但又出现反弹的让步方式。此种方式在初期让出绝大部分可让的利益,目的是表示己方的诚意。

(1)特点。给人以软弱、憨厚、老实之感,因此成功率较高。这种方式在让步初期即让出绝大部分利益,二期让步即达己方可让利益的边际,到三期拒绝让步,向对方传递了该让的利已基本让完了的信息。如果对方仍一再坚持,再让出最后一步,以促成谈判的成功。

(2)优点。首先以求和的精神,让出多半利益,因此有可能换得对方较大的回报;其次,三期让步时做出了无利可让的假象,这有可能打消对方进一步要求己方再一次让利的期望;再次,最后让出小利,既向对方显示了己方的诚意,又会使通达的谈判对手难以拒绝签约,因此往往收效良好;最后,尽管其中还有余地,但客观上仍表现出以和为贵的温和态度。

(3)缺点。首先,开始时表现软弱,大步让利,如果遇到强势的对手,会刺激对手变本加厉,步步跟进;其次,这种方式可能由于三期让步遭到拒绝后,导致谈判出现僵局或败局。

(4)适用对象。这种方式用于在谈判竞争中处于不利境地,但又急于获得成功的谈判一方,它使己方有三次较好的机会达成协议。

7. 方式7。方式7是一种在起始两步全部让完可让利益,三期赔利相让,到四期再讨回赔让部分的让步方式。这是一种在谈判中最具有特殊性的让步方式,也是最富有戏剧性的一种方式。

(1)特点。风格果断诡诈,又具有冒险性。一期的大部分让利和二期的小部分让利后,便把可让利益全部让完,三期并非消极拒绝,而是诱惑性地让出本来不该让的一小部分利益,然后再从另外的角度进行讨价还价,在第四期收回该部分利益。可见,这是一种具有很高技巧的让步方式,只有非常有谈判经验的人才能灵活运用。

(2)优点。首先,开始两步让出全部利益,具有很大的吸引力,往往会使陷入僵局的谈判起死回生;其次,若前两期的让利尚不能打动对方,再冒险让出不该让出的利益,就会产生一种诱惑力,使对方沿着己方思路往前走;再次,对方一旦与己方思路相同,并为谈判付出代价,再借口某原因,从另一角度找回己方所需的利益,就容易促成和局。

(3)缺点。首先,开头两期的全部可让利益的让出,会导致对方期望增大,在心理上强化了对方的议价能力;其次,三期额外的让步,如四期中不能讨回,就会损害己方的利益;再次,在四期中讨回让利时,极易出现谈判破裂的局面。

(4)适用对象。这种让步方式一般适用于陷入僵局或危难的谈判,由于己方处于危险境地,又不愿使已付出的代价付之东流,因此不惜在初期就大步相让,以牺牲自己的利益为代价来挽救谈判,以促成谈判和局。

8. 方式8。方式8是一种一次性让步的方式,即一开始就让出全部可让利益的方式。

(1)特点。态度诚恳、务实、坚定、坦率。在谈判进入让步阶段,一开始即亮出底牌,以达到以诚取胜的目的。

(2)优点。首先,由于谈判者一开始就向对方亮出底牌,让出自己全部可让利益,比较容易打动对方采取回报行为,促成和局;其次,率先大幅度让步,富有巨大诱惑力,会在谈判桌上给对方留下深刻印象,有利于获取长远利益;再次,一步让利,坦诚相见,有利于速战速决,降低成本。

(3)缺点。首先,由于这种让步操之过急,会给对方传递一种可能尚有利可图的信息,导致对方继续讨价还价;其次,由于一次性大步让利,可能会失掉本来能够力争的利益。

(4)适用对象。对于己方处于谈判的劣势或谈判各方之间关系较为友好的谈判,可采用此策略。此策略以自己的最大让步感动对方,促使对方以同样的方式予以回报,并建立友好的关系。

以上八种让步方式,从实际谈判的情况看,采用较多的是方式4和方式5,这两种方式适应一般人心理,易为对方接受。方式6和方式7两种让步方式,其运用需要有较高的艺术技巧和冒险精神,有可能做少量让步,迅速达成交易,也有可能因运用得不好而造成僵局。方式3和方式8两种方式在实际中采用得较少,方式1则基本上不采用。

(四)运用适当的让步策略

磋商中的每一次让步,不但是为了满足己方的利益,同时也要充分考虑到对方需求的满足。谈判双方在不同利益问题上相互给予让步,以达成谈判和局为最终目标。通常的让步策略有以下几种:以己方的让步换取对方在另一问题上的让步,称为互利互惠的让步策略;在时空上,以未来利益上的让步换取对方近期利益上的让步称做予远利谋近惠的让步策略;若谈判一方以不做任何让步为条件而获得对方的让步也是有可能的,称为己方丝毫无损的让步策略。

1. 互利互惠的让步策略。谈判不仅仅是有利于某一方的洽谈,一方做了让步,必然期望对方对此有所补偿,获得更大的让步。

一方在做出让步后,能否获得对方的让步,在很大程度上取决于该方商谈的方式:一种是所谓的横向谈判,即采取横向铺开的方法,几个议题同时讨论,同时展开,同时向前推进。另一种是所谓的纵向深入方法,即先集中解决某一个议题,而在开始解决其他议题时,已对这个议题进行了全面深入的研究讨论。采用纵向商谈方式的双方往往会在某一个议题上争执不下,而在经过一番努力之后,往往会出现单方让步的局面。横向谈判把各个议题联系在一起,双方可以在各议题上进行利益交换,达成互惠式让步。

争取互惠式让步,谈判人员需要有开阔的思路和视野。除了某些己方必须得到的利益要坚持以外,不要太固执于某一个问题的让步,而应统观全局,分清利害关系,避重就轻,灵活地使一方的利益在其他方面得到补偿。

为了能顺利地争取对方互惠互利的让步,商务谈判人员可采取以下两种技巧:

(1)当己方谈判人员提出让步时,应向对方表明做出此让步是与公司政策或公司主管的指示相悖。因此,己方只同意这样一个让步,贵方也必须在某个问题上有所回报。

(2)把己方的让步与对方的让步直接联系起来。表明己方可以做出这次让步,只要在己方要求对方让步的问题上能达成一致,一切就不存在其他障碍了。

比较而言,前一种言之有理,言中有情,易获得成功;后一种则直来直去,比较生硬。

2. 予远利谋近惠的让步策略。在商务谈判中,参加谈判的各方均持有不同的愿望和需要。有的对未来很乐观,有的则很悲观;有的希望马上达成交易,有的却希望能够有所拖延。因此,谈判人员就自然地表现为对谈判的两种满足形式,即对现实谈判交易的满足和对未来交易的满足,而对未来的满足程度完全凭借谈判人员自己的直觉。

对于有些谈判人员来说,可以通过给予其期待的满足或未来的满足而避免给予其现实的满足,即为了避免现实的让步而给予对方远利。例如:当对方在谈判中要求己方在某一问题上做出让步时,己方可以强调保持与己方的业务关系能给对方带来长期的利益,而本次交易对是否能够成功地建立和发展双方之间的这种长期业务关系是至关重要的。向对方说明远利和近利之间的利害关系,如果对方通情达理,是会取远利而弃近惠的。

3. 丝毫无损的让步策略。丝毫无损的让步,是指在谈判过程中,当谈判的对方就某个交换条件要求己方做出让步,其要求确实有理,而对方又不愿意在这个问题上做出实质性的让步时,可以采取这样一种处理的办法,即首先认真地倾听对方的诉说,并向对方表示,己方充分理解对方的要求,也认为对方的要求有一定的合理性,但就己方目前的条件而言,实在难以接受对方的要求,同时保证在这个问题上己方给其他客户的条件绝对不比给对方的好,希望对方能够谅解。

谈判是具有一定艺术性的,人们对自己争取某个事物的行为的评价,并不完全取决于最终的行为结果,还取决于人们在争取过程中的感受,有时感受比结果更重要。在此,己方认真倾听对方的意见要求,肯定其要求的合理性,满足了对方受人尊敬的要求;保证其条件待遇不低于其他客户,进一步强化了这种受人尊敬需求的效果,迎合了人们普遍存在的互相攀比、横向比较的心理。

三、迫使对方让步的策略

谈判中的让步是必需的,没有适当的让步,谈判就无法进行。而一味地让步却根本不现实,也有害于己方利益。所谓"最好的防守便是进攻",在谈判磋商中,迫使对方让步也是达到最终谈判目的的手段之一。迫使对方让步的策略主要有以下几种。

(一)利用竞争

制造竞争条件是谈判中迫使对方让步的最有效的武器和策略。当一方存在竞争对手时,其谈判的实力就大为减弱。因此,在谈判中,应注意制造和保持对方的竞争局面。

具体做法是:进行谈判前,多考察几家国外厂商,同时邀请他们前来谈判,并在谈判过程中适当透露一些有关竞争对手的情况。在与一家厂商达成协议前,不要过早结束与其他厂商的谈判,以保持竞争局面。即使对方实际上没有竞争对手,己方也可巧妙地制造假象来迷惑对方。

(二)软硬兼施

谈判过程中,对方在某一问题上应让步或可以让步但却坚持不让步时,谈判便难以继续下去。在这种情况下,谈判人员可利用软硬兼施的策略。

具体做法是:我方主谈人或负责人暂时回避,让"强硬派"挂帅出阵,将对方的注意力引向自己,采取强硬立场,步步紧逼,从气势上压倒对方,给对方心理造成错觉,迫使对方让步,或者索性将对方主谈人激怒,使其怒中失态。

一旦己方主谈人估计已获得预期效果时,即回到谈判桌边,但不要马上发表意见,而是让己方调和者以缓和的口气和"诚恳"的态度,调和双方的矛盾,以便巩固己方已取得的优势。主谈人通过调和者的间接汇报和察言观色,判断对方确被激怒或确被己方的气势压倒而有让步的可能时,就应以诚恳的态度、亲切的言辞,提出"合情合理"的条件,使对方接受。如有必要,也可训斥己方"强硬派"扮演者的粗暴行为以顾全对方的情面。在这种情况下,被攻击的一方,很可能会接受己方主谈人所提出的条件或做出某些让步，当然，对方也可能不会立即让步，应给对方以思考的时间。

（三）最后通牒

在谈判双方争执不下、对方不愿做出让步来接受己方交易条件时，为了逼迫对方让步，己方可以向对方发出最后通牒，即如果对方在某个期限内不接受己方的交易条件并达成协议，己方就宣布谈判破裂并退出谈判。

美国一家航空公司要在纽约兴建大的航空站，想要求爱迪生电力公司优惠电价。这场谈判的主动权掌握在电力公司一方，因为航空公司有求于电力公司。因此，电力公司推说如给航空公司提供优惠电价，公共服务委员会不批准，不肯降低电价，谈判相持不下。

这时，航空公司突然改变态度，声称若不提供优惠电价，它就撤出这一谈判，自己建厂发电。此言一出，电力公司慌了神，立即请求公共服务委员会给予这种类型的用户以优惠电价，委员会立刻批准了这一要求。但令电力公司惊异的是航空公司仍然坚持自己建厂发电，电力公司不得以再度请求委员会降低价格，到这时，电力公司才和航空公司达成协议。

在谈判过程中，谈判人员往往寄希望于未来能有更大利益而对现实的讨价还价不肯放弃，打破对方的奢望，就能击败犹豫中的对方。最后通牒在这种情况下极为有效。

运用最后通牒策略必须注意以下几点：

一是谈判人员知道自己处于一个强有力的地位，特别是该笔交易对对方来讲，要比对己方更为重要。这是运用这一策略的基础和必备条件。

二是谈判的最后阶段或最后关键时刻才宜使用“最后通牒”。对方经过旷日持久的谈判，花费大量人力、物力、财力和时间，一旦拒绝己方的要求，这些成本将付之东流。这样，对方会因无法承受失去这笔交易所造成的损失而非达成协议不可。

三是“最后通牒”的提出必须非常坚定、明确、清晰，不让对方存有斡旋的余地。同时，己方也要做好对方决不让步而退出谈判的思想准备，不致到时惊慌失措。

四、阻止对方进攻的策略

谈判中，除了需要一定的进攻以外，还需要有效的防守策略。

（一）限制策略

商务谈判中，经常运用的限制因素有以下几种。

1. 权力限制。上司的授权、国家的法律和公司的政策以及交易的惯例限制了谈判人员所拥有的权力。一个谈判人员的权力受到限制后,可以很坦然地对对方的要求说“不”。因为未经授权,对方无法强迫他超越权限做出决策。对方若选择终止谈判、寻找有此权限的上司重新开始谈判,不得不遭受人力、物力、财力和时间上的损失。

因此,精于谈判之道的人都信奉这样一句名言:在谈判中,受到限制的权力才是真正的权力。

2. 资料限制。在商务谈判过程中,当对方要求己方就某一问题做进一步解释或让步时,己方可以用抱歉的口气告诉对方:实在对不起,有关这方面的详细资料己方手边暂时没有,或者没有备齐,或者这属于本公司方面的商业秘密,因此暂时还不能做出答复。这就是利用资料限制因素阻止对方进攻的常用策略。

3. 其他方面的限制。其他方面的限制包括自然环境、人力资源、生产技术要求、时间等因素在内的其他方面的限制。

值得注意的是,经验表明,限制策略使用的频率与效率成反比。该策略运用过多,会使对方怀疑己方无诚心谈判,或者请己方具备一定条件后再谈,会使己方处于被动的局面。

(二)示弱以求怜悯

在一般情况下,人们总是同情弱者,不愿落井下石,将其置于死地。有些国家和地区的商人,如日本和我国港澳地区的商人多利用人性这一特点,把它作为谈判中阻止对方进攻的一种策略。

示弱者在对方就某一问题提请让步,而其又无法以适当理由拒绝时,就表现出弱势的姿态乞求对方。例如,若按对方要求去办,公司必将破产倒闭,或是他本人就会被公司解雇等等,要求对方高抬贵手,放弃要求。

与此类似,有的谈判人员“以坦白求得宽容”,当在谈判中被对方逼迫而走投无路时,只好把己方对本次谈判的真实希望和要求和盘托出,以求得到对方的理解和宽容,从而阻止对方进攻。

这些策略,都取决于对方谈判人员的个性以及对示弱者坦白内容的信服程度,因此具有较大的冒险性。

(三)以攻对攻

只靠防守无法有效地阻止对方的进攻,有时需要采取以攻对攻的策略。当对方就某一问题逼己方让步时,己方可以将这个问题与其他问题联系在一起加以考虑,在其他问题上要求对方做出让步。例如,如果买方要求卖方降低价格,卖方就可以要求买方增加订购数量或延长交货期限等等。要么双方都让步，要么双方都不让步，从而避免对方的进攻。

周恩来总理和美国国务卿基辛格在关于确定中美联合公报（《上海公报》）的谈判时，美国代表事先提出了一份公报初稿，周恩来总理一开始就用坚定的语气明确指出：毛主席已经看过你们拟的公报草案，明确表示不同意，这样的方案我们是不能接受的。

基辛格本想以一种轻松谈笑的口气开始这场谈判，遇到周恩来口气坚定的表态，他的口气也转向坚定：我们初稿的含义是说，和平是我们双方的目的。

和平只有通过斗争才能得到。周恩来说，你们的初稿是伪装观点一致。我们认为公报必须摆明双方根本性的分歧。

美方代表并不退让：我方拟的公报初稿难道就一无是处？

周恩来严肃而心平气和地说：你们也承认中美双方存在巨大的分歧，如果我们用外交语言掩盖了分歧，用公报来伪装观点一致，今后怎么解决问题呢？

美方说：我们起草的公报，采用的是国际通用的惯例。

周恩来说：我觉得这类公报往往是放空炮。

经过周总理针锋相对的据理力争，中美联合公报最后采纳了中方的意见：公报中既写出双方的共同点、一致性，也列出双方的分歧。

第五节　成交阶段的策略

谈判双方的期望已相当接近时，就都会产生结束谈判的愿望。成交阶段就是双方下决心按磋商达成的最终交易条件成交的阶段。这一阶段的主要目标有三方面：一是力求尽快达成协议；二是尽量保证已取得的利益不丧失；三是争取最后的利益收获。为达到这些目标，可以采用以下谈判策略。

一、场外交易

当谈判进入成交阶段，双方已经在绝大多数议题上取得了一致意见，仅在某一两个问题上存在分歧、相持不下而影响成交时，即可考虑采取场外交易，如酒宴或其他娱乐场所等。因为这时仍把问题摆到谈判桌上继续商讨，往往难以达成协议，原因是：①过长时间的谈判会影响谈判协商的结果；②谈判桌上紧张、激烈、对立的气氛及情绪迫使谈判人员自然地去争取对方让步，让步方会被对方视为投降或战败方；③即使某一方主谈人或领导人头脑仍能保持冷静，认为做出适当的让步以求尽快达成协议是符合己方利益的，但因同伴态度坚决、情绪激昂而难以当场做出让步的决定。

场外轻松、友好、融洽的气氛和情绪则很容易缓和双方剑拔弩张的紧张局面，使双方轻松自在地谈论自己感兴趣的话题、交流私人感情，有助于化解谈判桌上遗留的问题，双方往往会很大度地相互做出让步而达成协议。

需要指出的是，场外交易的运用，一定要注意谈判对手的不同习惯。有的国家的商人忌讳在酒席上谈生意，所以必须事先了解清楚，以防弄巧成拙。

二、最后让步

针对磋商阶段遗留的最后一两个有分歧的问题，需要通过最后的让步才能求得一致。求得最后的让步要把握两方面的问题：一是让步的时间；二是让步的幅度。

让步的时间过早会被对方认为是前一阶段讨价还价的结果，而不是为达成协议做出的终局性的最后让步。让步的时间过晚会削弱对对方的影响和刺激作用，并增加了下一阶段谈判的难度。

时间策略是将最后的让步分为两部分：主要部分在最后期限之前做出，以便对方有足够的时间来回味；次要部分安排在最后时刻，作为最后的让利。

让步的幅度太大，会让对方认为这不是最后的让步，仍步步紧逼；如果幅度太小，对方会认为微不足道、难以满足。在决定最后让步的幅度时，要考虑的一个重要因素即对方接受让步的个人在对方组织中的地位或级别。在许多情况下，到谈判的最后关头，往往对方管理部门中的重要高级主管会出面参加或主持谈判。这时我们最后让步的幅度必须满足以下两项要求：幅度只能大到刚好满足该主管维持地位和尊严的需要；幅度如果过大，往往会使该主管指责他的部下没有做好工作，并坚持要求他们继续谈判。

做出最后的让步后，谈判人员必须保持坚定。因为对方会想方设法来验证己方立场的坚定性，判断该让步是否是真正的终局或是最后的让步。

三、不忘最后的获利

通常在双方将交易的内容、条件大致确定即将签约的时候，精明的谈判人员往往还要利用最后的时刻去争取最后的一点收获。

在成交阶段最后收获的常规做法是：在签约之前，突然提出一个小的请求，要求对方再做出一个小的让步。由于谈判已进展到签约的阶段，谈判人员已付出很大的代价，也不愿为这一点点小利而伤了友谊，更不愿为这点小利而重新回到磋商阶段，因此往往会很快答应这样的请求，进行签约。

四、注意为双方庆贺

在商务谈判即将签约的时候，可谓大功告成，此时，己方可能心中暗喜，以为自己在交易中比对方得到的更多,但这时己方一定要注意为双方庆贺,强调谈判的结果是我们共同努力的结晶,以满足双方心理的平衡和安慰。

五、慎重地对待协议

谈判的成果要靠严密的协议来确认和保证,协议是以法律形式对谈判成果的记录和确认,它们之间应该完全一致,不得有任何误差。但实际情况中,常常有人有意无意地在签订协议时故意更改谈判的结果,如故意在日期上、数字上以及关键性的概念上做修改。如果己方对此有所疏忽,在修改后的协议上签字,那么,协议就与以前的谈判无关了。因此,需做出努力将谈判成果转变为协议形式的成果,不能有任何松懈,所以,在签订协议之前,应与对方就全部的谈判内容、交易条件进行最终的确定。协议签字时,再将协议的内容与谈判结果一一对照,在确认无误后方可签字。

思考题

1. 简述制订商务谈判策略的一般步骤。

2. 谈判的开局在整个谈判过程中具有怎样的作用?确定恰当的开局策略需要考虑哪些因素?

3. 在国际商务谈判中,有哪两种典型的报价战术?试述二者的区别。

4. 谈判过程中,进行报价解释时必须遵循什么原则?

5. 简述通常的几种让步策略的内容及适用性。

案例应用

安进收购 Horizon Therapeutics[①]

2022 年 12 月 13 日,美国生物科技制药巨头安进宣布将斥资 278 亿美元收购 Horizon。这是 2022 年全球生物制药领域最大的一笔交易。

Horizon Therapeutics(以下简称 Horizon)于 2008 年成立,是一家全球生物技术公司,总部位于爱尔兰都柏林,专注于药物的发现、开发和商业化,以满足受罕见、自身免疫和严重炎症疾病影响的人的关键需求。该公司于 2011 年 7 月登陆纳斯

① 资料来源:新浪财经,2023-10-07。

达克。产品管线主要覆盖眼科、罕见病疾病和炎症。在 Horizon 系列上市产品中，销售最好的产品是甲状腺眼病（TED）治疗药物 Tepezza，这是一款靶向 IGF-1R 的单克隆抗体，于 2020 年 1 月首次获 FDA 批准上市用于治疗甲状腺眼病。

2023 年 5 月，美国联邦贸易委员会（FTC）对安进提起诉讼，试图阻止其收购 Horizon Therapeutics，理由是该并购阻碍 Horizon 两款新药 Tepezza、Krystexxa 的市场竞争。该案备受关注，因为这是 FTC 多年来首次试图阻止制药商之间的大型并购，FTC 专家认为，制药行业"猖獗的并购"正在推高药品价格。这笔并购可能会使安进利用其强势的药品组合，通过折扣向保险公司和药店施压，从而巩固 Krystexxa 和 Tepezza 的垄断地位，肆意对药物加价。当然，FTC 做出这样的推测不是没有原因：一方面，安进公司已经获批的药物，在 2022 年销售额高达 248 亿美元。凭借着巨额药物收入，安进有足够的实力与保险公司谈判。另一方面，安进有着控制药价的黑历史，此前再生元就曾起诉安进，声称其将药物 Otezla 和 Enbrel 的回扣与降胆固醇治疗 PCKS9 药物 Repatha 挂钩，所以 FTC 也担心在这次并购完成后，安进会故技重施。

然而，9 月 1 日，FTC 与安进达成和解，宣布允许安进继续以 278 亿美元收购 Horizon Therapeutics。和解协议如下：

（1）安进公司不得将其任何产品与 Tepezza 或 Krystexxa 捆绑销售，也不得在销售 Horizon 的产品时附加任何与安进产品有关的产品回扣或合同条款。

（2）FTC 还阻止安进在未经联邦贸易委员会许可的情况下获取任何其他用于甲状腺眼病或慢性难治性痛风的产品、生物类似药，或参与此类产品的生产或销售。

（3）安进如若想在 2032 年之前收购任何已完成 FDA 临床试验的用于治疗甲状腺眼病或慢性难治性痛风的即将商业化的产品，必须寻求 FTC 的批准。

2023 年 10 月 6 日，安进宣布已完成对 Horizon Therapeutics 的收购，交易股权价值约 278 亿美元。

延伸阅读

微软收购动视暴雪谈判成功①

历时 22 个月，科技巨头微软终于完成了对游戏公司动视暴雪的收购。

当地时间 10 月 13 日，动视暴雪 CEO 鲍比·科蒂克（Bobby Kotick）在官网上

① 资料来源：澎湃新闻，2023-10-13。

发布了庆祝这一事件的致员工信："今天是我们公司辉煌历史上的一块重要里程碑。与微软的结合将为我们遍布全球的出色团队带来新的资源和机会，我们将能够为比以往任何时候都更多的玩家提供更多的娱乐、快乐和联系。"

在信中，科蒂克回忆了动视暴雪从 1991 年起的旅程，对员工们表示感谢。科蒂克还提到，自己将继续担任动视暴雪的 CEO 直到 2023 年年底。

随后，微软 Xbox 也在官网上发布了文章和预告片，欢迎"来自动视暴雪的传奇队伍"加入 Xbox 团队。

目前，动视暴雪的股票已经停牌。截至记者发稿，微软股价在 13 日开盘后窄幅震荡。

就在动视暴雪宣布该消息的几个小时前，微软此次收购所面临的最后一道障碍也被清除：英国竞争与市场管理局（CMA）批准了微软对动视暴雪的修订后的收购交易，作为代价，微软不会拥有动视暴雪的云游戏权。按照微软今年 8 月的提案，动视暴雪的云游戏权会被转让给法国游戏公司育碧。

这笔 690 亿美元的收购案是微软有史以来规模最大的交易，同时也是史上最大的 30 笔收购之一。微软和动视暴雪于 2022 年 1 月首次宣布这项收购，并计划在 2023 年 6 月完成交易。这笔收购的实际完成时间比原计划晚了 4 个月。

由于美国、英国和欧盟的监管机构担忧微软将在完成收购后垄断游戏市场，这笔游戏行业的世纪大交易一路遇到了重重监管障碍。

2022 年 12 月初，美国联邦贸易委员会（FTC）曾提起反垄断诉讼，试图阻止微软收购动视暴雪，理由是该交易将使微软在游戏行业的关键新兴领域获得不公平的优势。

时间到了 2023 年，当地时间 5 月 15 日，欧盟委员会批准了微软收购动视暴雪的计划。但与此同时，英国 CMA 却表示维持否决微软公司收购计划的决定，认为收购会阻碍游戏市场的竞争。

5 月 30 日，据国家市场监督管理总局官网披露的 2023 年 5 月 15 日至 5 月 21 日无条件批准经营者集中案件列表显示，微软公司收购动视暴雪公司股权案位列其中，审结时间为 5 月 18 日。

7 月 11 日，美国法官裁定，微软可以完成以 690 亿美元收购动视暴雪的交易，意味着 FTC 的阻止宣告失败。微软与竞争对手索尼签署了协议，在微软收购游戏制造商动视暴雪后，将继续在索尼的 PlayStation 游戏机上推出《使命召唤》系列电子游戏。

今年 7 月 26 日，根据微软公布的截至 6 月 30 日的 2023 财年第四财季及全财年业绩，微软 Xbox 部门的总营收为 34.91 亿美元，较上年同期的 33.45 亿美元略有增长，营收来源包括数字和实体游戏销售、订阅服务、游戏内购买和硬件销售。

不过，由于第一方和第三方游戏以及硬件销售业务的疲软，Xbox 部门在该季度的营收并未达到预期。

7 月 19 日，动视暴雪发布的截至 6 月 30 日的 2023 年第二季度财报显示，动视暴雪 2023 财年第二季度总营收为 22.1 亿美元，同比增长 34%，仍略低于市场预期；净利润为 5.87 亿美元，同比增长 109.6%。

第六章 国际商务谈判技巧

Techniques in International Business Negotiations

谈判是借助于谈判双方的信息交流来完成的，而谈判中的信息传递与接收则需要通过谈判人员之间的听、问、答、叙、看、辩及说服等方法来完成。谈判人员在谈判桌上必须随时注意谈判技巧的运用，以便准确地把握对方的行为与思想。

正如一位谈判专家所言：谈判人员必须十分注意捕捉对方思维过程的蛛丝马迹，以便及时了解对方需求动机的线索；必须仔细倾听对方的发言，注意观察对方的每一个细微动作。

学习要点

A negotiation is done by means of information exchange between the two parties. Information exchange and reception needs listening, asking, answering, stating, looking, judging and persuading and other methods. The negotiator must be always conscious of using negotiation techniques in the negotiation, so that he can exactly trace the other party's action and thinking.

As a negotiation expert once said, the negotiator must give great attention to tracing the other party's thinking process so as to learn timely the clue of the other party's need and motivation; they must listen to the other party carefully and observe every trivial movement of the other party.

丰田与华为达成合作①

2024年4月10日，在经过紧锣密鼓的深入谈判之后，丰田汽车宣布其全球车型智能驾驶方案将采用"丰田+华为+Momenta"三方联合方案模式！据消息灵通人士透露，丰田将上车的是华为的硬件方案，软件算法则由中国自动驾驶领域独角兽Momenta提供。从这点看，丰田似乎选择了华为、又没完全选择华为。但显而易见的是，丰田已经把智能驾驶的灵魂交给了中国公司。

一直以来，丰田给外界的印象似乎更偏向于一个燃油车的守成王者，在电动化和智能化方面都不算积极，其总裁丰田章男甚至多次炮轰电动化。不过随着智能化在全球范围内兴起，尤其是在中国市场不断取得成功之后，丰田也在加速智能化。日前，丰田已向多家中国供应商发出通告，最快将于在今年底明年初的中国市场车型、2025年底2026年初的全球市场车型上，推出高阶智驾功能。

目前，华为与车企的合作模式有三种，分别为零部件供应模式、HI模式（Huawei Inside）和智选车模式（鸿蒙智行）。据悉华为在这次合作中的角色是Tier 1硬件供应商。虽然只是硬件供应商，但由于华为受到美国制裁，如果丰田的全球车型搭载华为智驾方案或者硬件，很可能无法在欧美等国际市场销售，这对丰田来说是不可接受的。因此，搭载这套智驾方案的是面对中国市场的中国车型。

对于这次合作的消息，外界对全球汽车王者丰田为什么选择中国的华为和Momenta十分好奇。

事实上，这并非丰田和华为首次在智能化上合作，不过此前主要是在智能座舱领域。相比于智能座舱，华为在智能驾驶领域似乎表现得更加"遥遥领先"，例如首发于问界车型的ADS 2.0已经实现有图无图都能开的NCA智驾表现，不仅全国的高速、高架、快速路都能用智驾，还实现了城区NCA功能。

近年来，日本汽车公司在华节节败退。根据乘联会数据，去年日系车在华份额连续3年下滑，跌至17%的历史最低点。日系三强品牌中最为坚挺的丰田，去年在华销量也同比下滑12.36%，被寄予厚望的bZ4x和bZ3在华销量也堪称惨淡。在电动化已经落后的情况下，如果智能化再掉队，丰田即便现在仍贵为全球第一车企，今后恐怕也难逃恐龙的命运。这也是此次中日汽车领域合作能够顺利达成谈判目标的重要原因。

随着中国智能化的崛起，不只是丰田，其他合资品牌也在积极寻找中国智驾公司合作，提升智能化能力。

---

① 资料来源：太平洋汽车网，2024-04-11。

另据报道,韩系的现代汽车,也已向至少一家中国供应商发出量产定点。如此看来,不管是德系、日系还是韩系合资车,都不约而同地选择了中国智驾。

这不免让人期待,在我们站立汽车电动化浪潮之后,有望赢下智能化浪潮,从而继续引领本轮汽车革命。

谈判是借助谈判双方的信息交流完成的,而谈判中的信息传递与接收需通过谈判人员之间的听、问、答、叙、看、辩及说服等方法来完成。

这里引用英国谈判大师杰德勒·尼尔伦伯格的一席话来说明谈判者掌握正确的谈判方法、熟悉的谈判技巧,并善于结合谈判实践灵活运用的重要性。他这样描述成功的谈判者:“成功的谈判者,必须把剑术大师的机警、速度和艺术大师的敏感、能力融为一体。他必须像剑术大师一样,以锐利的目光,机警地注视谈判桌那一边的对手,随时准备抓住对方防线中的每一个微小的进攻机会。同时,他又必须是一个细腻敏感的艺术大师,善于体会辨察对方情绪或动机上的最细腻的色彩变化。他必须抓紧灵感产生的那一刹那,从色彩缤纷的调色板上,选出最适合的颜色,画出构图与色彩完美的和谐的佳作。谈判场上的成功,不仅得自充分的训练,更关键的是得自敏感和机智。”

第一节　国际商务谈判技巧概述

一、对事不对人

在国际商务谈判中,人们往往过于关注已方的利益或立场,而忽视了谈判另一方的诉求和需要。谈判是通过人与人之间的交流来达成的,因此在谈判的过程中与另一方建立良好的人际关系以及相互信任的合作关系是十分重要的。特别是在谈判出现僵局的时候,这种良好的关系将会有力地促进问题的解决。由于谈判人员代表了各自组织的直接利益,因此在谈判过程的紧张情绪十分容易引发对另一方的愤怒,尤其是在谈判出现极端对立的争执时,往往会导致谈判迅速陷入僵持状态或者不欢而散的谈判困境。谈判一方一旦把谈判冲突和另一方的谈判人员混为一谈,就更易凭直觉枉自猜测和误解另一方。有效地避免如上的谈判困境就要求谈判人员在谈判过程中把问题和谈判对手分开,做到对事不对人。

要做到对事不对人,必须遵循以下原则。

(一)在保证自己利益的同时处理好和对方的人际关系

谈判就是要通过交流来实现各自的利益,但追求这种利益并不是要对另一方步步紧逼,丝毫不留回旋的余地。要想长久地维持组织的商业利益,保持和谈判另一方的良好合作关系也许比某次谈判获得的利益更加重要,因为寻找另一个生意伙伴的成本要远远高于与现有伙伴维持关系的成本。再者,如果有良好的关系和信任作为基础,在己方发生危机时,这些相关方也会伸出援手。因此即使谈判对己方完全有利,也要给对方留有一定余地,这与把问题和谈判人员分开并不矛盾。因为良好的人际关系是谈判顺利进行的基础,维持关系并不是要混淆关系和利益,更不是拿利益来换取关系。

(二)理解谈判的另一方

理解是谈判的基础,然而要做到理解谈判的另一方并不容易。由于每个人的背景、资历和价值观都不尽相同,在交流的过程中难免会有摩擦。尽管谈判双方围绕着一个相同的主题,但各自的利益却是大相径庭,因此在谈判过程中应当彼此理解,做到以下几点:

1. 不要枉自猜疑对方,对于不清楚的地方,及时问询。
2. 不要因自己的问题指责对方。
3. 让对方积极参与到谈判进程中来,并且开诚布公地讨论自己对问题的理解。
4. 措辞要得当,给对方回旋的余地。

(三)控制好自己的情绪

在谈判的过程中,争执是在所难免的。关键是双方要控制好自己的情绪,对问题不要太情绪化,更不要把问题归咎于谈判人员的身上。这就要求谈判人员首先要了解自己,把握自己在谈判过程中的情绪,同时理解对方的情绪,在适当的时候要开诚布公地向对方表明己方此时的心情,在对方发泄情绪的过程中要保持耐性,待对方发泄后才更有利于问题的解决。

二、注重利益,而非立场

以往许多僵持很久的谈判都源于谈判双方过于重视立场或原则,往往将某项原则或立场视为谈判的重要条件。然而,被大多数人忽略的是在谈判双方对立的立场背后,既可能存在冲突的利益,还可能存在共同的或可以彼此兼容的利益。

例如,在机械设备的出口中,双方坚持各自的价格立场并不能有助于双方达成明智的交易。除价格立场背后还会有许多利益的存在,如双方采用什么贸易术语?交货时间的安排对谁更重要?价格中是否包括人员培训的费用?运输的责任必须是由买方来承担吗?保险由谁办理更合适?对于卖方,信用证付款条件是不是必须条件?买卖双方是想签订长期出口合同,还是一笔交易的合同?有关设备的易损件是否包括在此合同的报价中等。事实上,这些利益对双方而言并不一定是不可调和的。

由此可以看出,商务谈判者必须彻底分析交易双方的利益所在,认清哪些利益对于我方是非常重要的,是绝不能让步的;哪些利益是可以让步的,可以用来交换对方的条件。在商务谈判中,需要对双方的利益诉求做出准确判断后对对方做出合理的让步,需要注意的是让步的谈判并不等于失败的谈判,当然在谈判中最忌讳随意作出不当的让步。有经验的谈判者会用对自己不重要的条件去交换对对方无所谓、但自己却很在意的条件,以达成双赢的谈判。在上述例子中,办理运输对于买方可能没有任何优势,那么卖方就可以用 CIF 签订合同。但是,如果买方觉得办理保险是非常重要的,那么卖方也可以在取得尽快交货的前提下,与对方签订 CFR 合同。

在谈判中,利益的交换非常重要。双方谈判能否达到双赢,主要取决于双方让步的策略,即能否准确识别利益因素对于自己和对方的重要性。

识别利益因素往往依赖于双方之间的沟通。例如,谈判中,不妨向对方多问几个为什么,如"您为什么特别注重……""您为什么不接受……"等问题,以此来探求对方所要求的真实利益。在商务谈判中,对于利益问题,应注意以下几点:

一是向对方积极陈述你的利益所在,以引起对方的注意并使对方满足你的利益。

二是承认对方的利益所在,考虑对方的合理利益,甚至在保证自己利益的前提下努力帮助对方解决利益冲突问题。

三是在谈判中既要坚持原则(如具体的利益),又要有一定的灵活性。

四是在谈判中对利益做硬式处理,而对人做软式处理。在谈判中要强调你为满足对方利益所做出的努力,有时也要对对方的努力表示钦佩和赞赏。

三、创造双赢的解决方案

在许多谈判中,谈判者注重追求单方面利益,坚持固守自己的立场,而不考虑对方的实际情况,谈判的结局往往并不理想。为什么谈判者没能创造性地寻找解决方案,没有将谈判双方的利益实现最大化?有经验的谈判专家认为,导致谈判者陷入上述谈判误区主要有如下四个障碍:

一是过早地对谈判下结论。谈判者往往单纯看到对方坚持其立场,又盲目地不愿意放弃自己既有的立场,甚至担心寻求更多的解决方案会泄露自己的信息,降低讨价还价的能力。

二是只追求单一的结果。谈判者往往错误地认为,创造并不是谈判中的一部分,谈判只是在双方的立场之间达成一个双方都能接受的点。

三是误认为一方所得即为另一方所失。许多谈判者错误地认为,谈判是一场零和博弈,给对方所做出的让步就是我方的损失,所以没有必要再去寻求更多的解决方案。

四是谈判对手的问题始终该由他们自己解决。许多谈判者认为,谈判就是要满足自己的利益需要,替对方想解决方案似乎是多此一举的。

实践表明,只有双方都是赢家的谈判,才能建立持久的合作,双方才会在合作中各取所需。因此,如何创造性地寻求双方都接受的解决方案是谈判的关键,特别是在双方谈判处于僵局的时候更是如此。

为了使谈判者走出误区,他们必须遵循如下的谈判思路和方法。

(一)将方案的创造与对于方案的判断行为分开

谈判者应该先设计多种方案,然后再决策。比较有效的方法是采用所谓的"头脑风暴"式的小组讨论,即谈判小组成员彼此之间相互启发,创造出各种想法和主意,而不过早地对这些想法下结论。然后再逐步对创造的想法和主意进行评估,最终决定谈判的具体方案。在谈判双方是长期合作伙伴的情况下,双方也可以共同进行这种小组讨论。

(二)充分发挥想象力,以扩大方案的选择范围

在上述小组讨论中,参加者最容易犯的毛病就是大家都在寻找最佳的方案。而实际上,在激发想象阶段并不是寻找最佳方案,我们要做的就是尽量扩大谈判的可选择余地。此阶段,谈判者应从不同的角度来分析同一个问题,甚至可以就某些问题和合同条款达成不同的约束程度,如:不能达成永久的协议,可以达成临时的协议;不能达成无条件的协议,可以达成有条件的协议等。

(三)找出双赢的解决方案

双赢在绝大多数的谈判中都是应该存在的,创造性的解决方案可以满足双方利益的需要,这就要求谈判双方应该能够识别共同利益所在。每个谈判者都应该牢记:每个谈判都有潜在的共同利益,共同利益就意味着商业机会。另外,谈判者还应注意谈判双方兼容利益的存在,不同利益并存时,并不矛盾或冲突。

(四)替对方着想,并让对方容易做出决策

让对方容易做出决策的方法是:使对方认为解决方案既合法又正当,同时对双方都公平;另外,列举对方的先例,也有利于促使对方做出决策。

四、使用客观标准，破解利益冲突

在谈判过程中，尽管充分理解对方利益所在，尽力寻求各种互利的解决方案，非常重视与对方的发展关系，还是可能会遇到令人非常棘手的利益冲突问题。若双方就某一个利益问题争执不下，互不让步，即使强调“双赢”也无济于事。例如房东与承租人之间的房租问题、在国际贸易中的交货期长短问题、最终的价格条款的谈判问题等。

通常在上述情况下，一般谈判者大多会采取立场式的谈判方法。这时，解决的方法有可能是，一方如果极力坚持自己的立场，则另一方就不得不做出一定的让步来达成协议。为什么会出现这种情况呢？对于这种谈判，双方的假设前提是：①我所失即你所得；②谈判协议的达成取决于达成协议的意愿；③不考虑其他的因素，而只考虑单一价格因素。

这样，谈判就势必演变成为一场意愿的较量，看谁最固执或谁最慷慨。在许多情况下，谈判有可能会陷入一场持久的僵局中，从而不利于双方以后的进一步合作。

在上述利益冲突不能采取其他的方式协调时，在商务谈判中使用客观标准就能起到非常重要的作用。

例如谈判一个出口机械设备合同的案例：双方就出口商向银行开具的保函应该如何规定进口商提取设备质量保证款问题争执不下。进口商担心出口商在交付货物后出现机械设备不合格的情况，因此要求出口商向其银行申请开立以进口商为受益人的银行保证书，大约占到全部货款的5%。一旦进口商发现履行合同时出现质量问题，进口商就可以向银行提出付款的申请。但出口商并不答应这样的做法，出口商担心万一进口商信誉不好，如果在银行保证书中不对进口商取得该担保款项加以限制，进口商随时都有可能提取该款，这对于出口商风险很大。经过反复磋商，最后，双方决定遵循一些客观的标准来解决这一双方都担心的问题，即如果出现质量问题，由第三方公证鉴定机构出具品质鉴定书，并以此作为进口商向银行索取违约款项的唯一依据。由此可见，使用客观标准是这种谈判的出路所在。

上述的例子有一定的代表性，那任何谈判，包括商业谈判，是否也要运用客观标准？例如，价格问题，谈判能否基于一些客观标准，如市场价值、替代成本、折旧的账面价值等等？实践证明，此种方式的谈判非常有效，可以在不破坏和谐气氛的情况下快速取得谈判成果。但是，在谈判中谈判者必须遵循客观标准的基本原则，即公平有效的原则、科学性原则和先例原则。

在谈判中谈判者运用客观标准时，应注意以下几个问题：

（一）建立公平的标准

通常在商务谈判中，一般遵循的客观标准有市场价值、科学的计算、行业标准、成本、有效性、对等的原则、相互的原则等。客观标准的选取要独立于双方的意愿，要公平和合法，并且在理论和实践都具有可行性。

（二）建立公平的分割利益的步骤

例如在两个小孩分橘子的传统例子中，“一个切，一个选”；大宗商品贸易由期货市场定价进行基差交易；在两位股东持股相等的投资企业中，委派总经理采取任期轮换法等，都是一些通过步骤来分割利益的例子。

（三）将谈判利益的分割问题局限于寻找客观依据

在谈判中，多问对方：您提出这个方案的理论依据是什么？为什么是这个价格？您是如何算出这个价格的？

（四）善于阐述自己的理由并接受对方提出的合理的客观依据

一定要用严密的逻辑推理来说服对手。对方认为公平的标准必须对你也公平。运用你所同意的对方标准来限制对方漫天要价，甚至可以在两个不同的标准里谋求折中。

（五）不要屈从于对方的压力

来自谈判对手的压力可以是多方面的，如贿赂、最后通牒、以信任为借口迫使屈从、抛出不可让步的固定价格等。但是无论哪种情况，都要让对方陈述理由，讲明所遵从的客观标准。

五、交锋中的技巧

（一）多听少说

缺乏经验的谈判者最大的弱点是不能耐心地倾听对方发言，而成功的谈判员在谈判时把50%以上的时间用来听。他们边听、边想、边分析，并不断向对方提出问题，以确保自己完全正确地理解对方。对方说的每一句话都应用心倾听，而不仅是那些他们认为重要或想听的话，只有这样才能获得大量宝贵的信息，增加谈判成功的筹码。“谈”是任务，“听”则是一种能力，“会听”是任何一个成功的谈判员都必须具备的能力。在谈判中，谈判者要尽量鼓励对方多介绍他们的情况，并提出相关问题请对方回答,以达到尽量了解对方的目的。

(二)巧提问题

谈判的第二个重要技巧是巧提问题。通过提问我们不仅能获得平时无法得到的信息,而且还能证实我们以往的判断。出口商应用开放式的问题(即答复不是"是"或"不是",需要特别解释的问题)来了解进口商的需求,因为这类问题可以使进口商自由畅谈他们的需求。例如:"Can you tell me more about your company?""What do you think of our proposal?"对外商的回答,我们要把重点和关键问题记下来以备后用。

发盘后,进口商常常会问:"Can not you do better than that?"对此发问,我们不要让步,而应反问:"What do you mean by better?"或"Better than what?"这些问题可使进口商说明他们究竟在哪些方面不满意。例如,进口商会说:"Your competitor is offering better terms."这时,我方可继续发问,直到完全了解竞争对手的发盘。然后,可以向对方说明我方的发盘实际上要比竞争对手的更好。如果对方对我方的要求给予一个模糊的回答,如"No problem"则不要接受,而应请对方做具体回答。此外,尤其在谈判初期,需要注意的是我方提问前应征求对方同意,这样做有两个好处:一是若对方同意我方提问,就会在回答问题时更加合作;二是若对方的回答是"Yes",这个肯定的答复会给谈判制造积极的气氛并带来一个良好的开端。

(三)使用条件问句

当对对方有了初步的了解后,谈判将进入发盘和还盘阶段。在这个阶段,谈判者要用更具试探性的条件问句进一步了解对方的具体情况,以修改我们的发盘。

条件问句(Conditional Question)由一个条件状语从句和一个问句共同构成,这个问句可以是特殊问句也可以是普通问句。典型的条件问句有"What... if",和"If... then"这两个句型。例如:"What would you do if we agree to a two-year contract?"及"If we modify our specifications, would you consider a larger order?"在国际商务谈判中,条件问句有许多特殊优点。

1. 互作让步。用条件问句构成的发盘和提案是以对方接受我方条件为前提的,即只有当对方接受我方条件时,我方的发盘才成立,因此我方不会单方面受发盘的约束,也不会使任何一方做单方面的让步,只有双方各让一步,交易才能达成。

2. 获取信息。如果对方对我方用条件问句构成的发盘进行还盘,对方就会间接地、具体地、及时地向我们提供宝贵的信息。例如:我方提议:"What if we agree on two-year contract? Would you give us exclusive distribution right in our territory?"对

方回答："We would be ready to give you exclusive rights provided you agree to a three-year contract."从回答中，我们可以判断对方关心的是长期合作。新获得的信息对后续谈判会很有帮助。

3. 寻求共同点。如果对方拒绝我们的条件，我们可以另换其他条件构成新的条件问句，向对方做出新的一轮发盘。对方也可用条件问句向我方还盘。双方继续磋商，互做让步，直至找到重要的共同点。

4. 代替"No"。在谈判中，如果直接向对方说"No"，会影响谈判气氛，双方都会感到尴尬，谈判甚至会因此陷入僵局。如果我们用条件问句代替"No"，就会避免上述的情况。例如：当对方提出我们不能同意的额外要求时，我们可用条件问句问对方："Would you be willing to cover the extra cost if we agree to meet your additional requirements?"如果对方不愿支付额外费用，也就拒绝了自己的要求，我们不会因此而失去对方的合作。

（四）避免跨国文化交流产生的歧义

国际商务谈判大多用英语进行，而谈判双方的母语往往又不都是英语，这就增加了交流的难度。在这种情况下，我们要尽量用简单、清楚、明确的英语，不要用易引起误会的多义词、双关语、俚语、成语，也不要用易引起对方反感的词句，如"To tell you the truth""I'll be honest with you...""I will do my best""It's none of my business but..."。这些词语带有不信任色彩，会增加对方的担忧，从而不愿积极与我方合作。

跨国文化交流的一个严重通病是"以己度人"，即主观地认为对方一定会按照我方的意愿和习惯去理解我方的发言，或从对方的发言中认为我方所理解的意思正是对方想表达的意思。最典型的例子就是"Yes"和"No"的使用和理解：

曾经有家美国公司和一家日本公司进行商务谈判。在谈判中，美国人很高兴地发现，每当他提出一个意见时，对方就点头说"Yes"，他以为这次谈判特别顺利。直到他要求签合同时才震惊地发现日本人说的"Yes"是表示礼貌的"I'm listening"的意思，不是"I agree with you"的意思。实际上，"Yes"的意思非常丰富，除了以上两种以外，还有"I understand the question"的意思和"I'll consider it"的意思。"No"的表达方式也很复杂。有些文化的价值观反对正面冲突，因此人们一般不直接说"No"，而用一些模糊的词句表示拒绝。例如，巴西人用"It's some what difficult"代替"It's impossible"，没有经验的谈判者若按字面意思去理解，就易引起误会，延缓谈判进程。因此，我们必须尽量了解对方的文化、价值观和风俗习惯，以在谈判中正确无误地传递和接收信息。

为了避免误会，我们可用释义法确保沟通顺利进行。释义法就是用自己的话把对方的话解释一遍,并询问对方我们的理解是否正确。例如,对方说:“We would accept your price if you modify your specifications.”我方可以说:“If I’m right in understanding you, what you are really saying is that you agree to accept our price if we improve our products as you request.”这样做也可以加深对方对这个问题的印象。

最后,为确保沟通顺利的另一个方法是在谈判结束前做一个小结,把到目前为止达成的协议重述一遍并要求对方予以认可。小结一定要实事求是,措辞一定要得当,否则对方会起疑心,对小结不予认可,致使已谈好的问题又得重新进行谈判。

第二节 国际商务谈判中“听”的技巧

谈判中,我们了解和把握对方观点与立场的主要手段和途径就是听。从心理学和日常的生活经验来看,当我们专注地倾听对方讲话时,就表示我方对讲话者的话很感兴趣或很重视,从而给对方以一种满足感,这样可以增强双方之间的信赖感,同时,准确地提出己方的方针和政策。正如美国科学家富兰克林曾经说:“与人交谈取得成功的重要秘诀,就是多听,永远不要不懂装懂。”因此,作为商务谈判人员,一定要学会如何“听”,在认真、专注倾听的同时,积极地对讲话者的话做出反应。

一、“听”的障碍

研究表明,即使是积极地听对方讲话,听者也仅仅能记住不到50%的讲话内容,并且其中只有1/3的讲话内容按原意听取了,1/3被曲解了,另外1/3则丝毫没有被听取。一系列试验表明,当听者无法接受讲者的观点时,心中自然会产生抵触情绪,以致不愿接受这些信息,这将成为倾听的障碍。在商务谈判中,谈判者彼此频繁地进行着微妙、复杂的信息交流,如果谈判者一时疏忽,将会遗漏不可再得的信息。为了能够听得完全、清晰,就必须了解听力障碍。在人们相互交谈的过程中倾听的障碍主要有以下几种。

(一)判断性障碍

心理学家通过多年的实践得出结论:人们都喜欢对别人的话进行判断、评价,然后决定赞成或不赞成,但根据个人的信念做出的反应往往是有效倾听的严重障碍。一般听者的反应会干扰对方说话,打乱对方的思维过程,从而不可避免地引起对方采取防御手段,使对方很难坚持自己的观点,力争隐藏自己的思想和感情。即使是赞美对方的话,也会造成一定的障碍,因为赞美往往使对方陶醉其中,从而不能维持原来的思维过程。

(二)精力分散,思路较对方慢及观点不一致而造成的少听或漏听

商务谈判是一项十分耗费精力的活动。如果谈判日程安排过于紧张,谈判人员得不到充分休息,此时会出现因精力不集中而产生少听或漏听的现象,特别是在谈判的中后期。一般来说,谈判人员的精力和注意力的变化是有一定规律的:在开始时精力比较充沛,但持续的时向较短,约占整个谈判时间的 8.3%~13.3%。如果是 1 个小时的谈判,精力旺盛的阶段只有最初的 5~8 分钟;如果是一个超过 6 天的谈判,只有前 3 天为精力旺盛期。谈判过程中,精力趋于下降的时间较长,约占整个时间的 83%。谈判要达成协议时,又出现精力充沛期,因为当人们意识到双方达成协议的时刻就要来到时,精力会突然复苏并高涨,但时间也很短,占整个时间的 3.3%~8.7%。此后,任何的拖延都会使精力迅速下降。

另外,由于人与人之间客观上存在着思维方式的不同,如果一方的思维属于收敛型,而另一方的思维属于发散型,那么由于收敛型的人思维速度较慢,发散型的人思维速度较快,双方就很难做到听与说的一致,让收敛型思维的人去听思维速度较快的发散型思维的一方的发言时,收敛型思维的人就会因思路跟不上对方或因双方思路不同而造成少听或漏听。

(三)带有偏见的听

在谈判中,以下几种常见的偏见也会造成倾听的障碍:

1. 先把别人要说的话设定标准或做价值估计,再去听别人的话。当对方正在讲话的时候,有这种偏见的听者往往会在心里判断:对方接下来要说的是不重要的、没有吸引力的、太复杂的、老生常谈的内容。于是他便一边听一边希望对方赶紧把话题转入重点或者结束讲话,这样就不能真正理解对方的话。

2. 因为讨厌对方的外表而拒绝听对方讲话的内容。即使对方的话很重要或者有许多值得注意的地方,也会因为讨厌其外表而不想听其讲话的内容,故不能从其中获得确实有用的信息。

3. 在对方讲话时伪装自己很注意地听实际上也是一种偏见。伪装的听者一般的特征,就是双眼直视讲话者,做出一副洗耳恭听的样子,却在思考着其他事情。另外一种伪装者喜欢试着去记住别人的每一句话,却把话题的主要意义忽视了。这种伪装地听的直接后果就是很容易使对方产生误会、影响沟通。

(四)受收听者的文化知识、语言水平特别是专业知识与外语水平的限制而听不懂对方的讲话内容

商务谈判总是针对专业知识而进行的,因此,如果谈判人员对专业知识掌握得

有限，在谈判中一旦涉及这方面的知识，就会造成由于知识水平的限制而形成的收听障碍。特别是在国际商务谈判中，语言上的差别也会造成收听障碍。一词多义现象在英语中十分常见，语言本身的细微差别对未受过专门语言训练的人来说难以体察得到。如英语中常用的词语大约只有 500 个，但每个词可以有 20~25 种不同的解释，这会给翻译人员带来困惑，形成听力障碍。

（五）环境的干扰形成的听力障碍

此外，在倾听时，如果把注意力放在分析、研究对方讲话的内容以及根据内容而思考自己的对策上，就不能完全接收对方的讲话，在碰到对方的讲话中有出乎意料之事或有隐含意义而一时难以理解时更是如此。

二、如何做到有效的倾听

（一）倾听的规则

1. 清楚自己听的习惯。首先要了解，你在听人讲话方面有哪些不良习惯，你是否对别人的话匆忙做出判断，是否经常打断别人讲话，是否经常制造交往的障碍。了解自己听的习惯是正确运用听的技巧的前提。

2. 全身心地注意。要面向说话者，同他保持目光接触，要以你的姿势和手势证明你在倾听。无论你是站着还是坐着，都要与对方保持最适宜的距离。说话者都愿与认真听的人交往。

3. 把注意力集中在对方所说的话上。不仅要努力理解对方言语的含义，而且要努力理解对方的感情。

4. 努力表达出理解。在与对方交谈时，要有适当的互动性，要努力弄明白对方的感觉如何，他到底想说什么。如果能全神贯注地听对方的讲话，不仅表明你对他持称赞态度，使对方感到你理解他的情感，而且有助于更准确地理解对方的信息。

5. 倾听自己的讲话。倾听自己的讲话对培养倾听他人讲话的能力是特别重要的。倾听自己讲话可以使你了解自己，一个不了解自己的人，是很难真正了解别人的。倾听自己对别人讲些什么是了解自己、改善听的习惯与态度的手段，如果不倾听自己是如何对别人讲话的，就不会知道别人如何对自己讲话，当然也无法改变和改善自己的习惯和态度。

（二）倾听的技巧

可以将听的技巧归纳为“五要”和“五不要”。

1.“五要”是归纳的对倾听有帮助的几种做法,即:

(1)要专心致志、集中精力地听。专心致志倾听,要求谈判人员在听对方发言时要聚精会神,同时,还要配以积极的态度去倾听。据心理学统计证明:一般人说话的速度为每分钟120~200字,而听话及思维的速度,比说话的速度快4倍左右,因此,往往是说话者的话还没有说完,听话者就能理解大部分了。这样一来,听者常常由于精力的富余而“开小差”。也许恰是这时,对方讲话的内容与我们理解的内容有偏差,或是对方传递了一个重要信息,如果没有领会或出现理解错误,会造成事倍功半的后果。为了专心致志,就要避免心不在焉、“开小差”的现象发生。即使是自己已经熟知的话题,也不可充耳不闻,万万不可将注意力分散到研究对策问题上去。集中精力地听,是倾听艺术中最基本、最重要的内容。在倾听时注视讲话者,主动与讲话者进行目光对视,并做出相应的表情以鼓励讲话者。如可扬一下眼眉,或是微笑、赞同地点头,抑或否定地摇头、不解地皱眉头等,这些动作配合,可帮助我们精力集中并起到良好的收听效果。

作为一名商务谈判人员,尤其应该养成耐心地倾听对方讲话的习惯,这也是个人修养良好的标志。在商务谈判过程中,当我们不太理解对方的发言、甚至难以接受时,千万不可塞住自己的耳朵,表示出抵触的态度,因为这样做会对谈判非常不利。

(2)要通过记笔记来集中精力。通常,人们当场记忆并将内容全部保持的能力是有限的,为了弥补这一不足,应该在听讲时做大量的笔记。记笔记的好处在于:一方面,笔记可以帮助自己回忆和记忆,而且也有助于在对方发言完毕之后,就某些问题向对方提出质询,同时,还可以帮助自己做充分的分析,理解对方讲话;另一方面,通过记笔记,可以给讲话者留下重视其讲话的印象,会对讲话者产生一种鼓励作用。对于商务谈判这种信息量较大且较为重要的活动来讲,一定要做记录,过于相信自己的记忆力而很少动笔做记录,对谈判来讲是不利的。因为,在谈判过程中,人的思维在高速运转,大脑接受和处理大量的信息,加上谈判现场的气氛很紧张,对每个议题都必须认真对待,所以只靠记忆是办不到的。实践证明,即使记忆力再好也只能记住大概内容。因此,记笔记是不可少的,这也是比较容易做到的用以清除倾听障碍的好方法。

(3)要有鉴别地倾听对方发言。在专心倾听的基础上,为了达到良好的倾听效果,可以采取有鉴别的方法来倾听对方的发言。通常情况下,人们说话时有时表达一个意思要绕着弯子讲许多内容,从表面上听不出什么是重点,因此,听话者就需要在用心倾听的基础上,鉴别传递过来的信息的真伪,这样才能抓住重点,收到良好的听的效果。

(4)要克服先入为主的倾听。先入为主地倾听,往往会扭曲说话者的本意,忽视或拒绝与自己心愿不符的意见,这种做法实为不利。因为听话者是按照自己的主观框架来听取对方的谈话,其结果往往是使听到的信息变形地反映到自己的脑海中,导致自己接收的信息不准确、判断失误,从而造成行为选择上的失误,所以必须克服先入为主的倾听做法,将讲话者的意思听全、听透。

(5)要创造良好的谈判环境,使谈判双方能够愉快地交流。人们都有这样一种心理,即在自己熟悉的环境里交谈,无须分心于熟悉环境或适应环境;在自己不熟悉的环境中交谈,则往往容易变得无所适从,导致正常情况下不该发生的错误。可见,有利于己方的谈判环境,能够增强自己的谈判地位和谈判实力。事实上,美国心理学家泰勒尔和他的助手兰尼做过一次有趣的试验,证明了在自己客厅里谈话比在他人客厅里谈话更能说服对方。因此,对于一些关系重大的商务谈判,如果能够进行主场谈判是最为理想的,因为这种环境下会有利于己方谈判人员发挥出较好的谈判水平。如果不能争取到主场谈判,至少也应选择一个双方都不十分熟悉的中性场所,这样也可避免由于"场地优势"给对方带来便利、给己方带来不便。

2."五不要"是几种在倾听时不好的做法:

(1)不要因轻视对方而抢话、急于反驳而放弃倾听。人们在轻视他人时,常常会不自觉地表现在行为上。例如,对对方的存在不屑一顾,或对对方的谈话充耳不闻。在谈判中,这种轻视的做法有百害而无一利。因为这不仅表现了己方的狭隘,更重要的是难以从对方的谈话中得到己方所需要的信息。同时,轻视对方还可招致对方的敌意,甚至导致谈判关系破裂。

谈判中,抢话的现象也是经常发生的,抢话不仅会打乱别人的思路,也会影响自己倾听对方的全部讲话内容。抢话不同于问话,问话是由于某个信息或意思未能记住或理解而要求对方给予解释或重复,因此问话是必要的。抢话指急于纠正别人说话的错误,或用自己的观点来取代别人的观点,这是一种不尊重他人的行为。因此,抢话往往会阻塞双方的思想和感情交流的渠道,对创造良好的谈判气氛非常不利,对良好的收听更是不利。

另外,谈判人员有时也会在没有听完对方讲话的时候,就急于反驳对方的某些观点,这样也会影响收听效果。事实上,如果我们把对方的讲话听得越详尽和全面,反驳时就越准确、有力;相反,如果在对对方谈话的全部内容和动机尚未全面了解时,就急于反驳,不仅显得浅薄,而且常常还会使己方在谈判中陷入被动,对自己十分不利。

(2)不要使自己陷入争论。当你内心不同意讲话者的观点时,对他的话不能充耳不闻,不能只等着自己发言。一旦发生争吵,也不能一心只为自己的观点找根据而拒绝倾听对方的话。如果不同意对方的观点,也应等对方说完以后,再阐述自己的观点。

(3)不要急于判断而耽误倾听。当听了对方讲述的有关内容时，不要急于判断其正误，否则会分散精力而耽误倾听下文。虽然人的思维速度快于说话的速度，但是如果在对方还没有讲完的时候就去判断其正误，无疑会削弱己方听话的能力，从而影响倾听效果。因此，切记不可为了急于判断问题而耽误倾听。

(4)不要回避难以应付的话题。在商务谈判中，往往会涉及一些诸如政治、经济、技术以及人际关系等方面的问题，可能会使谈判人员一时回答不上来。这时，切记不可持回避作答的态度，因为这样恰恰是暴露了己方的弱点。在遇到这种情况时，我们要有信心、有勇气去迎接对方提出的每一个问题。另外，为了培养自己急中生智、举一反三的能力，应多加训练，多加思考，以便自己在遇到问题时不乱不慌。

(5)不要逃避交往的责任。交往的双方缺一不可，且每个人都应轮流扮演倾听者的角色。作为一个倾听者，任何情况下如果不完全理解对方的用意，就应该用各种方法使其知道这一点。在这里，可以向对方提出问题加以核实，或者积极地表达出你听到了什么，或者使用一些方法请对方纠正你听错之处。

如果能从以上几个方面进行努力，谈判过程中"听"的障碍就可以减轻或消除，也就很少或不会发生因听不见、听不清、没听懂而使双方相互猜忌、争执不下的现象。当然，策略上的需要不在此列。

第三节　国际商务谈判中"问"的技巧

国际商务谈判中常运用"问"作为探析对方需要、掌握对方心理、表达自己感情的手段。如何"问"是很有讲究的，重视和灵活运用发问的技巧，不仅可以引起双方的讨论，获取信息，而且还可以控制谈判的方向。具体而言，发问内容、方式、时机、场合、环境等，有许多基本常识和技巧需要了解和掌握。

"问"一般包含三个因素：内容、时间、方式。

一、商务谈判中发问的类型

(一)封闭式发问

封闭式发问指在特定的领域中能带出特定的答复(如"是"或"否")的问句。例如"您是否认为售后服务没有改进的可能""您第一次发现商品含有瑕疵是在什么时候"等。封闭式问句可令发问者获得特定的资料，而答复这种问句的人并不需要太多的思索即能给予答复。但是，这种问句有时会有相当程度的威胁性。

（二）澄清式发问

澄清式发问是针对对方的答复重新提出问题，以使对方进一步澄清或补充其原先答复的一种问句。例如，“您刚才说对目前进行的这一宗买卖可以取舍，这是不是说您拥有全权跟我们进行谈判？”澄清式问句的作用就在于：它可以确保谈判各方能在叙述“同一语言”的基础上进行沟通，而且还是针对对方的话语进行信息反馈的有效方法，是双方密切配合的理想方式。

（三）强调式发问

强调式发问旨在强调自己的观点和己方的立场。例如，“这个协议不是要经过公证之后才生效吗？”“怎么能够忘记我们上次合作得十分愉快呢？”“按照贵方要求，我们的观点不是已经阐述清楚了吗？”等。

（四）探索式发问

探索式发问是针对对方答复要求引申或举例说明，以便探索新问题、找出新方法的一种发问方式。例如，“这样行得通吗？”“您说可以如期履约，有什么事实可以说明吗？”“假设我们运用这种方案会怎样？”。探索式发问不但可以进一步发掘较为充分的信息，而且还可以显示发问者对对方答复的重视。

（五）借助式发问

借助式发问是一种借助第三者的意见来影响或改变对方意见的发问方式。例如，“某某先生对你方能否如期履约关注吗？”“某某先生是怎么认为的呢？”等。采取这种提问方式时，应当注意提出意见的第三者必须是对方所熟悉而且是他们十分尊重的人，这种问句会对对方产生很大的影响力。否则，运用一个对方不很知晓且谈不上尊重的人作为第三者加以引用，很可能会引起对方的反感。因此，这种提问方式应当慎重使用。

（六）强迫选择式发问

强迫选择式发问旨在将己方的意见抛给对方，让对方在一个规定的范围内进行选择回答。例如，“付佣金是符合国际贸易惯例的，我们从法国供应商那里一般可以得到3%~5%的佣金，请贵方予以注意。”按理说，在提出这一问题之前，发问者至少应先取得对方将付佣金的承诺。但是，这种提问却把这一前提去掉，直接强迫对手在给出的狭小范围内进行选择，可谓咄咄逼人。运用这种提问方式要特别慎重，一般应在己方掌握充分的主动权的情况下使用，否则很容易使谈判出现僵局，甚至破裂。需要注意的是，在使用强迫选择式发问时，要尽量做到语调柔和、措辞达意得体，以免给对方留下专横跋扈、强加于人的不良印象。

（七）证明式发问

证明式发问旨在通过己方的提问，使对方对问题做出证明或理解。例如，“为什么要更改原已定好的计划呢，请说明道理好吗？”

（八）多层次式发问

多层次式发问是含有多种主题的问句，即一个问句中包含有多种内容。例如，“贵国当地的水质、电力资源、运输状况以及自然资源情况怎样？”“你是否就该协议产生的背景、履约情况、违约的责任以及双方的看法和态度谈一谈？”等。这类问句因含过多的主题而使对方难于周全把握，许多心理学家认为，一个问题最好只包括一个主题，最多不能超过三个主题。当然，在一定情况下也可以灵活掌握。

（九）诱导式发问

诱导式发问旨在开渠引水，对对方的答案给予强烈的暗示，使对方的回答符合己方预期的目的。例如，“贵方如果违约是应该承担责任的，对不对？”“谈到现在，我看给我方的折扣可以定为4%，你方一定会同意的，是吗？”等。这类提问几乎使对方毫无选择余地而按发问者所设计好的答案回答。

（十）协商式发问

协商式发问是指为使对方同意自己的观点，采用商量的口吻向对方发问。例如，“你看给我方的折扣定为3%是否妥当？”这种提问语气平和，对方容易接受。而且，即使对方没有接受你的条件，但是谈判的气氛仍能保持融洽，双方仍有继续合作的可能。

二、提问的时机

（一）在对方发言完毕之后提问

在对方发言的时候，一般不要急于提问，因为打断别人的发言是不礼貌的，容易引起对方的反感。当对方发言时，要认真倾听，即使发现了问题，很想立即提问，也不要打断对方，可先把发现的和想到的问题记下来，待对方发言完毕再提问。这样不仅反映了自己的修养，而且能全面、完整地了解对方的观点和意图，避免曲解或误解了对方的意图。

（二）在对方发言停顿和间歇时提问

如果谈判中对方发言冗长、纠缠细节或离题太远而影响谈判进程，那么就可以借他停顿、间歇时提问，这是掌握谈判进程、争取主动的必然要求。例如，当对方停顿时，你可以借机提问："您刚才说的意思是？""细节问题我们以后再谈，请谈谈您的主要观点好吗？"等等。

（三）在议程规定的辩论时间提问

大型外贸谈判一般要事先商定谈判议程，设定辩论时间。在双方各自介绍情况和阐述的时间里一般不进行辩论，也不向对方提问。只有在辩论时间里，双方才可自由提问进行辩论。在这种情况下，要事先做好准备，可以设想对方的几个方案，针对这些方案考虑己方对策，然后再提问。在辩论前的几轮谈判中，要做好记录，归纳出谈判桌上的分歧后再进行提问。

（四）在己方发言前后提问

在谈判中，当轮到己方发言时，可以在谈己方的观点之前对对方的发言进行提问，不必要求对方回答，而是自问自答。这样可以争取主动，防止对方接过话茬，影响己方的发言。例如，"您刚才的发言要说明什么问题呢？我的理解是……对这个问题，我谈几点看法。"

在充分表达了己方的观点之后，为了使谈判沿着己方的思路发展，牵着对方的鼻子走，通常要进一步提出要求，让对方回答。例如，"我们的基本立场和观点就是这些，您对此有何看法呢？"

三、提问的要诀

为了获得良好的提问效果，需掌握以下发问要诀：

（一）要预先准备好问题

最好是提出一些对方不能迅速想出适当答案的问题，以期收到意想不到的效果。己方有经验的谈判人员，往往会提出一些听上去普通、并且比较容易回答的问题，而这个问题恰恰是随后所要提出的重要问题的前奏。这时，如果对方思想比较松懈，突然面对所提出的较为重要的问题时往往措手不及，己方会收到出其不意的效果。

（二）要避免提出那些可能会阻碍对方让步的问题

事实上，这类问题往往会给谈判的结局带来麻烦。提问时，不仅要考虑自己的退路,同时也要考虑对方的退路,要把握好时机。

(三)不强行追问

如果对方的答案不够完整,甚至回避不答,这时不要强行追问,而是要有耐心和毅力等时机到来时再继续追问,这样做以示对对方的尊重。

此外,在适当的时候,可以将一个已经发生、并且答案也是己方知道的问题提出来,验证一下对方的诚实程度,以及对方处理事物的态度。同时,这样做也可给对方一个暗示,即己方对整个交易的行情是了解的,有关对方的信息己方也是充分掌握的。

(四)既不要以法官的态度来询问对方,也不要接连不断地提问题

像法官一样询问谈判对手,会造成对方的敌对与防范的心理和情绪。因为谈判不等同于法庭上的审问,需要双方心平气和地提出和回答问题。另外,重复连续地发问,往往会导致对方的厌倦、乏味而不愿回答,有时即使回答也是马马虎虎,甚至会出现答非所问的情形。

(五)提出问题后应闭口不言,专心致志地等待对方做出回答

通常的做法是,当提出问题后应闭口不言,如果这时对方也是沉默不语,则无形中给对方施加了一种压力。这时,己方保持沉默,由于问题是由己方提出,因此对方就必须以回答问题的方式来打破沉默,或者说打破沉默的责任将由对方来承担。

(六)要以诚恳的态度来提问

当直接提出某一问题,对方或是不感兴趣,或是态度谨慎而不愿展开回答时,己方可以转换一个角度,并且用十分诚恳的态度来问对方,以此来激发对方回答问题的兴趣。实践证明,这样做会使对方乐于回答,也有利于谈判者感情上的沟通,有利于谈判的顺利进行。

(七)提出问题的句子应尽量简短

在商务谈判过程中,提出问题的句子越短越好,而由问句引出的回答则越长越好。因此,应尽量用简短的句式向对方提问。当提问比对方的回答还长时,提问者将处于被动的地位,显然这种提问是失败的。

四、提问的其他注意事项

(一)在谈判中一般不应提出的问题

1. 不应提出带有敌意的问题。不应抱着敌对心理进行谈判,应尽量避免那些

可能会刺激对方产生敌意的问题。因为一旦问题含有敌意,就会损害双方的关系,最终会影响交易的成功。

2. 不应提出有关对方个人生活和工作方面的问题。对于大多数国家和地区的人来讲,回避询问个人生活和工作方面的问题已经成为一种习惯。例如,对方的收入、家庭情况、女士或太太的年龄等问题都是不应涉及的。另外,也不要涉及对方国家或地区的政党、宗教等方面的问题。

3. 不要直接指责对方品质和信誉方面的问题。忌讳直接指责对方在某个问题上不够诚实,这样做不仅会使对方感到不快,而且还会影响彼此之间的真诚合作。有时,这样做还会引起对方的不满,甚至怨恨。事实上,商务谈判双方的真假虚实很难用是否诚实这一标准来判断。

4. 不要为了表现自己而故意提问。为了表现自己而故意提问会引起对方的反感,特别是不应提出与谈判内容无关的问题以显示自己的"好问"。刻意表现自己的结果往往是弄巧成拙。

(二)注意提问的语速

提问时说话速度太快,容易误使对方感到你不够耐心或在使用审问的口气而引起反感;反之,如果说话太慢,容易使对方感到沉闷、不耐烦,从而降低了提问的力量。因此,提问的速度应该快慢适中,既使对方听懂问题,又不使对方感到拖沓和沉闷。

(三)注意对手的心境

谈判者受情绪的影响在所难免。谈判中,要随时留心对手的心境,在你认为适当的时候提出相应的问题。例如,对方心境好时,常常会轻易地满足你所提出的要求,而且会变得粗心大意,透露一些相关的信息。此时,抓住机会,提出问题,通常会有所收获。

第四节 国际商务谈判中"答"的技巧

有问必有答,问有艺术,答也有技巧。问得不当,不利于谈判;答得不好,同样也会使己方陷入被动。谈判人员对每一句话都负有责任,都将被对方认为是承诺,因此会给答复的人带来一定的精神负担和压力。因此,一个谈判人员水平的高低,在很大程度上取决于其答复问题的水平。

谈判中的回答,是一个证明、解释、反驳或推销己方的观点的过程,为了能够有效地回答好每个问题,在谈判前,可以先假设一些难题来思考,考虑得越充分,所得到的答案将会越好。许多有谈判经验的国家对比较重要的谈判往往在事先都要进行模拟谈判,组织一组人员扮演谈判对手,借以发现在一般情况下难以发现的问题。

通常,在谈判中应当针对对方提出的问题实事求是地正面作答,但是,由于商务谈判中的提问往往变数较多,是对方深思熟虑、精心设计之后才提出的,可能含有谋略或陷阱。如果对所有的问题都正面提供答案,并不一定是最好的答复,所以答复也必须运用一定的技巧。

一、回答问题之前,要给自己留有思考的时间

在谈判过程中,回答问题的速度不是越快越好。急着回答问题的人通常认为,如果对方问话与己方答复之间的时间越长,就会让对方感觉己方对此问题缺少准备或缺乏实力;如果回答得很迅速,就显示出己方已有充分的准备,也显示了己方的实力。其实不然,谈判经验告诉我们,在对方提出问题之后,你可通过其他动作(例如喝水、调整坐姿和座椅、整理资料、查阅笔记本等动作)来延缓时间,以便充分考虑对方的问题。这样做既显得自然、得体,又可以让对方看见,从而减轻或消除对方对己方的错觉。

二、针对提问者的真实心理答复

谈判者在谈判桌上提出问题的目的往往是多样的,动机也往往很复杂,如果在没有深思熟虑、弄清对方的动机之前,就按照常规来做出回答,效果往往不佳。如果经过周密思考,准确判断对方的用意,便可做出一个高水准的回答。人们常用这样的一个实例来说明,建立在准确把握对方提问动机和目的基础上的回答是精彩而绝妙的。

艾伦·金斯伯格是美国著名的诗人,在一次宴会上,他向中国作家提出一个怪谜,并请中国作家回答。谜面是:“把一只2.5千克重的鸡装进一个只能装0.5千克水的瓶子里,用什么办法把它拿出来?”中国作家回答道:“您怎么放进去的,我就会怎么拿出来。您凭嘴一说就把鸡装进了瓶子,那么我就用语言这个工具再把鸡拿出来。”此可谓是绝妙回答的典范。

三、不要彻底地回答

商务谈判中并非任何问题都要回答,有些问题并不值得回答。在商务谈判中,对方提出问题或是想了解己方的观点、立场和态度,或是想确认某些事情。对此,我们应视情况而定,对于应该让对方了解或者需要表明己方态度的问题要认真回答;对那些可能会有损己方形象、泄密或一些无聊的问题,不予理睬就是最好的回

答,但要注意礼貌。当然,用外交活动中的"无可奉告"一词来拒绝回答,也是回答这类问题的好办法。总之,回答问题时可以将提问者的问话范围缩小,或者不做正面回答,或者对答复的前提加以修饰和说明以缩小回答范围。例如,对方询问己方产品质量如何,己方不必详细介绍产品所有的质量指标,只需回答其中主要的某几个指标,从而造成质量很好的印象。又如,对方对某种产品的价格表示出关心,直接询问该产品的价格。如果彻底回答对方,把价格如实相告,那么,在进一步的谈判过程中,己方可能会陷入被动,所以,应该首先避开对方的注意力,做这样的答复:"我相信产品的价格会令你们满意,请允许我先把这种产品的几种性能做一下介绍。我相信你们会对这种产品感兴趣的。"

四、避正答偏,顾左右而言他

有时,对方提出的某个问题己方可能很难直接从正面回答,但又不能拒绝回答、逃避问题。这时,谈判高手往往用避正答偏的办法,即在回答这类问题时,故意避开问题的实质,而将话题引向歧路,借以破解对方的进攻。例如,可跟对方讲一些与此问题既有关系但关系并不紧密的内容,表面上回答了问题,其实多数回答并无实质作用。

五、对于不知道的问题不要回答

参与谈判的所有人都非全能全知,谈判中尽管我们准备得充分,也经常会遇到难解的问题,这时,谈判者切不可为了维护自己的面子而强作答复,因为这样有可能损害自己的利益。例如,我国某公司与美国外商谈判合资建厂事宜时,外商提出有关减免税收的请求。中方代表恰好对此不是很了解,可为了能够谈成,就盲目地答复了,结果使己方陷入十分被动的局面。经验和教训一再告诫我们,谈判者对不懂的问题,应坦率地告诉对方不能回答,或暂不回答,以避免不应付出的代价。

六、答非所问

从谈判技巧角度来研究,答非所问是一种对不能答的问题的行之有效的答复方法。有些问题可以通过答非所问来解围。

例如,古代有一个较为精明的骗子,他从别人那里借来一匹马,便牵去与一个财主进行交换,财主问:"你的马是从哪里来的?"他回答道:"我想卖马的念头有两年了。"财主又问:"为什么要换马?"他回答道:"这马比你的马跑得快。"这两句话的回答是答非所问,换马的骗子就是这样运用灵巧的方式,回避了一个事实,即马是他人的,换马是想要骗走财主的马,于是此人的计谋得逞了。谈判中我们并不主张像这个骗子一样在谈判双方之间行骗,因为谈判必须是建立在相互信赖的基础上,但是在双方利益发生冲突时,如何巧妙地回答对方的有关利益分割方面的问题上倒是可以从这一例中获得借鉴。

七、以问代答

以问代答是用来应付谈判中那些一时难以回答或不想回答的问题的方式。此法是将问题抛回给对方,请对方在自己的领域内反思后寻找答案。

例如,在商务工作进展不是很顺利的情况下,谈判一方问对方:“你对合作的前景怎样看?”这个问题在此时可谓很难回答的,善于处理这类问题的对方可以采取以问代答的方式:“那么,你对双方合作的前景又是怎样看呢?”这时双方自然会在各自的脑海中加以思考和重视,对于打破窘境起到良好的作用。商务谈判中运用以问代答的方法,对于应付一些不便回答的问题是非常有效的。

八、推卸责任

谈判者面对毫无准备的问题,往往不知所措,或者即使能够回答,但鉴于某种原因而不愿意回答。对这类问题通常可以如此回答:“对这个问题,我虽没有调查过,但曾经听说过。”或“贵方某某先生的问题提得很好,我曾经在某一份资料上看过有关这一问题的记载,就记忆所及,大概是……”。

九、重申和打岔

商务谈判中,要求对方再次阐明其所问的问题,实际上是为自己争取思考问题的时间的好办法。在对方再次阐述其问题时,我们可以趁机考虑如何做出回答。当然,这种心理不应被对方察觉,以防其加大攻势。

有人打岔是件好事,因为这可以赢得更多的时间来思考。有些富有谈判经验的谈判人员估计谈判中会碰到某些自己一时难以回答而又必须回答的、出乎意料的棘手问题,于是,为了赢得更多的时间,就事先在本组内部安排好某个人,专门在关键时间打岔。打岔的方式多种多样,比如借口外面有人来电话、有紧急的文件需要某人来签字等。有时,回答问题的人自己可以借口去洗手间,或去打个电话等来拖延时间。

总之,在实际谈判中,回答问题的要诀在于明确可以进行回答的内容,而不必考虑回答的问题是否切题。谈判桌上的双方在实力基础上斗智斗勇。回答问题时的艺术性和技巧,谈判人员必须熟练地加以掌握和运用。

第五节 国际商务谈判中“叙”的技巧

商务谈判中“叙”与“答”既有相通之处,又存在较大差别。“答”是基于对方提出的问题,经过思考后所做的有针对性的、被动性的阐述。“叙”则是基于己方的立场、观点、方案等,通过陈述来表达对各种问题的具体看法,或是对客观事物的具体阐述,以便让对方有所了解。

商务谈判中“叙”是一种不受对方所提问题的方向、范围制约,带有主动性的阐述,是传递信息、沟通情感的方法之一。因此,谈判者能否正确、有效地运用叙述的功能,把握叙述的要领,会直接影响谈判的效果。

谈判过程中的叙述大体包括“入题”“阐述”两个部分。按照常理,谈判者在叙述问题、表达观点和意见时,应当态度诚恳,观点明朗,语言生动、流畅,层次清楚、紧凑。但这只是针对一般情况而言的,具体地讲,谈判中的叙述应把握以下技巧。

一、入题技巧

谈判双方在刚进入谈判场所时,难免会感到拘谨,尤其是谈判新手,在重要谈判中,往往会产生忐忑不安的心理。采用适当的入题方法,将有助于消除这种尴尬心理,轻松地开始谈判。

(一)迂回入题

为避免谈判时单刀直入,过于直露,影响谈判的融洽气氛,谈判时可以采用迂回入题的方法,如先从题外话入题,从自谦入题,从介绍己方谈判人员入题,从介绍本企业的生产、经营、财务状况入题等。

1. 从题外话入题。通常可将有关季节或天气的情况,目前流行的事物以及有关社会新闻、旅行、艺术、社会名人等作为话题。通过上述题外话入题,要做到新颖、巧妙,不落俗套。

2. 从自谦入题。如果对方是在己方所在地谈判,可谦虚地用以下语句表示,如各方面照顾不周,自己才疏学浅、缺乏经验、希望对方多多关照等等。当然,自谦要适度,不要给对方以虚伪或缺乏诚意的感觉。

3. 从介绍己方谈判人员入题。通常可简略介绍己方人员的职务、学历、经历等,这样既打开了话题,消除了对方的不安心理,又显示了己方的强大阵容,使对方不敢小视或轻举妄动。

4. 从介绍己方的生产、经营、财务状况等入题。这样做可先声夺人,提供给对方一些必要的资料,充分显示己方雄厚的财力、良好的信誉和质优价廉的产品等基本情况,也给对方以充分的讨论空间。

(二)先谈一般原则,再谈细节问题

一些大型的对外贸易谈判,由于需要洽谈的问题较为庞杂,双方的高级人员不

应该也不可能介入全部谈判,往往要分成若干等级进行多次谈判,这就需要采取先谈一般原则问题、再谈细节问题的方法。一般原则问题达成一致后,洽谈细节问题也就有了依据。

(三)从具体议题入手

一般而言,大型的对外贸易谈判总是由具体的一次次谈判组成的,在每次具体的谈判会议上,双方可以首先确定本次会议的谈判议题,然后从这一具体的议题入手进行洽谈。这样做可以避免谈判时无从下手,从而提高效率。

二、阐述技巧

谈判入题后,接下来便是双方阐述各自的观点,这也是谈判的一个重要环节。

(一)开场阐述

1. 己方开场阐述。己方开场阐述要做到以下几点:

(1)开宗明义,明确本次会谈所要解决的主题,以集中双方的注意力,统一双方的认识。

(2)表明己方通过洽谈应当得到的利益,尤其是对己方至关重要的利益。

(3)表明己方的基本立场,既可以回顾双方以前合作的成果,说明己方所享有的信誉,也可以展望或预测今后双方合作中可能出现的机遇或障碍,还可以表示己方可采取何种方式以便为双方共同获得利益做出贡献等。

(4)开场阐述应是原则的,并不是具体的,应尽可能简明扼要。

(5)开场阐述的目的是让对方明白己方的意图,以创造协调的洽谈气氛,因此,阐述应以诚挚和轻松的方式来表达。

2. 对方开场阐述。对方阐述时,主要注意以下几点:

(1)认真耐心地倾听对方的开场阐述,归纳并理解对方开场阐述的内容,思考和理解对方阐述的关键问题,以免产生误解。

(2)如果对方开场阐述的内容与己方的意见差距较大,切记不要打断对方的阐述,更不要立即与对方争执,而应待对方阐述完毕后,认同对方之后再巧妙地转开话题,从侧面进行反驳。

(二)让对方先谈

在商务谈判中,当己方对市场态势和产品定价的情况不是很了解,或者己方尚未确定购买何种产品,或者己方无权直接决定购买与否的时候,一定要坚持让对方首先说明可提供何种产品、产品的性能如何、产品的价格如何等等,然后,再审慎地表达意见。有时,即使己方对市场和产品定价比较了解,心中有较为明确的购买意图,而且能够直接决定购买与否,也不妨先让对方阐述利益要求、报价和介绍产品,然后,在此基础上提出自己的要求。这种方式常能收到奇效。

(三)注意正确使用语言

1. 准确易懂。在谈判过程中,所使用的语言要力求规范、通俗,使对方很容易听明白。有时如确需使用某些专业术语,则应尽量使用简明易懂的用语加以解释。一切语言均要以达到双方沟通、保证洽谈顺利进行为前提。叙述的目的在于让对方相信己方所言的内容均为事实,并使其接受己方的观点。为了达到这一目的,叙述时万万不可炫耀自己的学问或卖弄自己的学识,这样做不但达不到目的,反而会令对方生厌。

2. 简明扼要,具有条理性。由于人们有意识的记忆能力有限,在短时间内只能记住有限的、具有特色的内容。所以,在谈判中一定要用简明扼要而又有条理性的语言来阐述自己的观点。这样,才能在洽谈中收到事半功倍的效果。反之,如果不分主次,条件混乱,不仅不能使对方及时把握要领,而且还会使对方厌烦,这是应当避免的。

3. 叙述要真实,第一次就要说准。商务谈判中叙述基本事实时,应本着客观真实的态度进行叙述。对事实真相既不要夸大也不要缩小,力求使对方相信并信任己方,如果万一由于自己对事实真相加以修饰的行为被对方发现,哪怕是一点点破绽,也会大大降低己方公司的信誉,从而使己方的谈判实力大为削弱。在谈判过程中,当对方要你提供资料或信息时,要描述准确,不要模棱两可、含混不清。如果对对方要求提供的资料和信息不甚了解,应延迟答复,切忌脱口而出。要尽量避免使用含上下限的数值,以防止波动。

4. 语言应富有弹性。谈判过程中所使用的语言,应当丰富、灵活,富有弹性。对于不同的谈判对手,应使用不同的语言。如果对方谈吐优雅,很有修养,己方语言也应相对讲究,做到出语不凡;如果对方语言朴实无华,那么己方用语也不必过多修饰;如果对方语言爽快、直露,那么己方也不要迂回曲折、语言晦涩。总之,要根据对方的学识、气质、性格、修养和语言特点,及时调整己方的洽谈用语。这是迅速缩短谈判双方距离、实现平等交流的有效方法。

5. 发言紧扣主题。任何商贸洽谈的双方,都是抱着一定的目的,肩负着一定的使命来到谈判桌前的,这便决定了每次谈判必有一个主题。由于时间有限,在谈判中双方都应紧紧围绕主题进行阐述,不要发表与谈判主题无关的意见,以免使对方产生反感和延误时间。

6. 措辞得体,不走极端。有时在谈判过程中难免会发生尖锐、激烈的争论,在这种情况下要尽量以和缓的语言表达自己的意见，不仅语调要柔和，而且措辞要得体，适合场面需要。有些过于极端的语言易刺伤对方自尊心，引起对方反感，带来尴尬的场面，影响谈判进展。有些语言可能会使对方对你的谈判诚意产生怀疑，致使谈判走上歧途或者中断。

7. 注意语调表达的含义。不同的语调可赋予同一句话以不同的含义，也可以表达说话者不同的思想感情。例如，“这价格不错”，若以平常的语调讲，是一个肯定的评价，表达了说话者对这一价格的同意或赞赏。但若以高调带拖腔的方式讲出，则表达了说话者对这价格的不满。谈判者应通过语调的变化显示自己的信心、决心、不满、疑虑和遗憾等思想感情。同时，也应善于通过对方不同的语调来洞察对方肯定、赞赏、否定、不满等感情变化。谈判者说话的目的是让对方听懂并记住，说得太快不仅达不到说话者预期的目的，还可能使对方既听不清也记不住，有翻译的情况下更应注意，说得太快也会使对方产生不尊重他的感觉。因此，如果想让对方注意你的谈话，就要把速度放平稳，慢慢地、流畅地说。当然，速度也不要太慢，更不要长时间地吐单字。

谈判者声音的高低强弱，也是影响谈判效果的重要因素之一。声音过高过响，震耳欲聋，不会使人感到亲切；声音过低过弱，不会使人感到振奋。因此，应当合理使用声音的强弱，最好有高有低，抑扬顿挫，犹如一幕戏，有高潮，有低潮，还要有收尾，要让对方感到自然舒适。在谈判中，滔滔不绝地阐述观点、发表意见时，如果突然停顿或者有意识地重复某几句话时，能起到意想不到的作用，可以引导听者对停顿前后的内容和重复的内容进行回顾和思考，加深双方的理解和沟通。另外，停顿还可给对方机会抒发己见，打破沉默，活跃谈判桌上的气氛。

8. 注意折中迂回。在谈判中转换话题放弃对某些问题的讨论，或通过绕弯子说服对方的技巧的运用，是掌握谈判主动权的必然要求。

折中迂回技巧一般适用于下列场合：想避开对己方不利的话题；想回避某些问题；不同意某些观点，但又不便于直接否定对方；想拖延对某些问题做出决定的时间；想把问题引向对己方有利的方面；想转移角度阐述问题以说服对方；等等。

折中迂回的技巧主要表现在：当面临对己方不利的问题时，主动避开对方话锋，将谈话重点转回到对己方有利的问题上来，答非所问或不直接回答对方的问题；绕弯子解释或提出新问题；谈一些题外话，冲淡一下主题，或有意识地谈些意思不清的话，激励己方人员做不相关的交谈；改变原定程序和计划，忽然建议一个令对方不能马上接受的方案；提议某些问题要调查后再讨论；否认某些问 题的存在；等等。

使用折中迂回技巧应当慎重，要区别轻重缓急。如谈判比较正常地进行时，可经常使用“可是……”“但是……”等词语，使问题向有利于己方的方向转化。在遇到对方无理纠缠，同时己方又不希望谈判破裂时，可适当采用上述折中迂回的技巧。

9. 使用解困用语。当谈判出现困难、无法达成协议时，为了突破困境、给自己解围并使谈判继续进行，可使用下列解困用语。

“真遗憾，只差一步就成功了！”

“就快要达到目标了，真可惜了！”

“这样做，肯定对双方都不利！”

“再这样拖延下去，只怕最后结果不妙。”

“既然事已至此，懊恼也没有用，还是让我们再做一次努力吧！”

“我相信，无论如何，双方都不希望前功尽弃！”

使用这种解困用语，有时确能产生较好的效果。只要双方都有谈判诚意，对方很有可能会欣然接受你的意见，从而促使谈判成功。

10. 不以否定性的语言结束谈判。从人的听觉习惯考察，在某一场合下听到的第一句话和最后一句话，常常会留下很深的印象。所以，在谈判中要注意，尽量避免以否定性的语言来结束谈判，否则会给对方造成一种不愉快的感受，并且印象深刻，同时对下一轮谈判将会带来不利影响，甚至危及前一轮谈判中谈妥的问题或达成的协议。所以，谈判结束时，最好能给谈判对手以正面评价，并稳健中肯地把谈过的议题予以归纳。例如：

“您在这次谈判中表现很出色，给我留下了深刻的印象。”

“您处理问题大刀阔斧，钦佩！”

“今天会谈在某些问题上达成了一致，但在某些方面还要再谈。”

“对贵方的某些要求，我方将予以研究，待下次会议再谈。”

不论谈判结果如何，对参与谈判的人来说，每一次谈判都是谈判双方的一次合作过程。因此，一般情况下，在谈判结束时对对方给予的合作表示谢意，对对方的出色表现给予肯定，或者简要概括一下谈判的效果，是谈判者应有的礼节，对今后的谈判也是有益的。

（四）叙述时发现错误要及时纠正

谈判人员在商务谈判的叙述当中，常常会由于种种原因而出现叙述上的错误，谈判者应及时发现并及时纠正，以防造成不应有的损失。有些谈判人员，当叙述中有错误时，碍于情面，采取顺水推舟、将错就错的做法，这是要坚决反对的，因为这样做往往会使对方产生误解，从而影响谈判的顺利进行。还有些谈判人员，当发现自己叙述中有错误时，采取事后自圆其说、文过饰非的做法，结果不但没能“饰非”，反而越描越黑，对自己的信誉和形象产生损害，更严重的是可能会失去合作机会,后果不堪设想。

第六节 国际商务谈判中"看"的技巧

谈判不仅是语言的交流,同时也是行为的交流。谈判中,我们不仅要听其言,而且还要观其行。广东有一句谚语:当一个人笑的时候腹部不动就要提防他了。伯明翰大学的艾文·格兰特博士说过:"要留心椭圆形的笑容。"因为这种笑不是发自内心的。因此,在谈判中,我们可以通过仔细观察对方的言谈举止,捕捉其内心活动的蛛丝马迹;也可以揣摩对方的姿态神情,探索引发这类行为的心理因素。运用这种技巧,不仅可以判断对方的思想变化,决定己方对策,同时可以有意识地运用行为语言传达信息,促使谈判朝着有利于己方的方向发展。

姿态和动作语言所传递的信息是真实可信的。古诗云"此时无声胜有声",人们通过姿势、动作等无声的语言传递的信息,有时可以代替甚至超过有声语言所起的作用。

人的举止包括身体动作、手势、面部表情等。在这里仅就谈判人员的面部表情,上下肢及腰、腹部的主要动作,以及它们所传递出来的信息或所代表的意义做简单介绍。

一、面部表情

(一)眼睛所传达的信息

"人的眼睛和舌头所说的话一样多,不需要词典,却能够从眼睛的语言中了解整个世界,这是它的好处。"这是爱默生关于眼睛的一段精辟论述。眼睛具有反映人们深层心理的功能,其动作、神情、状态是最明确的情感表现,因此眼睛被人们称为"心灵的窗户"。

眼睛的动作及所传达的信息主要有以下几个方面:

1. 根据目光凝视讲话者时间的长短来判断听者的心理感受。通常与人交谈时,视线接触对方脸部的时间在正常情况下应占全部谈话时间的30%~60%。超过这一平均值,可认为对谈话者本人比对谈话内容更感兴趣;低于这个平均值,则表示对谈话者和谈话内容都不感兴趣。

2. 眨眼频率有不同的含义。正常情况下,一般人每分钟眨眼5~8次,每次眨眼一般不超过1秒钟。如果每分钟眨眼次数超过这个范围,一方面表示神情活跃,对某事物感兴趣;另一方面也表示个性怯懦或羞涩,因而不敢直视对方,做出眨眼不停的动作。在谈判中,通常是指前者。从眨眼时间来看,如果超过1秒钟,一方面表示厌烦,不感兴趣;另一方面也表示自己比对方优越,因而对对方不屑一顾。

3. 倾听对方谈话时,几乎不看对方是试图掩饰的表现。据一位有经验的海关检查人员介绍,他在检查过关人员已填好的报关表时,还要再问一句:“还有什么东西要申报吗?”这时,他的眼睛不是看着报关表,而是看着过关人员的眼睛,如果过关者不敢正视他的眼睛,那么就表明此人在某些方面可能有试图掩饰的情况。

4. 眼睛瞳孔所传达的信息。眼睛瞳孔放大,炯炯有神而生辉,表示此人处于欢喜与兴奋状态;瞳孔缩小,神情呆滞,目光无神,愁眉苦脸,则表示此人处于消极、戒备或愤怒的状态。实验证明,瞳孔所传达的信息是无法用人的意志来控制的。现代的企业家、政治家或专业赌徒为了防止对方察觉到自己瞳孔的变化,往往喜欢佩戴有色眼镜。如果谈判桌上有人戴着有色眼镜,就应加以提防,因为他可能很有经验。

5. 眼神闪烁不定所传达的信息。眼神闪烁不定是一种反常的举动,常被认为是掩饰的一种手段或是人格上不诚实的表现。一个做事虚伪或者当场撒谎的人,其眼神常常闪烁不定,以此来掩饰其内心的秘密。

6. 睁大眼睛看着对方是对其有很大兴趣的表示。眼神传递的信息远不只这些。人类眼睛所表达的思想,有些确实是只能意会而难以言传的,这就要靠谈判人员在实践中用心加以观察和思考,以不断积累经验,争取把握眼睛的动作所传达的种种信息。

(二)眉毛所传达的信息

眉毛和眼睛的配合是密不可分的,二者的动作往往共同表达一个含义,但单凭眉毛也能反映出人的许多情绪变化。人们处于惊喜或惊恐状态时,眉毛上耸,即所谓喜上眉梢;处于愤怒或气恼状态时,眉角下拉或倒竖,人们常说的“剑眉倒竖”,即形容这种发怒的状态;眉毛迅速地上下运动,表示亲切、同意或愉快;紧皱眉头,表示人们处于困窘、不愉快、不赞同的状态;表示询问或疑问时,眉毛会向上挑起。

上述有关眉毛传达的动作语言是不容忽视的。人们常常认为没有眉毛的脸十分可怕,因为这给人一种毫无表情的感觉。

(三)嘴的动作所传达的信息

人的嘴巴除了说话、吃喝和呼吸以外,还可以有许多动作,借以反映人的心理状态。例如:紧紧地抿住嘴,往往表现出意志坚决;撅起嘴是不满意和准备攻击对方的表现;遭受失败时,人们往往咬嘴唇,这是一种自我惩罚的动作,有时也可解释为内疚的心情;嘴角稍稍向后拉或向上拉,表示听者是比较注意倾听的;嘴角向下拉,是不满和固执的表现。

与嘴的动作紧密联系的是吸烟的姿势。在现代社会中,吸烟能够表现一个人的心理和情绪变化。谈判中,吸烟的姿势具有较强的表现力,而且也是评判一个人态度的重要依据。吸烟所传达的信息可概括如下:

1. 吸一口烟后,将烟向上吐,往往表示积极、自信,因为此时伴随吸烟动作的身体上部姿势,也是向上昂起的;将烟朝下吐时,表示情绪消极、意志消沉、有疑虑,因为此时身体上部的姿势是向下的,即所谓的"垂头丧气"。

2. 烟从嘴角缓缓吐出,给人一种消极而神秘的感觉,一般反映出吸烟者此时的心境与思维曲折回荡,力求从纷乱的思绪中找出一条令人意想不到的途径来。

3. 吸烟时不停地磕烟灰,表明内心有冲突或不安。这时的吸烟已不是一种生理需要,完全成了吸烟者减缓和消除内心冲突与不安的一种道具。因为内心冲突和不安往往使人手足无措,通过不停地磕烟灰这个动作,可以使人的手有事可做,从而转移了冲突与不安。

4. 烟灰烧了很长,却很少拿起来抽,表明在紧张思考或等待紧张情绪的平息。因为大脑专注于某个问题的思考,而暂时忘记了吸烟一事。

5. 没抽几口就把烟头熄灭,表明吸烟者想尽快结束谈话或已下决心要做一件事。熄灭烟是为了不让吸烟来分散其精力,干扰其刚刚决定的事情。其实,吸烟本身可能不会带来什么干扰,但这样做却暴露了其内心的活动。

6. 斜仰着头,烟从鼻孔吐出,表现出一种自信和优越感,以及一种悠闲自得的心情。通过斜仰着头这一动作,主动地拉开了与谈话对象及其目光交流的距离,从而体现出吸烟者内心的那种自信、优越和悠闲自得的心态。

二、上肢的动作语言

手和臂膀是人体比较灵活的部位,也是使用最多的部位。借助手势或与对方手的接触,可以帮助我们判断对方的心理活动或心理状态。同时,也可借此将某种信息传递给对方。

拳头紧握,表示向对方挑战或自我紧张的情绪。握拳的同时如伴有手指关节的响声,或用拳击掌,则表示向对方无言的威吓或发出攻击的信号。一般只有在遇到外部的威胁或挑战时,人们才会紧握拳头,准备进行抗击。

用手指或手中的笔敲打桌面,或在纸上乱涂乱画,往往表示对对方的话题不感兴趣、不同意或不耐烦。这样做,一方面可以打发和消磨时间,另一方面也起到暗示或提醒对方注意的作用。

两手手指并拢并重置于胸的前上方呈尖塔状,表示充满信心。这种动作在西方常见,特别是在主持会议、领导者讲话、教师授课等情况下常见。它通常可表现出讲话者的高傲与独断的心理状态,起到一种震慑听讲者的作用。

手与手连接放在胸腹部的位置是谦逊、矜持或略带不安的心情的反映。在给获奖运动员颁奖之前,主持人宣读比赛成绩时,运动员常常有这种动作。

两臂交叉于胸前,表示保守或防卫;两臂交叉于胸前并握紧,往往是怀有敌意的标志。

吸手指或指甲,成年人做出这样的动作是不成熟的表现。

握手所传达的信息。握手的动作来自原始时代的生活,原始人在狩猎或战争时,手中常持有石块和棍棒等武器,如果是没有任何恶意的两个陌生人相遇,常常是放下手中的所有东西,并伸开手掌,让对方摸一摸自己的掌心,以此来表示手中未持武器。久而久之,这种习惯逐渐演变成为今天的"握手"动作。

原始意义的握手不仅表示问候,而且也表示一种信赖、契约和保证之意。标准的握手姿势应该是,用手指稍稍用力握住对方的手掌,对方也用同样的姿势用手指稍稍用力回握,用力握手的时间约在 1 秒钟到 3 秒钟之内,如果双方握手与标准姿势不符时,便有除了问候、礼貌以外的附加意义,主要包括以下几种情况:

第一,如果感觉对方手掌出汗,表示对方处于兴奋、紧张或情绪不稳定的心理状态。

第二,如果对方用力握手,则表明此人具有好动、热情的性格,这类人往往做事喜欢主动。美国人大都喜欢采用这种握手的方式,这主要与他们好动的性格是分不开的。如果感觉对方的握手不用力:一方面,可能是该人个性懦弱,缺乏气魄;另一方面,可能是对方傲慢矜持、爱摆架子的表现。

第三,握手前先凝视对方片刻,再伸手相握,在某种程度上,这种人是想在心理上先战胜对方,将对方置于心理上的劣势地位。先注视对方片刻,意味着对对方的一个审视,观察对方是否值得自己去同其握手。

第四,掌心向上伸出与对方握手,往往表现其性格软弱,处于被动、劣势或受人支配的状态。在某种程度上,手掌心向上伸出与人握手,有一种向对方投靠的意思。如果是掌心向下伸出与对方握手,则表示想取得主动、优势或支配地位。手掌心向下,也有居高临下的意思。

第五,用双手紧握对方一只手,并上下摆动,往往是表示热烈欢迎对方的到来,也表示真诚感谢,或有求于人,或肯定契约关系等含义。在荧屏上或是生活中,我们常常可以看到,人们为了表示感谢对方、欢迎对方或恳求对方等,往往会用双手用力去握住对方的一只手。

三、下肢的动作语言

腿和足部往往是最先表露潜意识情感的部位,主要的动作和所传达的信息如下：

摇动足部，用足尖拍打地板，抖动腿部，都表示焦躁不安、无可奈何、不耐烦或欲摆脱某种紧张感的意思。通常，在候车室等车的旅客常常伴有此动作，谈判中这种动作也是常见的。

双足交叉而坐，对男性来讲往往表示从心理上压制自己的情绪，如对某人或某事持保留态度，表示警惕、防范，尽量压制自己的紧张或恐惧。对女性来讲，如果再将两膝盖并拢起来，则表示拒绝对方或一种防御的心理状态。这往往是比较含蓄而委婉的举动。

分开腿而坐，表明此人很自信，并愿意接受对方的挑战。如果一条腿架到另一条腿上就座，一般在无意识中表示拒绝对方并保护自己的势力范围，使之不受他人侵犯。如果频繁变换架腿姿势，表示情绪不稳定、焦躁不安或不耐烦。

四、腹部的动作语言

腹部位于人体的中央部位，它的动作带有极丰富的表情与含义。

凸出腹部，表现出自己的心理优越、自信与满足感，可谓腹部是意志和胆量的象征。这一动作也反映了扩大势力范围的意图，是威慑对方、使自己处于优势或支配地位的表现。

解开上衣纽扣露出腹部，表示开放自己的势力范围，对对方不存戒备之心。

抱腹蜷缩，表现出不安、消沉、沮丧等情绪支配下的防卫心理，病人、乞丐常常这样做。

腹部起伏不停，反映出兴奋或愤怒极度起伏，意味着即将爆发的兴奋与激动状态。

轻拍自己的腹部，表示自己的风度、雅量，同时也包含着经过一番较量之后的得意心情。

以上是谈判及交往中常见的形体语言及其所表达的信息。当然，这些形体语言仅仅是就一般情况而言的，不同的民族、地区，不同的文化层次及个人修养，其动作、姿态及所传达的信息都是不同的，应在具体环境下区别对待。另外，我们在观察对方动作和姿态时，不能只从某一个孤立的、静止的动作或姿态去判断，而应分析和观察其连续的、一系列的动作，特别是应结合对方讲话时的语气、语调等进行综合分析，这样才能得出比较真实、全面、可信的结论。

需要指出的是，在商务谈判过程中，对方完全可能会利用某些动作、姿态来迷惑我们，这就需要我们从对方连贯的动作来进行观察，或者与他前后的动作，以及当时他讲话的内容、语音、语气和语调等相联系，从中寻找到破绽，识别其真伪，然后采取必要的措施。

第七节　国际商务谈判中"辩"的技巧

"辩"最能体现谈判的特征,谈判中的讨价还价就集中体现在"辩"上。谈判中的辩与听、问、答、看、叙不同,它具有谈判双方相互依赖、相互对抗的二重性,是人类语言艺术和思维艺术的综合运用,具有较强的技巧性。

作为一名谈判人员,要想训练自己的雄辩能力,在商务谈判中获得良好的辩论效果,应注意以下几点有关"辩"的技巧。

一、观点明确,立场坚定

商务谈判中"辩"的目的,就是论证己方的观点,反驳对方的观点。辩论的过程就是通过摆事实,讲道理,说明己方的观点和立场。为了能更清晰地论证己方的观点和立场的正确性及公正性,在辩论时要运用客观材料以及所有能够支持己方论点的证据,增强己方的辩论效果,反驳对方的观点。

二、辩路敏捷、严密,逻辑性强

商务谈判中的辩论,往往是在双方进行磋商的过程中遇到难解的问题时才发生的。一个优秀的辩手,应该头脑冷静、思维敏捷、论辩严密且富有逻辑性,只有具有这种素质的人才能应付各种各样的困难,摆脱困境。任何成功的辩论,都具有辩路敏捷、逻辑性强的特点。为此,商务谈判人员应加强这方面基本功的训练,培养自己的逻辑思维能力,以便在谈判中以不变应万变。特别是在谈判条件旗鼓相当的情况下,谈判人员在相互辩驳的过程中思路敏捷、严密,逻辑性强,在谈判中才能立于不败之地。

三、掌握大的原则,不纠缠细枝末节

在辩论过程中,要有战略眼光,掌握大的方向、前提及原则。辩论过程中不要在枝节问题上与对方纠缠不休,但在主要问题上一定要集中精力,把握主动。在反驳对方的错误观点时,要切中要害,做到有的放矢。

四、辩论时应掌握好进攻的尺度

辩论的目的是要证明己方的立场、观点的正确性,反驳对方的立场、观点上的不足,以便能够争取有利于己方的谈判结果。切不可认为辩论是一场对抗赛,必须置对方于死地。因此,辩论时应掌握好进攻的尺度,一旦已经达到目的,就应适可而止,切不可穷追不舍。在谈判中,如果对方被己方逼得陷于

绝境,往往会产生更强的敌对心理,甚至反击的念头更强烈,最终会对双方的合作不利。

五、态度客观公正,措辞准确严密

文明的谈判准则要求:不论辩论双方如何针锋相对,争论多么激烈,谈判双方都必须以客观公正的态度,准确地措辞,切忌用侮辱诽谤、尖酸刻薄的语言进行人身攻击。如果某一方违背了这一准则,其结果只能是损害自己的形象,降低其谈判质量和谈判实力,不会给谈判带来丝毫帮助,反而可能置谈判于破裂的边缘。

六、善于处理辩论中的优势与劣势

在商务谈判的辩论中,双方可能在某一阶段你占优势、我居劣势,可过一阶段又出现你处劣势、我占优势的局面,处于两种不同状态时,就必须处理好辩论中的优劣势,这是衡量商务谈判是否合格的一个条件。

处于优势状态时,谈判人员要注意利用优势,并注意借助语调和手势的配合,渲染己方的观点,以维护己方的立场,切忌当己方处于优势时,表现出轻狂、放纵和得意忘形的姿态。要时刻牢记:谈判中的优势与劣势是相对而言的,而且是可以转化的。相反,当我们处于劣势时,要记住这是暂时的,应沉着冷静,从容不迫,既不可怄气,又不可沮丧。在劣势状态下,只有沉着冷静,思考对策,保持己方阵脚不乱,才会对对方的优势构成潜在的威胁,从而使对方不敢贸然进犯。

七、注意辩论中个人的举止和气度

在辩论中,一定要注意个人的举止和气度。如语调高亢、指手画脚等行为都有损个人的气质和气度。辩论中良好的举止和气度,不仅会给对方留下良好印象,而且在一定程度上可以促进谈判辩论气氛的健康发展。

第八节　国际商务谈判中“说服”的技巧

商务谈判中说服是一项很重要的工作,它常常贯穿于谈判的始终。谈判者在谈判中能否说服对方接受自己的观点,以及应当怎样说服对方,从而促成谈判的和局,就成了谈判能否成功的一个关键。

有时即使己方观点正确,却不能说服对方,有时甚至还被对方驳倒,说明要想说服他人,不仅要掌握正确的观点,而且还要掌握微妙的交往技巧。在此,我们从谈判者行为和心理角度,结合商务谈判实践,提出以下有关说服的技巧。

一、说服他人的基本要诀

（一）说服技巧的环节

1. 建立良好的人际关系，取得他人的信任。人们考虑是否接受他人意见时，总是先衡量自己与说服者之间的熟悉程度和友好程度。如果相互熟悉，相互信任，就会正确地、友好地理解对方的观点和理由。社会心理学家认为，信任是人际沟通的"过滤"网。只有得到对方信任，友好的动机才会被理解，否则，即使你说服的动机是友好的，也会经过"不信任"的"过滤"作用而被曲解。因此，说服他人时若能取得他人的信任，可起到事半功倍的效果。

2. 分析所提意见可能导致的影响。首先应向对方诚恳说明接受所提意见的充分理由，以及对方一旦被说服将产生的利弊得失；其次要坦率承认如果对方接受所提意见，你也将获得一定利益，从而加强对方的信任感，否则对方必定认为你缺乏诚意，从而拒绝你的说服。

3. 简化对方接受说服的程序。当对方初步接受你的意见时，为避免其中途改变主意，要设法简化确认这一结果的程序。例如，在需要书面协议的场合，可提前准备一份原则性的协议书草案，告诉对方"只需在这份原则性的协议书草案上签字即可，至于正式的协议书我们会在一周内准备妥当，到时再送到贵公司请您斟酌。"这样往往可当场取得被说服者的承诺，并避免了在细节问题上出现纠纷。

4. 争取另一方的认同。在商务谈判中要想说服对方，除了要赢得对方的信任，消除对方的对抗情绪，还要用双方共同感兴趣的问题作为桥梁，因势利导地解开对方思想的纽结，说服才能奏效。事实证明，"认同"是双方相互理解的有效方法，也是说服他人的一种有效方法。

所谓认同，就是人们把说服对象看成是与自己相同的人，寻找双方的共同点，这是人与人之间心灵沟通的桥梁，也是说服对方的基础。商务谈判中双方本着合作的态度走到一起，随着谈判的进展，双方熟悉和亲切感加强，疑虑和戒心也会随之减轻，对方便更容易相信和接受己方的看法和意见。

寻找共同点可以从以下几个方面入手：

(1) 寻找双方工作上的共同点。例如，共同的职业、共同的追求、共同的目标，等等。

(2) 寻找双方在生活方面的共同点。例如，共同的国籍、共同的生活经历、共同的信仰，等等。

(3) 寻找双方兴趣、爱好上的共同点。例如，共同喜欢的电视剧、体育比赛、国内外大事，等等。

(4)寻找双方共同熟悉的第三者,作为认同的媒介。例如,在同陌生人交往时,想说服他,可以寻找双方共同熟悉的这个人,通过各自与这个人的熟悉程度和友好关系,相互之间也就有了一定的认同,从而也就便于说服对方了。

(二)说服技巧的要点

1. 换位思考。要说服对方,就要考虑对方的观点或行为存在的客观理由,即要设身处地为对方着想,从而加强对方的信任感,起到良好的说服效果。

2. 消除对方的戒心,创造良好的氛围。从谈判开始,就要创造和谐和相互认同的气氛,不要一味设想对方抱有反对和不合作的态度,然后再去批驳和劝说对方。例如:“我知道你会反对,可是事情已经到了这一步了,还能怎么样呢?”这样说来,对方仍然难以接受你的看法。在说服他人时,要将对方设想为持有赞同和合作态度。例如,“我知道你能够把这件事情做得很好,只是不愿意去做而已”“你一定会对这个问题感兴趣的”,等等。商务谈判实例表明,从积极的、主动的角度去启发对方、鼓励对方,就会帮助对方提高自信心,并接受己方的意见。

美国著名学者霍华曾经提出让别人说“是”的30条原则,现摘录几条,供谈判者参考。

- 尽量以简单明了的方式说明你的要求。
- 要照顾对方的情绪。
- 要以充满信心的态度去说服对方。
- 找出引起对方兴趣的话题,并使他继续感兴趣。
- 让对方感觉到,你非常感激他的协助,如果对方遇到困难,你就应该努力帮助他解决。
- 直率地说出自己的希望。
- 向对方反复说明,他对你的协助的重要性。
- 切忌以高压的手段强迫对方。
- 要表现出亲切的态度。
- 掌握对方的好奇心。
- 让对方了解你并非是“取”,而是在“给”。
- 让对方自由发表意见。
- 要让对方证明,为什么赞成你是最好的决定。
- 让对方知道,你只要在他身边便觉得很快乐。

3. 说服用语要推敲。在商务谈判中,欲说服对方,言语一定要推敲。事实上,说服他人时,用语的色彩不一样,说服的效果就会截然不同。通常情况下,在说服他人时要避免用“愤怒”“怨恨”“生气”或“恼怒”这类字眼。即使在表述自己的情绪,如担心、失意、害怕、忧虑等时,也要在用词上注意推敲,才会收到良好的效果。另外,忌用胁迫或欺诈的手法进行说服。

二、说服顽固者的技巧

在商务往来过程中,多数对手是通情达理的,但也会遇到固执己见、难以说服的对手,这种类型的对手在很大程度上是性格所致,因此只要掌握他们的性格特点和心理活动规律,采取适宜的说服方法,步步推进,必然可以说服对手。

顽固者往往比较固执己见,这通常是性格比较倔强并且自尊心很强所致,因此他们不会被轻易说服,甚至态度还会十分生硬,有时还会大发雷霆。依此,在说服顽固者时,通常可采取以下几种方法:

(一)下台阶法

当对方自尊心很强、不愿承认自己的错误时,不妨先给对方一个台阶下,先指出他正确的地方,或者他错误存在的客观根据,给对方提供了一些自我安慰的条件和机会。这样,对方在保有情面的同时也容易接受你善意的说服。

(二)等待法

对方可能一时难以说服,没有当面表示改变看法,不妨留给他人一定的思考和选择的时间。待事后他详细斟酌你的意见、时机成熟时再同他交谈。需要指出的是,等待并不等于放弃,切勿急于求成。

(三)迂回法

当对方很难接受正面说服时,不要强逼对方进行辩论,而应采取迂回的方法。如同作战一样,对方已经防备森严,从正面很难突破,解决办法最好是迂回前进,设法找到对方的弱点,一举击破对方。说服他人也是如此,当正面道理很难说服对方时,可以暂时避开主题,谈论一些对方的看法,加强对方的信任感,拉进与对方的距离。之后逐渐将话转入主题,晓之以利害,促使他更加冷静地思考你的意见,并容易接受你的说服。

(四)沉默法

当对方提出反驳意见或有意刁难,做过多解释并不适宜,有时可以表示沉默。对于一些会引起更多纠纷的问题,或遇对方不通情达理时则应不予理睬,使对方认清这样的纠缠毫无意义,就不再固执己见,从而也达到了说服对方的目的。

思考题

1. 如何在谈判的过程中处理好与谈判另一方的人际关系，同时保证己方的谈判利益？

2. 怎样通过观察对方的眼神来推测对方谈判的心态？

3. 怎样有效地说服谈判对手？遇到顽固型的对手又该怎么做？

案例应用

AMD 收购赛灵思谈判收官①

2022 年 2 月 14 日，美国超威半导体公司（AMD）正式官宣完成了对赛灵思（Xilinx）的收购谈判。这是芯片行业创纪录规模的交易，价值约为 500 亿美元。AMD 总裁兼首席执行官苏姿丰表示，通过收购赛灵思，AMD 能进一步扩展至一些关键市场，比如数据中心市场，以及 5G 通信、汽车、工业、航空航天和国防市场。苏姿丰称，"赛灵思领先的 FPGA（现场可编程门阵列）、自适应系统级芯片、人工智能引擎和软件专业知识将赋能 AMD，带来超强的高性能和自适应计算解决方案组合，并帮助我们在可预见的约 1 350 亿美元的云计算、边缘计算和智能设备市场机遇中占据更大份额。"

AMD 这家成立于 1969 年的老牌半导体公司，在笔记本、台式机和服务器处理器市场，处处可以看到它的身影。目前，它也是除了英特尔之外最大的 x86 架构微处理器供应商。AMD 主要业务包括：销售用于客户端 PC 和服务器的 CPU、用于客户端 PC 和 HPC/数据中心的图形处理器、用于游戏机的半定制片上系统以及用于汽车和娱乐行业的嵌入式应用的半定制 SoC。

成立于 1984 年的赛灵思在 FPGA 领域的地位无人能敌，也曾和 Altera（在 2016 年被英特尔以 167 亿美元的价格收购）并称为 FPGA 领域"双雄"。FPGA（现场可编程门阵列，Field Programmable Gate Array），一种开发者在短时间内利用个人电脑就可以在其上面实现自己想要的功能，而且可以多次重写的廉价设备。它广泛应用在平板液晶等离子电视、硬盘录像机等设备的音频/视觉相关产品中，同时随着 5G、AI、自动驾驶、数据中心等应用需求的不断涌现，FPGA 在计算机、手机基站和

① 资料来源：新华网，2022-02-15。

通信基础设施相关的设备中也越来越常见。

作为 FPGA 领域的领头羊,赛灵思拥有在 AI、网络、分析和视频转码等方面非常成熟的加速软件堆栈,同时在航空航天、分析、人工智能推理、汽车、通信、数据中心、HPC、工业和许多其他垂直领域也有足够的实力。

根据公司于 2020 年 10 月 27 日发出的收购要约,AMD 收购 Xilinx 的方式是全股票换购,Xilinx 股东手持的每一股 Xilinx,按照固定比例换取 1. 7234 股 AMD。换言之,按照 AMD 在 2022 年 2 月 13 日的收盘价每股 113. 18 美元,Xilinx 股东最终收到价值 498 亿美元的 AMD 股票,这从某种程度上可以被看作 AMD 对 Xilinx 付出的购买价格。由于没有涉及任何现金,这笔交易也没有给 AMD 形成资产负债表压力,可以说是以“零代价”实现的一次行业并购。

2 月 8 日,英伟达收购 Arm 宣告失败。这笔交易的规模和 AMD 收购案相当,达到 600 亿美元,但两者结局却大相径庭。市场分析认为,英伟达收购 Arm 受到了巨大的监管压力和市场压力,“反垄断”呼声是这起收购折戟的主要原因之一。由于英伟达目前已成为股票市值超过 6 000 亿美元的巨头,Arm 架构又将在多种芯片上产生“卡脖子”的作用,因此,包括政府监管和同行竞争者在内,都忧心此项合并不利于行业的长期发展。然而,AMD 却顺利地通过了多项监管,这反映“反垄断”因素在当前全球收购市场上的决定性明显提高,令英伟达这样的巨头公司面临比 AMD 等规模稍小的公司更强的收购阻力。不过,AMD 和 Xilinx 均为美国公司,此次合并也将创造出一个体量更巨大的龙头公司,加强行业的马太效应。

在完成吸收合并后,新 AMD 加强了相对于行业竞争者英特尔、英伟达的竞争力。当前,无论是在电脑、数据中心、移动设备上,这三家美国公司的产品有多种重叠。未来在全球的销售上,三大公司将彼此制衡。

延伸阅读

瑞银完成对瑞信收购谈判——“超级银行”诞生①

当地时间 6 月 12 日,据瑞士报纸 NZZ 报道,瑞银集团(以下简称“瑞银”)在一封公开信中表示,已经完成了对瑞士信贷银行(以下简称“瑞信”)的收购谈判。

此外,彭博社引述瑞信行政总裁克尔纳(Ulrich Koerner)日前发出的内部信,收购于今日完成,于 1856 年创立的瑞信将从此画上句号,成为历史性的一天。

① 资料来源:中国经济网,2023-06-12。

值得注意的是,这是自2008年金融危机以来规模最大的银行业合并。本次收购对瑞银、瑞士,以至整个金融体系意义重大。

一、坐拥1.6万亿美元总资产!瑞银新的历史篇章开始

瑞银在信中写道:这是一个新的历史篇章的开始。我们将把资产管理中的专业知识、规模和领导角色结合起来,以创建一个更强大的合资企业。客户将继续依赖"强大的瑞银企业文化、保守的风险方法和高质量的服务",我们对此坚定不移。

据了解,自3月19日官宣收购瑞士信贷,瑞银的收购工作已经推进了将近3个月。

6月9日,瑞银声明称,预计最早将于6月12日完成对瑞士信贷的收购。届时,瑞士信贷银行将并入瑞银集团。收购完成须等待美国证券交易委员会宣布生效的登记声明,其中涵盖将交付的股份,并满足或瑞银放弃其他剩余的成交条件。

交易完成后,瑞士信贷股票和美国存托股票(ADS)将从瑞士第六交易所(SIX)和纽约证券交易所(NYSE)退市。瑞士信贷股东每持有22.48股流通股将获得1股瑞银股份。瑞士信贷ADS的交换可能需要支付一定的费用。瑞士信贷对其未偿债务证券项下的义务将成为瑞银的义务。

同日,瑞银集团和瑞士政府签署了一份损失保护协议(LPA),瑞士政府为瑞银提供了"托底服务"。该协议将在完成对瑞士信贷的收购后生效。据悉,该协议将一直有效,直到担保所涵盖的所有资产实现,或直到瑞银终止为止。

协议规定,一旦瑞银承担瑞信非核心资产的指定投资组合所产生的首批50亿瑞士法郎(约合55亿美元)损失,瑞士政府将承担超额部分,但以90亿瑞士法郎(100亿美元)为上限。

至此,瑞银创建了一家拥有1.6万亿美元(折合人民币约11.4万亿元)资产负债表和更大实力的瑞士巨型银行,合并结束了瑞士信贷167年的历史。

二、瑞银新设近20条红线,禁止高风险国家新客户

据了解,瑞信是瑞士第二大银行,也是全球银行业监管机构认定的30家全球系统重要性银行之一。然而,瑞信近年来屡屡曝出金融丑闻,又因重大投资失误导致巨额亏损,加上今年3月美国硅谷银行和签名银行相继爆雷引发连锁效应,最终濒临破产。

《华尔街日报》称,瑞银对瑞士信贷的收购,结束了数月来瑞士最大金融机构之一的倒闭风波。

据知情人士透露,在收购完成后,瑞银将对瑞信的银行家实施严格限制,包括禁止来自高风险国家的新客户。

彭博的报道显示,瑞银高管制定了一份清单,列出了近20条"红线",禁止瑞信员工从两家银行合并后的第一天起从事一系列活动。瑞银合规部门制定的这些禁令旨在降低这笔合并交易的风险。此外根据规定,瑞信的银行家将不能交易一系列复杂的金融产品,包括韩国衍生品和某些量化指数的期权。

根据规定,瑞信员工不能交易一系列金融产品,包括韩国衍生性商品和某些量化指数的期权。瑞信员工若要延长游艇、轮船和房地产等价值超过 6 000 万美元的贷款,必须经过瑞银高层批准,向外国客户和财产提供贷款也必须获得瑞银同意。瑞信行政总裁克尔纳在一份备忘录中向员工表示,虽然每位员工所做的工作不会发生实质性变化,但会有“我们都必须遵守”的最新工作规则。

三、料将裁员及新设员工行为限制

不仅如此,据路透社报道,当地时间 6 月 2 日,瑞银首席执行官安思杰(Sergio Ermotti)在一场活动上警告说,在完成接管瑞信后,将做出痛苦的裁员决定。

“我们将无法在短期内为每个人创造工作机会。协同效应是故事的一部分。”他说,“我们需要认真审视独立和合并机构的成本基础,并创造一个可持续的结果。这将是痛苦的。”

安思杰曾表示,虽然两家银行的合并资产负债表将达到约 1.6 万亿美元,但瑞银的目标是将其削减至 1.35 万亿美元或 1.4 万亿美元。这位首席执行官表示,瑞银的风险水平低于瑞信,合并对瑞银来说风险相当于增长了 35%。

彭博报道称,本次交易料将开启一段可能涉及裁员数千人规模的复杂整合时期。此前有媒体报道称,瑞银正在考虑将其季度财报推迟到 8 月底发布,以正确应对收购瑞信带来的一些非常复杂的情况。

据了解,瑞银及瑞信总共在全球范围内有 12 万名员工,路透报道指出,瑞银先前已表示将裁员,目的是发挥协同效应及降低营运成本。

第七章 国际商务谈判礼仪

Etiquettes and Formalities in International Business Negotiation

在商务谈判，尤其是国际商务谈判中，懂得并掌握必要的礼仪与礼节是商务谈判人员必须具备的基本素质。本章本着通俗实用的原则，着重介绍了与商务谈判和经济交流有密切联系的一些礼仪与礼节，同时简略介绍了中外各国的主要习俗和节庆活动。

通过本章的学习，读者可以了解到国际商务谈判中应当注意的礼仪与礼节，对各国的一些禁忌、主要习俗有所了解。

学习要点

In business negotiations, especially negotiations with foreign business people, knowing necessary etiquettes and formalities is the basic quality with which the negotiator should be equipped. To be popular and practical, this chapter introduces in details some etiquettes and formalities, which are closely related to the business negotiation and economic exchange, and offers a simple description of the major customs and festivals in China and other countries.

By studying this chapter, the readers can learn etiquettes and formalities that should be complied with in international business negotiations, and can have a glimpse of some taboos and major habits and customs in various countries.

被罚48亿巨款,小米为何不直接退出印度?①

2014年,小米宣布进军印度市场。仅仅三年后,小米就成为印度智能手机出货量第一的品牌,把印度本土智能手机厂商打得“满地找牙”。在印度的形势大好,让雷军看到了复制中国市场的可能性。

2017年11月,雷军在接受印度媒体采访时表示,小米计划未来5年内向印度的100家创业公司投资10亿美元,建设围绕其智能手机品牌的应用生态系统。“在印度,小米及其兄弟公司顺为资本将在内容、金融科技、深度本地化服务和制造等领域展开投资,推动印度移动互联网的普及。”

6年后,小米遭遇了印度市场最大“滑铁卢”:今年6月中旬,印度监管机构以“向外国实体非法转移资金”为由,宣布没收小米印度公司555.127亿卢比,约合48亿元人民币的款项——相当于小米在印度9年利润总额的6倍。

尽管小米的回应不卑不亢,“我们相信我们向银行支付的特许权使用费和报表都是合法的。主管当局对公司提出的事实和法律争论都没有得到解决,公司将继续使用一切手段保护公司的声誉、利益和利益相关者,小米印度仍然致力于与当局合作,以解决问题。”

但在外界看来,这笔钱小米大概是要不回来了。

事实上,在这笔巨额没收款之前,2022年初小米就被印度财政部追缴了65.3亿卢比(约5.7亿元人民币)的税款。两者叠加,小米已在印度市场直接损失了近54亿人民币,相当于小米集团2022全年净利润的65%。

尽管损失惨重,但小米依然没有展现出任何要退出印度市场的意味,而在此之前,印度对中国公司的严苛监管早已人尽皆知。甚至去年7月,荣耀CEO赵明公开表示,荣耀已经放弃印度市场,“因为众所周知的原因”。

宣布退出印度的国际大公司两只手都数不过来,包括亚马逊、沃尔玛、福特等巨头都纷纷折戟印度。

连巨头都撑不住,小米为什么对印度情有独钟?

一、小米在印度已是“树壮根粗”

据市场研究机构IDC数据显示,2018—2022年,小米在印度智能手机市场份额分别为28.9%、28.6%、26%、24%、20%,虽然一直呈下滑趋势,但依然连续五年坐稳印度第一大手机品牌的宝座。显然,小米不会轻易让出来之不易的市场地位。

从小米内部看,印度市场也意义重大。2022年小米海外市场收入为1 378亿

① 资料来源:腾讯新闻,2023-06-25。

元，占集团总收入的 49.2%，将近一半，这意味着小米已经非常依赖海外市场的表现。2022 年小米在印度市场的智能手机出货量为 2 940 万台，约占小米全球出货量的 20%，是支撑小米全球化战略的重要部分。印度是仅次于中国的全球第二大智能手机市场，但直到 2022 年，印度智能手机渗透率依然只有 50%左右。相较于中、美目前超 90%的渗透率，印度至少还有超过 40%的增量市场机会——以印度人口估算，相当于 5.6 亿台智能手机的增量。显然，在全球手机市场下滑的大背景下，没有哪家手机厂商愿意错过其中的潜在增长。

另一方面，除了最基础的手机业务，小米在印度还有着不少重资产以及投资。公开信息显示，到 2021 年，小米在印度与富士康、伟创力(Flex)合作，已在泰米尔纳德邦和安得拉邦建立了三家制造工厂。今年 5 月，小米又宣布将与印度本土电子制造商 Optiemus Electronics 合作生产颈挂式蓝牙耳机产品。印度本土制造公司 Dixon Technologies 也宣布将与小米通过全资子公司的形式增强印度的组件生态系统，为小米印度制造和出口智能手机产品。

随着最近几年印度对中国公司的监管收紧，小米开始越发强调本土化成果，其印度分公司在班加罗尔总部有 1 000 多名员工、在印度五个地区设有办事处、印度的制造业合作伙伴有超过 30 000 名员工。除了门店员工和物流合作伙伴的员工，小米还有众多服务中心工程师、维修工厂工程师和客户服务主管等职位。

截至 2022 年，小米大约 75%的手机零部件都能由印度本地制造，电视则 100%能在印度本土制造。

这些都是小米在印度的重资产，一旦退出便是“拔出萝卜带出泥”，不仅直接经济损失惨重，其附带的员工、供应链善后问题同样相当庞杂。

2021 年福特宣布退出印度市场后，其后续 4 000 名员工遣散、供应链赔偿问题花了近一年半才得以完成，并最终付出了 18 亿美元的代价。相比之下，小米的 54 亿人民币甚至都显得有了“性价比”。

二、雷军想要再造一个“小米系”

除了上述重资产，小米在印度的投资同样颇具规模。小米联合顺为资本投资了多家印度公司，如在线小额贷款平台 KrazyBee、在线音乐和视频供应商 Hungama Digital Media Entertainment、二手机回收及维修公司 Cashify 等。

如前文所述，雷军的想法是，“围绕小米品牌创建一个 App 生态系统”。国内小米生态链、米家生态的成功证明了这一模式的可行性，如果能成功复制到印度市场，其创造的营收可能会与中国市场相当，这对小米来说显然十分具有诱惑力。

而一旦选择退出印度市场，这些资产、投资、布局就将尽皆失去，小米损失的恐怕就不只是现在账面上的 54 亿人民币了。

此外，印度的营商环境也正在被国际社会认可，据世界银行发布的《世界营商环境报告2020》,2015年印度在全球营商环境排名是130名(总计189个经济体)。到了2020年,印度的全球营商环境排名已经提升到63名。

前不久,根据IT之家援引印度媒体Economic Times的报道,荣耀正在组建印度营销团队,计划7月重返印度手机市场。

或许像小米这样的中国公司可以期待更公平的市场环境。

三、本地化、合规是关键

最近几年,不少中国公司出海都遭遇了“水土不服”。典型的如OPPO、vivo因为与诺基亚的专利诉讼,直接暂停了在德国市场的销售。

欧洲同样也是小米的重要海外市场,今年一季度市场份额约为19%,是仅次于三星、苹果的第三大厂商,远高于OPPO 4%的市场份额。对小米来说,如果遭受同样的打击,其后果也远比OPPO、vivo严重。因此,小米在海外市场的行动也更加谨慎。例如其在合作伙伴方面主要选择当地渠道,即使在中国市场小米已经十分擅长线上营销,但在印度、欧洲和南美市场,小米依然以线下市场为主,选择与当地经销商合作,并且其供应链生态、管理团队也做到了本地化。小米之所以逃过了诺基亚在欧洲的专利诉讼,也是因为其早在数年前就已与诺基亚达成了专利协议。

另一方面,产品端同样也是本地化的重要组成部分,硬件产品和MIUI操作系统也进行本地定制化。总而言之,小米并不是简单地将在中国的做法复制到海外市场,而是为市场量身打造一个“本地版”小米。

在其他市场的成功证明了小米这套逻辑的成功,最早成功的印度反而成了那个“另类”。

目前小米造车尚未有明确进展,小米需要拿出稳定的成绩,让市场恢复信心才行。无论小米在欧洲、非洲、南美市场表现如何,印度依然是小米最需要耐心的市场,也是其最好的全球化参照。

此时,“退”与“不退”,不是简单的意气用事,需要雷军综合博弈后做出选择,答案你觉得会是怎么样呢?

礼仪是指在人际交往之中,自始至终地以一定的、约定俗成的程序、方式来表现的律己、敬人的完整行为。作为一种道德规范,礼仪和礼节也是人们文明程度的重要表现方式,它在一定程度上反映了一个国家、民族和个人的文明程度和道德水准。所谓商务谈判礼仪,就是指在长期的商务谈判交往过程中,满足迎合文化的适应性而形成的行为或活动的规范。

国际商务谈判礼仪的作用一是律己,二是敬人,三是反映国家的文明程度。所谓律己,就是用一定的礼仪来规范自己的行为,表现出良好的内在修养,不仅使自己充满自信，而且获得对方的尊重。所谓敬人，就是通过一定的礼仪，更好地向对方表达尊重、友好与善意，增进彼此的信任和友谊。所谓反映国家的文明程度，是因为国际商务谈判是跨国界的商务活动，它不仅仅是个体行为，而且是一个民族行为，得体的礼仪在一定程度上反映了一个国家、一个民族的文明、文化程度和社会风尚。对于国际商务谈判中的文化差异，一般应采取承认、了解、理解和尊重的态度和原则。

第一节　国际商务谈判礼仪惯例

在当今国际竞争日益激烈、国际商务活动日益频繁的背景下，一个公司、企业交易的成败往往不仅取决于其产品、服务质量和价格水平，更取决于其对客户的态度如何，取决于其对国际商务礼仪的知识掌握得如何。如果懂得国际商务礼仪惯例，了解对方的文化风俗，就能够赢得客户的尊重和欣赏，就能够达成交易。

在国际商务交往中，必须对有关惯例加以遵守。这些交往惯例，即涉外礼仪，是指涉外交往中必须遵守的国际惯例。

内外有别，指的是在运用国际商务礼仪时，对待自己人与对待国外客商是有所不同的。

中外有别，具体指在涉外交往中，必须意识到，中国人的思维意识、文化背景和风俗习惯与国外客商的所作所为是有差别的。

外外有别，是指不同的国家有不同的文化和风俗习惯，因而会有不同的做法，不能一概而论。

一、国际商务谈判的服饰礼仪

服饰礼仪是国际商务谈判中最基本的礼仪。得体的服饰，不仅是个人仪表美、素质高的表现，而且是对他人的尊重。商界历来最重视服饰规范，服饰是商人成功的关键。先看如下国际商务谈判的案例：

中国某企业与德国一公司洽谈某商品的出口事宜。按礼节，中方提前五分钟到达公司会议室。客人到后，中方人员全体起立，鼓掌欢迎。不料，德方脸上不但没有出现期待的笑容，反而显示出一丝不快的表情。更令人不解的是，按计划一上午的谈判日程，半个小时便草草结束，德方匆匆离去。

事后了解到：德方之所以提前离开，是因为中方谈判人员的穿着。德方谈判人员中男士个个西装革履，女士个个都穿职业装，而中方人员呢？除经理和翻译穿西装外，其他人有穿夹克衫的，有穿牛仔服的，有一位工程师甚至穿着工作服。德国是个重礼仪的国家，德国人素以办事认真而闻名于世。在德国人眼里，商务谈判是一件极其正式和重大的活动，中国人穿着太随便说明了两个问题：一是不尊重他人；二是不重视此活动。既然你既不尊重人，又不重视事，那还有必要谈吗？所以，德方在发现中国人服饰不规范时脸上出现不快，并且提前离去就不足为奇了。

在国际商务谈判中，服饰的颜色、样式及搭配合适与否，对谈判人员的精神面貌、带给对方的第一印象和感觉都将带来一定的影响，有以下事项需要特别的注意：

（一）服饰要庄重、大方、优雅、得体

谈判者应根据自身的气质、体形特点选择适宜的着装，从服饰的样式来看，尽管世界各民族的服饰式样繁多，但男士西装和女式西式套装已成为谈判桌上普遍认可的着装。

在国际商务谈判的场合，谈判者应选择黑色、深蓝色、灰色和深褐色的单色服装，这些颜色会带给谈判对手稳重、成熟、严谨的可信任感觉，不遵守这一礼仪就会带来麻烦。1983 年 6 月美国前总统里根出访欧洲四国，曾因其穿了一套格子西装而引起一场轩然大波，因为按照惯例，在比较重要的正式场合应着黑色礼服，以示庄重。

男士西装分为简易西装和精制西装两类，前者穿着要求比较随意，而后者穿着确有一定的讲究。精制西装在穿着时应符合规定的制式：上衣、西装背心和长裤必须用同一种面料裁制，穿着时不可内套毛衣和外现其他内衣，不可卷袖和翻袖，应佩戴领带或领结，同时应配穿颜色款式协调的皮鞋，不可穿旅游鞋和运动鞋。

（二）服饰要符合身份、个性、体形

国际商务谈判工作者的穿衣打扮应具有一定的个性，要针对自己在谈判桌前的身份和自身的特点（包括性别、年龄、性格、职务等），确定服装的式样和色彩的搭配。

人的身材有高低之分，体形有胖瘦之别，肤色有深浅之差。人的穿着应因人而异，扬长避短，藏拙显慧。换言之，体胖或身形高大者应选择冷色调，体瘦或矮小者宜选择暖色调；颈短者应选择低领装，瘦削者不宜选择过于宽大的服装。

（三）服饰颜色的选择

服饰的颜色不宜过于单调，而应在某一色调的基础上求得变化。配色不要太杂，一般不能超过三种颜色。

黑色象征庄重，黑色的西装配上白色的衬衫会给人潇洒大方的感觉。

白色象征纯洁、素雅和洁净，给人以端庄的感觉。

灰色象征文静、朴素、含蓄，给人以谦虚、平和的感觉。

咖啡色象征浑厚、高贵，给人以力量、尊严的感觉。

蓝色象征安静、理智，给人以愉悦、智慧的感觉。

（四）仪容要求

谈判人员的发型要经过修整，发式要大方得体，不可追求过分时尚华丽；发丝要保持清洁无头屑，不粘连；眼镜大小要不夸张，镜框要清洁，不可佩戴有镜链的眼镜；口腔要卫生，忌吃洋葱和大蒜；指甲要保持清洁；男士胡须应经常修整，在公众场合不可嚼口香糖。

（五）女性服饰

在国际商务谈判中，女性人员的表现往往对谈判结果起着意想不到的效果。因此，女性应在谈判中注意得体优雅的礼仪形象。

1. 着装。着装是女性在国际商务谈判中遇到的首要问题。在冬、春、秋季进行谈判时，女性以着西装特别是西装套裙为佳，但在一般性的会谈中，女性可穿着毛衣套装，外配风衣或大衣。在夏季，女性着装应以西装套裙为主，也可着连衣裙或长、短袖衬衫配裙子或西裤。

女装注意不可以暴露，不可以透明，不可以超短，也不要过长。内衣更不可以外现，吊带装不能出现在谈判桌前。穿裙装时吊袜带、袜口不能暴露在外，一定要穿长筒丝袜。袜子的色彩和纹路不可鲜艳夺目，不可穿网眼款式，一般以黑色、肉色、浅灰和无色为主，袜子不可走丝或残破。

在进行正式国际商务谈判时，女士所穿鞋帽需色泽款式协调，最好不穿凉鞋，特别是无后带凉鞋。

2. 首饰。首饰的佩戴是女性在国际商务谈判活动中遇到的另一重要问题。得体的首饰、化妆可以给人以优雅端庄的感觉，会赢得对方的尊重和赞赏。首饰的选择应注意以下几点：

(1) 应尽量避免佩戴制作粗糙的首饰。

(2) 首饰的款式不应夸张，以少为佳，画龙点睛。

(3) 首饰色泽应与服饰协调，质地相同，色彩一致。

(4) 合乎惯例。戒指佩戴在左手，一般只应佩戴一枚；手链可同时佩戴，但戴在右手说明主人未婚，如佩戴左手则说明名花有主。

(5) 不可佩戴有特殊忌讳（特别是不能佩戴侵犯谈判对方民俗禁忌）的首饰。

3. 化妆。适度的化妆是尊敬对方的表现，但在国际商务活动中，化妆不宜过浓,尤其不可使用浓香型化妆品。在国际商务谈判过程中,女性切忌在众人面前照镜子和补装,这是不尊重他人的表现。

二、国际商务谈判双方馈赠礼品礼仪

谈判人员在相互交往中馈赠礼品,除表示友好、增进友谊和今后不断联络感情的愿望外,更主要的是表示对此次合作成功的祝贺和对再次合作的促进。因此,为表达心意、针对不同对象选择礼品,就成为一门敏感性、寓意性都很强的艺术。

选择礼品的主要依据是对方的习俗和文化素养。谈判人员的文化背景不同,偏好和要求就会有所差异。比如,通常包括美国、英国、加拿大、澳大利亚等国在内的西方国家的谈判人员是不在商务活动中赠送礼品的,但是在日本,赠送礼物则是建立和保持业务关系的重要因素之一。

馈赠礼品既是国际商务谈判中的一种润滑剂,又是一种文化地雷阵,因为它一方面能加深感情,促进与客户的关系,另一方面由于文化差异而易犯种种禁忌。因此,馈赠礼品需注意以下问题。

(一)礼物价值不宜过高

礼物的价值不宜过高,但一定要特色鲜明。比如在美国,一般商务性礼物的价值通常在 25 美元左右,而亚洲、非洲、拉美和中东等地区的客商往往比较看重礼物的货币价值。

(二)要注重对方的习俗和文化背景

谈判人员由于所属国家、地区间有较大差异,文化背景有所不同,爱好与要求必然存在差异。

在阿拉伯国家,伊斯兰教禁酒,不能以酒作为馈赠礼品,而赠酒在法国很流行,尤其是备受法国人欢迎和引以为豪的红葡萄酒或白葡萄酒。阿拉伯国家禁止偶像崇拜,最好不要赠送带有人像和动物画片的图书或年历。

赠送绿色领带给沙特阿拉伯人会大受欢迎,因为绿色是穆斯林喜欢的颜色;但赠送给捷克人则意味着断绝关系,因为绿色在那里是毒药和毒素原料的象征。

在英国,人们普遍讨厌有送礼人单位或公司标记的礼品。此外,白色的百合花象征死亡、菊花只用于葬礼,其他花可送人。

在意大利,赠送礼物的同时也在赠送快乐和愉悦,如塞满巧克力的糖桶、装潢精美的古典名著等,都是很好的选择。

在法国,康乃馨被认为是不祥的象征,只有在出席葬礼时才采用。

在日本，菊花是皇室专用花，所以普通人不得乱用，而且认为荷花是不祥之物，只在祭奠时荷花才会出现。

在俄罗斯，给女主人只送红玫瑰，但数目不可为3。我国一向以偶数表示吉祥，而日本人却以奇数表示吉祥。西方人忌讳13这个数，日本和韩国忌讳4这个数，因此无论是赠送鲜花还是水果都应注意数字。

（三）礼物的选择

选择礼物时，既要尊重对方的风俗习惯和偏好，又要突出中国的民族特色，并有一定的纪念意义，比如传统工艺品或奥运吉祥物等。有时，过于贵重的礼物反而会给对方造成有求于对方，或产品本身可能存在缺陷的印象，结果会适得其反。

根据调查，外国客商大多喜欢我国以下几种礼品：

1. 景泰蓝礼品。景泰蓝是我国传统工艺的杰出代表，用它制作的纪念品种类繁多，受到外国朋友的普遍欢迎。其中，男士主要欣赏用景泰蓝工艺制成的打火机、笔，女士则欢迎饰物、镜子和随身盒等。

2. 玉佩。玉本身充满了神秘的东方色彩，我国的吉祥如意护身符更是如此。外国友人对玉的偏好以色泽温润、明光通透为佳，带有太极、八卦、汉字等图案的玉制品深受外国友人的喜爱。

3. 具有我国传统风格或印有汉字的服饰。这类礼品最受外国朋友，特别是年轻朋友的偏爱。

4. 绣品。在我国各种刺绣礼品中，苏绣、湘绣受到普遍欢迎。

5. 水墨字画、竹制工艺品。

（四）礼物的包装

在选择好上述礼品后，要打好包装。在包装前，必须取下价格牌，否则是失礼的表现，因为礼物价值过高，往往会产生贿赂的嫌疑，常常引起对方不必要的疑虑，从而对谈判结果带来负面影响。

（五）收受礼品的礼仪

除了要经常向对方赠送礼品表示友好之外，商务谈判人员也会经常遇到对方向我方赠送礼品的问题。对于赠送的礼品是否能够接受，要做到心中有数，因为如果接受就容易失去对某些事物或进程的控制。在国际商务谈判中，接受礼物必须符合国家和企业的有关规定和纪律。

国际商务谈判工作者必须牢记自己是企业、国家的代表，而不是个人行为。当对对方所送礼品不能接受时，应说明情况并致谢。在美国，收到礼品时应当场打开，然后对礼品大加赞赏（即使你不喜欢），并对送礼者表示感谢；在日本，除非应送礼者请求，否则当面打开礼物是不礼貌的。受礼后的还礼可以是实物，一般为对方礼物价值的1/2，也可以在适当时候提及，表示“不忘”和再次感谢对方。

三、国际商务谈判中的迎送礼仪

迎来送往是常见的社交活动。在谈判中，对前来参加谈判的人员，要视其身份和地位以及谈判的性质和双方的关系等，综合考虑安排。对方应邀抵达和离开时，要安排相应身份的人员前往迎送。迎送礼仪方面的要求要注意以下几点：

（一）确定迎送规格

迎送规格依据前来谈判人员的身份和目的确定，适当考虑双方的关系，同时应注意惯例。主要迎送人的身份和地位通常都要与来者相距不大，以对口、对等为宜。当事人因故不能出面，可灵活变通，由职位相当人士或副职代替，但须向对方做出解释。通常迎送人员不宜过多。有时，从发展双方关系或其他需要出发，破格接待也是可以的，但若非有特殊需要，一般都按常规办理。

（二）掌握抵达和离开的时间

必须准确掌握对方谈判人员乘坐的交通工具的抵达和离开的时间，尽早通知有关单位和全体迎送人员。如有变化，及时告知。做到既顺利接送来客，又不过多耽误迎送人员的时间。迎接时，应在来客抵达之前等候；送行时，应在客人登机（车、船）前到。

（三）介绍

通常先将前来欢迎的人员介绍给来客，可由工作人员或欢迎人员中身份较高者介绍。由于客人初到，常会比较拘谨，所以主人宜主动与客人寒暄。介绍一般是双方主谈人各自介绍自己小组的成员，顺序是女士优先，职位高的优先，称呼通常为“女士”“小姐”“先生”。

（四）陪车

应请客人坐在主人的右侧。如有翻译，请其坐在司机旁边。上车时，最好请客人从右侧车门上车，主人从左侧车门上车，避免客人从膝前穿过。如果客人先上车坐到了主人的位置上，切忌不要让客人再移位。

（五）其他

1. 迎送身份高的客人，事先在迎送地安排贵宾休息室，准备饮料。

2. 指派专人协助办理出入境手续及票务、行李托运等手续。及时把客人的行李送往居住地,以便其更衣。

3. 客人抵达居住地后,一般不要马上安排活动,应稍做休息,起码给对方留下沐浴更衣时间。只谈翌日计划,以后的日程安排择时再谈。

4. 多头接待要做好协调工作,规格要相差不大,活动不能重复,更不能脱节。

四、国际商务谈判的签约礼仪

签约仪式往往时间不长,也不像举办宴会那样涉及许多方面的工作,但由于它牵涉各方关系,同时往往是谈判成功的标志,有时甚至是历史转折的里程碑,因此一定要认真筹办,一丝不苟。

(一)人员确定

签字人应视文件的性质由缔约各方确定,双方签约人的身份应大体相当。

出席签字仪式的人员,基本上是参加谈判的全体人员。如果因某种需要一方要求让某些未参加会谈的人员出席,另一方应予以同意。双方出席人数应大体相等。

(二)必要的准备工作

首先是签字文本的准备,有关单位应及早做好文本的定稿、翻译、校对、印刷、装订、盖火漆印等项工作,同时准备好签约使用的文具、国旗等物品。

(三)签字厅的布置

由于签字的种类不同,各国的风俗习惯不同,因而签约仪式的安排和签字厅的布置也各不相同。

在我国,一般在签字厅内设置长方桌一张作为签字桌。桌面覆盖深绿色台呢,桌后放置两把椅子,作为双方签字人的座位,面对正门主左客右。座前摆放各自的文本,文本上端分别放置签字的工具。签字桌中央要摆放一个悬挂双方各自国家国旗的旗架。

(四)签字仪式的程序

双方参加签字仪式的人员进入签字厅后,签字人入座,其他人员分主方和客方按身份顺序排列于各方的签字人员座位之后。双方的助签人员分别站立在各自签字人员的外侧,协助翻揭文本及指明签字处。在签完本国本企业保存的文本后,由助签人员互相传递文本,再在对方保存的文本上签字,然后由双方签字人交换文本,相互握手。有时签字后,主方会备有香槟酒,共同举杯庆贺。

第二节 日常交往礼仪

在国际商务谈判中,除了发扬我国优秀的文化传统外,还应该在日常交往中注意尊重各国的风俗习惯,了解他们的不同做法。

一、日常交往习俗

(一)守时守约

1. 先期约定,这具体包括如下两方面内容:

(1)把握约定的时间。预约的前提是要尊重对方的选择,在此前提下,再商定到访的具体时间。作为客人,对主人提出的具体时间,应予以优先考虑。客人最好多提供几种方案供主人选择。

(2)了解约定人数。预约时,宾主双方应事先通报各自到场的具体人数及其身份,竭力避免自己一方中出现令对方反感的人物。若双方人员已经约定,就不能随意变动,尤其是客人一方,一定不能随意增加拜访人数,否则会令主人应接不暇,打乱主人的安排和计划。

2. 依约而行。对已有的约定一定要认真遵守。在国际商务交往中,如果和交往对象已经有约定,那就一定要依约而行,如约而至,信守承诺。既不要早到,让对方措手不及,也不要迟到,让对方等待。如有特殊原因需要变更约定,要尽早通知对方,并向对方致歉。

(二)热情有度

所谓热情有度,是指既要对别人热情,又要遵守一个界限,这个界限就是不能妨碍别人、影响别人,甚至给别人带来麻烦。

1. 关心有度。关心他人比关心自己为重是中华民族的传统美德,但是绝不能关心不该自己关心的事,要尊重他人的隐私。

2. 谦虚有度。在国际交往中,适当的谦虚是必要的,也是令人尊敬的。但是在那些推崇个性、强调自我表现的民族和国家面前,一定要意识到过分的谦虚会被对方误会,这就是谦虚要把握好度的含义。在许多国外客商看来,过分的谦虚往往是不必要的,过分的谦虚是没有实力或虚伪做作的表现。

3. 距离有度。所谓距离有度,是指与交往对象之间要保持适当的空间距离。这些空间距离在国际商务谈判活动中表现为私人距离、常规距离、礼仪距离和公共距离。

(1)私人距离。私人距离指的是小于半米的距离,以及身体之间无穷接近的距离。显而易见,私人距离的适用对象是亲朋好友之间、家人之间、夫妻和恋人之间,以及需要扶老携幼之人。私人距离又称亲密距离,在涉外交往中私人距离一般是不可以使用的。

(2)常规距离。常规距离是指半米到一米之间的距离。这种距离是在人际交往中,或站或行时所允许保持的最为正规的距离,所以常规距离也称交际距离。

(3)礼仪距离。礼仪距离又叫尊重的距离,是指1米到1.2米之间的距离。在这样的距离中,自己的动作不会触碰到别人,自己的飞沫不会喷到别人的脸上,另外也是尊重他人私人活动空间的表示。但必须注意的是,不同国家民族的人对礼仪距离的理解是有差别的,比如中东国家的客商表示信任或友好时,他们的礼仪距离大大小于其他国家商人的概念。

(4)公共距离。公共距离是在大庭广众之下与外人相处时的一种距离。如果是谈判对手之间,通常较为自由,在一米到一米半之间。如果是公共场所,陌生人相处距离一般为1.5米以上的距离。

(三)女士优先

在国际社会,女士优先是一种交际惯例。所谓女士优先,是指在社交场合,一个有教养的成年男士应该以自己的言行举止尊重、照顾、保护、关心、体谅女性,这是一个男士最基本的教养。具体要求包括:

1. 进门出门时,男士要为女士开门。
2. 在女士面前有教养的男士不可以吸烟。
3. 当女士落座或起立时,男士要为女士拉起凳子,或者推近椅子。
4. 当女士在衣帽间更换外衣外套时,在场男士应予以协助。
5. 当女士在室外行走时,如果手提笨重物品,男士要上前主动提供帮助。
6. 当女士遭遇尴尬和难堪时,男士应主动上前排忧解难。

二、见面时的礼仪

(一)介绍

介绍时要有礼貌地以手示意,而不要用手指点人。要介绍清楚姓名、身份、来自国家和企业的名称。在国际商务谈判中,一般由双方主谈人或主要负责人相互介绍各自的组成人员。

介绍的顺序应注意遵循以下原则:

1. 先把年轻的介绍给年长的。

2. 先把职位和身份较低的介绍给职位和身份较高的。

3. 先把男性介绍给女性，即使女性非常年轻或刚参加工作也是如此（这项规则与我国文化中的传统习惯有明显差异）。

4. 先把客人引荐给主人。要注意，在人数较多的场合，主人应对所有的客人一一认识，在谈判中这一点非常重要。另外，对于远道而来又是初次见面的客人，介绍人应准确无误地把客人介绍给主人。如果作为客人又未被介绍人发现，最好能礼貌而又巧妙地找他人来向主人引荐，必要时毛遂自荐也不失礼。

5. 先把个人介绍给团体，然后介绍团体的成员。介绍时，除妇女和年长者外，一般都应起立，但在宴席和会谈桌上不必起立。被介绍人要微笑点头表示礼貌。

（二）握手

握手是中国人最常用的一种见面礼，也是国际上通用的礼节。握手貌似简单，但这个小小的动作却关系着个人及公司的形象，影响到谈判的成功。

握手的力度。中国人初次见面，通常是握到为止，一般不会过重。欧、美人则喜欢用力握对方的手，握得太轻被认为是软弱、没有信心的表现。

握手的时间。握手的时间不宜太长，也不宜太短，国际上通用的标准是三秒钟左右。但老朋友重逢，或谈判中达成了一项重大协议，或谈判成功签字后，握手的时间可略长。

握手的顺序。在上下级之间，上级伸手后，下级才能伸手相握；在男女之间，女士伸手后，男士才能伸手，女性与他人握手时应先脱去手套（如果佩戴手套的话），但地位身份较高者例外；男性则必须脱去手套才能与他人握手；在主人与客人之间，主人应先伸手，客人再伸手相握；许多人握手时，注意不能交叉，待别人握手完毕后再伸手。

握手时伴随的动作。握手时，双眼要正视对方，面带微笑，以示致意，不可东张西望，或面无表情。东张西望显示心不在焉，面无表情显示不友好，二者都缺乏对别人的尊重。

在伊斯兰国家，左手不能用来从事如签字、握手、拿食物等干净的工作，否则会被看做是粗鲁的表现，因为左手一般是用来做不洁之事的。

当然，在有些国家见面时并不握手，譬如日本常采用鞠躬的方式，泰国采用双手合十的方式，法国人采用亲吻的方式，阿根廷人不仅亲吻而且拥抱。在大多数非洲国家中，习惯用身体打招呼——长时间地把手放在客人的肩上。至于选择采用何种见面礼仪，应视不同文化而定，入乡随俗是上策。

要注意的是，握手并非是全球通用的礼节。例如在东南亚一些佛教国家是双手合十致意；在日本、韩国是鞠躬行礼；美国人只有被第三者介绍时才行握手礼；东欧一些国家的见面礼是相互拥抱，等等。

（三）致意

如果遇到谈判双方或多方之间相距较远，一般可举右手打招呼并点头致意；与相识者侧身而过时，应说声“你好”；与相识者在同一场合多次会面时，只点头致意即可；与一面之交或不大相识的人在谈判场合会面时，均可点头或微笑致意；如果遇到身份高的熟人，一般不要径直去问候，而是在对方应酬活动告一段落后，再前去问候致意。

三、交谈时的礼仪

（一）称呼

正式介绍时，应使用对方的尊称和对方的姓，同时要注意姓名的构成。一般来说，西欧和美国的姓名构成是名在前，姓在后。拉美国家一般是母亲名字在前，父亲名字在后。讲西班牙语的国家，则是父亲的名字在前，母亲的名字在后。韩国和中国一样，姓在前，名在后。美国和比利时的已婚职业妇女，仍使用他们婚前的姓。在德国，“先生”或“女士”用在职称前，两者并用。在日本，在姓名后加“san”表示尊敬，意思接近于“先生”或“女士”，但这是一个敬语，切忌在自己姓名后加“san”。

在称呼对方姓名时，应注意自己的发音。如不知对方姓名如何发音，可直接向对方请教，否则，如果每次都把对方姓名读错，是非常不礼貌的。

（二）名片交换

在不同国家，名片交换的重要程度不同。在国际商务谈判中，应根据有关国家的礼仪来决定名片如何交换。当然，无论采用何种方法，名片的交换都有利于加深双方的了解。

在设计和交换名片时，应注意以下几点：

1. 设计有两种语言的名片。设计一面是中文另一面是英文或东道主国家语言的名片。在名片上，应标有职务和头衔，这种头衔在许多国家是非常重要的。

2. 把名片放在自己口袋里或公文包内，以便随时取用。名片应保持完整无损，并放在一个精致的名片盒或袋内。同时，要带够足够的名片，以避免人数较多的场合下名片不够的尴尬局面。

3. 了解递交名片的场所与时机。在美国和澳洲，交换名片比较随意，有时甚至不需要交换。但在有些国家,交换名片则显得比较正式隆重。

在日本,交换名片是在鞠躬和自我介绍后进行的的,客人先递交名片。被介绍者递交名片则必须在被介绍之后进行。

在阿拉伯国家,名片交换一般是在会面后进行的,但也往往在握手时交换名片。

在葡萄牙,名片交换是在见面后立即进行。

在丹麦,名片交换是在见面开始时进行。

在荷兰和意大利,通常是在第一次见面时递交名片。

在社交活动场合,不易递交名片或要求赠送名片。

4. 熟悉递交名片的方式。递交名片时,应把英文或东道国国家文字的那一面朝上,把中文的那一面朝下。

在中东、东南亚和非洲国家,应用右手递交名片,因为印度、印尼等一些用手抓饭的国家认为右手是干净的,左手则是不干净的。

在日本和新加坡,应用双手递交名片。

5. 懂得如何接受名片。当接到名片时,应说一声“谢谢”或点头微笑,同时对名片加以研究,切记不能玩弄名片。在认真阅读后,郑重地将名片放入自己的名片盒内或夹到文件上,不要在接到名片后一眼未看就随便放入口袋中,这是十分失礼的。

如参加会谈时接到的名片较多,可将名片在桌上摊开,并将名片与人对号,会谈结束时再将名片收起放好。

（三）谈话与举止

1. 情自然。不要离对方太近或太远,不要拉扯、拍打。

2. 势适当。手势要文明,幅度要合适,不要动作过大。不要用手指人或拿着笔、尺子等物指人。

3. 加别人谈话要先打招呼。别人在个别谈话时,不要凑近旁听。若有事需要与某人交谈时,要等别人谈完。有人主动和自己交谈时应乐于交谈,第三者参与交谈时,应以点头或微笑表示欢迎。谈话中遇有急事需处理或离开时,应向对方表示歉意。

4. 多时与所有人交谈。交谈现场超过三个人时,应不时地与在场所有人交谈几句,不要只和一两个人说话而不理会其他人;所谈问题不宜让别人知道时,应另选场合。

5. 自己在讲话的同时给别人说话的机会。自己讲话时要给别人发表意见的机会;别人讲话时也应寻找机会适时地发表自己的看法;善于聆听别人的讲话,不要轻易地打断对方的发言;一般不谈与话题无关的内容,如对方谈到一些不便谈论的问题,不要轻易地表态,可转移话题;对方发言时,不应左顾右盼,心不在焉,或注视别处,显出不耐烦的样子;不要做看手表、伸懒腰、玩东西等漫不经心的动作。

6. 谈话内容。谈话的内容不要涉及疾病、死亡等不愉快的事情；不要谈荒诞离奇、耸人听闻、黄色淫秽的事情。

7. 不询问。不问女士的年龄、婚姻状况；不问对方履历、工资、财产、衣饰价格等；不对别人评头品足，不讽刺别人，也不要随便谈论宗教问题。

8. 男士一般不参加女士圈的讨论，也不要与女士无休止地交谈而引人反感侧目；与女士交谈时要谦让、谨慎；不随便开玩笑；争论问题要有节制。

9. 交谈时的距离。距离的定义是既要尊重他人，又要听清话语。一般来说，美国人、亚洲人与人交谈时的距离稍远，阿拉伯人的交谈距离较近，甚至仅有三英寸，其他欧洲国家客商与人交谈距离居中。

四、宴请和赴宴的礼仪

（一）宴请礼仪

各个国家和民族都有自己的特点和习俗，采用何种宴请方式常根据活动目的、邀请对象及经费开支等因素决定。

1. 确定宴请方式。可以选择正式宴会、便宴、家宴和工作餐等形式，选择时主要依据时间、费用、交易重要程度等因素。

2. 确定邀请名义和对象。确定邀请对象的主要依据是主、客双方的身份，主、客身份应对等。

3. 确定邀请范围。确定邀请的人员、级别、人数和主人一方何人作陪，要多方面考虑，比如宴请的性质、主宾的身份、国际惯例、对方招待我方的做法或政治气候等。

4. 宴请的时间和地点的选择。宴请时间应对主客双方都合适，注意不要选择对方的重大假日、有关重大活动或有禁忌日的日期和时间。小型宴请应首先征询主宾的意见，最好口头询问，也可用电话联系。主宾同意后，时间即被认为是最后确定，可按此邀请其他来宾。注意不要在客人住的宾馆招待设宴。

各种宴请活动一般均发请柬，工作餐可不发。选菜不是依据主人的爱好，主要考虑主宾的喜好与禁忌。比如，伊斯兰教徒用清真席，不用酒和大肉，甚至不用带酒精的任何饮料；印度教徒不能用牛肉；佛教和一些宗教人士吃素；也有因身体原因不能吃特定食品的，应事先询问并注意。无论哪一种宴请，最好事先开列菜单，征求主宾的同意。宴请不求豪华，以温暖、愉快、民族特色鲜明为上。

宴请要排好桌次和座次。国际上的习惯是，以离主桌位置远近决定桌次高低，同一桌上，以离主人的座位远近决定座位高低，右高左低。

（二）参加宴请的礼仪

1. 应邀。接到邀请后，能否出席要尽早答复，以便对方妥善安排。接受邀请后，不要随意改动，万一非改不可，尤其是主宾，应尽早向主人解释、道歉。

2. 出席时间。迟到、早退、逗留时间过短是失礼行为。主要的、身份高的客人可略晚一些到达，一般以迟到5分钟左右为宜。一般客人应略早到达，一般提前二三分钟。主宾退席后，其他客人再陆续告辞。

3. 入座。要清楚自己的桌次和座位，不可随意乱坐。

4. 进餐。入座后，主人招呼，即可开始进餐。用餐时，身体与餐桌之间要保持适当的距离，以方便取食物和不影响邻座；进餐时，应尽量避免打喷嚏、长咳、打哈欠等，实在无法抑制时，应用餐巾纸掩住口鼻。

5. 交谈。无论是作为主人、陪客或宾客，都应注意与同桌的人交谈，特别是左右邻座，应相互介绍认识并做简略交谈，不要冷落其中的任何人。

6. 饮酒。在主人和主宾敬酒、致辞时，应暂停进餐，停止交谈，注意倾听，并向主人或主宾行注目礼。参加宴请时，可适当饮酒，饮酒量要控制在自己酒量的1/3以内，饮酒过量或勉强他人饮酒都是失礼的行为，一定要避免。

7. 喝茶、咖啡。喝茶或咖啡时，要用左手端起茶碟或咖啡碟，右手端杯，不要将搅拌用的茶匙把茶或咖啡放入口中。

8. 吃水果。水果一般会去皮切块，要用叉子或牙签取食。

思考题

1. 国际商务礼仪包括的主要内容有哪些？
2. 在不同的国家人与人之间的交谈距离有哪些特点？
3. 男士着精致西装时应注意哪些细节？
4. 女士出席商务谈判时的化妆应注意哪些问题？
5. 握手顺序有哪些忌讳？

案例应用

字节跳动收购Pico谈判达成①

2021年8月29日，VR创业公司Pico发出全员信，披露该公司被字节跳动收购。

Pico成立于2015年，由现任CEO周宏伟发起创立，专注于打造极致VR体验，

① 资料来源：腾讯新闻，2021-08-30。

是国内 VR 行业出货量最大的软硬件研发制造商。公司已经研发的产品有移动 VR 头盔、GoblinVR 一体机、PicoUVR 眼镜、TrackingKit 追踪套件、PicoStore 应用和游戏商店等。Pico 虽然在硬件技术上有较强的实力，但在 VR 软件、内容、营销等方面还有不少短板。中信建投传媒互联网首席分析师杨艾莉认为，Pico 选择字节跳动，除了投资资金能够给研发带来直接的支持，还可以为 Pico 带来亿级流量的营销拉动。

字节跳动的收购，足可见其在 VR 业务布局上的野心。字节跳动其实很早就在 VR/AR 领域进行布局。2017 年 4 月，抖音推出了 VR 社交，可以通过捕捉用户面部表情生成卡通形式。AR 扫一扫、AR 互动、AR 滤镜等已经被广泛应用于抖音、TikTok 等产品。“过硬的技术实力是字节跳动选择收购 Pico 的重要原因。”专利数据库公司智慧芽的专家对记者表示，“从 Pico 目前仍在申请的专利类型来分析，发明专利占了绝大多数，说明其技术在行业拥有一定创新性，其中大多与 VR 核心技术领域相关，包括显示设备、头戴设备、摄像头、智能眼镜、深度图像、手势识别、沉浸式体验技术等。”智慧芽全球专利数据库显示，Pico（北京小鸟看看科技有限公司和青岛小鸟看看科技有限公司）拥有已公开的专利申请超过 758 件，其中有效专利 413 件。该公司从 2015 年开始申请技术专利，截至目前最新已被授权的专利超过 447 件（包括发明、实用新型和少量外观设计）。从地区来看，该公司旗下技术来源和目标的应用市场主要在中国，在美国也有申请少量专利。第三方咨询公司 WitDisplay 首席分析师林芝对记者分析指出：“字节跳动是移动互联网厂商，也是内容平台厂商，拥有大量的用户，收购 Pico 之后，可以丰富 Pico 内容和用户，完善 Pico 软硬件生态，加速 Pico 成长为国内 VR 龙头。与此同时，字节跳动在即将上市之际收购 VR 企业，给投资者创造了更大的未来期待——加入元宇宙概念，未来这笔收购资金也可以从股市中收回，是笔不错的买卖。”

延伸阅读

440 亿美元，马斯克舌战群儒成功收购推特①

一、马斯克成功收购推特

推特上最大的网红收购了推特。

人们一直在说“马斯克的收购提案具有不确定性”，但事情就这么谈成了。一口价，全资收购。

---

① 资料来源：澎湃新闻，2022-04-27。

本周一,推特董事会宣布接受收购要约,伊隆·马斯克以约 440 亿美元现金达成收购社交网络公司推特(Twitter)的交易。该交易将把这家拥有 2.17 亿用户和全球影响力的社交媒体平台的控制权完全转移给全球首富。对于推特这家拥有 16 年历史的科技公司来说,这是一个发生重大转折的时刻,它已成为世界上最具影响力的公共媒体平台之一,但现在也面临着一系列挑战。

交易完成后,推特将退市成为一家私人控股公司,这或将成为 20 年来最大的一笔公司私有化交易。目前,交易仍需股东投票和监管部门批准,预计将于 2022 年内完成。但相比英伟达对芯片设计公司 Arm 的收购,推特面临的阻碍相对较小。

最近一段时间,马斯克一直在批评推特的审查,称自己是言论自由的绝对支持者,表示推特的推文优先排序算法应该是开源的,并批评在服务上给广告投放者过多的权力。

有政治活动家预计,随着马斯克掌权,推特将解封包括前总统唐纳德·特朗普在内的被禁止个人账号。对此,保守主义者为减少控制的前景欢呼,而一些人权活动家表示担心仇恨言论会因此而增加。

对于本次收购,推特前首席执行官 Jack Dorsey 回应:原则上,我认为任何人都不应该拥有或经营推特,它想成为公共产品而不是公司。但是,解决它作为一家公司的问题,伊隆是我信任的唯一解决方案。

“想法和服务对我来说是最重要的，我将尽一切努力保护两者”，他写道，“推特这家公司一直是我唯一的问题，也是我最大的遗憾。它一直归华尔街和广告模式所有，从华尔街收回它是正确的第一步。”

通过本次交易，Jack Dorsey 可将大约 9.7 亿美元现金收入囊中。

马斯克本人描述了对推特用户友好调整的愿景，例如增加编辑推文按钮和反制发送大量无效推文的“垃圾邮件机器人”。

4 月 14 日马斯克提出报价之后，各方一直持怀疑和抵触态度，推特董事会还提出了抵制“恶意收购”的毒丸计划。在上周马斯克向推特股东提供其报价的融资细节之后，有关该交易的讨论在周末突然加速。

迫于投资者压力，推特开始与马斯克谈判，并以他当初提议的每股 54.20 美元的价格为基础开始讨论收购。这是马斯克“最好的也是最后一次”报价，他最终也以该价格谈成了交易。

受收购消息推动，截至美股周一收盘，推特纽交所股价涨 5.66%，报收每股 51.70 美元。

根据达成的协议，推特股东将在完成交易后得到每股 54.2 美元现金，收购价较该公司 4 月 1 日的收盘价高 38%。推特董事会主席、Salesforce 联席首席执行官 Bret Taylor 表示：董事会进行了深入思考并全面评估了马斯克的提议，考量了交易价值、确定性和融资情况，拟议的交易将带来可观的现金溢价，我们相信这是符合推特股东利益的最佳途径。

即便相对目前股价有溢价，但马斯克的收购仍远低于推特股票 2021 年交易的 70 美元区间。持有推特股份的 Jonathan Boyar 表示：我认为，如果给公司足够的时间进行转型，我们的价值将远远超过马斯克目前提供的价格。然而，他也补充说，如果公开市场不能正确评估一家公司，收购方最终会给出一个答案。

二、富豪流行买媒体

马斯克的举动延续了亿万富翁购买有影响力的媒体平台的传统，此前与他时常在推特上隔空问候的杰夫·贝佐斯 2013 年已收购了华盛顿邮报。对于富豪购买媒体平台的行为，网友调侃：我们不一样。

推特表示，为此次收购行动，马斯克获得了 255 亿美元的债务和保证金贷款融资，并提供了 210 亿美元的股权承诺。

据福布斯报道，马斯克的身价为 2 680 亿美元，他表示自己并不十分关心推特的经济状况。拥有一个最大程度信任和广泛包容的公共平台对文明的未来极为重要，我根本不关心经济上的事，他在最近的一次公开演讲中说。

一直以来，马斯克在推特的 8 400 万粉丝的账户被视为特斯拉和 SpaceX 重要的公共关系和营销工具。自今年初以来，马斯克已经持有推特超过 9.2%的股份。

但作为推特单一最大股东，马斯克也曾因“口无遮拦”而遭到推特禁言。

马斯克曾明确表示，他希望看到推特平台的变化，坚称自己购买该平台的想法并非出于财务上的考虑。马斯克上周称推特为“城市广场”（de facto town square），他认为推特应该“开源算法”。

收购消息公布后，有人发现推特已经在GitHub平台开通了“算法”的repo，内容还是空的，即便如此，这个项目也已收获了数千个Star。看起来，全世界的程序员都在等待开源的那一刻。

三、推特CEO：马斯克收购后“暂时”没有裁员计划

在公司宣布同意马斯克440亿美元收购的数小时后，本周一推特举行了全体线上会议，推特首席执行官Parag Agrawal回答了有关他的未来、公司董事会以及可能裁员的问题。

“一旦交易完成，我们不知道平台会朝哪个方向发展”，推特CEO Parag Agrawal在周一的全体电话会议上表示。对于大家关心的问题，他没有提供太多具体的答案。

一位听到了这些谈话内容的匿名人士表示，“目前”推特没有计划裁员。Parag Agrawal还表示，他将继续担任首席执行官，直到交易完成，但他没有评论之后会发生什么。董事会主席Bret Taylor表示，一旦交易完成，公司董事会将解散。

自马斯克本月早些时候表达收购推特的意图之后，一些推特员工就表示了不满或完全的反对。OANDA的分析师Edward Moya表示，这笔交易代表了不同的利益。

“这对推特股东来说是个好消息，此前这家公司看起来并不像走在快速发展的道路上”，Moya在给客户的邮件中这样写道。另外，他也表示，“特斯拉股东可能不会高兴，因为马斯克无法再倾注更多心力在电动汽车的赛道上。”

本次交易已获得公司董事会的批准，目前尚需股东投票表决。分析师表示，这次收购预计不会有监管障碍。

特朗普在2021年总统任期届满之前被禁用推特，眼下他的公司正在打造一个名为Truth Social的推特竞品。在周一接受福克斯新闻采访时，特朗普表示，他不会再回到推特。

白宫方面拒绝对马斯克的交易发表评论，但表示拜登总统长期以来一直担心社交媒体平台的力量。“我们的担忧并不意外”，白宫发言人称，并补充说这些平台需要承担责任。“总统长期以来一直在谈论他对社交媒体平台传播错误信息情况的担忧。”

第八章

文化差异对国际商务谈判的影响

Effects of Cultural Differences Among Various Countries on Negotiations

商务谈判不仅是谈判双方基于经济利益的交流与合作,也是双方所具有的不同文化之间的碰撞与沟通。在不同国家、不同民族之间进行的国际商务谈判更是如此。国际商务谈判受到各自国家、民族的政治、经济、文化等多种因素的影响，其中最难以把握的就是文化因素,而文化因素也直接造就了各国、各地区商务谈判风格的差异。因此,在国际商务谈判中正确把握文化因素，进而深入了解各地域的商务谈判风格是至关重要的。

学习要点

The business negotiation is not only communication and cooperation between two parties based on their own economic benefits, but also collision and communication between different cultures. It is particularly true when international business negotiations take place between different countries or different nationalities. The international business negotiation is affected by political, economic, cultural and other factors in each country or each nationality, but the cultural factor is the most different one to control, which results in different negotiation styles of business people from various countries or districts. Therefore, it is crucial to understand the cultural factor in international business negotiations and to know further negotiation styles of business in various places.

西门子医疗完成收购瓦里安①

2021年4月15日，西门子医疗宣布已顺利完成对瓦里安医疗系统公司（以下简称“瓦里安”）的收购。瓦里安和西门子医疗将基于此前“EnVision”项目框架下所建立的长期战略合作伙伴关系，全面构建包括治疗管理在内的数字化、诊断和治疗生态系统。

早在2020年8月2日，西门子医疗和瓦里安宣布双方已签订收购合并协议。当时，西门子医疗将以每股177.50美元现金收购瓦里安医疗系统公司的所有股份，折合收购总价约164亿美元。

此次合并的完成使瓦里安成为西门子医疗旗下的新业务部门，这标志着西门子医疗在实施公司“2025战略”的过程中迈出了重要步伐。业务上，西门子医疗与瓦里安合并将加速提升公司在全球医疗健康领域的影响力，高度互补造就业内最全面的癌症治疗产品组合。此外，西门子医疗预计从2025财年开始，每年至少可实现3亿欧元的协同效益。

据了解，西门子是医疗影像行业三巨头之一。瓦里安是全球肿瘤放疗领域龙头，放射市场占据全球70%，特别是在放射肿瘤学和相关软件领域拥有创新的解决方案，瓦里安在全球安装了8 000多套放射治疗系统，占据全球超过50%的放疗市场份额。此次合并意味着西门子医疗的医疗影像人工智能辅助分析技术与瓦里安肿瘤放射技术强强联手，深耕全球肿瘤放疗市场。

西门子医疗监事会主席Ralf P. Thomas教授表示：“瓦里安加入之后，西门子医疗将拥有医疗科技领域最全面的产品组合，有望给公司带来巨大的价值创造潜力。凭借高度一体化的经营策略，西门子医疗将把全球抗癌事业提升到全新的高度。”

放疗是最常见的肿瘤治疗方案之一，从医学的角度看，大约70%的肿瘤患者需要在疾病发展的不同阶段进行不同程度的放射治疗。根据弗若斯特沙利文的报告，中国癌症病发总数由2015年400万人升至2019年440万人，预期2025年将进一步增加至约510万人。

相对于肿瘤手术治疗，现代化精准放疗具有副作用更小、治疗效果更好、综合成本更低等一系列优势，与其他治疗方式配合（如手术）可以取得更好的疗效。放射治疗适应证十分广泛，可针对多种肿瘤及其他疾病。

此前，国内市场针对放疗使用的高能加速器几乎被瓦里安和瑞典医科达两大国外医疗器械巨头垄断。

---

① 资料来源：思宇 Med Tech，2021-04-30。

随着瓦里安的加入,西门子医疗将利用人工智能辅助分析技术,深入开发和提供基于数据的精准医疗服务,重新定义癌症诊断、治疗服务和愈后管理。通过开展癌症早期准确发现与高效诊断,提高治疗质量并扩大服务范围,减少癌症患者所面临的不确定性,提高癌症患者生存率。由此看出,西门子医疗合并瓦里安之举旨在拓展其全球肿瘤放疗帝国版图。

西门子医疗旗下瓦里安首席执行官陶克瑞(Chris Toth)指出:"瓦里安和西门子医疗此次合并具有重大意义,合并后的公司将满足日益增长的个性化、数据化诊断和精准癌症治疗的需求,有效应对全球日益增长的癌症发病率。我们将整合双方独具优势又高度互补的产品组合和能力,支持肿瘤临床医生和患者取得更好的疗效,从而持续迈向我们的愿景——创造一个无惧癌症的世界。"

西门子医疗首席执行官孟天齐(Bernd Montag)博士表示:"随着交易的完成,我们现在已做好准备,一步实现两次飞跃:一方面推动公司抗癌业务的飞跃;另一方面提升公司在医疗健康行业的整体影响力。我们将共同成为一个强大且值得信赖的合作伙伴,能够在癌症诊疗全流程以及所有主要的临床路径上,为客户和患者提供支持。"

国际商务谈判,不仅仅是谈判各方基于经济利益的交流与合作,也是各方所具有的不同文化之间的碰撞与沟通。在不同国家、不同民族之间进行的国际商务谈判更是如此。国际商务谈判受到各自国家、民族的政治、经济、文化等多种因素的影响,而其中最难以把握的就是文化因素。文化上的差异导致了国际商务谈判中的文化碰撞甚至冲突,相当一部分谈判因此而失败,直接影响了国际商务活动的顺利进行。

由于世界各国历史传统、政治制度、经济状况、文化背景、风俗习惯以及价值观念存在明显差异,所以各国谈判者在商务谈判中都会形成不同的谈判风格。每一个谈判人员来到谈判桌前时,都带着自己深深的文化烙印,因而在进行国际商务谈判之前,谈判人员必须熟悉各国文化的差异,认真研究对方谈判人员的文化背景及其特点,把握对方的语言及非语言习惯、价值观、思维方式、行为方式和心理特征,做好充分的准备,以此建立并加强自己的谈判实力,并能在谈判中因势利导,从而左右逢源,掌握谈判的主动权,在国际商务谈判中不辱使命,进而取得谈判的成功。

第一节 跨文化差异

由于不同国家的文化背景不同,谈判人员的交际方式以及价值观等都有所差异,这就导致国际商务谈判具有跨文化性。所以,我们应了解跨文化差异及其表现。在进行国际商务谈判的过程中,不仅要对谈判内容进行充分准备,还要对各国的文化背景有所了解,熟悉不同国家进行商业活动的文化差异,这样才能有效保证谈判的顺利进行。

一、跨文化差异的概念

跨文化差异,广泛地是指世界上不同地区的文化差别,即指人们在不同的环境下形成的语言、知识、人生观、价值观、道德观、思维方式、风俗习惯等方面的不同文化差异(尤其是东西方文化差异),导致了人们对同一事物或同一概念的不同理解与解释。

二、跨文化差异的表现

(一)价值观

价值观寓于人的思想之中,是控制行为选择的心理活动,是人们对周围的世界进行思考并使自己与之适应的活动,作为一种精神支配力量,是对人的行为产生广泛而深刻影响的观念形态。一定的价值观念是民族文化的重要组成部分。人们所处的自然环境和社会环境、人的社会地位和物质生活条件的高低,是形成价值观的关键所在。

价值观是文化的核心因素,它包括世界观、人生观、人与自然的关系、宗教信仰、道德标准等。中国,由于深受儒家思想文化的影响,倡导人自身、人际间、人与社会的和谐。中国人在交流时,注重个人对社会的贡献并以此评定其价值,注重个人在团队中的良好合作和人际关系。而在利益方面,中国人强调个人利益要让步于整体利益,并追求谦虚谨慎的美德和对权威的崇尚。然而,西方国家因文艺复兴的影响,形成了以个人主义为核心的价值体系,他们极力推崇个人主义和自我价值的实现。

国际商务谈判中价值观方面的差异远比其他方面的文化差异隐藏得更深,因此也更难以克服。价值观差异对国际商务谈判行为的影响主要表现为因客观性、时间观念、竞争和平等性等观念差异而引起的误解和厌恶。

1. 客观性。所谓的客观性,就是在进行商务谈判的过程中,谈判主体对“人和事物的区分程度”。西方人特别是美国人具有较强的“客观性”,因此,美国人在国际商务谈判时强调“把人和事区分开来”,感兴趣的主要为实质性问题。相反在世界其他地方,“把人和事区分开来”这一观点被看做并不可能。例如,在裙带关系十分盛行的东方和拉丁美洲文化中,经济的发展往往是在家族控制的领域内实现的。因此,来自这些国家的谈判者不仅作为个人来参与谈判,而且谈判结果往往会影响到该个人,个人品行和实质问题成了两个并非不相干的问题,而且实质上两者变得不可分开。

2. 时间观。不同文化具有不同的时间观念。如北美文化的时间观念很强,对美国人来说时间就是金钱。例如:美国人常讲"Business is Business."(生意归生意)。"时间就是金钱""金钱决定一切"是美国人的不渝信条。英美人以讲究准时、效率而著称,凡事都记入日程表,考虑问题着眼当前和未来,而不是过去,这些都能从单一时间取向中窥见一斑。邀请英美人参加隆重的宴请活动,一定要至少提前一个月通知,不能等到前一天。没有预约的造访会被视为对私人时间的侵扰,没有提前发出或商量的邀请会被视为没有诚意的行为。中东和拉丁美洲文化的时间观念则较弱,在他们看来,时间应当是被享用的。

爱德华·霍尔把时间的利用方式分为两类:单一时间利用方式和多种时间利用方式。单一时间利用方式强调"专时专用"和"速度"。北美人、瑞士人、德国人和斯堪的纳维亚人具有此类特点。单一时间利用方式就是线性地利用时间,仿佛时间是有形的一样。直率是单一时间利用方式这一文化的表现形式。

多种时间利用方式则强调"一时多用"。中东和拉丁美洲文化具有此类特点。多种时间利用方式涉及关系的建立和对言外之意的揣摩。在多种时间利用方式下,人们有宽松的时刻表、淡薄的准时和迟到概念、意料之中的延期,这就需要有较深的私交和"静观事态发展"的耐性。

因此,在国际商务谈判中,当两个采用不同时间利用方式的经营者遇到一起时,就需要调整,以便建立起和谐的关系,并要学会适应多种时间利用方式的工作方式,这样可以避免由于"本地时间"与"当地时间"不一致所带来的不安和不满。

3. 竞争和平等观。所谓的竞争、平等观念,就是在进行国际商务谈判的过程中坚持公平竞争、合理平等的原则,谈判双方都有利可图。在这方面做得比较好的就是英美等西方国家,他们具有较强的竞争与平等观念,在进行谈判的过程中,更加注重谈判双方的实际利益,无论是所提条件还是报价都比较合理。

竞争和平等性差异对国际商务谈判的影响可以借助模拟谈判之类的实验经济学结果得到粗略的反映。模拟谈判实验观察了来自不同文化的商人小组参加同样的买卖游戏所得到的"谈判蛋糕"。这一模拟体现了商务谈判的精华,即竞争和合作。令 N 为 n 个来自不同文化的商人小组进行模拟买卖所得到的"谈判蛋糕"的观察结果所构成的集合,那么:

$$\begin{aligned} N &= N(N_1, N_2, N_i \cdots N_n) \\ N_i &= N_i(V_i, B_i, S_i) \end{aligned} \qquad (8\text{-}1)$$

其中,N_i 表示来自第 i 种文化的谈判双方的"谈判蛋糕";V_i 表示买方和卖方在模拟中所得的共同利润；B_i 和 S_i 分别表示共同利润在买方和卖方间的所得百分比减去50%后的值，即 $B_i+S_i=0$。

显然，V_i 越大，合作效果越好；$B_i<0, S_i>0$ 表明利润分配对卖方有利，$B_i>0, S_i<0$ 表明利润分配对买方有利，且 $|B_i|$ 或 $|S_i|$ 越大，利润分配越不平等。

考察模拟实验的结果见表8-1。不难发现，就美国文化和日本文化而言，日本人最善于做大蛋糕，而美国人的蛋糕大小一般。相反，美国人对利润的划分相对较日本人公平，日本人划分蛋糕的方式对买方较为有利。事实上，在日本，顾客被看做上帝，卖方往往会顺从买方的需要和欲望；美国的情况完全不同，美国卖方往往将买方更多地视为地位相等的人，这也符合美国社会奉行的平等主义价值观，在许多美国经理看来，利润划分的公平性似乎比利润的多少更为重要。

表8-1　同一文化内谈判双方的合作效果与利润分配平等程度比较

观察变量 \ i	日本	韩国	俄国	德国	英国	法国	巴西	美国
V_i	V_1	V_2	V_3	V_4	V_5	V_6	V_7	V_8
买卖双方合作效果由大到小	$V_1>V_5>V_7>V_6>V_8>V_3>V_2>V_4$							
B_i	B_1	B_2	B_3	B_4	B_5	B_6	B_7	B_8
利润分配有利于买方程度由大到小	$B_2>B_1>B_6>B_5>B_3>B_4>B_8>B_7>0$							

资料来源：①Philip R. Cateora & John L. Graham. International Marketing. 11th ed. McGraw-Hill Companies, Inc. ,2002.

②Kitty O. Locker. Business and Administrative Communication. 5th ed. McGraw-Hill Companies, Inc. ,2000.

③关世杰. 跨文化交流学. 北京：北京大学出版社，1995.

(二)语言及非语言因素

语言是任何国家、地区、民族之间进行沟通的桥梁，其差异在国际商务活动中是最直观明了的。不同族群、不同文化背景的谈判人员所使用的语言存在很大的不同。一般而言，西方人简单且直接，中国人含蓄而排外。在国际商务谈判中，若谈判观点被他人认同，西方人的回答大多是："Thank you."（谢谢），中国人的反应必然是："哪里，哪里，过奖了！"西方人希望自己的个人价值得到社会的承认，中国人在对待自身价值得到别人认同的时候,即便是事实且心里高兴,但是口头上绝不敢轻易流露,生怕被扣上得意自满的帽子。

国际商务活动的语言差异是最直观明了的。解决语言问题的方法也很简单,如雇用一位翻译或者用共同的第三语言交谈。模拟谈判研究表明,谈判人员所使用的语言行为在各种文化中具有较高的相似性。但不管如何,差异也是显而易见的。在不同语言中,作为信息交流技巧的种种语言行为方式的使用频率呈现一定的差异性(见表 8-2),如果不了解这些差异,那么很容易误解谈判对手所传播的信息,从而影响商务谈判目标的实现。

表 8-2　　不同语言中各种交流技巧的使用频率比较

技巧 \ 使用频率 \ 国别	中国	日本	韩国	俄罗斯	德国	英国	法国	巴西	加拿大	美国
承诺	6	7	4	5	7	11	5	3	7	8
威胁	1	4	2	3	3	5	5	2	2	4
推荐	2	7	1	4	5	6	3	5	5	4
警告	1	2	0	0	1	1	3	12	3	1
报偿	1	1	3	3	4	5	3	2	2	2
惩罚	0	1	5	1	2	0	3	3	2	3
肯定规范评价	1	1	1	0	0	0	0	0	1	1
否定规范评价	0	3	2	0	1	1	0	1	2	1
保证	10	15	13	11	9	13	10	8	11	13
自我泄露	36	34	36	40	47	39	42	39	28	36
提问	34	20	21	27	11	15	18	22	36	20
命令	7	8	13	7	12	9	9	14	8	6

资料来源:①Philip R. Cateora & John L. Graham. International Marketing. 11th ed. McGraw-Hill Companies, Inc. ,2002.

②Kitty O. Locker. Business and Administrative Communication. 5th ed. McGraw-Hill Companies, Inc. ,2000.

③关世杰. 跨文化交流学. 北京:北京大学出版社,1995.

在商务谈判中,谈判人员以非语言的更含蓄的方式发出或接受大量的比语言信息更为重要的信息,而且所有这类信号或示意总是无意识地进行的(见表8-3)。因此,当外国伙伴发出不同的非语言信号时,具有不同文化背景的谈判对手极易误解这些信号,而且还意识不到所发生的错误。这种在不知不觉中所产生的个人摩擦如果得不到纠正,就会影响商业关系的正常展开。

表8-3　　不同语言中非语言交流技巧的使用频率比较

技巧＼使用频率＼国别	中国	日本	韩国	俄罗斯	德国	英国	法国	巴西	加拿大	美国
沉默时间百分比	7.7	8.3	0	12.3	0	8.3	3.3	0	5	5.7
插话间隔时间(分钟)	1.75	4.84	1.36	2.26	1.44	5.66	1.45	2.10	1.45	5.88
凝视时间百分比	37	13	33	29	34	30	53.3	52	48.7	33.3
每小时接触次数	0	0	0	0	0	0	0.2	9.4	0	0

资料来源:①Philip R. Cateora & John L. Graham. International Marketing. 11th ed. McGraw-Hill Companies, Inc. ,2002.

②Kitty O. Locker. Business and Administrative Communication. 5th ed. McGraw-Hill Companies, Inc. ,2000.

③关世杰. 跨文化交流学. 北京:北京大学出版社,1995.

由表8-2及表8-3可见,国际商务谈判中语言及非语言行为之间的差异非常复杂。就日本、巴西和法国文化而言,日本商人的交流风格是最为礼貌的,他们较多地采用正面的承诺、推荐和保证,而较少采用威胁、命令和警告性言论,他们礼貌的讲话风格最突出的体现在他们不常使用"不""你"和面部凝视,但经常保持一段沉默;巴西商人使用"不"和"你"字的频率较高,他们的谈判风格显得较为豪放,而且在谈判中似乎不甘寂寞,不时地凝视对方并触碰对方;法国商人的谈判风格显得更为随意,特别是,他们使用威胁和警告的频率最高,此外,他们还很频繁地进行插话、面部凝视以及使用"不"和"你"字。可见,唯有弄清楚这些差异,方能避免对日本人的沉默寡言、巴西人的热心过头或者法国人的威胁的误解,从而取得国际商务谈判的成功。

(三)风俗习惯

在国际商务谈判中,通常有一些正式或非正式的社交活动,如喝茶、喝咖啡、宴请等。这些活动受文化因素的影响很大,并制约着谈判的进行。如阿拉伯人在社交活动中常邀请对方喝咖啡,按他们的习惯,客人不喝咖啡是很失礼的行为,拒绝一杯咖啡会造成严重麻烦。

德国人在绝大多数时候都是穿礼服,但无论穿什么都不会把手放在口袋里,因为这样做会被认为是粗鲁的。德国人很守时,如对方谈判者迟到,德国人就可能会很冷淡。另外,德国人不习惯与人连连握手,与他连连握手会令他觉得惶惶不安。

芬兰人在买卖做成之后,会举行一个长时间的宴会,请对方洗蒸气浴。洗蒸气浴是芬兰人一项重要的礼节,表示对客人的欢迎,对此是不能拒绝的,因为芬兰人经常在蒸气浴中解决重要问题和加强友谊。

在澳大利亚,大部分交易活动是在小酒馆里进行的。在澳大利亚进行谈判时,谈判者要清楚哪一顿饭该由谁付钱,在付钱问题上既不能忘记也不能过于积极。

在南美洲,不管当地气候怎样炎热,都以穿深色服装为宜。南美商人与人谈判时相距很近,表现得亲热,说话时把嘴凑到对方的耳边。有些南美国家的商人乐于接受一些小礼品。中东地区的商人好客,但在谈判时缺乏时间观念,同他们谈判不能计较时间长短,而应努力取得其信任,即要先建立起朋友关系,这样就容易达成交易。

在与法国人进行紧张谈判的过程中,与他们共进工作餐或游览名胜古迹,对缓和气氛、增进彼此的友谊大有裨益。但千万不能在餐桌上或在游玩时谈生意,因为这样会影响他们的食欲,让他们觉得扫兴。法国人的习惯是在吃饭时称赞厨师的手艺。

在日本,很多交易都是在饭店、酒吧里消磨几个小时后达成的。

北欧人和美国人谈生意时喜欢有一定的隐私。在英国和德国,秘书们会将新的来客挡在外面以避免经理们在会谈中受到打扰。在西班牙、葡萄牙、南美一些国家,敞门办公的现象可能会发生,但新来的客人也常常被请到外面等候。阿拉伯人也有“敞开门户”的习惯,客人任何时候来都欢迎。因而许多时候当一位阿拉伯商人与人会谈时,可能有新的客人进来,因而面对前来拜访的新客人,习惯了谈话不被打扰的北欧和美国人很快就会感到窘迫。

(四)思维差异

在国际商务谈判进行过程中,来自不同文化的谈判者往往会遭遇思维方式上的冲突。以东方文化和英美文化为例,两者在思维方面的差异有:

1. 东方文化偏好形象思维,英美文化偏好抽象思维。

2. 东方文化偏好综合思维,英美文化偏好分析思维。综合思维是指在思想上将各个对象的各个部分联合为整体,将他的各种属性、方面、联系等结合起来;分析思维是指在思想上将一个完整的对象分解成各个组成部分,或者将他们的各种属性、方面、联系等区别开来。

3. 东方人注重统一,英美人注重对立。如中国哲学虽不否认对立,但比较强调统一方面,而西方人注重把一切事物分为两个对立的方面。

基于客观存在的思维差异,不同文化的谈判者呈现出决策上的差异,形成顺序决策方法和通盘决策方法间的冲突。当面临一项复杂的谈判任务时,采用顺序决策方法的西方文化(特别是英美人)常常将大任务分解为一系列的小任务。将价格、交货、担保和服务合同等问题分次解决,每次解决一个问题,从头至尾都有让步和承诺,最后的协议就是一连串小协议的总和。采用通盘决策方法的东方文化则注重对所有的问题整体讨论,不存在明显的次序之分,通常要到谈判的最后,才会在所有的问题上做出让步和承诺,从而达成一揽子协议。

(五)伦理与法制观念

伦理观是调整人们之间相互关系的行为规范。商务谈判中的伦理观是调整从事商务谈判活动人们的相互关系的行为规范,它为商务谈判者的行为提供标准和方向。文化伦理的差异也会在国际商务谈判中成为障碍,商务谈判人员在利益追逐中有自己的文化伦理底线,关注利益获得的基准线不能与自己文化价值的存在形式发生抵触。这些文化伦理价值的存在形式主要有宗教、道德、审美、科学和功利价值等。

不同国家有着不同的信仰禁忌,在国际商务活动中避免触碰对方的信仰禁忌是十分重要的。比如,美国人忌讳13和星期五,他们一般不谈论个人私事,极为注重隐私。日本人忌讳“4”与“9”两个数字,因为日文中“四”与“死”发音相同,“九”与“苦”发音相同。东南亚国家谈判时不允许跷二郎腿,如果谈判者无意之中将鞋底朝向对方,谈判则会宣告失败。阿拉伯人所信仰的伊斯兰教规矩很严,他们的日常生活带有浓厚的宗教色彩,稍有不慎,就会伤害他们的宗教感情。在中东大部分地区,最好不要送酒或猪肉制品。在印度,不要送牛皮制造的物品。在很多西方国家,菊花主要用于葬礼,因此对外不宜赠送菊花以及黄色的花。

在调节人的行为和处理纠纷方面,西方人习惯用法律手段解决问题,由律师出面去解决纠纷。中国的传统文化更注重的是人情舆论。中国谈判者在谈判过程中对于经济活动,包括经济纠纷的处理,往往习惯于依靠人际关系,通过“组织”、通过舆论来发挥作用。正所谓“得到多助,失道寡助”尽量回避从法律上解决问题,着重于从伦理道德上考虑问题。西方文化是契约文化,他们非常重视契约的精确性、权威性,契约一旦生效就会严格执行。西方很多公司都聘请有顾问、律师，有纠纷时由律师处理。在国际商务谈判中，他们要求按程序办事，谈判结束后涉及合同管理以及后续交流，根据商务活动的规则即由共同签订的合同来约束双方，一旦发生分歧与争端，主张按正式的途径予以解决。例如，美国人在国外进行商务谈判时，一定会带上自己的律师。他们常说的一句话："我要征求律师的意见。"文化差异导致在国际商务谈判中不同的伦理和法制观念，只有双方积极增进了解并善于融会变通，才能使商务谈判不陷入僵局，易于破解。

（六）人际关系

成功的谈判要求始终保持畅通无阻的信息交流，然而不同的文化背景使国际商务谈判者之间的信息交流面临许多障碍和冲突。因此，国际商务谈判人员必须能够在谈判中和对手保持良好的人际关系，保证良好的沟通以便谈判顺利进行。对此，美国学者温克勒指出："谈判过程是一种社会交往的过程，与所有其他社会事务一样，当事人在谈判过程中的行为举止、为人处世，对于谈判的成败至关重要，其意义不亚于一条高妙的谈判策略。"

法国人天性比较开朗，具有注重人情味的传统，因而很珍惜交往过程中的人际关系。对此有人说，在法国"人际关系是用信赖的链条牢牢地相互联结的"。另外，在与法国商人谈判时不能只想到谈生意，否则会被认为太枯燥无味。

在日本，人们的地位意识浓厚，等级观念很重，因而与日本商人谈判，搞清楚其谈判人员的级别、社会地位是十分重要的。在德国，人们重视体面，注意形式，对有头衔的德国谈判者一定要称呼其头衔。澳大利亚商人参与谈判时，其谈判代表一般都是有决定权的，因而与澳大利亚商人谈判时，一定要让有决定权的人员参加，否则澳大利亚商人会感到不愉快，甚至中断谈判。

综上所述，包括风俗习惯、语言表达、人际关系、时间观念等因素的文化差异塑造了不同国家各异的谈判风格。要想在国际谈判的战场上纵横捭阖，就必须对此深入了解。以下各节里将对主要区域和国家的谈判风格逐一进行分析。

第二节　各地区和国家迥异的谈判风格

一、北美洲人的谈判风格

（一）美国商人的谈判风格

从总体上讲，美国人的性格是外向、随意的。有些研究美国问题的专家，将美国人的性格特点归纳为：外露、坦率、诚挚、豪爽、热情、自信、说话滔滔不绝、不拘礼节、幽默诙谐、追求物质上的实际利益等。

1. 热情坦率,讲究效率,珍惜时间,直入主题。美国人属于性格外向的民族,他们的喜怒哀乐大多通过他们的言行举止表现出来。直截了当是尊重对方的表现,与美国人谈判表示意见要直接,“是”与“否”必须表达清楚。美国人希望谈判对手的态度认真诚恳,即使双方争得面红耳赤他们也不会介意,即便是己方的责任也不可使用“你看着办吧”或“一切好商量”之类的语言。美国人珍惜时间,生活节奏比较快。他们认为高效、出色地完成任务是一个人有能力的表现,而完成任务的时间长短与事情重不重要无关。他们在谈判时会直入主题,开门见山,报价及提出的具体条件也比较客观,水分较少。美国人对于中国人在谈判中用微妙的暗示来提出实质性的要求感到十分不习惯。他们常常惋惜,不少美国厂商因不善于品味中国人的暗示,失去了不少极好的交易机会。东方人所推崇的谦虚、有耐性、涵养,可能会被美国人认为是虚伪、客套、耍花招。

2. 重合同,法律观念强,讲究实际,注重利益。美国是一个高度法制的国家,美国人的法律意识根深蒂固。平均 450 名美国人就有一名律师,这与美国人解决矛盾纠纷习惯于诉诸法律有直接的关系。美国人认为,交易最重要的是经济利益,往往以获取经济利益作为最终目标。为了保证自己的利益,最公正、最妥善的解决办法就是依靠法律,依靠合同。一旦双方在执行合同条款中出现意外情况,就按双方事先同意的责任条款处理。

美国人做生意时更多考虑的是做生意所能带来的实际利益,而不是生意人之间的私人交情。美国人从不掩饰自己对物质利益的追求,在商务谈判中也表现出“快人快语”,甚至直奔物质利益这一实质性问题。尽管他们注重实际利益,但他们一般不漫天要价。他们还认为,做买卖要双方都获利,不管哪一方提出的方案都要公平合理。

3. 自信心强,不轻易让步,全盘平衡,一揽子交易。美国人有一种优越感,自认为自己什么都好什么都正确。美国人喜欢的谈判方式是在双方接触的初始就阐明自己的立场、观点,推出自己的方案,以争取主动。美国人的自信表现在对本国产品的品质优越、技术先进方面毫不掩饰地称赞。他们认为,“大酬宾”“打折”“买二送一”是对自己的商品缺乏信心的表现,是自己的商品不过硬或根本不懂经商赚钱的无能做法。

美国人的自信与傲慢还表现在他们喜欢批评别人、指责别人。当谈判不能按照他们的意愿进展时,他们常常直率地批评或抱怨。当他们认为十分有理的时候,他们不喜欢听到别人否定的回答,他们不仅希望别人同意而且是当场同意。当然他们也不是坐等别人让步,而是积极施展各种手段,突出自己的优势从而使对手心甘情愿地接受他们的种种条件,取得谈判的最大成功。美国由于经济大国的地位非常突出，因而在谈判方案上也会使用大手笔，表现出财大气粗。谈判者较注重大局，善于通盘运筹，喜欢搞全盘平衡进行一揽子交易。所谓“一揽子交易”，主要是指美国商人在谈判某一项目时不是孤立地谈他的生产或销售，而是将该项目从设计、开发、生产、工程、销售到价格等一起商谈，将该企业的形象信誉、素质、实力和公共关系状况等综合考虑，最终达成一揽子交易。

（二）加拿大商人的谈判风格

加拿大居民大多数是英国和法国移民的后裔，在加拿大从事对外贸易的商人也主要是英国后裔和法国后裔。

英国裔商人同法国裔商人在谈判风格上差异较大。英国裔商人谨慎、保守、重守信誉。他们在进行商务谈判时相当严谨，一般要对所谈事物的每个细节都充分了解后，才可能答应要求。并且，英国裔商人在谈判过程中喜欢设置关卡，一般不会爽快地答应对方提出的条件和要求，所以从开始到价格确定这段时间的商谈是颇费脑筋的，所谓“好事多磨”，对此，要有耐心，急于求成往往不能把事情办好。不过，一旦最后拍板，签订契约，英国裔商人日后执行时很少出现违约的事情。

法国裔商人没有英国裔商人那么严谨，刚刚开始接触时会认为他们都非常和蔼可亲，平易近人，客气大方。但是若在谈判中涉及实质问题时，他们就判若两人，语速降慢，难以捉摸。因此，若希望谈判成功，就要有足够的耐性。法国裔商人对于签约要求比较随意，常常在主要条款谈妥之后就急于要求签约，然而往往正是那些未引起重视的次要条款成为日后履约纠纷的导火线。因此，与他们谈判时应力求慎重，一定要在所有合同条款都订得详细、明了、准确之后，才可签约，以避免不必要的麻烦和纠纷。

二、拉丁美洲商人的谈判风格

拉丁美洲人最突出的性格特点是固执、个人人格至上和富于男子气概。

固执不妥协的特点体现于拉美人的商贸谈判中，就是对自己意见的正确性坚信不疑，往往要求对方全盘接受，很少主动做出让步。如果他们对别人的某种请求感到不能接受，一般也很难让他们转变。

个人人格至上的特点使得拉美人特别注意的是谈判对手本人而不是对手所属的公司或者团体。他们判定谈判对手的工作能力以及在公司、团体中所处的地位往往是根据对手讲话的语气和神情来判断，一旦他们认定对方是有较强工作能力和丰富工作经验并且是公司或团体中的重要人物，便会对之肃然起敬，以后的谈判就会比较顺利。

拉美人对男子气概的崇尚使他们瞧不起妇女而不喜欢同女性进行谈判，当然也有例外，那就是女性谈判者如果能用带有权威的、不容置疑的语调和大量事实向他们表明，自己同他们一样有经验、懂技术、胜任业务，甚至做得比他们更好，并且令人信服地向他们展示自己的能力，这就能让他们感到敬佩，从而暂时收敛他们所谓的男子气概，因为拉美人是崇尚个人奋斗、敬仰成功者的。

与崇尚实际利益的美国商人大为不同的是，拉美人的生活比较悠闲和恬淡，他们不很注重物质利益，而比较注重感情。在拉美人进行商务谈判中，感情因素也很重要，以公事公办、冷酷无情的态度对待他们是绝对行不通的。良好的关系可以使双方的洽谈更为顺利。

拉美人是享乐至上主义者，即便是谈判做生意，他们也不愿意使一些娱乐活动受到妨碍。因此在商务谈判过程中，常常会由于拉美谈判人员突然休假而使得正在洽谈的谈判活动戛然而止。在谈判中，他们的节奏也常常会慢半拍。拉美人这种处理事务节奏较慢、时间利用率低的情况往往会让性急的外国人无可奈何。但是，如果想用速战速决的办法和拉美人谈判只会令他们非常恼火，甚至会使他们更加停滞不前。因此，最好的办法还是放慢谈判节奏，始终保持理解和宽容的心境，并注意避免工作与娱乐发生冲突。

三、欧洲人的谈判风格

（一）英国人的谈判风格

1. 英国人一般比较冷静和持重。英国商人在谈判初期，尤其在初次接触时，通常与谈判对手保持一定距离，决不轻易表露感情，随着时间的推移才渐渐接近对手。他们精明灵活，善于应变，长于交际，待人和善，容易相处。他们常常在开场陈述时十分坦率，愿意让对方了解他们的有关立场和观点，同时也常常考虑对方的立场和行动，对于建设性意见反应积极。英国商界赞同一句话：不要说“这种商品我们公司没有”，应该说“只要您需要，我们尽量替您想办法”。这一点，不仅反映了英国商人的灵活态度，也表现了他们十足的自信心。他们的自信心强，还特别表现在讨价还价阶段，如果出现分歧，他们往往固执己见，不肯轻易让步，以显示其大国风范，让人觉得他们持有一种非此即彼、不允许讨价还价的谈判态度。

2. 英国商人十分注意礼仪，崇尚绅士风度。英国人谈吐不俗、举止高雅、遵守社会公德，很有礼让精神，注重个人修养，尊重谈判业务，不会没有分寸地追逼对方。英国人的等级观念非常严格而深厚，因此洽谈生意时，在对话人的等级上，诸如官衔、年龄、文化教育、社会地位上都应尽可能对等，以求平衡，表示出平等和尊重。这对于推进对话、加强讨价还价的力量有一定的作用。

（二）德国商人的谈判风格

1. 德国商人具有严谨保守的风格。从整个民族的特点来看，德国人具有自信、谨慎、保守、刻板、严谨的特点，以及办事富有计划性，注重工作效率，追求完美的特征。简而言之，就是做事雷厉风行，有军旅作风。德国谈判人员身上所具有的这种日耳曼民族的性格特征会在谈判桌上得到充分的展现。

德国商人严谨保守的特点使他们在谈判前就准备得十分充分周到。他们会想方设法掌握翔实的第一手资料，他们不仅要调查研究对方要购买或销售的产品，还要仔细研究对方的公司，以确定对方能否成为可靠的商业伙伴。只有在对谈判的议题、日程、标的物的品质和价格，以及对方公司的经营、资信情况和谈判中可能出现的问题及对应策略做了详尽研究、周密安排之后，他们才会坐到谈判桌前。

2. 德国商人非常讲究效率，并且他们的思维富于系统性和逻辑性。德国人不喜欢拖拖拉拉的行为，在谈判桌上会表现出果断、不拖泥带水的作风。他们喜欢直接表明所希望达成的交易，准确敲定交易方式，详细列出谈判议题，提出内容详细的报价表，清楚、坚决地陈述问题。他们善于明确表达思想，准备的方案清晰易懂。因此，在与德国商人谈判时，进行严密的组织、充分的准备、清晰的论述，以及明确鲜明的主题，可以提高谈判效率，在时间的利用以及双方误解的减少等方面都可看到谈判效率的改善。

3. 德国商人自信而固执。德国商人对本国产品极有信心，在谈判中常会以本国的产品为衡量标准。德国企业的技术标准相当严格，他们只会与产品能够满足交易规定的高标准的公司做生意。德国商人的自信与固执还表现在他们不太热衷于在谈判中采取让步的方式。他们考虑问题周到系统，缺乏灵活性和妥协性。他们总是强调自己方案的可行性，千方百计迫使对方让步，常常在签订合同之前的最后时刻还在争取使对方让步。鉴于日耳曼民族这种倔强的个性特点，应尽量避免采取针锋相对的讨论方法，而要“以柔克刚”“以理服人”，要以灵活的态度选择攻击点，体现分歧，表明立场，同时始终保持友好和礼貌的态度以扭转其僵硬的态度，不要激起对方的“犟脾气”。大多数德国人虽然固执，但还是很重理性的。只要把握住这点，本着合理、公正的精神，就能最终软化其僵硬立场。

4. 德国商人严守信用，遵时守纪，注重规则。德国人素有“契约之民”的雅称，他们崇尚契约，严守信用，权利与义务的意识很强。在商务谈判中，他们坚持己见，权利与义务划分得清清楚楚，涉及合同的任何条款，他们都非常细心，对所有细节认真推敲，要求合同中每个字、每句话都准确无误，然后才同意签约。德国人受宗教、法律等因素影响，比较注意严格遵守各种社会规范和纪律。在商务往来中，他们尊重合同，一旦签约，他们就会努力按合同条款一丝不苟地去执行，不论发生什么问题都不会轻易毁约，而且签约后，他们对于交货期、付款期等条款的更改要求一般都不予理会。他们注重发展长久的贸易伙伴关系，求稳心理强。

德国人非常守时，不论工作还是干其他事情，都是有板有眼，一本正经。因此与他们打交道，不仅谈判时不应迟到，一般的社交活动也不应随便迟到。另外，在德国，谈判时间不宜定在晚上，除非特别重要。虽然德国人工作起来废寝忘食，但他们都认为晚上是家人团聚、共享天伦之乐的时间，所以不宜冒昧地请德国人在晚上谈论商务或是在晚上对他们进行礼节性拜访。

（三）法国人的谈判风格

在近代世界史上，法兰西民族在社会科学、文学、科学技术方面有着卓越成就，法国商人具有浓厚的国家意识和强烈的民族、文化自豪感。他们性格开朗、眼界豁达，对事物比较敏感，为人友善，处事时而固执、时而随和。

法国人对本民族的灿烂文化和悠久历史感到无比骄傲。重视历史的习惯使法国谈判人员也很注意商业与外交的历史关系和交易的历史状况，即过去的交易谈判情况。传统友好国家的谈判者会为双方外交关系的历史所鼓舞或制约，因此利用历史的观念可以排除一定的现实干扰，比如现实中可能出现的第三者的干扰。

法国人为自己的语言而自豪，他们认为法语是世界上最高贵、最优美的语言，因此在进行商务谈判时，他们往往习惯于要求对方同意以法语为谈判语言，即使他们的英语讲得很好也是如此，除非他们是在国外或在生意上对对方有所求。所以，要与法国人长期做生意，最好学些法语，或在谈判时选择一名好的法语翻译。

与法国人洽谈生意时，不应只顾谈生意上的细节，这样做很容易被法国对手视为“此人太枯燥无味，没情趣”。法国商人大多性格开朗、十分健谈，他们喜欢在谈判过程中谈些新闻趣事，以创造一种宽松的气氛。

与美国商人对议题逐个磋商的方式不同，法国商人在谈判方式上偏爱横向式谈判，即先为协议勾画出一个轮廓，然后达成原则协议，最后再确认谈判协议各方面的具体内容。

法国商人谈判时思路灵活，手法多样，为促成交易，他们常会借助行政、外交的手段或让名人、有关的第三者介入谈判。这种承认并欢迎外力的心理和做法可以为我所用。例如，有些交易中常会遇到进出口许可证问题，往往需要政府出面才能解决问题。而当交易项目涉及政府的某些外交政策时，其政治色彩就很浓厚，为达成交易，政府可以从税收、信贷等方面予以支持，从而改善交易条件，提高谈判的成功率。

法国商人大多注重依靠自身力量达成交易，愿以自己的资金从事经营，因而他们办事不勉强。法国人喜欢个体拥有较大的办事权限，在进行商务谈判时，多由一人承担并负责决策，这样谈判效率较高。

法国人的时间观念不强，他们在商业往来或社会交际中经常迟到或单方面改变时间，而且总会找一大堆冠冕堂皇的理由。在法国还有一种非正式的习俗，即在正式场合，主客身份越高，来得越迟。所以，要与他们做生意，就需学会忍耐。但法国人对于别人的迟到往往不予原谅，对于迟到者，他们会很冷淡地接待。因此，若有求于他们时，千万别迟到。

（四）意大利人的谈判风格

与法国人不同，意大利人的国家意识比较淡薄，意大利人不习惯提国名，更愿意提故乡的名字。虽然如此，意大利商人与法国商人有许多共同之处。在商务活动中，两国人都非常重视商人个人的作用。意大利的商业交往大部分都是公司之间的交往，在商务谈判时，往往是出面谈判的人决定一切，意大利商人个体在交往活动中比其他任何国家的商人都更有自主权，所以，与谈判对手关系的好坏是能否达成协议的决定因素之一。

与法国人相似，意大利商人常常不遵守约会时间，这是他们明显的缺点。有时候他们甚至不打招呼就不去赴约，或单方面推迟会期。他们工作时有点松松垮垮，不讲效率。但是，他们在做生意时是绝对不会马虎的。

意大利人善于社交，但情绪多变，做手势时情绪激动，表情富于变化。意大利人喜好争论，他们常常会为了很小的事情而大声争吵，互不相让，如果允许的话，他们会整天争论不休。在进行合同的谈判和做出决策时，他们一般不愿仓促表态，与日本等国家的谈判人员不同的是，意大利人并非要与同事协商，而是因为他们比较慎重。如果对方给他们一个做出决策的最后期限，他们会迅速拍板决定。

意大利人对于合同条款的注重明显不同于德国人，接近于法国人。他们特别看重商品的价格，谈判时表现得寸步不让，在商品的质量、性能、交货日期等方面则比较灵活。

意大利人追求时髦，他们衣冠楚楚，潇洒自如，通常在现代化的办公室里工作。与他们谈判时，着装潇洒入时会给他们留下好印象。

（五）西班牙商人的谈判风格

西班牙人生性开朗，看过西班牙斗牛舞的人都会为他们奔放的热情所吸引。西班牙人略显傲慢，其商人在谈判时常常怀有一种居高临下的优越感，仿佛自己是世界的主人。西班牙人考虑问题很注重现实，他们对工作、生活中的各种关系和事务的安排，都是十分严肃认真的。

西班牙人一般不肯承认自己的错误,其商人也是如此,他们即使按照合同遭受了一点损失也不愿公开承认他们在签订合同时犯了错误,更不会主动要求对合同进行修改。这时,如果对方考虑到他们在合同中无意遭受到的损失而帮助他们下台阶的话,就会赢得他们的信任和友谊,为今后更好地与他们进行商务合作奠定坚实的基础。

(六)葡萄牙人的谈判风格

葡萄牙人善于社交且随和,在初次认识时,就会表现出亲密感来。但是若想进一步接近他们时,他们却又退缩回去,因此,难以和他们开诚布公地交谈。

葡萄牙人处理问题常以自我为中心,协调性较差,无法使优秀的个人能力结合起来,发挥团体的效用。

葡萄牙人讲究打扮,即使在很热的天气也西装革履,在工作和社交等场合一般都打领带,这点是与他们交往时应注意的。葡萄牙商人在工作之余,也与客户进行交际,但共进晚餐的机会不多。

葡萄牙商人做生意没有很强的时间观念,他们在决策时有拖延的习惯。

欧洲人普遍忌讳“13”和“星期五”,葡萄牙人也不例外。同时他们也忌讳谈论自己的年龄、婚姻状况和家庭收入等问题。

(七)希腊商人的谈判风格

希腊是欧洲古代文明的发源地,与其他欧洲国家相比,其经济不甚发达。希腊人有着自己传统的价值观,其中一些观念在欧洲其他商业发达的地区早已被摒弃。希腊人敬重有钱的人或是有羊群、土地、橄榄园和房子的人,他们很清楚什么有利可图,怎样才能赚钱,因为古希腊很早就进入商品买卖阶段,商人很多,商业的观念在希腊人头脑中根深蒂固,至今希腊商人做生意的方法还是很传统,讨价还价随处可见。

希腊人在做生意时比较诚实,但是履行义务的效率并不高。他们不珍惜时间,更少遵守时间,在谈判时很少严谨地安排时间,有时提前结束,有时拖延好几天。希腊商人喜欢带客人到熟悉的餐馆,不论午餐安排在什么时候,都会耗掉整个下午,这对于许多视时间如生命的外商简直不能忍受,但如果想达成交易的话就必须忍耐。

(八)荷兰、比利时和卢森堡商人的谈判风格

荷兰、比利时、卢森堡是三个政治、经济关系密切的国家。

这三个国家的人有一些共同特点。例如,办事比较稳重,一般在面谈之后会及时写信给对方提起面谈时的有关内容,目的是为了确认谈判的内容。他们都喜欢

花些时间对商业协定或会谈做出计划，然后才行事，不喜欢对方没有事先约定就去拜访他们。若事先没与对方约好则不能与其见面。

荷兰人曾是欧洲最正统的民族。荷兰人比较朴素，性格坦率、开诚布公。荷兰人没有比利时人的贵族气息，他们讲究秩序，事先安排计划是他们的习惯。

荷兰商人多数会讲多国语言，一般都会英语和德语，但在内部协商时一般都用荷兰语。他们在商务谈判中喜欢时时插入闲谈，还会端出咖啡，边喝边谈。与荷兰商人面谈后要及时写信给他们以确认谈话内容。

比利时是一个发达的工业国家，与荷兰和法国接壤，兼有这两国的一些特征。日耳曼血统的荷兰裔人与法国裔人的民族感情相当独立，因此，在比利时进行商务活动时，要考虑到这点，尽量避免卷入他们的争执中去。同样，在洽谈业务时也不要用法语同荷兰裔的比利时商人交谈，否则可能会受到严厉的指责。

比利时人喜欢社交，常把做生意和交际娱乐结合在一起，他们喜欢招待客人。比利时人的工作态度现实稳健。公司的上层雇员工作很努力，愿意加班。工作需要时，周末也可以洽谈，若有急事，即使在乡下度假，也会马上赶回来。

比利时人的商业道德水平相当高，做生意讲信誉，很少有让人受骗上当的事情发生，在付款时也很少有纠纷。

（九）奥地利人的谈判风格

奥地利人和蔼可亲，善于交际，容易接近，除非在交易中发生很大纠纷，否则，他们深藏不露的排他性格不易被发现，他们讨厌不检点的行为。

奥地利人喜欢招待客人，一般愿意在自己家中进行，不过上餐馆用餐的机会也不少，而且菜肴丰富。若商务活动需要在奥地利逗留较长时间，最好在对方招待一两次之后回请对方一次。适于招待的时间是周末下午。

奥地利国有企业工作人员的素质比较高，但人浮于事明显，洽谈中往往难以判断谁是主要负责人。他们重视地位、头衔，所以在写信或平时称呼时应加倍小心，以防弄错头衔。奥地利人比较保守，一般在建立商业关系之前，他们不愿意公开有关公司业务情况的数据。

（十）北欧商人的谈判风格

北欧在一般意义上是指位于日德兰半岛、斯堪的纳维亚半岛上的芬兰、挪威、瑞典、丹麦、冰岛五国。它们有着相似的历史背景和文化传统，它们都信奉基督教，历史上为防御别国的侵扰而互相结盟或是宣布中立以求和平。现代的北欧，国家政局稳定，人民生活水平较高。由于其宗教信仰、民族地位及历史文化，使北欧人形成了心地善良、为人朴素、谦恭稳重、和蔼可亲的性格特点。

北欧人是务实型的,工作计划性很强,没有丝毫浮躁的样子,凡事按部就班,规规矩矩。他们喜欢谈判有条不紊地按议程顺序逐一进行,谈判节奏较为舒缓,但这种平稳从容的态度与他们的机敏反应并不矛盾,他们善于发现和把握达成交易的最佳时机并及时做出成交的决定。

北欧商人在谈判中态度谦恭,非常讲究文明礼貌,不易激动,善于同外国客商搞好关系。同时,他们的谈判风格坦诚,不隐藏自己的观点,善于提出各种建设性方案。他们喜欢追求和谐的气氛,但这并不意味着他们会一味地顺应对方的要求。实际上,北欧商人在自以为正确时,具有相当的顽固性和自主性,这也是一种自尊心强的表现。

北欧人将蒸气浴视为日常生活中必不可少的一部分。在北欧,谈判之后去洗蒸气浴几乎成了不成文的规定。如果北欧谈判者邀请对方去洗蒸气浴,这充分说明对方是很受欢迎的,因为洗蒸气浴是受到良好招待的明显标志。到北欧洽谈生意的外国客商也应不失时机地发出邀请或接受邀请,以增加双方接触的机会,增进友谊。

北欧国家所处纬度较高,冬季时间长,所以北欧人特别珍惜阳光。夏天和冬天分别有三周与一周的假期。这段时间,几乎所有公司的业务都处于停顿状态,人们都休假去了。因此,做交易应尽量避开这段时间。当然,也可以假期将至为由催促对方赶快成交。

(十一)俄罗斯人的谈判风格

俄罗斯商人一般显得忧郁、拘谨,谨慎敏感,虽然待人谦恭,却相对缺乏信任感。他们求成心切,求利心切,喜欢谈大额合同,对交易条件要求苛刻,缺乏灵活性。

俄罗斯人办事断断续续、效率较低,他们绝不会让自己的工作节奏适应外商的时间安排。而且俄罗斯商人谈判,往往喜欢带上各种专家,这样不可避免地扩大了谈判队伍,各专家意见不一也延长了谈判时间,减慢了谈判节奏。因此,与俄罗斯商人谈判时,切勿急躁,要耐心等待。

俄罗斯商人虽有拖拉作风,但他们却深深承袭了古老的以少换多的交易之道,在谈判桌前显得非常精明。他们很看重价格,会千方百计地迫使对方降价,不论对方的报价多么低,他们都不会接受对方的首轮报价。他们的压价手法多种多样,软硬兼施。例如,他们会"降价求名",以日后源源不断的新订单引诱对方降价,一旦对方降低了价格,他们就会永远将价钱压在低水平上。另外,他们会"欲擒故纵",告诉对手其他竞争者的出价都很低,或者使出"虚张声势"的强硬招数,敲桌子以示不满,甚至拂袖而去。这时最好坚守阵地,不为所动。更为灵活的做法是,事先为他们准备好一份标准报价表,所有价格都有适当溢价,为以后的洽谈降价留下后路,迎合俄罗斯人的心理。

俄罗斯商人对于研究过俄罗斯文化艺术的外商特别尊重，这会给商务谈判带来友善的气氛。传统上俄罗斯人有四大爱好：喝酒、吸烟、跳舞和运动。俄罗斯人不论男女，几乎人人喜酒，而且大多爱喝烈性酒，如伏特加之类。俄罗斯人吸烟也很普遍，而且爱抽烈性烟。跳舞是俄罗斯人的传统，一般每周末都有舞会。过去人们主要跳民族舞蹈，但现在的年轻人更愿意跳交谊舞。俄罗斯人重视体育运动，许多人都有一两项专长。

俄罗斯人文明程度较高，不仅家中比较整洁，而且注意公共卫生。另外，俄罗斯人很重视仪表，喜欢打扮，在公共场合注意言行举止，比如从不将手插在口袋里或袖子里，即使在热天也不轻易脱下外套。在商务谈判中，他们也注意对方的举止，如果对方仪表不俗，他们会比较欣赏，相反，如果对方不修边幅，他们会很反感。

俄罗斯人忌讳黄色的礼品和手套，忌讳用左手握手和传递东西。在公共场合不能抠鼻子、伸懒腰、大声咳嗽。初次见面时，不要过问他们的生活细节，尤其忌讳问女人的年龄。

（十二）东欧人的谈判风格

东欧诸国一般是指捷克、斯洛伐克、波兰、匈牙利、罗马尼亚、保加利亚等。这些国家的政治体制改革和经济体制改革对社会文化的影响很大，国家制度的变化给这些国家人民的思想带来很大冲击。他们的谈判人员在此背景下显得作风散漫，待人谦恭，缺乏自信。在谈判中，他们显得急于求成，注重实利，虽然顾及历史关系，但对现实利益紧抓不放。

现在的东欧商人特别看重别人的尊重。与他们谈判时，应以尊重为前提，以敬换情，通过一系列尊敬对方的措施感动对方，换取信任，来促进思想的沟通和信息的交流，以使谈判顺利进行。

现在的东欧商人更为注重现实利益。因此，谈判时，不要过分怀念传统，而应在珍惜传统的同时追求开阔的眼界和更高的利益。对于各种交易条件，都要权衡利弊，以利换利。对已获得口头承诺的利益，应立即用严格的书面形式明确，确保自己的利益。

东欧商人有以上共同特征，也有各自的差异。例如：匈牙利人具有东方人的气质，重视信誉，容易交往；罗马尼亚人精明、开朗，善于察言观色和讨价还价；捷克和斯洛伐克的商人进取心强，反应敏捷；等等。

四、亚洲人的谈判风格

（一）日本商人的谈判风格

现代的日本人兼有东西方观念，具有鲜明特点。他们讲究礼仪，注重人际关系;等级观念强,性格内向,不轻信人;工作态度认真、慎重,办事有耐心;精明自信,进取心强,勤奋刻苦。这些特征在日本商人身上表现为事前工作准备充分、计划性强,注重长远利益,善于开拓新的市场。

日本商人可谓人际关系的专家。在日本人的观念中,个人之间的关系占据了统治地位。日本商人在同外商进行初次商务交往时,喜欢先进行个人的直接面谈,而不喜欢通过书信交往。对于找上门来的客商,他们则更倾向于选择那些经熟人介绍来的,因此在初访日商时,最好事先托朋友、本国使馆人员或其他熟悉的人介绍,重视发展人际关系是日本商人在商务谈判中屡获成功的重要保证。另外,日本商人很注意交易中人际关系的和谐。他们愿与熟人长期打交道,不喜欢也不习惯直接的、纯粹的商务活动,开门见山地直接进入商务问题谈判往往会欲速则不达。与日本人进行第一次洽谈,首先应进行拜访,让本公司地位较高的负责人拜访对方同等地位的负责人,以引起对方的重视,在拜访中,一般不要谈重要的事项,也不要涉及具体的实质性问题,可以通过一番寒暄,谈谈日本人的各方面,用迂回的方式称赞对方,或是谈谈中国的历史、哲学,特别是儒家文化等。

日本商人的团队精神或集团意识首屈一指。单个日本人不见得出类拔萃,但若结为一个团体,其力量就会十分强大。日本企业的谈判代表团多是由曾经共事的人员组成,彼此之间互相依赖,有着良好的协作关系,团体倾向性强。谈判团内角色分工明确,但每个人都有一定的发言决策权,实行谈判共同负责制。在谈判过程中常常会遇到这样的情形:碰到日方谈判团事先没有准备过或内部没有协商过的问题,他们很少当场明确表态,拍板定论,而是要等到与同事们都协商过之后才表态。因此,同日本企业打交道,与担任中层领导的人员以及其他有权参加决定的成员之间建立和培养良好的关系,往往有助于交易谈判的展开。

日本人的等级观念根深蒂固,他们非常重视尊卑秩序。日本企业都有尊老的倾向,一般能担任公司代表的人都是有 15~20 年经历的人。他们讲究资历,不愿与年轻的对手商谈,因为他们不相信对方年轻的代表会有真正的决策权。日本商人走出国门进行商务谈判时,总希望对方迎候人的地位能与自己的地位相当。还应注意的一点是,日本妇女在社会中的地位较低,一般都不允许参与大公司的经营管理活动,日本人在一些重要场合也是不带女伴的。所以遇到正式谈判,一般不宜让妇女参加,否则他们可能会表示怀疑,甚至流露出不满。利用日本人这种尊老敬长的心理,与日方谈判时,派出场的人员最好官阶、地位都比对方高一级,这样在对话、谈判条件、人际相处等方面均会有利于谈判的进行。

日本商人在谈判时表现得彬彬有礼,富有耐心,实际上他们深藏不露,固执坚毅。日本商人在谈判中会显得殷勤谦恭,对长者或某方面强于自己的人充满崇敬之情。在国外,他们恪守所在国的礼节和习惯,谈判时常在说说笑笑中讨价还价,这反映了“礼貌在先，慢慢协商”的态度，使谈判在友好的气氛中进行，同时也使对方逐渐放松警惕，便于他们杀价。欧美一些国家的商人称日本人的彬彬有礼是“带刀的礼貌”。要对付极善于“以柔克刚”“微笑谈判”的日本对手，就必须牢记一条：商务谈判中友谊是有价的。如果遇到日方年长者在谈笑中兜售自己的观点，施加个体的影响或是遇到日方年轻者以尊敬亲近的态度请求关照，加深友谊，以灵活地刺探对手的信息时，都应警惕其隐藏的意图和决心。

许多场合下，日本谈判人员在谈判中显得态度暧昧，婉转圆滑，即使同意对方的观点，也不直截了当表明，往往给人以模棱两可的印象。他们非常有耐性，一般不愿率先表明自己的意图，而是耐心等待，静观事态发展。他们善于搞“蘑菇战”，一方面，如果预案与事实不符，可用缓兵之计迅速地研究出新方案，部署新阵地，并会故作镇静、掩盖事实和感情；另一方面会想方设法了解对方的意图，特别是对方签约的最后期限，这是他们千方百计想打听的事项。如果对方急于求成，他们往往会拼命杀价或一声不吭，将对方折磨得精疲力竭，而在对方最后期限即将来临时突然拍板表态，让对方在毫无思想准备的情况下措手不及。面对日本商人的顽强精明，最好的办法是以阵地战回应。首先要制订好方案，不论对手是安静沉默还是疾风骤雨的攻击，都要依然如故，不乱阵脚。如果预案与事实不符，也可运用缓兵之计迅速地研究出新方案、部署新阵地后再战。

日本人十分通晓“吃小亏占大便宜”和“放长线钓大鱼”的谈判哲理。无论在谈判桌前还是在会场外，他们都善于用小恩小惠或表面的小利去软化对手的谈判立场，从而获取更大利益。面对日方商人的这种做法，应注意避免舍本逐末，要追求根本利益，而不要贪图表面的小利。许多日本商人在谈判战略上都能灵活处理眼前利益与长远利益的关系，比如在整台机械设备上让利，达成交易，从而取得此后的专用零配件的供应权。因此，与日本人谈生意，要对交易利益虑及远近，通盘考虑，以防得今日、失明朝。

（二）韩国商人的谈判风格

韩国商人在长期的国际贸易实践中积累了丰富的经验，他们善于在不利的贸易谈判条件中寻找突破口，从而占据有利地位，让对手甘拜下风。因此，西方发达国家称他们为“谈判的强手”。

韩国商人非常重视商务谈判的准备工作。在谈判前，他们会千方百计对对方的情况进行咨询了解，如经营项目、生产规模、企业资金、经营作风以及有关商品的市场行情等。了解掌握有关信息是他们坐到谈判桌前的前提条件。一旦韩国商人愿意坐下来谈判，就可以肯定他们早已对这项谈判进行了周密准备。

韩国商人逻辑性强，做事条理清楚，注重技巧。谈判时，他们往往先将主要议题提出讨论。按谈判阶段的不同,主要议题一般分为五个方面:阐明各自意图、报价、讨价还价、协商、签订合同。韩国商人能灵活地使用谈判的两种手法——横向谈判与纵向谈判。前者是先为协议勾画出大体框架,达成原则协议后再逐项确定谈判各方面的具体内容;后者是对双方共同提出的条款逐项磋商,逐条讨论,最后签订一个完整的谈判协议。谈判过程中,韩国商人会针对不同的谈判对象,使用“声东击西”“疲劳战术”“先苦后甜”等策略,不断地讨价还价,并且显得十分顽强。有的韩国商人直到谈判的最后一刻还会提出降价的要求。但是,韩国商人在谈判时远比日本商人爽快,他们往往在不利的形势下,以退为进,稍做让步以战胜对手。在签约时,韩国商人喜欢用三种具有同等法律效力的文字作为合同的使用文字,即对方国家的语言、朝鲜语和英语。

(三)南亚和东南亚商人的谈判风格

南亚和东南亚包括许多国家,主要有印度尼西亚、新加坡、泰国、菲律宾、印度、马来西亚、巴基斯坦、孟加拉国等。东南亚人因国别不同而体现出不同的性格特点,从事商务谈判的方式也有所不同。

印度尼西亚除了雅加达等大城市使用英语外,一般都使用马来语。印尼的宗教信仰十分坚定,所以与之进行贸易往来必须特别注意他们的宗教信仰。印尼人非常有礼貌,与人交往也十分小心谨慎,绝对不讲别人的坏话。在商务洽谈时,如果双方交往不深,即使表面上十分友好亲密、谈得投机,但心里想的可能完全是另一套。只有建立了推心置腹的交情,才可能听到他们的真心话,这时他们也可以成为十分可靠的合作伙伴。因此,与印尼人打交道需要花时间努力与其建立友谊。另外,印尼人与北欧人有相反的特点,那就是印尼人特别喜欢家中有客人来访,而且无论客人在什么时候来访都很受欢迎,不像北欧人那样如果没有事先约定就不能见面。在印尼,随时都可敲门拜访以加深交情,这样也有利于商务谈判的顺利进行。

新加坡华裔有着浓重的乡土观念,同甘共苦的合作精神非常强烈,他们的勤劳能干举世公认。他们注重信义、友谊,讲面子。在商业交往中,十分看重对方的身份、地位及彼此的关系。对老一辈华侨来说,“面子”在商业洽谈中具有决定性意义,交易要尽可能以体面的方式进行。交易中,遇到重要决定,新加坡华侨往往不喜欢签订书面字据,但是一旦签约,他们绝不违约,并对对方的背信行为十分痛恨。

泰国是亚太地区新兴的发展中国家,20世纪70年代以来,经济发展十分迅速,目前的发展重点是农业、机械制造业、交通运输业、水利电力、建筑业、服务业和对外贸易。泰国的国内市场以曼谷和曼谷周围地区为中心,比较集中,市场条件较好,而且泰国政府为外商提供了优惠的投资环境。中泰关系良好,贸易前景光明。

在泰国控制产业的也多为华侨,但泰国华侨已消除了与其他民族之间的隔阂,完全融入了泰国的民族大家庭中,没有形成华侨自成一个社会的现象。泰国商人崇尚艰苦奋斗和勤奋节俭,不愿过分依附别人,他们的生意也大都由家族控制,不信赖外人。同业之间会互相帮助,但却不会形成一个稳定的组织来共担风险。与泰国商人进行商务谈判时,要尽可能多地向他们介绍个人及公司的创业历程和业务开展情况,以获得他们的好感。与他们结成推心置腹的朋友,要费相当的时间和努力,一旦建立友情,便容易获得他们的信任和帮助。他们喜欢的是诚实、善良和富有人情味的人,而不仅仅是精明强干的形象。

菲律宾是个岛国,资源丰富,教育普及,居民中有42个种族,其中马来裔人、印尼裔人占90%以上。菲律宾人天性和蔼可亲,善于交际,作风落落大方。他们在商务活动中应酬颇多,常常举行聚会。聚会大多在家中举行,稍微正式一点的聚会,请帖上会注明"必须穿着无尾礼服等正式服装",若没有无尾礼服,可以穿当地的正装,即香蕉纤维织成的开襟衬衫式衣服。同菲律宾人做生意,最容易取得沟通的途径是入乡随俗,在社交场合尽可能做到应酬得体,举止有度,言行中表现出良好的修养和十足的信心。

印度是个古老的国家,印度商人观念传统、思想保守。印度的企业家,包括技术人员在内,一般不愿把自己掌握的技术和知识教给别人。在商务谈判中印度商人往往不愿做出有责任心的决定,遇到问题时也常常喜欢找借口逃避责任。在工作中出现失误受到指责时,他们会不厌其烦地重复解释,狡辩到底。所以,与他们做交易,要能够拉下面子。合同条款规定务必严密细致,力求消除日后纠纷的隐患。印度商人疑心很重,要在商务往来中建立相互信任需要很长时间,而且无论如何不会亲密到推心置腹的地步。在没有利害关系时,他们还是较好相处的;一旦发生利害冲突,他们就会判若两人,层层设防、处处猜疑。印度社会层次分明、等级森严,这与他们古老的宗教教义有关,因此与他们打交道时要注意这点。

巴基斯坦和孟加拉国的国民绝大部分是回教徒,在从事商务交往时应首先了解这两个国家的社会生活和风俗习惯,否则难免会因为小事而伤了对方的自尊心,妨碍商业活动。

孟巴两国商业活动的对象是处于管理职位上的人,这些人出生于上流社会且以留学欧美者居多,他们不喜欢与对方用电话商谈而希望对方亲自登门造访,这样才能达成交易。与孟巴两国商人做交易,会讲一口流利的英语是至关重要的,否则会被认为没有受过良好教育而遭到蔑视,从而影响商业活动。谈判中还应注意的一点是,任何约定都必须采用书面形式,以防日后产生纠纷。

(四)阿拉伯商人的谈判风格

由于受地理、宗教、民族等问题的影响,阿拉伯人以宗教划派,以部族为群。他们家庭观念较强,性情固执而保守,脾气也很倔强,重朋友义气,热情好客,却不轻易相信别人。他们喜欢做手势,以形体语言表达思想。尽管不同的阿拉伯国家在观念、习惯和经济力量方面存在较大差异,作为整个阿拉伯民族来讲却有较强的凝聚力。

在阿拉伯人看来,信誉是最重要的,谈生意的人必须首先赢得他们的好感和信任。与他们建立亲近关系的方法有:由回族人或信仰伊斯兰教或讲阿拉伯语的同宗、同族的人引见;以重礼相待,例如破格接待;在礼仪和实际待遇上均予以照顾,使其既有面子又得实惠。阿拉伯人好客知礼的传统使他们对亲友邻居敞开的大门对外国客商同样是敞开的,对远道而来并亲自登门拜访的外国客人,他们十分尊重。

阿拉伯人的谈判节奏较缓慢。他们不喜欢通过电话来谈生意。他们往往要很长时间才能做出谈判的最终决策。如果外商为寻找合作伙伴前往拜访阿拉伯人,第一次很可能不但得不到自己期望出现的结果,有时甚至第二次乃至第三次都接触不到实质性话题。遇到这种情况,要显得耐心而镇静。

阿拉伯人特别重视谈判的早期阶段,在这个阶段,他们会下很大工夫打破沉默局面,制造气氛。经过长时间的、广泛的、友好的会谈,在彼此敬意不断增加的同时,他们其实已就谈判中的一些问题进行了试探和摸底,并间接地进行了讨论。应注意的是,谈话时的话题要把握分寸,不要涉及中东政治,不要谈论国际石油政策以及宗教上的敏感问题。同时,在交谈时,不能架起腿,更不能将鞋底对着谈话者。这种社交式的、内容泛泛但气氛友好的会谈,可以使正式谈判取得成功的可能性大大增加,随之而来的结果可能是在突然之间协议便达成了。

在阿拉伯国家中,谈判决策由上层人员负责,但中下级谈判人员向上司提供的意见或建议却得到高度重视,他们在谈判中起着重要作用。阿拉伯人等级观念强烈,其工商企业的总经理和政府部长们往往自视为战略家和总监,不愿处理日常的文书工作及其他琐事。许多富有的阿拉伯人是靠金钱和家庭关系获得决策者地位的,而不是依靠自己的能力,因此他们的实际业务经验少得可怜,有的甚至对公司有关方面的运转情况一无所知,不得不依靠自己的助手和下级工作人员。所以,外商在谈判中往往要同时与两种人打交道:首先是决策者,他们只对宏观问题感兴趣;其次是专家以及技术员,他们希望对方尽可能提供一些结构严谨、内容翔实的资料以便仔细加以论证。与阿拉伯人做生意时千万别忽视了后者的作用。

几乎所有阿拉伯国家的政府都坚持,无论外商的生意伙伴是个人还是政府部门,其商业活动都必须通过阿拉伯代理商来开展。如果没有合适的代理商,很难想象外商能在生意中进展顺利。一个好的代理商会为外商提供便利,对业务的开展大有裨益。

阿拉伯人极爱讨价还价。为适应阿拉伯人讨价还价的习惯，外商应建立起见价即讨的意识，凡有交易条件，必须准备讨与还的方案；凡想成交的谈判，必定把讨价还价做得轰轰烈烈。高明的讨价还价要有智慧，即找准理由，令人信服，做到形式上相随、形式下求实利。

阿拉伯人注重小团体和个人利益，所以他们谈判的目标层次极为鲜明，谈判手法也不相同。在整体谈判方案中，应预先分析他们利益层次的所在范围，了解利益层次要讲究多种形式以及高雅、自然、信任的表达方式。在处理层次范围时，要注意交易的主体利益与小团体和个人利益是成反比的，应以某种小的牺牲换取更大的利益。只有先解决好利益层次的问题，在谈判时才会有合理的利益分配，从而为最终的成功打下基础。

（五）犹太人的谈判风格

犹太人的经商之道令人叹为观止。他们认为：男人赚钱，女人花钱。要做生意，就必须在女人身上动脑筋。他们在世界各地开设商店，经营闪闪发光的钻石，昂贵的戒指、项链、胸针，各式各样的化妆品，高级女用手提包以及华丽的女用时装。做这些生意一般都能获得较高的利润。

犹太人认为如果不经营与女人有关的生意，那么第二条最佳生财之道就是做与“吃”有关的生意。其理由是，民以食为天，只要活着，就得吃饭，而且天天必吃就能保证生意源源不断。因此，他们还善于经营餐饮业、食品店、鱼肉蔬菜店以及糖烟酒等杂货店等等。

犹太人的关系网广泛而且坚固，他们对外团结一致并善于利用关系网查询谈判对方的情况，对于不守信誉的行为不会宽容。如果他们发现对方曾在与其他人做生意时表现出种种令他们无法接受的行为，他们就会拒绝继续谈判，即使以前的谈判进展顺利也一样。所以，要同犹太人长期做生意，就必须给他们留下好印象。

犹太人非常精明，并且交易条件比较苛刻，很难讨价还价。他们在谈判中不会轻易接受对方的条件，对于价格简直是锱铢必较。他们对协议条款总是字斟句酌，毫不马虎，千方百计地让措辞有利于自己，以便万一市场行情变化，他们可以做出有利于自己的解释或寻找漏洞而拒绝履行合同。因此，与犹太人做生意签协议时，必须先充分地了解产品的市场行情，做到心中有数，然后在合同措辞上要绝对注意严谨，如果不熟悉法律，最好还是请一名内行的律师，以防犹太人在情况不利时寻由毁约。

犹太人在洽谈商务时友好而坦诚。刚见面会谈，他们会笑容可掬地向对方问候。在谈判过程中，他们从不含糊其词，如果他们觉得你的建议无法接受，就会明白告诉你“不能接受”，而不会支支吾吾、不置可否。如果还有商量的余地，犹太人也会坦率地告诉对方。他们认为只有明确地答复对方,才能避免谈判中不必要的纠纷。在双方发生争议时,犹太人的态度会非常认真和诚恳,但不会轻易承认自己有失误的地方。除非对方刨根问底,找出确实的证据,他们才会为自己的失误承担责任。

犹太商人善变,并以此控制对方的心理。在洽谈中,他们有时会为了某些条件而争得面红耳赤,而过后不久,他们又会面带笑容地主动向你问好。如果对方的心理承受能力不够强,他们就很容易抓住对方的心理,及时控制主动权,向对手发起连续进攻。因此,遇到这种情况,应当稳住阵脚,不露声色,以沉着的态度应付他们。

五、大洋洲人的谈判风格

(一)澳大利亚人的谈判风格

澳大利亚商人在商务谈判中很重视办事效率。他们派出的谈判人员一般都具有决定权,同时也希望对方的谈判代表也具有决定权,以免在决策中浪费时间。他们极不愿意把时间花在不能做决定的空谈中,也不愿采用开始报价高、然后慢慢讨价还价的做法。他们采购货物时大多采用招标的方式,以最低报价成交,根本不给对方讨价还价的机会。

澳大利亚商人待人随和,不拘束,乐于接受款待。但他们认为招待与生意无关,是两项活动,公私分明。澳大利亚商人在签约时非常谨慎,不太容易签约,一旦签约,也较少发生毁约现象。他们重视信誉,而且成见较重,加上全国行业范围狭小,信息传递快,如果谈判中有不妥的言行会产生广泛的不良反应。所以谈判人员必须给他们留下好的第一印象,才能使谈判顺利进行。

(二)新西兰人的谈判风格

新西兰是一个农业国,工业产品大部分需要进口。国民福利待遇相当高,大部分人都过着富裕的生活。其商人在商务活动中重视信誉,责任心很强,加上经常进口货物,多与外商打交道,他们都精于谈判,很难应付。

六、非洲商人的谈判风格

非洲是面积仅次于亚洲的世界第二大洲,东临印度洋,西濒大西洋,北隔地中海与欧洲相望,东北角的苏伊士海峡与亚洲相连,地理位置十分重要。非洲大陆有50多个国家,近6亿人口,绝大多数国家属于发展中国家,人民健康水平低,卫生状况差,教育和福利水平落后,经济贸易不发达,加上各国内部的暴力冲突和外部战乱连年不断，天灾人祸，使他们在经济上严重依赖大国。

按地理习惯，非洲可分为北非、东非、西非、中非和南非五个部分。不同地区、不同国家的人民在种族、历史、文化等方面的差异极大，因而他们的国籍、生活、风俗、思想等方面也各具特色。

非洲各部族内部的生活具有浓厚的大家庭色彩。他们从为，有钱人帮没钱人是天经地义的。只要其中有人有职业、有收入，他们的亲戚就会来要钱。这种风俗使得很少有人愿去积极谋职，努力赚钱，大多数人都将希望寄托在已有职业或家境富裕的族人身上。由此带来的后果就是，非洲人工作效率低下，办事能拖就拖，时间观念极差。谈判时，他们很少准时到会，即使到了也很少马上开始谈论正事，往往要海阔天空地谈论一通。对此，其他国家的谈判人员只能忍耐。

由于历史的原因，整个非洲的文化素质较低，有些从事商务谈判的人员对业务并不熟悉，因此与其洽谈时，应把所有问题乃至各个问题的所有细节都书面确认，以免日后产生误解或发生纠纷。另外，在非洲还要避免与那些“皮包商”做生意。他们往往只为骗取必要的许可证再转卖出去，或为了拿到样品而积极谈生意并一口成交，得手后便逃之夭夭。非洲国家的法制不健全，很难依靠法律追究他们的责任。

在非洲诸国中，南非的经济实力最强，黄金和钻石的生产流通是其经济的最大支柱。南非商人的商业意识较强，他们讲究信誉，付款守时。他们一般派出有决定权的人负责谈判，一般不会拖延谈判时间。尼日利亚的经济实力也较强，虽以农业为主，但石油储量丰富，工业发展很快。尼日利亚的谈判人员都受过高等教育，能巧妙运用关税政策，低价进口物美价廉的外国产品。扎伊尔以农业为主，是重要的矿产国，其国民缺乏商业知识和技巧。坦桑尼亚、肯尼亚和乌干达三国位于非洲东部，形成共同市场，期望经济合作。三国的地方资本已有所发展，但商人缺乏经验，推销也不可靠，因此与这三国的商人洽谈时，不能草率行事。

非洲各国内部存在许多部族，各部族之间的对立意识很强，族员的思想大都倾向于为自己的部族效力，对于国家的感情则显得淡漠。非洲人有许多禁忌需要注意，比如，他们崇尚丰盈，鄙视柳腰，因此在非洲妇女面前，不能提“针”这个字。又如，非洲人认为左手是不洁的，因此尽管非洲人也习惯见面握手，但千万注意别伸出左手来握，即使对方人很多也一样，否则会被视为对对方的大不敬。

与非洲商人洽谈时，首先要尊重其礼仪风俗，维护对方的自尊心，力求通过日常的交往增进友谊，为谈判顺利进行打下良好的基础。洽谈时不要操之过急，而应适应其生活节奏，尽量按照其生活习惯，使对方感到我方对其的尊重与关照，增进认同感。谈判中要对所有问题乃至各种术语和概念、条款细节逐一阐明与确认，以免日后发生误解与纠纷，否则既伤了感情，又蒙受损失。

第三节 不同地区与国家迥异的谈判礼仪与禁忌

一、北美洲人的谈判礼仪与禁忌

(一)美国人的谈判礼仪与禁忌

与美国商人在一起时不必要过多的握手与客套,他们大多性格外向,直爽热情,美国商人见面与离别时,都面带微笑地与在场的人们握手;彼此问候较随便,大多数场合下可直呼名字。对年长者和地位高的人,在正式场合下,则使用"先生""夫人"等称谓,对于婚姻状况不明的女性,不要冒失地称其为夫人。在比较熟识的女士之间或男女之间会亲吻或拥抱。美国商人习惯保持一定的身体间距,交谈时,彼此站立间距约0.9米,每隔2~3秒有视线接触,以表达兴趣、诚挚和真实的感觉。他们的时间观念很强,约会要事先预约,赴会要准时,但商贸谈判有时亦会比预定时间推迟10~15分钟。美国商人喜欢谈论有关商业、旅行方面的内容及当今潮流和世界大事,喜欢谈政治,但不乐意听到他人对美国的批评,因此最好对他们多听少讲。在美国,多数人随身带有名片,但通常认为有必要以后再联系时才交换,因此,美国商人在接受别人的名片时往往并不回赠。

款待一般在饭店举行,小费通常不包括在账单里,一般是15%。进餐时,宾主可以谈论生意。餐巾一般放在膝上,左手经常放在腿上,他们认为把肘部放在餐桌上是不文雅的举动,当然不少美国商人也不介意。美国商人有着不同的文化背景,也反映在丰富的食品上,他们出于健康原因,进食大量蔬菜和水果,同时,牛肉、猪肉和鸡肉也是大众化肉食。

美国商人同样在周六、周日休息,此外,法定假日有元旦、退伍军人节、感恩节、哥伦布日等,不宜在这些时间找美国商人洽谈。美国商人进入谈判时总是充满信心,只简单寒暄几句就进入正题。答复明确肯定。过于低估自己的能力、缺乏自信也是没有必要的。

美国人最忌讳数字"13""星期五",忌讳谈有关私人性质的问题,如年龄、婚姻、个人收入等。

(二)加拿大商人的谈判礼仪与禁忌

与加拿大商人见面或分手时要行握手礼,相互亲吻对手脸颊也是常用的礼节。除密友之外,一般不宜直接称呼小名,对法语是母语的加籍谈判者,要使用印有英、法文的名片。

约会要事先预约并准时,款待一般在饭店或俱乐部进行。就餐时要穿着得体,男士着西服、系领带,女士则穿裙子。进餐时间可长达2~3小时。一般祝酒词为Cheers(“祝好”,用于英语地区)、Sante(“祝你健康”,用于法语地区)。在法语区就餐,双手(不是双肘)放在桌上。如被邀做私人访问,应随身携带小礼品或鲜花,也可派人给其赠送鲜花。

加拿大谈判者比美国商人显得更有耐心和温和,加拿大商人的时间观念很强,所以要严格遵守合同的最后期限。

与加拿大商人谈判要注重礼节,情绪上要克制,不要操之过急。对英裔商人要有足够的耐心,从开始接触到价格确定这段时间,要不惜多费脑筋,认真地与对方斟酌,多用实际利益和事实来加以引导,稳扎稳打,切不可过多地施加压力。

对法裔谈判者应力求慎重,不弄清对方的意图与要求切不要贸然承诺。另外,不要被对方的催促牵着鼻子走,主要条款与次要条款都要一丝不苟,力求详细明了和准确,否则不予签约,以免引出日后的麻烦。签订合同条款往往是详尽而冗长,对法裔谈判者还须准备法文资料和将合同译成法文。

加拿大公司的高层管理者对谈判影响较大,应将注意力集中在他们身上,以使谈判能尽快获得成功。

在加拿大,人们忌讳白色的百合花,认为它会给人们带来死亡的气氛,因为百合通常在葬礼上使用。同时,加拿大人酷爱枫叶,并视它为国宝和友谊的象征。

二、拉丁美洲人的谈判礼仪与禁忌

拉美国家的教育水平相对较低,能够管理业务的经理人才不多,而且有许多商人掌握的国际贸易知识有限,有的商人对信用证付款的观念极为淡薄,甚至还有商人希望同国内交易一样使用支票付款。因此,交易时应注意寻找靠得住的对象,必须与负责管理的人谈生意,确保谈判成果,降低风险。

在拉美做生意,至关重要的一点是寻找代理商、建立代理商网络。在选择代理商时必须非常慎重,要仔细审查,若不慎选中了一个不合格的代理商,日后想脱离关系就会遇到很大的麻烦。因为大多数拉美国家的法律保护当地的代理商,禁止随便解雇,即使可以解雇,雇主也必须赔偿由于其“任意”解雇而给代理商造成的损失。选定代理商后,必须与其签订代理合同,在合同中明确规定双方的权利和义务,更为重要的是应该详细清楚地规定代理权限,以免日后发生纠纷。

拉美人工作时间普遍较短而且松懈,一方面是因为工业水平较低,企业家的竞争意识不强;另一方面是由于气候的原因,早上起床晚,午饭后必须午睡,午休时间一般是从中午12点到下午3点。另外,拉美国家金融界不稳定,罢工时常发生,造成金融活动停顿,这点应当引起注意。

拉美各国的商人有相同点,也有不同点。巴西人酷爱娱乐,他们不会让生意妨碍其享受闲暇的乐趣。他们重视与个人的良好关系,愿意和自己喜欢的人做生意。

阿根廷人比较正统,非常欧洲化。阿根廷商人会在商谈中不厌其烦地与对方反复握手。

哥伦比亚、智利、巴拉圭人非常保守。他们穿着讲究,谈判时服饰正规,他们也特别欣赏彬彬有礼的客人。

厄瓜多尔人和秘鲁人的时间观念不强,他们大多不遵守约会时间。但作为谈判另一方,在这点上千万不能"入乡随俗",应遵守时间,准时出席。

三、欧洲人的谈判礼仪与禁忌

(一)英国商人的谈判礼仪与禁忌

在商务活动中,英国商人招待客人时间往往较长,当受到英国商人款待后,一定要写信表示感谢,否则会被视为不懂礼貌。与英国人约会时,若是过去不曾谋面的,一定要先写信告之面谈目的,然后再去约时间,一旦确定约会,就必须排除万难,按时赴约。因为英国人做生意颇讲信用,凡事要规规矩矩,不懂礼貌或不重诺守约,以后办事就难以顺利进行。

在见面告别时要与男士握手;与女士交往,只有等她们先伸出手时再握手。会谈要事先预约,赴约要准时。若请柬上写有"black tie"字样,赴约时,男士应穿礼服,女士应穿长裙。男士忌讳带有条纹的领带,因为带条纹的领带可能被认为是军队或学生校服领带的仿制品;忌讳以皇家的家事为谈话的笑料;不要把英国人笼统称呼为"英国人",应该具体地称呼其为苏格兰人、英格兰人等。

多数款待在酒店和餐馆举行,若配偶不在场,可在餐桌上谈论生意。社交场合不宜高声说话或举止过于随便,说话声音以对方能听见为妥。英国人招待客人的时间比较长,先喝果汁苏打,接着换成白葡萄酒、红葡萄酒,然后是雪茄烟,再加上一道白兰地酒,总共大约要花上 3 个小时。英国人习惯约会一旦确定,就必须排除万难赴约。所以,和英国商人约会不能提前太久,如果所约的时间很早就约定,让他过早决定就等于难为他。

赠送礼品是普通的交往礼节,所送礼品最好标有公司名称,以免留下贿赂对方之嫌。如被邀做私人访问,则应捎带鲜花或巧克力等合适的小礼品。要明显表示出对年长者的礼貌。英国人喜欢谈论其丰富的文化遗产、动物等,足球、网球、板球和橄榄球是很受欢迎的体育运动。

英国由英格兰、威尔士、苏格兰、北爱尔兰四部分组成,虽然都是君主制国家,但四个民族在事务上有许多微妙之处。在正式场合提到"英格兰"会显得不妥,因为这样会不自觉地漠视了其他三个民族。所以在正式场合不宜把英国人叫做英格兰人,涉及女王时要说“女王”或正规地说“大不列颠及北爱尔兰联合王国女王”,而不应说“英格兰女王”。在和英国人交谈时,话题尽量不要涉及北爱尔兰的前途、共和制和君主制的优劣,以及大英帝国的崩溃原因等政治色彩较浓的问题,比较安全的话题是天气、旅游和英国的继承制度等。

菊花在任何欧洲国家都只用于万圣节和葬礼,一般不宜送人。白色的百合花在英国象征死亡,也不宜于送人。英国人还忌讳交谈时两膝张得过宽和跷二郎腿,站着说话时也不可把手插在口袋中,同时不可以在大庭广众前耳语以及拍打肩背。还应当注意,英国人十分回避“厕所”这个词,一般都使用其他暗示的方法。

(二)德国商人的谈判礼仪与禁忌

德国商人重视礼节,社交场合中,握手随处可见,会见与告别时,行握手礼应有力。与德国商人约会要事先预约,务必准时到场。德国谈判者的个人关系很严肃,因此不要和他们称兄道弟,最好称呼“先生”“夫人”或“小姐”。他们极重视自己的头衔,当同他们一次次握手、一次次称呼其头衔时,他们必然格外高兴。穿戴也勿轻松随便,有可能的话,在所有场合都穿西装。交谈时不要将双手插入口袋,也不要随便吐痰,他们认为这些是不礼貌的举止。如果德国商人坚持要做东道主,可以愉快地接受邀请。应邀去私人住宅用晚餐或聚会,应随带鲜花等礼物。习惯上,就餐前说“Cutten appetit”(好胃口)。主人举杯祝酒后方可喝饮料。如果有人以个人身份向你举杯,你应在随后的就餐期间回敬答礼。就餐期间,双手要放在桌面上,直到最后一位客人用餐完毕并上过咖啡和白兰地后,才能吸烟。客人要在晚餐或聚餐会临近尾声时,主动提出告辞,不要逗留过晚。德国人性格刚强,自信心强,他们强调交往中的个人才能。在他们看来,生意场上的成功凭个人本事,公司只不过提供了个人施展才华的舞台而已。公司员工的敬业精神很强,为了取得更大的工作成绩,不惜牺牲自己部分休息、娱乐时间。德国人与人交往之初,常常显得拘谨和含蓄,他们需要时间熟悉对方。

与德国商人谈判时,穿着要整洁,举止要得体,处事要克制,不要主动提出没有依据的观点。在谈判时切忌迟到,如果你在商业谈判中迟到,那么德国商人对你的不信任感就会溢于言表。德国人在称呼时,往往在对方姓氏之前冠以“先生”“夫人”或“小姐”。对博士学位获得者和教授,则在其姓氏之前添加“博士”“教授”。因此知道谈判对手的准确职衔很重要,并在会谈中重视以职衔相称。

谈判时语气一般比较严肃,不会用开玩笑方式打破沉默。他们希望人与人之间保持距离,直到谈判有结果为止。但年轻的德国商人随和一些,比较小型的会议也能使气氛轻松一些。

德国商人素来享有讲究效率的良好声誉,他们工作作风果断,厌恶谈判对方支支吾吾、模棱两可和拖拉推诿,忌讳与他们闲聊。

德国人讲究节俭、反对浪费,他们把浪费看成是“罪恶”。他们忌讳四人交叉握手,忌讳蔷薇、百合,同时认为核桃是不祥之物。

(三)法国商人的谈判礼仪与禁忌

与法国商人见面时要握手,且迅速而稍有力。告辞时,应向主人再次握手道别。女士一般不主动向男士伸手,因而男士要主动问候,但不要主动向上级人士伸手。熟悉的朋友可直呼其名,对年长者和地位高的人士要称呼他们的姓。一般则称呼“先生”“夫人”“小姐”等,且不必再接姓氏。

到法国洽谈生意时,严禁过多地谈论个人私事,因为法国商人不喜欢谈论个人及家庭的隐私。交谈话题可涉及法国的艺术、建筑、食品和历史等。

商业款待多数在饭店举行,只有关系十分密切的朋友才邀请到家中做客。在餐桌上,除非东道主提及,一般避免讨论业务。法国商人讲究饮食礼节,就餐时保持双手(不是双肘)放在桌上,一定要赞赏精美的烹饪。法国饭店往往价格昂贵,要避免订菜单上最昂贵的菜肴,商业午餐一般有十几道菜,要避免饮食过量。吸烟要征得许可,避免在公共场合吸烟。当主要谈判结束后设宴时,双方谈判代表团负责人通常互相敬酒,共祝双方能够保持长期的良好合作关系。受到款待后,应在次日打电话或写便条表示谢意。

法国全国在8月份都会放假,很多法国人都度假去了,任何劝诱都难以让他们放弃或推迟假期去做生意,甚至在7月底和9月初,他们的心思都还放在度假和休息上,所以千万注意尽量避免在这段时期与法国人谈生意。

(四)西班牙商人的谈判礼仪与禁忌

鉴于社交礼仪和传统习惯,西班牙人认为直截了当地拒绝别人是非常失礼的,因此绝不说“不”字。西班牙商人口头上一般也不会说“不”字,所以在与他们洽谈时,不能使用诱导式问句,让他们回答“是”或“否”,否则,即使你得到了肯定的答复,也可能久久得不到回音——实际上他们拒绝了你。遇到这种情况,千万不要性急,只有仔细揣摩他们的真实意图,设法与他们达成相互谅解与信任,才能与他们继续商谈和合作。

西班牙商人强调个人信誉,签订合同后一般都会很认真地履行。但这也不排除其中存在一些投机性的掮客,且不乏资金雄厚者,这些掮客的主要目的是赚钱,一旦出现波折(如市场情况不利时),他们可能会一走了之。所以,与他们做生意要小心谨慎。

西班牙商人与外商洽谈时态度极认真，谈判人员一般也具有决定权。因此，与他们谈判必须选派身份、地位相当的人员前往，否则他们会不予理睬。另外，穿戴讲究的西班牙商人也希望谈判对方衣饰讲究，他们绝不愿意看到穿戴不整或过于随便的人坐到谈判桌前。西班牙商人通常在晚餐上谈生意或庆祝生意成功，他们的晚餐大多从晚上 9 点以后开始，一直进行到午夜才结束。

西班牙各地区都有不同的政治组织，他们在地方议会和国家议会中都有自己的代表，西班牙商人也有许多加入这些组织或是支持其中某个组织，所以，与他们进行商务谈判时要注意避免卷入其地方政治纠纷之中。

西班牙人认为大丽花和菊花与死亡有关，送礼时千万不可送这两种花。要避免和他们谈论宗教、家庭和工作等问题，不要说有关斗牛的坏话。同时，在西班牙，女人上街一定要戴耳环。

（五）希腊人的谈判礼仪与禁忌

与希腊商人谈话时，尽量别提及土耳其，因为大多数希腊人对于来自土耳其的军事威胁这一问题非常敏感。

希腊商人不十分讲究穿戴，因此外国商人一定不要“以貌取人”，不要通过谈判人员的穿戴来判断他们的财富和成就。

还应注意的是，每年的 6 月至 8 月，希腊的商务活动很少，每星期三下午，很难联系到任何人。

（六）荷兰、比利时、卢森堡三国的谈判礼仪与禁忌

与比利时人谈判时，应注意要十分尊重对方，维护其较强的自尊心，多从正面给予赞许。在谈判中要有韧劲，不要轻易退让，但也不应以硬碰硬，应该心平气和地多举有说服力的事实和令人折服的道理，避其锋芒，因势利导，稳扎稳打。与比利时人打交道，最好直接找高级负责人，首先通过书信或邮件说明洽商要点并弄清他指定会面的日期。由于比利时人喜爱社交活动，要注意在获得谈判成功以前，不要因为过多的社交活动而被拖得筋疲力尽，影响谈判桌上的锐气。

比利时人的贵族气息比较浓厚，他们注重地位、外表和礼节。谈判时，他们总希望对方的地位与自己相当。因此，与他们做交易，己方谈判人员的身份必须与之相当或略高，否则就很难获得见面机会。比利时人注重礼节已到了极端的地步，无论什么时间、什么地点，只要相遇都要握手，只要道别，都要握手并说“再见”，即使在离开办公室时，对同事也是如此。可以说，在比利时，握手多多益善。

在荷兰、比利时和卢森堡三国，人们均喜欢花费一些时间预先对会谈做出计划，虽然他们商谈时严肃认真，注重信用，但头脑冲动时也会有失礼的言行。故洽

谈时,应以礼相待,以坦诚对坦诚,千万不要耍什么手腕,否则对方会十分反感,对谈判不利。要根据对方认真的特点,谈判条款要适应对方要求,循序渐进,逐项讨论,逐项落实,步步为营。还要注意到,他们在谈判中有时是非常不讲情面的,会利用自己的经济实力取得额外的收益。因此,在谈判时也不能心慈手软。签约后还应当充分肯定和适度赞扬对方的真诚严谨态度与踏实的经营作风,这样更能获得对方的认同与信任,有助于合同的顺利履行,并为今后的再次合作创造良好前提。

(七)北欧商人的谈判风格、礼仪与禁忌

与北欧商人谈判,更多的时候应考虑如何与其配合。首先,以坦诚态度对待来自北欧的谈判人员为较好,这可以使谈判双方感情融和、交流顺畅,形成相互信任的气氛,以推进谈判。其次,要以理性的方式对付北欧人固执的态度。北欧人看问题比较固执,这种固执与他们那种具有建设性的积极意愿相呼应。然而,伴随着积极的行动之后,一般是消极的固守。为不使北欧商人使性子,应充分注意论述的理由。不论理由的分量如何,均需有理可说。最后,利用北欧商人愿意追求和谐稳定的心理和善于提建设性方案的长处,可以为谋取较大的利益而有意制造僵局、激化矛盾,让他们提出方案,从中得利。但这样做必须注意火候,一般应在对方刻意追求解决的问题上,或与之关系重大的条件上制造危机,否则可能达不到目的。

北欧人讲究礼貌,在与外国人交往中也最讲礼仪。瑞典人在社交场合也非常准时,但是在商业问题上却常常不严格,信函和电报可能得不到答复,提出的期限已过,但对方不说明原因。不要把这些问题看得太认真。

北欧商人不喜欢无休止的讨价还价,他们希望对方的公司在市场上是优秀的,希望对方提出的建议是他们所能得到的最好的建议。如果他们看到对方的提议中有明显的漏洞,便会重新评估对方的职业作风和业务能力,甚至会改变对对方企业水平的看法,进而转向别处去做生意,而不愿与对方争论那些他们认为对方一开始就应该解决的琐碎问题。另外,北欧商人性格较为保守,他们更倾向于尽力保护他们现在拥有的东西。因此,他们在谈判中更多地把注意力集中在怎样做出让步才能保住合同,而不是着手准备其他方案以防做出最大让步也保不住合同的情况。

在北欧,代理商的地位很高,尤其在瑞典和挪威,没有代理商的介入,许多谈判活动就难以顺利进行。因此,与北欧人做生意,必须时刻牢记这些代理商和中间商。

北欧人较为朴实,工作之余的交际较少。晚间的招待一定在家里进行而不是在外面餐馆。如果白天有聚餐,一般是在大饭店里预订好座位吃饭,这种宴会也不铺张浪费,如果是私下聚会往往只有咖啡和三明治。北欧人力戒铺张,他们把简朴的招待视为对朋友的友好表示,即使对待老主顾也是如此。

北欧人普遍喜欢饮酒,为了公众利益,北欧国家都制订了严厉的饮酒法令。因此,这些国家的酒价十分昂贵。北欧人特别喜欢别人送些像苏格兰威士忌酒之类的礼物,如果在商务谈判中以酒作为馈赠礼品,他们会十分高兴。

北欧人特别是瑞典人在商业交际中往往不太准时,但他们在其他社交场合中非常守时,遇到他们迟到的情况,只要没有造成什么严重后果,无须过多计较。

四、亚洲人的谈判礼仪与禁忌

(一)日本商人的谈判礼仪与禁忌

日本人待人接物非常讲究礼仪。他们在贸易活动中常有送礼的习惯,并对地位不同的人所送礼物的档次要有所区别,以示尊卑有序。日本人重视交换名片,一般不论在座有多少人,他们都要一一交换。交换时首先根据对象不同行不同的鞠躬礼,同时双手递上自己的名片,然后以双手接对方的名片,在仔细看后微笑点头,两眼平视对方,说上一句"见到你很高兴"之类的客套话。对此,外商也需理解和遵循,否则会被日本人视为不懂规矩、没有礼貌。日本人的谈吐举止要受到严格的礼仪约束,称呼他人使用"先生""夫人""女士"等,不能直呼其名。他们强调非语言交际,鞠躬是很重要的礼节,鞠躬愈深,表明其表达敬意的程度愈深,但与西方人交往时,通常行握手礼。与日本人交换名片时,要向日方谈判班子的每一位成员递送名片,不能遗漏。传递名片时,一般由职位高、年长者先出示。接到名片时,切忌匆忙塞进口袋,最好把名片拿在手里,仔细反复确认姓名、公司名称、电话、地址,以示尊重。日本人的款待大多数在饭店举行,先发邀请书,常招待客商去卡拉 OK 酒吧或夜总会,轮流表演唱歌。会见要遵守时间,若到东京等闹市赴会,要预留一点时间以免交通堵塞而迟到。谈论日本饮食、建筑、体育以及世界各地旅游观感是容易引起兴趣的话题。日本公司在与外国客户开始业务联系时,常常会馈赠礼品,收到礼品后,应向东道主表示深切的谢意,并应以公司名义回赠礼品。

日本商人忌讳在谈判过程中随意增加人数。日本人总是不甘落后,日方的谈判人员总要超过对方,对此要有所准备。日方愿意自己一方人多,除了心理作用——人多会使对方感到紧张外,另一个更直接的原因是,日本人在做出决定时,需要各个部门、各个层次的雇员参加。参加谈判的人越多,那些做出决定的负责人以后也就越容易达成一致意见。

日本商人忌讳代表团中用律师、会计师和其他职业顾问。许多日本人对律师总是抱着怀疑的态度,他们觉得那些每走一步都要先同律师商量的人是不值得信赖的。因此,只要可以不用律师做主要谈判人员,就不要带律师。

对日本人"以礼求让,以情求利"的习惯要胸有成竹,熟谙应付之法,既不能因为言行失礼而影响了谈判,也不要因此放松戒备,而在讨价还价上丧失利益。与日方谈判时,谈吐应尽量婉转,要不动声色,表现出足够的耐心,举止彬彬有礼。谈判前要充分做好准备工作。在谈判中对日方提出的新建议、方案和问题,如果有的情况还把握不准,切勿轻率表态,要毫不懈怠地认真仔细地了解情况,研究对策。如果一时未能达成协议,宁可暂时休会或约定下次会谈日期。在与日方谈判时,一定要具备敏锐的判断力。我方人员在谈判中的讲话应当缓慢清楚,避免给对方以匆匆忙忙、急于求成的印象。

一旦发出了邀请,就要耐心等待。日本人会通过其信息网络来了解对方情况,他们要核查对方的介绍信,要了解对方公司的情况,与哪些公司有贸易往来,直到满意为止,此时不能急躁和没有耐心。在等待时间里,己方也可以同样搞些调查,从别处尽量多地了解日本商人的情况。

虽然日本人自己往往开价太高,但是他们不喜欢别人报价高,提高报价会日本人怀疑对方的诚意。对日本人来说,诚意和一致性比最低标准或最大利润更为重要。他们对对方及对方公司的信誉和信心是谈判能否成功的关键。他们希望对方是个值得依赖的贸易伙伴。如果我方做出了某种让步,不要建议日本人也做出相应的让步,这是日本人自己的事,要由他们自己去决定。日本人喜欢自己提出一项建议,在谈判时即使主意是我方的,也要显得是他们自己想出来的主意。

日本人非常讲面子,他们不愿对任何事情说“不”字。他们认为直接的拒绝会使对方难堪,甚至恼怒,是极大的无礼。因此,在谈判过程中,他们即使对对方的提议有保留,也很少直接予以反驳,一般是以迂回的方式陈述自己的观点。同样,在和日本人谈判时,语气要尽量平和委婉,切忌妄下最后通牒。不要当面和公开批评日本人。如果他们在同事和对方面前丢了脸,他们会感到羞辱和不安,谈判也会因此终结。另外,不要把日本人礼节性的表示误认为是同意的表示。日本人在谈判中往往会不断点头并说:“哈依!”这样子常常是告诉对方他们在注意听,并不是表示“同意”。因此,在洽谈中,必须善于察言观色,仔细体会,才能准确使用日语进行商谈,避免日语中诸多的隐含意思所引起的误解。最好是找一名双方都信任的翻译,不仅有助于了解日方的想法,还可以避免双方因意见不一致而出现难以下台的局面,保住双方的面子。

(二)韩国商人的谈判礼仪与禁忌

韩国商人很注重谈判礼仪。他们十分在意谈判地点的选择,一般喜欢在有名气的酒店、饭店会晤洽谈。如果由韩国商人选择了会谈地点,他们定会准时到达,以尽地主之谊;如果由对方选择地点,他们则会推迟一点到达。在进入谈判会场时,一般走在最前面的是主谈人或地位最高的人,多半也是谈判的拍板者。

韩国商人重视在会谈初始阶段就创造友好的谈判气氛。他们一见面总是热情地打招呼,向对方介绍自己的姓名、职务等。就座后,若请他们选择饮料,他们一般选择对方喜欢的,以示对对方的尊重和了解,然后再寒暄几句以此创造一个和谐融洽的气氛,之后才正式开始谈判。

韩国人见面时稍鞠躬,呈递与接受名片时都要用双手,称呼人的习惯与中国人相同。商业款待中能饮大量酒,韩国人妻子通常不参加活动。交换礼物是常见的交往礼节,收到礼物后,不要当面打开,而且一定要回赠食品和小纪念品等礼物。饭店中一般没有收小费的习惯,服务费已包括在账单内,餐桌上传递东西要用左手支托右臂或右腕。韩国人的个性中,既有爱面子、缺乏坦诚的一面,又有独立性强、讲话直率的一面。他们保留了东亚人爱面子的传统,一个韩国人极不愿意说出"不"字来拒绝。在阐述己方的情况时,不要过于咄咄逼人、言辞激烈或带有威胁性,关键在于冷静而有条理地叙述清楚,这样韩国人才有可能做出有利的反应。韩国人不喜欢高声大笑和做出过分的姿态,也不喜欢喧闹的行为。虽然他们直言不讳,但也不喜欢太鲁莽。

一个习惯于同外国人打交道的有礼貌的韩国人,他会一直听对方讲话而不打断,但当他急于进入更深一层的会谈或者忍不住要以自己的理解来阐述某个观点时,他也会打断对方的话。这时候就不太注意面子,也不在意谁处于上风。但打断谈话常常是一些好迹象,意味着其真心希望谈判成功,达成交易。

与韩国商人谈判要非常讲究策略和通情达理,和气和协调也很重要。韩国商人有时会重复性地提出相同问题,因为他们在做出决定前,要确保其正确性,一个大错误会给他们带来麻烦,甚至辞职或被解雇。由于韩国人在交谈中,缺乏直接和坦诚,故需要仔细倾听对方的讲话和辨别其真意。有时书面合同也会改变而需要重新谈判,因此要有耐心,结果会很缓慢地取得。

与韩国人谈判时,最好找一个中间人做介绍。韩国是一个组织严密的社会,如果由具有影响力的人物出面介绍与一家韩国公司接触,而不是贸然前去,那就先有了声誉,同时也可以请双方都尊重的第三者出面介绍。

韩国人经常是在不知不觉之中转入业务问题的洽谈,应当予以警惕。开始时可简明扼要地介绍一下将要讨论的问题,如果对方立即向你提出问题,也不要惊慌,这是一个好迹象,表明韩国人很有兴趣。相反,若对方毫无表情地注视,也不要着急,考虑自己是否表达清楚,逐步谈些细节,这些可能会引起对方的反应。在谈判中间也要准备有反复,要做好准备,提供详尽情况。

韩国人的防卫意识很强,他们不想被人利用,也不希望对方在他们国家里待的时间比他们认为需要的时间长,因此谈判结束后就应当及时离开。

此外,韩国人忌讳"4"这个数字。对姓李的韩国人不能称做"十八子"李。

（三）南亚和东南亚商人的谈判礼仪与禁忌

要与泰国人结成推心置腹的交情，需要经过一段较长的时间。但是一旦建立了友谊，便会取得完全信赖。泰国人常见的问候方式是两手掌合拢，手指伸开置于胸前，微微鞠躬。他们喜欢谈论文化遗产，足球、羽毛球、排球、乒乓球是最受欢迎的体育运动。如果客人表示喜欢某件东西，泰国人会认为有义务将该物赠送给客人。男女间在公开场合一般不表示亲热，并避免身体接触。两脚交叉的坐姿被视为失礼。要避免跺脚及用腿挪动或指点东西，也不能用脚踩住宅或庙宇的门槛，因为他们认为人的灵魂存在于门槛之中，被邀去私人家庭访问，不必送礼物，除非客人要在东道主家待一段时间。谈判事先要预约，而且要准时。尽管幽默感和大笑被认可，但是仍以稳重为宜。与泰国商人谈判，要力求耐心细致，各条款内容具体明确，这样有利于对方准确理解和取得认同，也有利于减少落实中的分歧和扯皮现象。一旦达成协议，要讲究信用，决不能无故食言。

印度尼西亚和马来西亚两个国家有许多相似的地方。谈判时必须注意其宗教信仰，每年有一个月的“斋月”，从日出到日落不能吃东西。在这段时期中，印尼人事务性的工作可以勉强支持过去，但体力劳动难以维持。因为是一个多民族国家，移民较多，所以，不要谈论政治和民族问题，最好不要当着印尼当地人的面夸奖华裔。

两国人民一般都很讲礼貌，推崇礼让，不喜欢背后讲人家的坏话和评论他人，所以非深交者很难听到他们的心里话。印度尼西亚人有礼貌、好客。马来西亚男女之间很少相互握手，在社交场合中，男子应向女士点头或略行鞠躬礼。他们喜欢谈论本国的经济成就、美国的风景和体育运动。如果马来西亚东道主招待晚餐，次日应送鲜花或写便条以示谢意。商业洽谈之间不常送礼物，但若赠送或接受礼物时要用双手。在餐桌上，也要用双手传递或接受饮料。

与印尼商人的谈判过程一般较为漫长，一定要有足够的耐心。谈判可以在高级行政人员之间或下级具体执行人员之间展开。如果有条件聘用当地代理人，对绕过复杂的印尼政府官僚机构不无帮助。与马来西亚商人谈判也会有长时间和详尽的讨论，要做好提供大量信息的准备。马来西亚商人处事精细，他们逐步而且小心翼翼地形成自己的观点和立场。因此，对其外交手腕要有思想准备，从字里行间确定其真正意图。

马来西亚人注重面子，看重人的身份地位，谈判时避免询问尖锐而直接的问题，以免使其为难。确立信任关系是谈判成功的前提，他们更重视个人信誉，恪守合同未必总是放在首位。马来西亚商人往往会有礼貌但却很坚定地不断迫使对方做出让步。

菲律宾受西方影响较深，喜欢模仿美国的生活方式。菲律宾人喜欢别人泛泛谈论他们的家庭，也喜欢听对方谈家庭情况，但却不喜欢别人谈论他们的国家，因此应当避免谈论政治、宗教、社会状况及腐败等敏感问题。菲律宾人和蔼可亲，善于交际，为人大方，比较重信用，但商业意识不太强，缺乏计划性，懂外贸业务的人不太多。菲律宾商人喜欢举行聚会，聚会大都在家里举行，首都马尼拉和周围地区治安情况不太理想，要小心防范，以免吃亏。与菲律宾商人会晤要准时，哪怕他们自己并非如此。菲律宾人对时间比较随便，会议或约会时往往比预定时间要晚10~20分钟。应以礼相待，避免直接批评，对于菲律宾人来讲，名声是一种重要的德行，公开批评可能会给个人带来耻辱。

印度人日常礼仪不多，传统的问候方式是将两手掌并拢，手指向上置于颔下，微鞠躬，以示尊敬。印度人喜欢谈论其艺术和建筑遗产。款待或其他社交活动，应邀请印度人偕夫人一起参加，但印度穆斯林的妻子则不公开抛头露面。印度教徒不允许外人接触其食物，他们认为牛是神圣的，不吃牛肉，也不使用牛皮，素食很普通。印度穆斯林则不食猪肉，有的还不饮酒。印度人重视家庭，强调物质生活简朴，自谦被视为美德，受到尊敬。印度是一个宗教气氛很浓的国家，如穆斯林、印度教、锡克教等，都各有其特殊的教义和礼俗。印度的男女界限较严，如男人一般不能单独和女人讲话，也不同女人握手等。印度的社会层次分明。对印度公司的资信调查也很困难，这是因为印度的出口手续繁杂，课税重，而逃税情况严重，有时候在调查报告上所列的数字真伪难辨。因此，与印度公司来往，最好委托我驻外机构或亲自前去调查。尽量做到热情有礼，谈判前应做好充分准备，多以事实和数据说话，设身处地，摆明利益关系，以使其增强信心，打消顾虑，做出决断。由于决策来自上层，所以应尽可能地直接与高层次人士打交道。合同必须以英文和当地文字书写，还应将合同条款制订得严密细致，以免埋下日后纠纷的隐患。

巴基斯坦与孟加拉国的大多数居民信仰伊斯兰教，社会生活笼罩在宗教生活之中，多数人不抽烟、不喝酒，不让女性见客人和就业，商业上的聚会是清一色的男性。

巴基斯坦和孟加拉国的大多数居民信仰伊斯兰教，因此在从事商业接触时，首先要了解这两个国家的社会生活，特别是要认识其受宗教影响而形成的风俗与习惯，尊重与适应其风俗。如伊斯兰教的教义不准女性公开抛头露面，不准享乐，因此与之商谈时，我方不宜派出女士当谈判负责人。尽量少抽烟，否则可能会引起误解。另外，言谈中也要注意切勿触犯对方教义。在这两个国家，从事活动的人士大多数为处于管理职位以上的有权有势的人，这些人生在上流社会，而且以留学欧美者居多。鉴于对方多为有权有势的上层人士，我方谈判者应十分注重礼节，语气要亲切随和，尽量避免因信口开河而失信伤人。在这两个国家，商谈是不能用电话的，必须亲自访问对方，促膝而谈，这样交易才能有所进展。在商业习惯上较重视文字契约，而且讲究信用。要有耐心，巴基斯坦官僚机构臃肿，做多次访问、开多次会议，才能进入实质性的商业项目，才能绕过政府内不同层次的机构。出席会议要准时到达。巴基斯坦和孟加拉人对时间有些随便，不过他们期待对方准时。与两国做交易，必须会讲一口流利的英语，否则会被认为没有受过良好的教育而被蔑视，谈判活动也会因此受到影响。根据对方重视文字证据与契约的特点，在商谈中应随时并详细地拟订备忘录，在对每一个合同条款认真讨论之时都应做详细、准确的表述与记录。一旦对方认同并记录成交的事项，不可无故废约，要讲究信用。合同应用英文和当地文字书写。

新加坡居民也很重感情，重信用。面子问题对新加坡人来讲很重要，公开场合的为难会严重损害(如果不是结束的话)未来潜在的交易。新加坡人一般不喜欢与外国人谈论政治、宗教等问题，而喜欢多谈论该国的文明、管理制度、经济发展的成就。新加坡人为人友好，但不习惯于开玩笑，不接受西方式的幽默。认为西方人伸起手指表示可以(OK)是粗鲁之举，人的头部不能随便触摸。如果新加坡谈判者属于私营公司，几次洽谈后便可款待吃饭，但政府官员不能接受这类邀请。在餐桌上可谈论业务，当地没有给小费的习惯，也没有赠送礼物的习惯。与新加坡人谈判应有的放矢地选择话题，不要伤害他们的自尊心。新加坡的新一代华人采取了许多新的经营方式，强调事实、技术细节及周密的合同，较传统的华人则把生意更多地建立在信誉之上，合同比较简单、笼统，口头达成的协议履约率也很高，对背信弃义行为深恶痛绝。在新加坡谈判，要竭力避免任何构成贿赂的暗示。在这方面，新加坡政府有着极清白的声誉。在与有中国血统的新加坡人谈判时，要充分利用他们对中华民族与乡土的深厚情感，要十分讲究和努力发扬中华民族的礼仪美德，表现出对华侨、华人的信任与尊重，做到以诚感人、以情动人。但不要把他们等同中国人，否则会引起其不快与顾虑。与新加坡人谈判，事先要预约，而且要准时，迟到被认为是不礼貌的。新加坡以企业精神和勤奋而闻名，通常谈判是快节奏的。谈判中可直接涉及钱的问题，价格和时间表通常是主要问题。谈判要言必信、行必果，建立起双方的深切了解和真诚友谊。这样，就完全有可能成为对方长期合作的忠实伙伴。

(四)阿拉伯商人的谈判礼仪与禁忌

阿拉伯人不轻易相信别人，家庭观念很重。在阿拉伯人的社会里，等级观念森严。他们不喜欢和外人谈论政治和宗教，不喜欢把阿拉伯湾称为波斯湾，也不喜欢人家谈论他们忌讳的猪狗一类的动物。伊斯兰教徒在每天的祈祷时间内，社会商业活动会暂时停下来。中东阿拉伯国家的人们，往往在咖啡馆里谈生意，与他们见面时，宜喝咖啡、红茶或清凉饮料，忌讳饮酒、吸烟、谈女人、拍照，也不要谈中东政局和国际石油政策。阿拉伯人中的富有阶层比较好客,常常为了应酬各种朋友和客人而不惜停下公务活动乃至谈判工作。在阿拉伯国家做生意,不可能一通电话就谈妥,为了推销某种货物而访问客户时,头两次是绝对不可以谈生意的,第三次才可稍微提一下,再访问两次后,方可进入商谈。也就是说,要先建立朋友关系,否则,不管条件有多么成熟,他们也不会理睬。伊朗人天性乐观,但缺乏应有的灵活性。一般伊朗人体格健美,又很讲究仪表,但不要为其外表所迷惑,总的来说,伊朗人的生意比较难做。

谈判时要尊重对方的教义与习俗,如果己方能有懂得伊斯兰教义甚至会说阿拉伯语的人参加谈判,更有利于创造和谐的谈判气氛和取得对方的好感。与伊斯兰教徒交谈时,要注意适当的称谓,切勿乱叫外号。对他们的教义教规,不应妄加评论。切忌用他们认为“不洁”的左手和他们握手、替他们拿食物。

充分利用对方喜欢交际和好客、不习惯谈判一开始就转入正题的特点,在谈判前和谈判开始时,要主动热情地进行广泛友好的交流,选择他们喜欢的话题,甚至先请他们喝上一杯咖啡,使他们高兴。这样既可密切与对方的关系,获得对方的信任与敬意,又可从中了解一些我方需要的信息,其实也有助于缩短开局与磋商阶段的时间。

阿拉伯人不欣赏抽象的介绍说明,不愿花钱买原始材料和统计数据。因此在谈判中可以采用多种形式,采取数字、图形、文字和实际产品相结合的方式,形象地向他们说明有关情况。要注意的是,对于确实需要提供的材料,必须请一流的翻译并按照阿拉伯人的习惯进行精细的译解,千万别为了节省成本而随便找人翻译,否则,翻译的失误可能造成灾难性的后果。另外,材料中所附图片也应以从右向左的顺序排列,并且图片内容不得冒犯阿拉伯人的风俗习惯。

由于阿拉伯社会宗教意识的影响,妇女地位较低,一般不能在公开场合抛头露面。因此,应该尽量避免派女性去阿拉伯国家谈生意,如果谈判小组中有妇女,也应将其安排在从属地位,以示尊重他们的风俗。在谈话中尽量不涉及妇女问题。

第四节 正确应对国际商务谈判中的跨文化差异

正是由于商务谈判中存在的诸多文化差异现象,使得国际商务谈判相对于国内谈判显得尤为复杂。作为相关从业人员,不仅要熟悉国际市场规则,全面掌握国际商务谈判的基本程序,还需要注意以下几方面的问题。

一、树立跨文化的谈判意识

随着经济全球化的不断深入以及网络技术的广泛应用,各国之间的文化交流日益频繁,人们对其他国家的文化有了更加深入的理解与包容,在进行国际谈判的过程中,谈判双方的交流变得更加和谐,可是仍然有部分谈判人员忽视文化差异对谈判效果的影响,最终导致谈判的失败,所以参与谈判的全体成员首先得具备跨文化的意识。

(一)做好文化差异的心理准备

由于谈判双方均来自不同的国家,所以参与谈判的全体成员首先得做好文化差异的心理准备。谈判者不能只用自身的价值观去衡量他人的价值取向;不能直接用自己的标准去判断其他民族的文化;要学会了解、接受、尊重对方国家的文化和习俗。无论另一方所处的文化环境看起来有多么不可理解,谈判时都应该彼此尊重。只有充分注意到这些跨文化差异,才能采取行之有效的对策。

(二)理解和尊重对方的文化和习俗

在文化背景环境不同的情况下要促使谈判的顺利进行,我们必须理解和尊重对方的文化和习惯。在进行谈判活动之前,谈判者要详细了解对方所在国或地区的风俗习惯,避免商务谈判中的不和谐情形的发生。例如,该国家或地区对商务谈判的时间有没有特殊的要求?该国家或地区人们在称呼和衣着方面有没有什么讲究?社交场合是否赠送礼物以及赠送方式有哪些习俗?这些问题看似不太起眼,但处理不好就会遭到对方抵触,最终不欢而散。例如美国人常以相吻表示亲热,但其他国家或地区会感到很唐突、不习惯。在英国初次认识时,一般都以握手为礼,随便拍打客人被认为是非礼的行为。

二、做好谈判前的准备工作

(一)掌握与不同国家和地区进行商务谈判的技巧

每个国家都有其独特的文化背景,而不同文化下的行为方式以及性格特点都会有所不同,这就导致谈判风格差异的出现。为了实现国际商务谈判的目标,必须掌握谈判对手的谈判风格,对症下药,使国际商务谈判向有利于我方的方向发展。在进行国际商务谈判开始前,一定要认真地了解当事国的风俗和习惯,特别是对对方的禁忌事项给予高度的重视,以避免因行为不当而给谈判对手带来心理上的不快,如直视别人的眼睛和谈判时直呼姓名等。

本章前面详细介绍了不同国家的谈判风格、礼仪和禁忌,在商务谈判前,应充分研究对方的谈判风格和礼仪禁忌,做好充分的准备,对症下药,以保证谈判的顺利进行。

(二)根据谈判对手制订相应的谈判方式

在商务谈判时,可能会出现两种情况:敌意性的谈判和敲竹杠者的谈判,所以我们要制订相应的谈判方式。敌意性的谈判，我们要从全局和长远利益的高度俯视谈判的目的，摆脱就事论事的狭义视野，以迂回的策略达到目标，达成共同满意的目标和合同的执行。敲竹杠者的谈判，首先是谈判的另一方处于投机心态，追求自身的利益，采用误导、欺骗、恐吓、舞弊等卑劣的手段，只求自身利益的最大化。其次，利用相对灵活的有利地位运用谈判筹码，利用对方在一定时期内以专业化投资所形成无法调整的协作关系，提高价格，榨取交易关联方的利益。

（三）制订谈判计划，进行模拟谈判

1. 对谈判人员的分析是谈判计划工作的主要内容，包括以下两大方面：

（1）己方分析。要做好“知己”的工作，先明确三大问题：清楚谈判的目的；估计谈判的障碍；预备应对的方案，并考虑方案的可实施性，以理清谈判的思路。

（2）对方分析。要完成“知彼”工作，收集信息：对方谈判的人员组成，身份、职位、性格等；对方谈判组首席代表的权限、处事风格、性格特点及对谈判的倾向性意见；试图确认对方的合作意图、对合作的迫切程度；对方对此次谈判期望；等等。对方信息越详细，己方就越能在谈判场上洞悉对方意向并做出应对策略。

2. 模拟谈判训练。模拟谈判指在谈判开始前，组织有关人员对本场谈判进行预演，通过模拟对手在既定场合下的种种表现和反应，来检查己方制订的谈判方案的可行性，及时发现问题，完善谈判计划。在进行模拟谈判时要科学地提出各种可能假设，并针对这些假设制订出相应的策略。谈判时要尽可能的揣摩对方在各自的文化背景下可能的行为模式，从而做出有效的决策。

三、谈判过程中要注重技巧

（一）恰当地使用谈判语言

要想取得谈判的成功，不仅要掌握与谈判相关的专业知识，而且还必须具备良好的语言表达能力。在国际商务谈判中，要充分考虑谈判对手的文化背景、性格习惯以及需求状况的差异，恰当地使用针对性的语言。

首先，谈判人员在掌握语言的字面意思之外还要多多了解短语和词汇在特定文化中隐含的特殊意义。一些具有象征意义的词语在不同的文化中具有截然不同的寓意，如“龙”在汉语文化中是指古代传说中的神异动物，象征着珍异和高贵；而“dragon”在英语文化中指一种会吐火伤人的怪物，象征着邪恶和凶险。所以在国际商务谈判中，为了防止谈判过程中出现不必要的误会，谈判人员必须掌握这些有特定寓意的词。

其次，谈判人员应根据谈判对手的语言习惯选择合适的表达方式。例如，欧美国家习惯直来直往、单刀直入，在谈判中我们要尽量以直接的语言来表述我们的想

法,话题要明确,言简意赅,能够让对方明白要表达的意思和意图;而对日本、韩国等习惯于客套和曲折的东亚国家,采用春风化雨般的倾心长谈可能效果更好。

(二)克服谈判中的沟通障碍

所谓的沟通障碍,主要是指谈判双方在交流情况、观点,洽谈合作意向,交易条件等过程中,可能遇到的由于主客观原因造成的理解障碍。例如,欧美人在谈判中一般直言不讳,态度明确,说“yes”就是认可或赞同;而日本人却曲折含蓄得多,他们点头说“yes”时可能是认同,也可能仅仅只是礼貌地表示“I see.”(我知道)或是“I understand.”(我明白),并不意味着“I agree with you.”(我同意)。在国际商务谈判中,沟通障碍还可能是言语表述上的误解或由于翻译的原因造成的。例如,在广交会的一次中外商务谈判中,一开始中方负责人就自豪地向外方介绍到:“我公司是中国二级企业”,结果被翻译人员译成了“Second-class Enterprise”。外方一听,原本很高兴的兴致顿时冷了下来,原来他们把“二级企业”误解成“二流企业”。所以谈判人员应力争准确地翻译出双方的意思,以免在谈判双方形成沟通障碍。

(三)灵活运用沟通技巧

作为商务谈判人员,在对不同国家或地区商务谈判风格充分了解的基础上,还需要掌握不同的谈判技巧。这包括:

1. 营造良好沟通氛围。商务谈判是十分严肃的事,尤其是在涉及重大利益的问题上更是如此。但过于严肃紧张的气氛并不利于谈判的顺利进行,努力营造良好沟通气氛对谈判成功十分重要。这需要谈判者充分运用自己的聪明智慧,用诙谐幽默的语言活跃谈判气氛,使谈判人员在心理上得到享受,使错综复杂的谈判活动在愉快的气氛中顺利进行。

2. 善于用眼神来交流。在面对面沟通时,除了用语言来与对方沟通,还要善于用眼神来与对方交流,不时地用眼睛看看对方的眼睛,从而判断对方是否赞同我们的意见。当然,谈判者也不能一直看着对方的眼睛,因为这是不礼貌的。

3. 巧用态势语来交流。国际商务谈判中,谈判者不仅要会用眼神、用妙语连珠来征服对方,更要学会用态势语沟通交流来提升沟通效果。适当的时候通过手和身体语言,可以达到事半功倍的效果。

4. 学会用倾听来交流。沟通并不是一味地讲话给对方听,沟通是双向的,是讲和听的互动过程。因此,谈判者除了要会讲,更需要会倾听。成功的谈判者在谈判时会把一半以上的时间用来听。他们边听、边想、边分析,并不断向对方提出问题,以确保自己完全正确的理解对方,并获得大量宝贵信息,增加谈判的筹码。

四、增强法律意识和法制观念

在现代社会,所有的商务活动都要在法律关系下进行。但由于社会经济和文化背景不同,使中西方的法律观念存在着明显的区别。西方国家是法治国家,法制完善,法律意识根深蒂固。中国受到等级观念、官本位思想以及人情关系意识的影响,法制观念比较淡薄,导致中国谈判者在谈判过程中注重人际关系和非正式的处理方式。在我国改革开放的过程中一些法律尚不健全,原有的一些体制上的问题和一些政策规定也不符合国际惯例,使国际商务谈判极易陷入僵局而且不易破解。

因此,要健全法制观念、增强法律意识。在国际商务谈判中,一旦发生纠纷,要争取用法律保障自己的权利和义务,才能营造公平、公正的谈判环境。

思考题

1. 试分析一下美国商人的谈判风格,并说明应当怎样和他们进行谈判?

2. 怎样理解日本商人在谈判过程中不断点头的行为,这是表示他们赞同我方的意见吗?日本商人谈判的特点是什么?

3. 与西欧商人进行谈判要注意哪些文化方面的问题?他们的禁忌主要有哪些?

4. 韩国商人与日本商人的谈判风格有哪些异同点?

5. 跨国商务谈判应做好哪些准备?

案例应用

英飞凌收购 GaN Systems 谈判收官[①]

2023 年 3 月 2 日,德国芯片大厂英飞凌(Infineon Technologies AG)官宣,以 8.3 亿美元的价格收购 GaN 功率半导体厂商氮化镓系统公司(GaN Systems)。

作为近几年炙手可热的一种新型化合物半导体材料,氮化镓早期被应用在手机快充充电器中,目前正被越来越多行业所接纳。氮化镓属于第三代半导体中的一种,区别于第一代半导体材料硅基,氮化镓的高导通频率、宽禁带等特点令其适合应用于功率半导体器件中。集邦咨询分析师龚瑞骄对《21 世纪经济报道》记者

① 资料来源:新浪财经,2023-03-03。

表示,除了快充市场,功率 GaN 已逐渐在户用储能、家电、LED 照明等应用市场站稳脚跟。与此同时,来自汽车及数据中心领域的终端制造商已经表露出对 GaN 的浓厚兴趣,这将推动 GaN 技术从小众市场走向主流市场。

GaN Systems 成立于 2008 年,总部位于加拿大渥太华,在英国、德国、日本和美国都设有办公室,是一家无晶圆厂半导体公司,也是开发基于 GaN 的功率转换解决方案的全球技术领导者。在 GaN 市场蔚然兴起之际,GaN Systems 凭借先发优势,以其技术实力和完整的高可靠性氮化镓功率半导体组合,在新能源汽车、数据中心、工业及消费电子等应用领域不断攻城拔寨。据悉,GaN Systems 的氮化镓功率半导体不仅在消费电子业受到包含戴尔、三星等国际大厂的认可,在新能源汽车、数据中心、工业及航天等高可靠性市场亦斩获丰实。据《2022 氮化镓功率与射频产业调研白皮书》显示,GaN Systems 在 2021 年的市场份额排全球第二。

英飞凌是电力系统和物联网领域的全球半导体领导者。公司成立于 1999 年,其前身为西门子集团的半导体部门。公司于 1999 年独立,2000 年上市。英飞凌专注于汽车和工业功率器件、安全应用等领域,提供半导体和系统解决方案,并在模拟和混合信号、射频等领域掌握尖端技术。2020 年 4 月,英飞凌宣布完成对赛普拉斯半导体公司(Cypress)的收购,成功跻身全球十大半导体制造商之一,成为全球第一大功率分立器件和车用半导体厂商。

英飞凌首席执行官 Jochen Hanebeck 表示,“氮化镓技术为打造更加低碳节能的解决方案扫清了障碍,有助于推动低碳化进程。氮化镓技术在移动充电、数据中心电源、家用太阳能逆变器和电动汽车车载充电器等领域的应用正处于关键拐点,将推动市场的蓬勃发展。收购 GaN Systems 将显著推进公司的氮化镓技术路线图,并让我们同时拥有所有主要的功率半导体技术,增强英飞凌在功率系统领域的地位。”

氮化镓系统公司首席执行官 Jim Witham 则表示:“氮化镓系统公司的代工厂与英飞凌自身的制造能力相结合,将实现极大的产能增长,推动氮化镓技术在我们众多目标市场中的广泛普及。”

延伸阅读

沙特阿美收购巴基斯坦天然气和石油有限公司谈判达成[1]

世界领先的能源与化工一体化公司沙特阿美今天签署最终协议,收购巴基斯

① 资料来源:中国石油报,2023-12-23。

坦天然气和石油有限公司40%的股份。巴基斯坦天然气和石油有限公司是一家多元化的下游燃料、润滑油和便利店运营商,是巴基斯坦最大的零售和仓储公司之一。该交易尚需满足某些惯例成交条件,包括获得监管部门的批准。

本次收购是沙特阿美首次进入巴基斯坦燃料零售市场,有助于公司在国际范围内实现下游产业链增长战略。早在今年2月沙特阿美收购胜牌全球产品业务,该交易为公司成品油提供了更多的分销渠道,并进一步为胜牌全球产品业务开拓市场机遇。

沙特阿美下游业务总裁穆罕默德·卡塔尼表示:"本次交易是沙特阿美今年进行的第二轮零售业务收购,符合公司下游拓展战略,为在全球范围内推动炼油、营销、润滑油、贸易和化学品的业务组合开辟了一条清晰的发展道路。巴基斯坦天然气和石油有限公司拥有庞大的仓储能力、优质资产和增长潜力,这将有助于沙特阿美在巴基斯坦推动品牌建设工作。"

沙特阿美长期聚焦本国油气勘探开发,外国投资及其对外投资极其有限。历经90余年的发展,沙特阿美已在全球上游油气领域拥有了举足轻重的地位。随着全球实现气候治理目标的需要日益迫切,面对能源转型和能源供应安全的挑战,沙特阿美在继续保持石油生产领导地位的同时,加大引资和投资力度,加强国际伙伴关系建设,加快发展天然气产业,努力构建更广泛的能源价值链,投资全球关键业务市场,提高业务的多元化程度。同时,沙特阿美重视技术创新,坚持核心优势,开拓关键市场,坚持开放、合作、共赢的能源转型理念,为传统国家石油公司提供了有益借鉴。

沙特阿美收购巴基斯坦天然气和石油有限公司40%股权的交易,是沙特阿美继9月15日首次投资南美下游零售市场后,开拓的又一全新下游业务市场。一系列举措彰显了沙特阿美加强下游业务国际化、加速能源转型和多元化发展战略布局的决心。

一、坚持核心油气业务,发挥优势领域影响力

石油是沙特的支柱产业,沙特经济高度依赖石油出口。据国际货币基金组织预测,2023年沙特财政盈亏平衡油价为80.9美元/桶。沙特阿美作为油气领域的一支重要力量,对全球油气市场具有重大影响力。

11月30日,多个欧佩克+成员国宣布,自2024年1月1日起至3月末,实施共计220万桶/日的额外自愿减产计划,后续将视石油市场情况逐步恢复产量,以支持石油市场的稳定与平衡。沙特继续以100万桶/日的减产份额领跑本轮减产计划。沙特能源大臣阿卜杜勒·阿齐兹·本·萨勒曼本月5日接受彭博社采访时承诺,沙特将按照承诺份额采取限产措施。

今年4月,沙特能源部发布公告称,将在欧佩克+《合作宣言》框架下与部分欧佩克和非欧佩克国家协作，从5月至年底自愿减产50万桶/日。其官员强调指出，减产是支持石油市场稳定的预防措施。

随着第二季度油价的下挫，沙特7月开始加大减产力度，减产幅度达100万桶/日。沙特阿美总裁兼首席执行官阿敏·纳瑟尔在今年第三季度业绩发布会上表示，将继续发展上游业务，公司目标是到2027年将原油最大可持续产能提高到1 300万桶/日。

二、扩大天然气产业，满足能源安全和减排需求

天然气是全球能源转型不可或缺的推动力。

沙特阿美2020年便开始寻求投资及合资开发国内外天然气和LNG项目的机会：一是为了减少对原油发电和凝析油发电的依赖，释放更多的原油用于出口；二是认为扩大天然气和LNG业务是减少全球碳足迹的有力举措。

沙特阿美的天然气发展战略是，到2030年将天然气产量在2021年的基础上增加50%以上，成为世界顶级天然气生产商之一。

9月28日，沙特阿美以5亿美元收购了美国MidOcean能源公司的少数股权，MidOcean能源公司正在收购澳大利亚4个LNG项目的权益。据悉，该笔投资是沙特阿美在LNG领域的首次国际投资，是沙特阿美成为全球领先LNG公司战略的重要一步。

11月14日，沙特阿美宣布，在沙特南加瓦尔(South Ghawar)油田生产了首批非常规致密气。沙特阿美上游业务总裁纳西尔·纳伊米表示："此举标志着公司天然气增长战略取得了实质性的发展，并将在帮助沙特实现碳减排目标和支持化工行业的增长方面发挥积极作用。"纳伊米曾多次强调，天然气和LNG在满足世界对安全、可获取和更可持续的能源日益增长的需求方面发挥着重要作用。

三、延伸下游产业链，积极发展能源贸易路线

沙特阿美石油产量远高于其综合炼油能力。沙特阿美下游战略旨在提高原油的石化产品转化率，力争到2030年前将石油化工产能扩大到400万桶/日，同时拓展中国等重要市场。

沙特阿美下游业务总裁穆罕默德·卡塔尼在出席2023年跨国公司青岛峰会时指出，截至今年10月，沙特阿美与中国已签署超过80亿美元的合作协议：先后与江苏东方盛虹股份有限公司签署合作框架协议，以34亿美元收购了荣盛石化10%的股权，与北方工业集团和盘锦鑫诚集团在华成立合资企业，推动在中国的多笔下游领域投资合作。这些既反映了其强化自身下游产业链、加强上下游一体化发展的决心，同时彰显了沙特阿美对中国市场的重视与信心。

中国海关总署数据表明，沙特长期以来是中国原油进口的最大来源国，沙特原油出口量的约1/4稳定出口到中国。除中国市场外，沙特阿美正在推进收购智利下游燃料和润滑油零售商，这也将成为沙特阿美在南美地区的首笔下游零售投资，并将释放沙特阿美下游产品利用国际新市场的潜力。

四、实施多元化战略，积厚成势谋求转型发展

作为一家国家石油公司，沙特阿美以“气候治理目标、能源供应安全和经济可持续增长”三重责任为使命，坚持“风险对冲”思维，正在擘画可持续发展蓝图，已经在多元化转型发展的道路上迈出坚实的步伐。沙特阿美务实、有序和包容的能源转型计划包括了天然气、蓝氢、蓝氨、太阳能、循环聚合物和碳信用额度等多种解决方案。

沙特于 2016 年发布了“2030 愿景”，提出要发展多元经济，大规模开发可再生能源，到 2050 年实现碳中和。国际油价的跌宕起伏和本国经济可持续发展的迫切需要，坚定了沙特阿美坚持多元化战略的决心。沙特阿美今年第二、第三季度均强调，扩大 2023 年度投资规模，2023 年度投资预算同比增长近 50%，保持在 480 亿至 520 亿美元之间。这也是公司史上最大的投资计划。

今年以来，沙特阿美与德国西门子能源公司合作，在沙特研究开发直接空气捕集（DAC）测试装置。该装置每年可捕集二氧化碳 12 吨，预计到 2024 年完工。沙特阿美通过这一碳中和创新科技手段，有望推进二氧化碳捕集能力达 1 250 吨/年的大型试验工厂项目；10 月成功试验了“原地矿化技术”，创新了二氧化碳封存解决方案，该项技术能将二氧化碳永久转化为碳酸盐岩。

沙特阿美已在投资组合中稳步增加低碳能源，包括着手在本国西部评估开发地热能，探索将地下含水层中的蒸汽转化为电能；与林德工程公司合作开发突破性氨裂解技术。沙特阿美认为，低碳氨在弥合某些国家国内可再生能源生产能力与总能源需求之间的差距方面能够发挥关键作用，旨在通过合作建立一条商业上可行的低碳氨供应链。

沙特阿美重视材料技术的发展，认为更耐用、更可持续的材料是能源转型不可或缺的部分。沙特阿美与贝克休斯的合资企业已启动增强热塑性管道（RTP7）的生产，年产能可达 1 000 公里。相比传统钢管，新型管材具有更耐腐蚀、更轻便、更耐用、更易安装的特点，从而降低了整个生命周期的成本和碳足迹。

第九章 美国企业收购战中的防御战场策略

The Defense Strategy of Enterprise Mergy in America

美国作为战后引领全球经济发展的火车头，特别是2008年全球金融危机后，美国从危机的重灾区，一跃成为后金融危机时代转型最快、走出危机最为彻底的国家，其企业的竞争力有了很大的提升。美国企业在国际商战中的做法和战略战术，对于新兴市场国家的企业有着极高的学习价值。

学习要点

As a locomotive of the world economy growth especially after the financial crisis, more and more countries have become dependent on America's growth. The world economy is facing the most serious challenges for many years since 2008. The way of companies in the United States has been valuable to other economies.

听证会上美议员逼 TikTok CEO 周受资回答 8 次国籍相关问题![①]

当地时间 2024 年 1 月 31 日,美国国会参议院司法委员会在华盛顿举行一场题为“大型科技公司与网络儿童性剥削危机”的听证会,五大社交媒体巨头的首席执行官(CEO)出席该会议作证,并接受美议员“拷问”。值得注意的是,TikTok CEO 周受资再次成为焦点,美议员反复盘问其是否为中国公民,引发美媒关注。

报道介绍,出席这次听证会的五大社交媒体的代表分别是社交平台 Discord CEO 西特伦、社交平台 Snap CEO 施皮格尔、社交平台 TikTok CEO 周受资、社交平台 X(原推特)CEO 亚卡里诺以及社交平台公司 Meta CEO 扎克伯格。

“但当听证会进行到一半时,一个意料中的话题让会议偏离了轨道:TikTok 由中国公司字节跳动所有。”美国科技媒体 The Verge 称,就这样,一场表面上是讨论关于“保护儿童(网络)安全”的会议,实际上是让 TikTok CEO 周受资回答了一些与当天主题完全无关的问题。

据美国《国会山报》描述的现场情况,共和党籍参议员汤姆·科顿反复盘问周受资的国籍以及周受资是否曾是中共党员等离谱问题,对此 TikTok CEO 8 次回答了关于国籍的相关提问,说自己是新加坡人。

“参议员,我是新加坡人,”周受资当时回答说。

“你是否曾与中国共产党有过联系或有隶属关系?”科顿紧咬不放,继续提问。

“不,参议员,再说一次,我是新加坡人。”周受资重复说。

对于科顿上述无理操作,报道该消息的媒体似乎都看不下去了,在文章中称,周受资与中国的关系在去年他出席美国国会听证会时就已被详尽讨论过,科顿却没有说明他的提问与儿童网络安全有什么关系。

汤姆·科顿盘问周受资的视频也在社交平台 X 上广泛传播,引发争议。截至环球网发稿前,“汤姆·科顿”的话题标签连带着“新加坡”标签高居 X 平台美国地区“热搜榜”前列,不少网友谴责他“仇外”“赤裸裸的种族主义”。

据媒体此前报道,去年 3 月 23 日,短视频社交媒体平台 TikTok 首席执行官周受资出席美国国会众议院能源和商务委员会听证会,接受一系列问题的质询。听证会上周受资被国会议员轮番“拷问”刁难甚至剥夺解释机会。在答问环节中,两党议员以逼问口气向周受资抛出超过 200 个问题,绝大部分问题蛮横尖锐、极具诱导性甚至缺乏基本常识。他们反复质疑周受资的回答,甚至拒绝给他做进一步解释的机会,而是勒令他做出简单的“是”或“否”的回答。

---

① 资料来源:环球网,2024-02-01。

对于去年这场“拷问”，美国用户当时纷纷在线上及线下发声支持 TikTok，还有国会议员认为这是在“围绕中国问题制造恐慌”。众议员贾迈勒·鲍曼说：“为何如此歇斯底里和恐慌，把矛头对准 TikTok？正如我们所知，某些人一直在危言耸听，围绕中国问题制造恐慌。”

企业收购战是快节奏和耗费精力的。一个企业必须要在 10 天内对敌意投标做出回应，并提交到美国证券交易委员会，重大的战略决定也必须尽快制定和执行。企业的董事会是行动的中心，在这里，将制定出关键的战略性决策。例如，目标公司如何响应敌意投标？应该采取怎样的路径？等等。这些问题都令人头疼，很难轻易做出决定。

那么，在收到收购招标时，企业董事的首要责任是什么呢？

董事的首要责任是在万一发生收购企业的要约时，评估和推荐企业应该采取什么行动。董事在这种背景下的行为要依据商业判断规则进行评估。

“商业判断规则”是法庭在股东起诉董事违反企业受托责任的案件中适用的一个司法原则。规则内容是，除非股东能证明在进行商业决策时，董事没有遵循谨慎、善意以及对企业忠诚的原则，否则董事将会受到保护。如果他们遵循谨慎和忠诚义务行事，商业判断规则就不会追究董事的责任。

同时，董事也应履行谨慎义务。作为董事，谨慎行事是指通过获得明智决策所需的所有理应得到的信息和评估所有相关环境之后，做出明智的决策来代表企业股东的利益行事。在此标准下，董事的义务不仅仅是为企业做出最可能的决策，而且经过深思熟虑后做出决策。法庭在评估董事是否谨慎行事时，会考虑决策过程和决策的实质内容。

董事在收购过程中也应履行忠诚义务。因为他（她）是受托人，所以企业的董事必须秉持忠诚义务，依照企业和股东的最大利益行事，禁止董事从事欺诈或敌意的交易，或者董事有私人利益的交易。如果在特定的企业交易中董事有自己的私人利益，那么法庭经常要求董事出示证明交易是公平的，以及为企业及其股东最大利益服务的证据。

除此之外，董事还要面临如幽灵般的股东诉讼，这也增大了他们的压力。在接管斗争的背景下，董事们可以确定几乎任何防御性反应都会引起某种诉讼。尽管保险保护了个人责任不会被追究，但不能避免对个人声誉造成的烦扰和潜在危害。同样伤脑筋的是股东和媒体的不断批评，这种感觉就像是生活在一个玻璃鱼缸中。

如果一项收购获得了目标公司董事会的同意和推荐，就被称为“友好”的收购。如果收购方未经目标公司董事会同意，就直接向目标方股东公开提出收购要约，这就是所谓的“恶意”收购要约，这种情况下，如果目标方大部分股东选择接受该要约（为此收购方必须给出具有足够吸引力的要约价），收购仍可成功，而无须目标方董事会的同意。

G.威廉姆·施沃特（G. William Schwert，1999）认为善意收购和敌意收购的主要区别与人的感知有关，通常无法通过会计数据和股票价格来证实。人们通过了解大众是如何知道这个消息的基础上看到两者的差别。在达成协议之前，双方的谈判没有公布于众，这样的收购通常被视为善意的。与此相反，在达成协议之前，双方的谈判已经公布于众，这样的收购被视为敌意收购。为了给目标公司管理层施加压力，收购方会将这样的消息透露出来。

第一，恶意报价有多种表现方式，即将出现麻烦的第一条线索可能以明显的囤积股票形式出现。公司可以通过多种渠道了解这种情况：股票监视、市场监督计划、是否通过哈特—斯科特—罗迪奥法案。

什么是哈特—斯科特—罗迪奥法案呢？1976年，哈特—斯科特—罗迪奥反垄断改进法要求准备进行兼并交易的双方，在兼并被允许进行之前向联邦交易委员会和司法部的反垄断部门提供关于交易和他们自身的信息，所提交的信息将被政府用于确定潜在交易在完成之后是否有任何影响竞争的效果，如果有，交易会在完成之前被制止。

第二，即将到来的报价可能直接来自报价者表现出来的兴趣。这种表现可以有很多形式，感兴趣的一方可能只是用“非正式方式”，或者一个正式的、气势汹汹的信函可能会被送到目标公司的董事会。不论何种情况，这种联络不一定直接表达敌意。

第三，这种兴趣可能表现为成熟的投标报价。在这种情况下，恶意投标者将秘密地在股票市场囤积股票，并在超过哈特—斯科特—罗迪奥法案要求和相关限制前宣布报价。

在公司并购中，各国法律通常都要求目标公司的董事会和管理层追求公司股东和其他相关方（如员工、顾客等）利益的最大化。尽管如此，恶意收购要约往往会遭到目标公司董事会和管理层的顽强抵抗，原因一般有①可能是出于对公司前景和发展方向的不同看法，目标公司董事会认为目标公司的价值被市场低估，因而要约方的报价未能充分反映目标公司的真实价值；②还可能出于维护自身的利益（如维护现有的地位、薪酬等）的需要。

一旦目标公司意识到潜在的收购威胁并决定战斗，第一步就是审查现有的防御措施框架。即使投标报价已经发出，其中的一些措施也可以被有效地修改。除了审查如毒丸或者交叉到期的董事会任期制这样的结构性防御，一些具体的对策对目标公司来说也是有效的。这些对策的范围涵盖被动措施、主动措施，并意味着不同的成本和风险。目标公司的防守策略分为两大类:①要约出现前所实施的一般防范性安排;②要约出现后实施的针对性防守行动。要约出现前防守安排较为常见的是“毒丸”计划、驱鲨剂以及雇员离职计划等,下面主要介绍的是要约出现后所实施的针对性防守:“直接拒绝”防御、通过谈判签订停止协议、支付绿票讹诈、反噬防御、寻找白衣骑士或白衣护卫、资本重组或结构重组、向雇员养老金信托发行股票、防御性收购、诉讼和公共关系闪电战。

在收购战中,一个共识是保持团队良好的休息。疲惫的人往往会做出糟糕的决策,并且经过几个星期不间断的会议和套利者的不断纠缠,最好的防御者也只剩疲惫了。

需要注意的是,一场收购战中,对冲基金往往是常见的参与者。对冲基金会跟踪判断收购成功的概率,试图捕捉这种概率与交易双方股价上的差异,并通过买卖目标方和收购方股票套利。如果对冲基金买下了目标公司大量的股票,或者套利活动导致收购方和目标方股价的显著变化,对冲基金甚至可能影响收购的成败。另一方面,也有不少收购方欢迎对冲基金的介入,因为它们不会对目标公司现有的管理层有任何忠诚度,它们也无意长期持有手中的股份,反而会促使博弈尽快有个结果。

总的来说,没有任何一种并购防御可以适用于所有的情况,本章只希望能够描述可能的范围。

第一节 直接拒绝

面对主动报价,董事会可能会加强自身的防御并直接拒绝。当然,无论是增加新的防御还是拒绝,停止一个杰出的毒丸计划都必须通过犹纳卡规则的检验,即依据特拉华州判例,对董事会防御行为进行双重检验:侧重于防御过程的第一重检验很容易通过,有充足依据后,董事会提出报价不充足并且对现存企业战略存在威胁的判定就可以使检验通过;第二重检验要求防御措施与威胁相对称,除非措施具有排外性或太过严格,这种检验不会对防御措施的实施造成干扰。

所以,在犹纳卡规则下,除非面临全现金、全股票提议,一般的结构性防御(如毒丸计划)如果适当执行,通常是安全的。但一个更大的问题仍然存在:直接拒绝能够起作用吗?在特拉华州法律下,时代和华莱士的案件表明直接拒绝是可行的,但也并非坚不可摧。

即使没有成功的代理权斗争,一个资金充足和有动机的敌意收购者可能对现任董事会施加相当大的压力。在犹纳卡规则下,有很高溢价的报价可以给董事会带来困扰。涉及的溢价越高,股东越有可能被煽动从而支持收购。除此之外,董事会可能很难把一个远高于市场的全现金报价描述为“对公司或其股东的威胁”。

相反，特拉华州法院明确表示，“在某种程度上，未能成功停止毒丸计划很能构成受托人的违约”。

死亡或生存——洛文直接拒绝国际服务公司

正如洛文集团抵御了国际服务公司29亿美元的敌意收购所显示的那样，一个重要的毒丸计划对于一次成功的防御并不是至关重要的。这两个公司——位列殡葬服务的第一位和第二位——在经过四个月的斗争后打成了平局，与此同时，国际服务公司认为撤出是更好的选择。

这场战斗始于1996年的9月。同期洛文集团正将其股票从纳斯达克转移到纽交所上市，这对于公司来说通常是一个好景象，但国际服务公司向其竞争对手发布了狗熊式拥抱的敌意收购。在竞标之前，两个公司已存在嫌隙，殡葬服务业已经经历了很长一段时间的快速整合，洛文和国际服务公司成为主要的竞争对手。

雷蒙德·洛文——洛文集团的董事长、首席执行官以及创始人，几乎立即宣誓要与国际服务公司最初的43元每股的报价对抗。即使国际服务公司将报价提高到每股45元，洛文仍然保持立场不变。

在某种意义上，洛文集团是一个易受攻击的目标。该公司在1995年被迫解决两起违约合同案件，总的支付责任为2.05亿美元。此外，虽然洛文有一个合适的毒丸计划，但在适用加拿大法律的情况下，法院可以在60~90天后强制其撤销毒丸计划，董事会只能在这段时间内进行防御。

即使情况紧急，洛文仍然有许多强大的防御措施。首要的就是雷蒙德·洛文、他的家人及他的联合者控制了公司股票的20%。当地法律要求至少75%的股东同意，才能批准一项交易；只要洛文坚决反对，国际服务公司将需要使几乎所有的剩余股东同意才能完成收购。

洛文并不满意于依赖这种并购的结构性障碍。公司继续进行自主收购，购买了超过3.25亿美元的其他殡葬服务公司。顶级员工享受了相当慷慨的金色降落伞计划。最后，洛文集团还游说反托拉斯部门的官员，要求其反对一切不利于竞争的合并。

国际服务公司的失败招标更多与价格和财务结构有关。45美元全股票的出价不能吸引拥有洛文大部分股份的机构投资者。没有更强的报价，股东只能选择现任管理层。发人深省的是，之后不久，高杠杆和不良运营最终迫使洛文集团寻求破产保护，股东价值不再存在。

第二节 绿票讹诈和暂停收购协议

在20世纪80年代,向潜在收购者支付一定金钱从而使他们退出的做法很常见。德士古公司以12亿美元的价格从巴斯兄弟买回大量的股票,这一价格比上一日收盘价高出约3%;迪士尼以3.25亿美元的价格收购了索尔·斯坦伯格的股份,另外还支付了2 800万美元的费用;加拿大的贝尔茨伯格把股票卖回给了优士吉。

绿票讹诈是以高价回购股份来换取收购方同意放弃敌意收购的行为。它通常伴随着合同停止协议:①指定收购方可以囤积或持有的股票数量(如果有的话);②限制收购方可以出售所持有股票的情况,通常包括目标公司的第一否决权;③限制收购方可以用持有股份表决的范围,例如阻止收购方参与代理竞争;④为协议生效指定条件。

重要的是制定一个可以有效地阻止潜在收购方未来进行收购的协议。当然,如果没有诱惑条件的话,潜在收购方不太可能同意这种苛刻的条款。因此,目标公司有时会同意支付绿票讹诈,无论是直接回购还是间接利益。

从现任管理层的角度来看,绿票讹诈可以被视为用一个小价钱来避免动荡或者长期收购战所造成的费用。然而,批评者认为,支付绿票讹诈不公平地歧视了其他股东,是一种可耻的防御方式。在20世纪80年代中期,这种批评发展成了对抗这种做法的共识。因此,如果向潜在收购者支付了绿票讹诈,管理者和董事会成员必须做好处理负面宣传的准备。

诉讼是绿色讹诈的另一个常见副产品:股东通常会起诉代表目标公司工作的董事会成员,称这些支付违反了受托责任。特拉华州法院对这些主张通常不予理睬。根据犹纳卡规则的分析,法院认为绿色讹诈是对潜在恶意收购者构成威胁的合理防御。然而,其他州的法院(特别是加利福尼亚州)并不十分支持这种观点。

例如,迪士尼公司向索尔·斯坦伯格及其控股公司支付绿票讹诈引发了多年的诉讼。根据加利福尼亚州法律起诉的股东,辩称迪士尼董事会给予斯坦伯格优惠待遇的行为违反了对股东的受托责任。两个加州法院支持了上述诉讼。初审判决发布了对股东有利的禁令,二审维持了原判。最后,在1989年,迪士尼案例得以解决,斯坦伯格的信任集团同意支付约2 100万美元的损害赔偿。迪士尼承担2 200万美元的损害赔偿责任,其中的大部分由保险公司支付。

比诉讼威胁更令人担忧的是,支付绿票讹诈可能会在战术上起反作用。市场上潜在收购者的存在一般会推高目标公司股票的价格。有关绿票讹诈付款和停止协议的消息发布后,股价可能会回落到以前的水平。在这种情况下,新的收购者可能会到来,希望利用目标公司明显的愿意支付绿票讹诈的意愿来获取利益。这种动态可能导致持续不断的恶意投资者,如1984年的瑞吉斯案例,在瑞吉斯连续支付了两个主要股东后,第三个绿票讹诈者又在公司取得了股票！瑞吉斯发觉这种情况将不会结束,最终同意被白色骑士兼并。

接受绿票讹诈付款也可能产生不利的税务后果:根据美国联邦税法,绿票讹诈的支付需要交纳50%的与收据相关的所得税。该法律于1987年颁布,将绿票讹诈支付定义为从一个股东回购股票所需支付的货币或其他价值,该股东对付款人的股份提出或威胁提出招标,并持有该公司股份少于两年。这种回购对象特定,不适用于其他股东。这一税收不仅针对目标企业购买绿色邮件的现金付款,也针对其他构成股票对价的伪装付款,如绿色邮件相关交易费用的报销或者购买绿色邮件者的其他资产。它也可能加于相关方的付款上,例如白衣骑士,因此,它倾向于强迫失败的袭击者将股票全部卖给独立持有人(例如套利商),而不是卖给根据目标企业的协议行事或受其控制的一方。

各种各样的缺点严重地降低了绿票讹诈的吸引力,也减少了其作为防御策略的使用。

同样与绿票讹诈作为防御性支付的另一种途径是金、银和锡降落伞支付条款。条款规定,一旦因控制权变动结果而遭受解聘,将分别给高级管理层、中级管理层和工人支付解散费。降落伞支付条款与绿票讹诈相比更不公平,股东投票反对降落伞的比率也在增加。

第三节 反噬防御

更积极的防御方式是继续进攻,换句话说,收到敌意报价的目标公司可以转向对报价者进行报价。这种策略在20世纪80年代初曾多次使用——1982年城市服务公司对布恩·皮肯斯的梅萨石油公司提出反报价;休斯敦天然气公司在1984年对沿海国家天然气公司也采取了同样的做法。

反噬防御的基本特征是,一个特定的合并事实上确实具有战略意义,但需要改变公司间的位置。有时,关键因素是目标公司更高的管理质量。例如,城市服务公司的管理层可以展示,它更好地做出了准备,更适合管理其与梅萨公司合并后的业务。

反报价还有一个防御作用:这种战术发出了一个强烈的信息,即目标公司将不惜一切代价反抗敌意投标,敌意报价人本身会陷入麻烦的可能性可以促使其退出。当然,为了进行反噬防御,目标公司必须实际拥有股票或债务,从而具有购买对方的能力。

反噬防御的不利之处在于原始目标企业的股东将得不到任何溢价(原始目标

企业实际上可以给其他公司的股东溢价），即使成功，它也耗费巨大，而且对企业有损。同时，如果选择这种防御方式，也意味着公司放弃了可以采取的其他防御措施，例如反托拉斯和其他关于合并合法性的规定障碍。

反噬防御方式如果进行到最后，将会是一个毁灭性的武器。如果双方继续他们的报价，公司股东将会以他们的股权换取现金，从而挤压了公司的权益资本。结果将是两家公司具有无限的债务资本率，破产是不可避免的副产品。

时机是另一个关键因素。在大多数收购竞争中，第一个行动者往往更具有优势，因为其招标报价将首先到期。这个优势允许第一行动者在对手可以对抗之前购买对其的控制。鉴于程序问题的重要性，对招标规则和其他法规的理解至关重要。

然而，真正的问题是哪家公司可以有效地控制另一家公司。在熟读了相关的公司法以及透彻了解每个公司的公司章程后一般可以得到答案。交叉到期的董事会任期制、延迟股东会议等措施可以阻止一家公司被有效控制。

如果进行反噬防御并且初始攻击者不退出，环形所有制结构将会产生，然后问题出现——谁控制谁？根据美国许多州法律，包括特拉华公司法，子公司不允许以其所持股票在母公司进行表决。因此，任何一方都不能控制另一方。从这一意义上讲，这些股票基本上变成了不具有表决权的股票，剩余的股东获得了控制权。

被反噬防御方式兼并——本迪克斯与马丁·玛丽埃塔的斗争

这场企业兼并大戏发生在四个大公司——本迪克斯公司、马丁·玛丽埃塔公司、联合技术公司和联合公司之间，主角是本迪克斯的威廉·阿吉、马丁·玛丽埃塔的杰·唐纳德·劳特、联合技术公司的哈里·格雷和联合公司的埃德·轩尼诗。阿吉和他的顾问所罗门兄弟公司在1982年8月25日以43美元/股收购马丁·玛丽埃塔，开始了循环的公司争夺战。

在接下来的战斗中，最有争议的方面是阿吉与玛丽·坎宁安的关系。阿吉是爱达荷州本地人、哈佛商学院毕业，他迅速通过各种公司工作升职，并在38岁时成为本迪克斯的董事长。坎宁安——同样是哈佛商学院毕业生——在1979年加入本迪克斯并成为阿吉的执行助理，十分迷恋战略规划科学。她与阿吉逐渐发展成恋人关系，最终被迫辞职。她被雇佣进入施格兰规划部门，之后于1982年与阿吉结婚。她作为阿吉最可信的顾问在马丁·玛丽埃塔投标中引起了相当的不满。

马丁·玛丽埃塔公司由投资银行家马蒂·西格尔提供建议，他自诩为防御部长，并说服劳特发动了反投标。在接下来的斗争中，劳特坚持己见。当哈里·格雷竞标本迪克斯公司时，玛丽埃塔进一步加固了它的立场。事情升级了！

尽管本迪克斯的成员考虑并否决了马丁·玛丽埃塔反击的可能性,这种情况仍令阿吉感到震惊。妥协成为焦点,因为各方试图避免本迪克斯购买玛丽埃塔的灾难性后果,反之亦然。

然而,在本迪克斯招标截止日期之前并没有达成妥协。阿吉继续买下了玛丽埃塔的股份,从而形成了时机优势。但是美国马里兰州法律有一个要求,即规定股东必须要等待10天才能召开特别会议,这使得本迪克斯无法控制玛丽埃塔董事会。另一方面,约束本迪克斯的美国特拉华州法律却允许大股东几乎立即控制董事会。

本迪克斯依据玛丽埃塔技术上是本迪克斯子公司的事实说服了特拉华州法官,要求其判定玛丽埃塔可能购买的本迪克斯的所有股份都不具有表决权,从而将马里兰州法规提供的时机优势中和到一定程度。

虽然阿吉失去了他最有利的位置,但却给了他时间在复杂的混乱局面中寻找出路。联合公司的埃德·轩尼诗从联合技术公司的格雷那里学习了收购业务,现在,他与他的前导师已经成了竞争关系。在晚期阶段哈里·格雷被阿吉引入,来说服轩尼诗作为白衣骑士竞投本迪克斯。轩尼诗的价格在玛丽埃塔和联合技术公司之上,但玛丽埃塔提前购买了本迪克斯的股票。由此产生的所有权结构像意大利面一样一片混乱。

最终,交叉购买被解除。本迪克斯现在由联合公司的轩尼诗控制,玛丽埃塔与本迪克斯交换了在对方购买的股票。本迪克斯持有的玛丽埃塔的股票更有价值,所以本迪克斯最终保留了一些玛丽埃塔股票。阿吉成为联合公司的总裁,但这份工作只持续了几个月,截至1983年6月。

最终,阿吉从马丁·玛丽埃塔失败的耻辱中愈合,他开始了作为正处于苦苦挣扎中的莫里森·克努森公司董事长的征程。然而他和玛丽的关系继续产生了很多争议。莫里森·克努森的转变努力在1996年的指责中崩溃,阿吉再次失业了。与此同时,马丁·玛丽埃塔逐渐强盛并在1995年与洛克希德合并。阿吉的观念是正确的,但是对他形象的憎恶压倒了对他商业洞察的所有欣赏。

第四节　寻找白衣骑士

白衣骑士交易,是指目标公司与一个友好的公司合并或被其收购。这样的交易可能是公司面临资金充足和积极主动的报价者时的最佳选择。虽然白衣骑士战略必然涉及目标公司独立性的损失,但它仍然可能优于替代方案。白衣骑士可能支付更高的价格、承诺保留目标公司员工和管理层，或支持现有的企业战略。

恶意报价者已经出现时，寻找白衣骑士的过程必然紧急。投资银行家进行搜寻，游说各种可选择的公司。面临成为白衣骑士的机会时，许多公司经常会犹豫，他们担心会发生昂贵的投标竞争。因此，感兴趣的白衣骑士一般会在与目标的所有收购协议中要求保护性条款。

例如，未来的白衣骑士可能会要求股票或资产锁定，股票锁定使白衣骑士有权在目标公司购买授权但未发行的股票。从白衣骑士的角度来看，这样的选择有两个优点：①白衣骑士可以行使期权，并利用这些股票行使表决权，支持其与目标公司之间的交易。②这种选择可以对冲另一个收购方为目标公司支付更高价格的风险。如果发生这种情况，白衣骑士可以行使权利并将股票出售给最终收购者以获利。

资产锁定使白衣骑士有权在特定情况下从目标公司获取关键资产。收购价格设定在一个公平的水平，但这笔交易对白衣骑士来说是战略性的。如果锁定的资产被其他兼并者视为目标公司运营的关键或中心，这种锁定安排就会降低其他收购者干预的可能性。

除非拍卖完全公开，否则目标公司与白衣骑士协议中的任何防御性条款都可能遇到麻烦。由于司法挑战的风险，锁定不像20世纪80年代那样经常使用。

第五节　白衣护卫

公司还可以发行新股作为防御，并将它们卖给友好的白衣护卫。

白衣护卫有三个防御优势：①白衣护卫可能会与管理层保持一致。②可以建立一个停顿协议，使白衣护卫股份不会被招标为敌意报价，进而使敌对投标者不太可能获得完成报价所需的最低数量的股份。③不像白色骑士那样，白衣护卫通常不会获得公司的控制权，而是只拥有一部分股份。

然而，找到合适的白衣护卫可能是困难的。有潜在敌意收购者在附近，白衣护卫必须愿意面对在不稳定的情况下成为一个小股东的可能性。比较出名的"白衣护卫"是投资机构，例如沃伦·巴菲特的伯克希尔合伙公司或戈德曼·桑切斯的GS资本合伙公司，但是"白衣护卫"也可能是经营性公司。这种防御策略的风险在于"白衣护卫"与企业之间的关系可能变得很糟，而且"白衣护卫"日后可能决定收购企业的控制权。从目标公司的角度来看，需要对白衣护卫进行一些限制，从而确保其仍然是友好的。

为了防止"白衣护卫"变成敌意投标人，企业首先应使用限时协定。限时协定给投资者加上特定限制以保证公司的股票不会落入敌意投标人的手中。股票购买协议将限定“白衣护卫”除在特定时期购买的股份外可以购买的股票百分比。它也可以包含将少数股权转售给第三方的限制内容，这经常与企业有第一拒绝权相连。关于大宗股票的投票权出售可能也受到限制。董事决定进行此类安排以及限时协定条款，将依据商业判断规则进行评估，只要法庭发现防御措施不是董事唯一或主要的目的，一般就会支持这些安排。因此，白衣护卫必须愿意在未来控制权有限的情况下进行大规模的长期投资。

即使确定了白衣护卫，并且谈判已经结束，执行问题仍然存在。只有具备足够的授权且未发行的股票可用时，目标公司才能直接发行股票，否则目标公司必须修改其章程以增发股票，这需要股东批准。或者白衣护卫必须在公开市场上购买股票。

发行人必须充分考虑为正当目的而发行证券的必要性。如果是为了防御特定的并购威胁而启动白衣护卫方式，那么董事会必须满足犹纳卡规则。

发行给白衣护卫的特定证券是多样的，可转换优先股最受欢迎。因为优先股股利为白衣护卫提供了特定的现金流，而转换功能将使白衣护卫可以在必要的时候进行表决。或者，许多公司具有可用于此目的的所谓空白支票。在公司章程中规定，优先空白支票是授权但未发行的优先股，其条款和条件可以由发行人的董事会确定，无须进一步的股东大会批准。

即使目标公司有已授权但未发行的可供出售给白衣护卫的股票，可能仍需股东大会批准。纽约证券交易所要求：出售给官员、董事或重要股东，或者被发行的股份具有或可转换为大于等于已有流通股表决权的18.5%时，需要获得股东大会批准。

白衣护卫在行动

沃伦·巴菲特是过去一段时间最著名的白衣护卫。1987年他在所罗门兄弟投资银行购买的大量股票阐释了他如何构建这些投资。

对巴菲特来说，所罗门公司的闹剧始于1987年的夏天，当时巴菲特从约翰·古特弗伦德那里接到了紧急电话。巴菲特多年来一直与所罗门公司负责人古特弗伦德保持着合作关系，两人定期聊聊所罗门公司的前景。

持有所罗门公司14%股权的矿产资源公司Minorco，不满意其投资，聘请了菲力克斯·罗哈廷来寻找买家。消息传开后，罗恩·佩雷尔曼对此十分感兴趣。

罗哈廷与佩雷尔曼进行了试探性的谈判，这给古特弗伦德加大了压力。这对古特弗伦德来说是一个不太好的前景，但事实上，佩雷尔曼只是想做一个友好的交易，即用他所持有的所罗门股份得到两个董事会席位。

尽管如此，古特弗伦德还是陷入了困境。所罗门兄弟不能以佩雷尔曼提供的38美元/股的价格回购Minorco公司所持有的股票，这个价格大约比市场价格高出20%。所以古特弗伦德找到了巴菲特。几个小时后，巴菲特同意让伯克希尔·哈撒韦公司从所罗门购买价值7亿美元的可转换优先股。这些证券将带有9%的保证收益，并可以以每股38美元的实际价格转换成所罗门普通股。

在构建他的所罗门投资时，巴菲特打算给伯克希尔·哈撒韦公司创造15%的总回报，他估计9%的股利加上普通股的升值可以实现这一目标。对古特弗伦德来说，这些资本注入将可以使所罗门买下矿产资源公司Minorco。

所罗门公司自1987年以来就一直存在问题，当年的股市崩盘加上国库券交易丑闻和管理动荡，造成了公司的不稳定。然而，随着20世纪90年代的牛市升温，所罗门走向繁荣。1997年桑迪·威尔的旅行家集团收购了所罗门公司，并将伯克希尔·哈撒韦公司持有约30%所罗门股份转换为旅行家集团的3%股份。巴菲特将这次每股80美元估值的交易比做伯克希尔·哈撒韦公司的“唯一败笔”。

第六节　资本重组和结构重组

公司可以针对潜在出价启动各种财务和运营变更，通常战略包括杠杆资本重组、发行额外债务、发行新股、回购已发行股票、让产易股或资产剥离等。

一、杠杆资本重组

使用杠杆资本重组作为收购防御，要求目标公司承担新债务以支付股利或股份回购。正如在一些善意买家的交易中，公司进行资本重组，权益资本被债务所取代，因此，目标公司的债务权益比率增加。例如意大利电信公司在面临好利获得公司在1999年的敌意收购时，它计划购买尚未拥有的40%的意大利电信公司股份，在这个过程中将会采用较高的杠杆，然而股东并未批准这项提议。

杠杆资本重组可以带来一些防御效益：

第一，额外债务的假设降低了目标公司的偿债能力，阻止了敌意收购者利用目标公司剩余偿债能力来为收购提供资金。同样，如果资本重组的部分资金来自现有现金余额，就可以消除敌意收购者的另一资金来源。

第二，支付大额特别股利可以大大提高目标公司股东对管理层的好感。大股份回购同样向可能发出敌意报价的股东提供流动性，减少了市场中“不满意股东”的比例，也减少了目标公司可能被敌意收购者用于收购的资金来源。此外，如果内部人士选择不将股票出售给股票回购计划,其所有权比例将集中。

第三,新债务的利息支付为目标公司的收入提供了一个税盾,股息支付则不具有此作用。此外,高债务负担可能会激励管理层改善运营,这类似于杠杆收购所取得的利益。

如果被精心设计和执行,资本重组条款所产生的综合效应可能会提高目标公司的价值。当然,如果资本重组向股东提供比恶意收购更高的价格,它将成为最有效的防御措施。

二、发行额外债务

目标公司还可以承担额外的债务,无须支付特别股息或进行股票回购,并且可以用所产生的现金来支持运营、收购、回购股票等。同样,发行债务将降低目标公司的偿债能力,并可能阻止恶意收购者利用目标公司的偿债能力进行收购。

债务可以通过公开发行债券或在私人交易中直接从银行或其他贷款人借款这两种方式实现。虽然公开发行债券由于较低的利息费用而具有更高的成本效益,但是由于需要在证券交易委员会进行耗时的注册,将其作为防御性重组是不可行的。如果公司预期在这种情况下使用公开发行债券的方式,它可以自行登记债务凭证,这样就可以随时发行债券。然而,对于经验不太丰富的发行商来说,美国证券交易委员会航空母舰规则的颁布可能会限制他们自行登记的能力。

三、回购已发行股票

联邦证券法限制了目标公司在第三方对公司股票提出要约之后购买自己股票的能力。只要第三方投标开启,目标公司在回购股份之前必须向证券交易委员会提交包含下列信息的声明:要购买证券的描述、回购目的、回购方式以及交易的资金来源。此外,发行人必须向股东发布包含相同信息的声明,除非这些信息已经在前6个月内提供过。

公开市场购买计划和自我收购计划之间的主要战术区别在于时机和灵活性。

一方面,就公开市场购买计划来说,一旦发行人发布了证券法规要求的信息,就可以进行公开市场购买。或者,公开市场计划的时限可以被拉长到几个月甚至几年。同时,不发出正式公开要约收购而在公开市场回购自己的股票,企业不仅可以提高其所有权水平、排挤敌意收购者,也可以维持或提高其股价,使公司对投标人的吸引力下降。无论是通过现金流、资产出售或举债进行融资,这种购买将因为负担的增加而降低潜在买方的利益。

另一方面,自我收购必须像第三方要约收购一样符合一定的规则。根据自我收购规则,发行人必须向证券交易委员会提交声明连同报价生效,该声明必须自生效日期起至少保持20天公开。如果提供的价格增加或减少，报价必须保持额外公开10天。当提交的股票多于收购数量时，发行人必须按比例进行收购。

自我收购是用于打败主动公开要约收购或者至少为了获得更高的价格而采用的防御方法。企业宣布打算购买其发行在外的股票，以阻止要约人获得企业控制权。如果不与其他方法结合（例如通过管理层、ESOP或其他重要股东购买股票），使大量股票固定在善意人手中的股票回购作为防御策略很少能起作用。

自我收购与其他公开要约收购一样，受到美国联邦证券法的管辖。1986年美国证券管理委员会采纳了公开要约收购条例的一项修订来禁止歧视性的自我收购。该法规要求对同种股票的所有持有者一视同仁。也就是说，无论是不是敌意投标人，都必须给所有股东发出相同的要约。同时要求企业接受所有交存的股票，包括敌意投标人的股份。

这些规则要求使自我收购比公开市场收购更加程式化和固定化，使它比后者更不实用。但是，自我收购的时间要求和机制以及更大的确定性仍具有较大的优势。

四、资产出售、清算

经营活动的现金流量和额外债务并不是资本重组的唯一可用资金来源，目标公司也可以出售资产或业务，以部分或完全清算作为防御性手段。或者，一些目标公司并不支付大额现金股利，而选择将业务分拆到股东手中。

出售部门或资产也被称为"皇冠上的宝石"防御。这种防御措施是指目标企业出售其特别有吸引力的资产以劝阻投标人不再实行其收购意图。这种防御有两个目的：①出售一个特别有吸引力的资产——"皇冠上的宝石"，可能会降低潜在收购者的收购意图；②出售所得可用于支持各种资本重组方案。

然而，资产出售很难在短时间内完成，此外快速销售的价格也难以令人满意。事实上，目标公司董事会在这方面非常谨慎，因为如果资产出售具有防御性动机，就可能需要通过犹纳卡规则。特别是如果出售资产的价格较低，交易可能被禁止，同时，董事可能被指控违反了他们的委托义务。

部分或全部清算是另一种可能的防御策略。部分清算包括出售资产和将收益作为股息支付给股东。在全部清算中，公司整体性被打破并零星地出售，期望产生比敌意收购者承诺的更高的回报。

两种选择都面临着与资产出售相同的时机困境。此外，全部清算目标公司的资产必须经股东批准。因此，尽管清算可能会给股东带来更高的回报，但是涉及的过程和相关的不确定性可能使股东感到非常不满意，因此其作为防御性替代方案也是不太现实的。

五、让产易股与其他

如果目标公司无法找到资产的买方,它可以改为让产易股。这种方法的优点在于将市场对每个公司的兴趣独立聚集,使得组合起来的价值相对于目标公司分离前的价值有所增加。然而,像资产出售或清算一样,让产易股可能需要一些时间才能完成。例如,皮尔斯伯里提出了放弃汉堡王作为其对大都市公司防御策略的一部分,但是,正如预期的那样,股东们对这种方法缺乏耐心。因此,考虑让产易股的公司通常在恶意收购者出现之前完成交易,希望抢先行动可以降低敌意收购的可能性。

重组防御还包括主要有限合伙公司。企业通过在主要有限合伙公司中放置"皇冠上的宝石"以及给所有股东发放有限合伙权益,可以保持股东价值,甚至增加股东价值,这就使得收购者获得这些资产的长期利润更加困难。这种分配要求根据联邦证券法进行实质披露,此外,美国部分州公司法及联邦公司法的改革也削弱了这些防御战略的价值。

如果毒丸计划以及其他防御性结构到位,防御性战略的选择范围可以更广泛。总之,一个准备良好的公司会更有时间采取多样的防御性战略。

第七节　员工持股计划

员工持股计划(ESOP)为白衣护卫作为友好股东提供了一个有价值的选择方案。在美国,根据联邦雇员福利法规和税法规定,ESOP 旨在使员工持有公司股票作为其退休投资。使用 ESOP 的主要防御效益基于以下假设:员工将倾向于投票反对可能危及工作的敌意投标。然而,这一结果不能通过停止协议得到保证。因此,ESOP 的受益员工必须被赋予自由控制自己在 ESOP 中股份的权利,并保护其机密性。

同时,ESOP 是符合职工退休收入保障法的财产受托标准的计划,所以公司和 ESOP 的全部交易都要遵守财产受托法规。ESOP 股票的评估是个财产受托问题。除了可在市场上自由买卖已上市的股票外,1986 年 12 月 31 日后取得的全部雇主股票必须由独立评估师估价。该财产受托约束可能限制了交易的灵活性,在数个此类案例中,美国劳工部认为 ESOP 的处理对其他投资者不公正而取消了 ESOP 交易或强制他们改变处理方式。

尽管存在上述缺点,ESOP 仍具有相当大的防御力,特别是与美国各州反收购法相结合的时候。例如,根据特拉华州法令,一个收购公司股票超过 15%的恶意收购者不能完成与公司的后期合并,除非剩余的三分之二多数股东批准或收购者获得至少 85%的目标公司股票。因此,只要拥有 15%公司股份,ESOP 就可能阻止以获得100%控制权为目的的交易。

基于ESOP防御的另一个优点是它的实现速度。公司可以直接向ESOP发行股票,或者ESOP可以在公开市场上购买股票;如果需要的话,向ESOP发行新股所造成的稀释每股收益可以通过公开市场购买来抵消。根据适用的法规,ESOP可以以高达100%的借款来收购公司股份,并可以使用公司信用作为担保;公司随后可以以贷给ESOP的贷款提出税款减免。

员工持股计划也具有抵税的作用。通过员工持股计划,公司将可以抵税的现金或股票进行托管。这些资产被分配给员工,直到员工取出这笔资产时,这笔资产才要纳税。发起公司支付因员工持股计划而产生的利息和本金,这些利息和本金是可以抵税的。如果员工持股计划中股票产生的股息被用来偿还员工持股计划的债务,这个股息也是可以抵税的。如果将相当于这个金额的款项用于员工持股计划,那么发起公司将减免相当于工资0.5%的税负;若员工持股计划中拥有发起公司50%以上的股份,那么对借贷给员工持股计划的贷款人也有税收上的优势,贷款获得的利息仅有一半需要纳税。

在设立ESOP时,必须注意ESOP为公司证券支付的价格。如果ESOP支付价格较高,根据美国联邦雇员福利法,购买和出售将构成"非法交易"。然而,如果允许ESOP折价购买证券,公司的高级职员和董事会等于公开宣称他们违反了对其他股东的委托义务。

将股票投入ESOP和将股票出售给白衣护卫之间有一个很大的区别。白衣护卫是自己支付股票,ESOP则由目标公司资助,从而成为公司整体薪酬费用结构的一部分。由于不减少为员工提供的其他福利的情况下简单地添加ESOP可能导致补偿费用大幅增加,公司可能需要在增加ESOP时降低其他福利。抛开收购相关问题,薪酬结构的这种转变可能对员工的士气有所影响。

在最近面对敌意报价时,古驰公司选择向ESOP发行股票作为防御。1999年1月,古驰向ESOP发行了3 700万股,稀释了潜在收购者普拉达和路易威登的股份。

员工持股计划在行动——阿什兰避免重蹈覆辙

当加拿大的贝尔茨伯格家族收购了阿什兰石油公司9%的股份时,阿什兰石油公司的管理层很快得到了一个教训。到1986年3月,当所持数额在向美国证券交易委员会提交的文件中公布时,贝尔茨伯格已经获得了成功收购专家的称号。第一城市金融公司董事长塞缪尔·贝尔茨伯格在20世纪80年代初期第一次开始了他的大投资,对象是贝奇集团;当保诚保险公司收购该公司时,塞缪尔·贝尔茨伯格收获了巨额收益。

阿什兰公司的经理们担心他们的公司被卷入争斗中,首先拒绝了这个报价。然而,公司与贝尔茨伯格秘密地展开了会谈,协议很快达成。阿什兰同意以每股51美元的价格回购贝尔茨伯格的股票,这是收购抬高的市场价格,据报道,贝尔茨伯格在这次交易中的税前利润有1 500多万美元。

阿什兰董事会很高兴摆脱贝尔茨伯格,但通过此事他们也了解了20世纪80年代的市场动态,他们的公司已经卷入到“战争”之中。因此,董事会提出了一揽子计划,来使阿什兰远离市场纷争:实施覆盖公司股票23%的股票回购计划,并考虑进行资产出售。中心计划是一个强大的新的ESOP。通过银行贷款,阿什兰ESOP将在公开市场购买股票。

到1999年1月,ESOP控制了阿什兰10%的流通在外的普通股,并且该板块的继续存在帮助公司避免了反复的攻击。

第八节 公司私有化

当面对意志坚定的恶意收购者时,目标公司管理层可以得出这样的结论,无论以何种形式,公司的销售是不可避免的。但这并不意味着公司必须出售给第三方,采用杠杆收购将公司私有化对股东和管理层来说都是有吸引力的解决方案。公司股东将凭其持有的股份得到溢价,同时,管理层将保留对目标公司的控制权。

管理层领导的私有化收购前景引发了各种财务结构问题以及对自身交易的担忧。

管理层必须遵守适用于私有化交易的特定披露要求。正如美国特拉华州案例法所反映的,公司董事在私有化交易中的突出作用是正常对待股东的权益。经理们可能会出于自身利益来促使董事会推出一个对自身有利的交易,但即使是最轻微的不当行为也可能会产生股东诉讼,伴随着一系列的不愉快。当然,当竞标者已经出现时,即便是最熟练的管理者也很难构建对自己有利的交易。

在任何已产生的诉讼中,董事的行为不会根据宽容的商业判断规则来衡量,而是在更加苛刻的整体公平中审查,该审查适用于涉及董事自身利益的交易。整体公平审查需要进行深入的司法调查,并特别强调程序和价格。如果管理层收购被提出质疑,法院必须确信股东得到公平对待。

这些担心通常通过设立一个由独立外部董事构成的、不隶属于管理层的特别委员会来解决。特别委员会对私有化交易进行评估。如果进行得当,特别委员会可以将商业判断规则的保护盾重新恢复到交易之中。

可能需要进行整体公平审查不是管理层收购面临的唯一障碍,美国证券交易委员会的私有化规则也规定了管理层在执行交易前必须遵守的重大义务，这些义务适用于收购活动使股东人数低于 300 或使公司从全国性证券交易所退出的情况。一般来说，美国证券交易委员会认为，其私有化规则将适用于管理人员在管理层杠杆收购中拥有收购后公司 10%或更多股份的交易。因此，私有化规则适用于几乎每一次管理层收购。

私有化规则有两个实质性的组成部分：①收购方必须通过向美国证券交易委员会提交一份详细说明交易目的、交易结构和可能替代方案的计划表来满足某些强制性报告规则。对交易公平性的深入论证必须包括在内，并且必须充分披露来自第三方的所有报告。②收购方必须在提交报告后至少等待 20 天才能进行第一次购买股票。

私有化规则特别是全面披露义务，要求管理层必须谨慎考虑管理层收购。在快节奏的收购战环境中，这一事实很容易被忽略，由于有充分披露和整体公平作为标准，仅仅是不当行为的表现也可能会使一个原本可以成功的管理层收购走向失败。

第九节　防御性收购

防御性收购是具有很高股票价格或很强借款能力的公司的另一个选择。这个方式有两个优点：①通过增加债务负担，公司会派生出许多杠杆资本重组的防御效益；②收购者不太可能被已经利用其大部分债务能力的公司所吸引。

公司的规模和范围在防御中也是有利的。仅仅通过扩大规模，目标公司就提高了收购者收购这家新的、更大的公司所需要的股份，因此，收购者必须筹集更多的现金、发行更多的股票。

不仅如此，企业还可以收购能使投标人在交易完成时突然陷入反托拉斯问题的资产。但反托拉斯障碍的实际效果被一个事实减轻，即政府机构一般不反对投标人摈弃合并前考虑计划的补救措施（即承诺出售有问题的业务单元）。

1979 年的戴维林防守是反映防御性兼并优势的经典案例。W. R. 格雷斯公司报价收购戴维林公司，并知道目前并没有白衣骑士出现。戴维林的首席执行官桑福德·施格罗夫决定竞标第三家公司——纳科科学公司，从而迫使格雷斯提高出价。事实上，纳科科学公司的溢价竞标起到了作用，格雷斯提高了报价，施格罗夫也接受了该报价。

当然，戴维林使用的防御性收购现在可能需要通过犹纳卡规则，但全面分析和推理的方法对支持最终的收购决策至关重要。当派拉蒙希望收购时代周刊时，时代周刊与华纳公司合并并成功地逃离了收购者。在 1990 年的典型案例派拉蒙有限公司诉时代周刊公司中,法庭采用商业判断规则支持整个合并。虽然根据该案件,董事会有权制定战略政策,但收购过程应无可挑剔,以使法院没有理由禁止或推翻此类行动。

时间可能是另一个问题,正如销售一样,收购从开始到完成需要耗费相当多的时间和精力。然而,出于防御目的,签署一项约束公司未来行动的最终协议可能就足够了。在任何情况下,如果公司已经考虑收购一段时间了,那么收购的适当性和可执行性都将增强。

第十节 诉讼和公共关系闪电战

诉讼和公共关系仍然是全面防御战略的重要方面,但很少是决定性因素。法院对大多数与收购有关的法律申诉持怀疑态度,彻底滥用权利的行为将受到限制。然而,法院并不准备成为每次收购斗争的仲裁者。因此,美国也设立立法规则和其他程序性障碍以限制过分热衷诉讼的人。

收购诉讼的常见类别包括反垄断、违反证券法、违反委托责任和违反保密案件。反托拉斯法是唯一起决定性作用的法律,因此,反托拉斯防御也是目标公司一种可选择的防御方式。在典型的反托拉斯防御中,目标企业可以控告投标人因向其投标而违反了反托拉斯法。例如,目标企业 Square D 公司在法国 Schneider S. A. 公司的收购投标中,声明两个公司在同一部分市场——电子产品,从而使收购延迟。

公共关系则略有不同。战略性以股换股占并购的大部分,因此,将交易向市场宣传变得越来越重要,显然,公共关系专业人员在并购过程中将发挥作用。

此外,在具有多个恶意报价者的情况下,攻击性广告经常被使用。这些全版投放在"纽约时报""华尔街日报"等报纸上的广告,基本上发布的是站在空头一方的文章,这些文章通常具有鲜明的标题和项目符号文字,旨在影响股东对收购情况的看法。

思考题

1. 什么是绿票讹诈?
2. "白衣骑士"交易的内涵是什么?
3. 让产易股方法有什么优点?
4. 防御性收购有哪些优点?
5. 收购诉讼通常有哪几种类别?

案例应用

收购谈判打造博通的 AI 版图①

2023 年 11 月 21 日，国家市场监督管理总局（以下简称“市场监管总局”）发布了关于附加限制性条件批准博通公司（以下简称“博通”）收购威睿公司（以下简称“VMware”）股权案反垄断审查决定的公告，决定附加限制性条件批准此项经营者集中。随后，博通和 VMware 共同宣布已获得所有必需的监管批准，于 11 月 22 日完成收购。

复盘这一历时 18 个月的收购，各大反垄断辖区的关注点是 VMware 是否会为博通带来在光纤通道适配器等市场的压倒性优势。而博通最关注的是 VMware 的多云能力，并将其视为企业信息技术的未来。尤其值得注意的是，在收购过程中，博通和 VMware 并没有闲着，而是积极开拓 AI 市场。在双方及其合作伙伴的推动下，VMware 多云能力正在转化为 AIGC 时代新的上云方式，博通围绕 AI 建立的护城河也越来越坚固。

一、光纤通道适配器等市场竞争是反垄断焦点

自 2022 年 5 月博通宣布以 610 亿美元价格收购 VMware 以来，各个国家和地区的反垄断调查机构围绕这桩收购案是否会对市场的公平竞争带来影响和限制，开展了评估与审查。其中，欧盟、中国对这桩收购进行了有条件批准。

2023 年 7 月，欧盟委员会宣布有条件批准博通收购 VMware。

欧盟委员会的着眼点是该收购有可能对全球光纤通道适配器的市场竞争带来不利影响。欧盟组委会经过调查判断，博通有能力通过限制或降低 VMware 虚拟化软件与 Marvell（美满电子）硬件产品的互操作性，对 Marvell 进行排他性竞争。上述情况将使 Marvell 在博通占据主导地位的光纤通道适配器市场处于不利地位，并导致相关产品的价格上升、品质下降，乃至影响企业客户的创新。

面对欧盟委员会的担忧，博通承诺，保证 Marvell 以及任何潜在的光纤通道适配器入局企业能够访问互操作性应用程序编程接口，并获得开发和认证第三方光纤通道适配器所需的材料、工具和技术支持。欧盟委员会批准收购的条件，就是博通完全遵守对 Marvell 等企业的承诺。

市场监管总局于 2022 年 9 月 6 日收到了博通收购 VMware 的集中反垄断申报。经审查，博通、VMware 在端点保护软件市场存在横向重叠。同时，博通的光纤

① 资料来源：中国电子报，2023-11-23。

通道适配器、存储适配器、网卡产品与 VMware 的虚拟化软件面临共同客户群，存在相邻关系。此项集中对全球和中国境内非公有云虚拟化软件市场、光纤通道适配器市场、存储适配器市场和以太网网卡市场具有或可能具有排除、限制竞争效果。

因此，市场监管总局对于双方在中国境内市场销售 VMware 的服务器虚拟化软件和博通的相关硬件产品附加了限制性条件，包括不得搭售、不得限制或区别对待单独购买或使用相关产品或软件的客户、继续保证相关产品与在中国境内市场销售的第三方相关硬件产品的互操作性等。

至 11 月 21 日，博通已在澳大利亚、巴西、加拿大、中国、欧盟、以色列、日本、南非、韩国、英国等国家和地区获得了并购控制的批准，并在所有相关司法管辖区获得了外商投资批准。这项 2022 年第二大全球科技行业收购案，正式落下帷幕。

二、从多云环境走向私有 AI

从产业链上下游关系来看，博通和 VMware 作为通信半导体和虚拟化软件领域的头部企业，各自的强势业务在数据中心及服务器市场有着较强的关联性。VMware 的非公有云虚拟化软件，博通的光纤通道适配器、存储适配器、以太网网卡，集中应用在服务器市场。换句话说，在云计算的语境下，博通提供硬件层面的通信连接，VMware 提供云上的解决方案。双方联手能够提升软硬件的融合程度，为云服务用户提供更加灵活的解决方案。

VMware 的多云能力尤其得到博通的青睐。博通方面告诉《中国电子报》记者，博通相信企业信息技术的未来在于多云，即在不同的云空间部署应用和服务的能力。通过计算、存储和网络虚拟化技术的组合，企业可以在本地或私有云建立属于自己的软件定义的数据中心，在本地、私有云环境中更方便地管理数据中心，并拥有等同于公有云级别的生产力、效率、易用性和弹性。博通的解决方案与 VMware 在私有云、公有云、边缘云等多云空间的解决方案能够形成互补。

在收购进行的 18 个月里，博通和 VMware 都在备战 AI。博通的 PCle Switch 芯片被用于实现 CPU、GPU 等组件之间的互联，以构建 AI 服务器。出于 AI 对高速信号传输效率的需求，博通推出了 112Gbps 解串器和重定时器，以支撑 AI 的网络规模部署和网络组件连接。

VMware 基于在云计算和虚拟化软件的积累，与英伟达合作推出了私有 AI 基础架构。该架构将英伟达的 AIGC 软件和加速器，与 VMware 针对 AI 进行优化的云平台结合起来，使企业能够自定义模型并运行生成式 AI 应用程序，包括智能聊天机器人、助手、智能搜索和智能摘要等。

所谓私有 AI，可以被视为 VMware 多云能力的 AI 升级版。多云能力支持企业在公有、私有、边缘等不同云空间部署应用和服务，而私有 AI 支持企业在不同云空间部署 AI 大模型，且能够满足用户对大模型数据的隐私和控制需求。

这也意味着，博通基础软硬件架构与 VMware 多云能力的协作模式——在双方都进行了围绕 AI 的升级和布局后，有望以私有 AI 为重点，继续在 AIGC 时代发挥优势。“软硬一体化是云计算和 AI 大模型未来发展的主要趋势之一，对于公有云环境下的大规模计算集群，以及边缘、分布式等有限资源环境下的工作负载，定制化芯片及相关软硬件技术栈对于充分发挥云计算和 AI 大模型的战略优势发挥着日益重要的作用。”Forrester 副总裁戴鲲向《中国电子报》记者表示。

与此同时，博通曾经收购的企业，正陆续在 AIGC 领域发挥作用。比如博通以 107 亿美元收购的赛门铁克的企业安全业务，已经在为 AIGC 做准备。赛门铁克首席执行官 Alex Au Yeung 表示，赛门铁克的数据防护云解决方案，使企业在采用 AIGC 工具时，能够安全合规地发送和传输图像或数据，从而更好地保护企业的系统安全。同时，赛门铁克正在基于机器学习和 AIGC 工具，帮助客户识别和对抗通过 AI 工具创建的恶意指令或软件。在自身布局 AIGC 的同时，招呼“队友们”纷纷登上 AIGC 的大船，也表明了博通对 AI 业务的重视和决心。

在 18 个月的收购过程中，计算产业经历了从云计算到 AIGC 的变化，博通和 VMware 也响应市场需求，在各自的优势领域围绕 AIGC 进行业务拓展。双方在服务器、云计算领域的合作模式，能够在私有 AI 等新的技术场景进行怎样的创新、擦出怎样的火花，也值得用户和市场的期待。

延伸阅读

市场监管总局关于附加限制性条件批准博通公司收购威睿公司股权案反垄断审查决定的公告①

市场监管总局依据《中华人民共和国反垄断法》（以下简称《反垄断法》）对博通公司（以下简称博通）收购威睿公司（以下简称威睿）股权案（以下称本案）进行了经营者集中反垄断审查，决定附加限制性条件批准此项经营者集中。根据《反垄断法》第三十六条规定，现公告如下：

一、受理和审查程序

2022 年 9 月 6 日，市场监管总局收到本案经营者集中反垄断申报。经审核，市场监管总局认为该申报材料不完备，要求申报方予以补充。2023 年 4 月 25 日，市

① 资料来源：国家市场监管总局，2023-11-21。

场监管总局确认经补充的申报材料符合《反垄断法》第二十八条规定，对此项经营者集中予以受理并开始初步审查。5 月 25 日，市场监管总局决定对此项经营者集中实施进一步审查。8 月 22 日，经申报方同意，市场监管总局决定延长进一步审查期限。9 月 25 日，市场监管总局对本案做出中止计算审查期限的决定，并于 11 月 17 日恢复计算审查期限。目前，本案处于进一步审查延长阶段，截止日为 12 月 13 日。市场监管总局认为，此项集中对全球和中国境内非公有云虚拟化软件、光纤通道适配器、存储适配器和以太网网卡市场具有或可能具有排除、限制竞争效果。在审查过程中，市场监管总局征求了有关政府部门、行业协会、同业竞争者和下游客户意见，同经济、法律以及行业专家深入座谈，与其他司法辖区交流合作，了解相关市场界定、市场结构、行业特征和集中对各方面影响等信息，聘请独立第三方机构对本案竞争问题进行经济分析，并对申报方提交的文件、材料真实性、完整性和准确性进行了审核。

二、案件基本情况

收购方：博通于 2018 年在美国成立，纳斯达克证券交易所全球精选市场上市公司，无最终控制人，主要从事有线和无线通信半导体产品的设计、生产和销售，以及提供特定类型的基础设施软件解决方案。

被收购方：威睿于 1998 年在美国成立，纽约证券交易所上市公司，无最终控制人，主要从事软件生产与技术服务，核心产品虚拟化软件主要用于数据中心和云计算环境。

2022 年 5 月 26 日，博通与威睿签署协议，拟收购威睿全部股权。交易完成后，威睿将并入博通。

三、相关市场

1. 相关商品市场。经审查，博通、威睿在端点保护软件市场存在横向重叠。同时，博通的光纤通道适配器、存储适配器、网卡产品与威睿的虚拟化软件面临共同客户群，存在相邻关系。本案将相关商品市场界定为端点保护软件市场、非公有云虚拟化软件市场、光纤通道适配器市场、存储适配器市场和以太网网卡市场。

(1) 端点保护软件市场。端点保护软件安装在个人电脑、笔记本电脑和移动设备等端点设备上，用于检测、预防、调查和应对安全威胁。从需求替代角度看，端点保护软件与其他安全软件产品在功能上无法相互替代，端点保护软件只能检测网络流量而无法监测恶意软件行为。端点保护软件使用反病毒、反间谍软件和防火墙功能来检查试图跨网络或云端端点的入站和出站流量；其他安全软件主要是防止并检测对信息技术系统其他部分（例如网络）的安全威胁。从供给替代角度看，端点保护软件与其他安全软件的设计和开发过程有很大不同。据了解，端点保护软件供应商转向其他安全软件产品，需要至少 2 年的开发时间和 4~5 年的产品成熟时间，总成本至少4 000万美元，供应商无法轻易从端点保护软件转向其他安全软件。因此，将端点保护软件界定为单独的相关商品市场。

(2)非公有云虚拟化软件市场。虚拟化软件通过模拟计算机硬件来解决对服务器硬件的低效使用，支持将单个服务器硬件分成多台虚拟计算机。每个虚拟机分别运行自己的操作系统(即访客操作系统)，并从服务器的底层硬件中独立分配计算资源。在对虚拟化软件进行市场界定时需要考虑两个方面：一是企业工作负载部署模式；二是虚拟化软件的种类。

按照企业工作负载部署模式，可以将虚拟化软件细分为本地数据中心、私有云和公有云三种。虽然公有云具有成本优势，但传统数据中心和私有云环境无需与他人共享计算资源，敏感数据的控制和隐私级别较高，安全性更好，灵活性更强，可提供足够带宽和存储，满足超低延迟要求和定制化需求。因此，在本地数据中心和私有云上部署的虚拟化软件在服务性质和安全要求上与在公有云上部署的虚拟化软件存在显著不同，二者需求替代性有限。因此，部署在本地数据中心和私有云上的虚拟化软件区别于部署在公有云上的虚拟化软件，构成独立的相关商品市场。

按照种类，可以将虚拟化软件细分为专有和开源两类。专有虚拟化软件在功能、可靠性、合规性和安全性等方面均优于开源虚拟化软件。同时，即便都是开源软件，付费开源软件和免费开源软件之间也存在不同。付费开源软件通常采取订阅模式，为客户提供对软件的技术支持、安全更新、修补程序和其他服务，与专有虚拟化软件的商业模式更为接近，在安全性等方面也优于免费开源软件。成功的虚拟化平台需要满足成熟的技术、综合管理、可靠性、高可用性和灾难恢复这5个方面。完全免费的开源虚拟化软件很难做到，无法形成对专有和付费开源虚拟化软件的有效竞争制约。因此，将专有虚拟化软件和付费开源虚拟化软件界定为独立的相关商品市场，不包含免费开源的虚拟化软件。

综上，将部署在本地数据中心和私有云上的专有和付费开源虚拟化软件界定为本案的相关商品市场，以下简称非公有云虚拟化软件市场。

(3)光纤通道适配器和存储适配器市场。光纤通道适配器(FC HBA)与存储适配器(Storage Adapter)均安装在服务器内，连接服务器与存储，在服务器和存储设备间提供数据输入、输出处理和物理连接。光纤通道适配器通过光纤通道交换机连接存储区域网络(SAN)中位于服务器外的存储设备，而存储适配器是将服务器中央处理器(CPU)直接连接到不在存储区域网络上的存储，既可能是服务器内部存储也有可能是外部存储。两者通常插在服务器主机系统主板上的PCI Express扩展槽中，通过与之相兼容的线缆连接到交换机(光纤通道适配器)或连接到存储设备(存储适配器)。考虑到光纤通道适配器和存储适配器的上述差别，将光纤通道适配器和存储适配器分别界定为独立的相关商品市场。

(4)以太网网卡市场。网络接口控制器简称网卡,是服务器组件之一,主要为服务器和网络上的其他计算机和设备之间提供接口。以太网网卡是最常见的网卡类型之一,主要用于连接计算机或其他设备到以太网网络上,使用以太网协议进行通信。以太网网卡具有成本低、易于部署、易于管理等优势,在局域网中被广泛应用。其他类型的网卡包括 WiFi 网卡、蓝牙网卡、FC 网卡、InfiniBand 网卡等,各自适用于不同的网络场景和应用需求。本案中博通从事以太网网卡相关业务,因此,将以太网网卡界定为本案的相关商品市场。

2. 相关地域市场。本案所涉相关商品均在全球范围内供应和采购,供应商在全球范围内展开竞争,产品在不同国家不存在明显价格差异,不存在显著跨境贸易壁垒,且产品运费占最终售价比例较低,尤其软件产品仅需下载即可,运输成本为0。因此,上述商品的相关地域市场界定为全球,同时考察中国境内市场的情况。

四、竞争分析

根据《反垄断法》第三十三条规定,市场监管总局从参与集中的经营者在相关市场的市场份额及其对市场的控制力、相关市场的市场集中度、集中对下游用户企业和其他有关经营者的影响等方面,深入分析了此项经营者集中对市场竞争的影响,认为此项集中对全球和中国境内非公有云虚拟化软件市场、光纤通道适配器市场、存储适配器市场和以太网网卡市场具有或可能具有排除、限制竞争效果。

1. 集中后实体在非公有云虚拟化软件、光纤通道适配器、存储适配器和以太网网卡市场具有排除、限制竞争的能力。

一是集中后实体在全球和中国境内非公有云虚拟化软件市场具有市场控制力。2021 年,威睿在全球和中国境内非公有云虚拟化软件市场的份额分别为92%~97%和 22%~27%(均排名第一),具有市场控制力。客户调查显示,威睿处于绝对领先的市场地位,其他竞争者难以对威睿形成有效竞争约束。50%以上的客户认为威睿是非公有云虚拟化软件市场上不可替代的主要供应商。

二是集中后实体在全球和中国境内光纤通道适配器市场具有支配地位。2021 年,博通在全球和中国境内光纤通道适配器市场的份额分别为 60%~65%和 70%~75%(均排名第一),主要竞争者美满电子的市场份额分别为 35%~40%和 25%~30%。全球和中国境内光纤通道适配器市场 HHI 指数分别为 5247、6254,相关市场高度集中,为双寡头市场结构,博通具有市场支配地位。

三是集中后实体在全球和中国境内存储适配器市场具有较强竞争力。2021 年,博通在全球和中国境内存储适配器市场的份额分别为 30%~35%和 15%~20%(均排名第一)。其他竞争者微芯、美满电子的市场份额与博通具有较大差异。博通存储适配器的单价更高,博通相较微芯、美满电子具有更强的定价权,具有一定的市场力量。

四是集中后实体是全球和中国境内以太网网卡市场的主要竞争者。2021 年博通在全球和中国境内以太网网卡市场的份额分别为 10%~15%和 5%~10%。市场上存在英伟达、英特尔等竞争者,但竞争者数量较少,全球和中国境内以太网网卡市场的 HHI 指数分别在 3200 和 4300 以上,市场高度集中,博通在全球和中国境内以太网网卡市场上均排名第三,具有一定竞争力。

五是威睿的非公有云虚拟化软件和博通的光纤通道适配器、存储适配器和以太网网卡均在服务器上使用,面临共同客户群,存在相邻关系。服务器中使用的硬件需要通过驱动程序接口与威睿的非公有云虚拟化软件进行通信。威睿作为虚拟化软件供应商建立了认证硬件的程序,服务器中使用的硬件为了确保与威睿非公有云虚拟化软件的互操作性,需要通过威睿的硬件认证程序。通过该认证程序后方可保证硬件能够与威睿软件一同运行。为确保与威睿软件的互操作性及获得威睿认证,硬件厂商可能向集中后实体提供竞争性敏感信息,集中后实体有能力利用该信息获得不正当竞争优势,从而进一步提升其自身产品的竞争力。

2. 集中后实体在非公有云虚拟化软件、光纤通道适配器、存储适配器和以太网网卡市场具有排除、限制竞争的动机。

一是集中后实体具有将威睿非公有云虚拟化软件与博通光纤通道适配器、存储适配器和以太网网卡(以下简称博通硬件)进行搭售的动机。博通硬件与威睿软件具有高度重合的客户群,威睿软件价格很高,客户安装虚拟化软件的转换成本较大,虚拟化软件是客户选购服务器时更为看重的考虑因素,而博通硬件价格仅为威睿软件价格的 3.3%,且每 5 年需要更换。同时,下游客户在博通硬件所处相关市场上选择较少,搭售的可能性进一步增强。

二是集中后实体具有降低威睿非公有云虚拟化软件与博通竞争者硬件产品互操作性的动机。市场调查表明,由于威睿软件存在与服务器硬件进行认证的要求,当威睿软件与硬件不能相互认证而产生互操作性问题时,客户更可能的选择是保留价格高于硬件 30 倍的威睿软件、更换硬件,而不是换掉威睿软件、保留硬件。经济学分析显示,集中后实体如果从事降低互操作性行为将有利可图。

三是集中后实体具有不正当使用其他竞争者商业敏感信息的动机。硬件厂商需要确保与威睿软件的互操作性以及获得威睿的认证。市场调查表明,威睿的认证对于硬件厂商至关重要,获得认证方可列入服务器厂商硬件清单,才能被销售给最终客户。为确保威睿的新产品和特性能够与硬件产品具有互操作性,威睿要求硬件厂商提供竞争性敏感信息,如产品计划、功能参数和 12~24 个月的技术路线图等。这些硬件厂商多与博通具有竞争关系,这意味着博通可以通过本交易获得其竞争对手的敏感信息,进一步提升其产品竞争力。竞争者对技术秘密不当流失的担忧可能降低相关技术交流与合作的程度,对技术创新会带来消极的影响。

3. 集中后实体在非公有云虚拟化软件、光纤通道适配器、存储适配器和以太网网卡市场具有或者可能具有排除、限制竞争的效果。

一是集中后实体可能搭售虚拟化软件和光纤通道适配器、存储适配器和以太网网卡等硬件,损害下游客户利益和选择权。

二是集中后实体可能拒绝或者延迟威睿虚拟化软件对于其他非博通硬件产品的认证或功能实现,降低威睿虚拟化软件与其他非博通硬件产品之间的互操作性以及博通的光纤通道适配器与非威睿虚拟化软件之间的互操作性。

三是集中后实体可能通过本交易获得其他硬件厂商向威睿提供的商业敏感信息,使其拥有竞争优势,排除、限制其他竞争者并进而可能对行业内技术创新产生消极影响。

五、附加限制性条件的商谈

审查过程中,市场监管总局将本案具有或可能具有排除、限制竞争效果的审查意见及时告知申报方,并与申报方就如何减少此项经营者集中对竞争产生的不利影响等有关问题进行了多轮商谈。对申报方提交的限制性条件承诺,市场监管总局按照《经营者集中审查规定》,重点从限制性条件的有效性、可行性和及时性方面进行了评估。市场监管总局认为,申报方2023年11月20日提交的附加限制性条件承诺方案(见附件)可以减少此项经营者集中对竞争造成的不利影响。

六、审查决定

鉴于此项经营者集中在非公有云虚拟化软件、光纤通道适配器、存储适配器和以太网网卡市场具有或可能具有排除、限制竞争效果,根据申报方提交的附加限制性条件承诺方案,市场监管总局决定附加限制性条件批准此项集中,要求交易双方和集中后实体履行如下义务:

1. 向中国境内市场销售博通的光纤通道适配器、存储适配器、以太网网卡(以下简称相关硬件产品)和威睿的服务器虚拟化软件时,无正当理由,不得以任何方式进行搭售,或者附加任何其他不合理的交易条件;不得阻碍或限制客户单独购买或使用上述产品;不得在服务水平、价格或功能等方面歧视单独购买上述产品的客户。

2. 继续保证威睿的服务器虚拟化软件与在中国境内市场销售的第三方相关硬件产品的互操作性。

3. 博通的光纤通道适配器认证团队将维持原有做法,继续开发、认证和发布博通光纤通道适配器的驱动程序,以确保与第三方服务器虚拟化软件的互操作性。

4. 对第三方硬件制造商的保密信息采取保护措施,包括但不限于与第三方硬件制造商签订保密协议、明确信息使用范围、单独储存保密信息、确保相关人员分离、禁止交叉任职等。

5. 保密信息。

6. 保密信息。

限制性条件的监督执行除按本公告办理外，申报方于 2023 年 11 月 20 日向市场监管总局提交的附加限制性条件承诺方案对交易双方和集中后实体具有法律约束力。上述承诺自生效日起 10 年内有效，期限届满后自动解除。

市场监管总局有权通过监督受托人或自行监督检查申报方履行上述义务的情况。申报方如未履行或违反上述义务，市场监管总局将根据《反垄断法》相关规定做出处理。

本决定自公告之日起生效。

附件：关于博通公司收购威睿公司股权案的附加限制性条件承诺方案(公开版)

附录1　思考题答案

第一章　国际商务谈判概述

1. 答:根据我国对外经济贸易的一贯政策,在谈判中应遵循如下一些基本原则:

(1)平等互利的原则。其基本含义是:在商务活动中,双方的实力不分强弱,在相互关系中应处于平等的地位;在商品交换中,自愿让渡商品,等价交换;谈判双方应根据需要与可能,有来有往,互通有无,做到双方互利。

(2)灵活机动的原则。其基本含义是:在谈判过程中,在不放弃重大原则的前提下,要有实现整个目标的灵活性,特别是要根据不同的谈判对象、不同的市场竞争情况、不同的销售意图,采用灵活的谈判技巧,从而促使谈判成功。

(3)依法办事的原则。其基本含义是:谈判当事人的发言,特别是书面文字,一定要符合法律的规定和要求。一切语言、文字应具有双方一致承认的明确的合法内涵。

(4)原则和策略相结合的原则。其基本含义是:在国际商务谈判中,凡涉及我国对外经贸活动的政策法令及国家或企业根本利益的原则问题,我们必须寸步不让,据理力争;对某些非原则性问题,必要时可以在不损害根本利益的前提下做某些让步。

2. 答:国际商务谈判既具有一般贸易谈判的共性,又具有国际商务谈判的特殊性。

(1)一般贸易谈判的共性:以经济利益为谈判的目的;以经济利益作为谈判的主要评价指标;以价格作为谈判的核心。

(2)国际商务谈判的特殊性:国际商务谈判既是一笔交易的商洽,也是一项涉外活动,具有较强的政策性;应按国际惯例办事;国际商务谈判涉及面很广;影响谈判的因素复杂多样;谈判的内容广泛复杂。

3. 答:书面谈判是谈判双方不直接见面,而是通过电传、电报、互联网、信函等方式进行商谈。

这种谈判方式的好处在于:

(1)在阐述自己的主观立场时,用书面形式比口头形式显得更为坚定有力。

(2)在向对方表示拒绝时,书面谈判要比面对面的谈判方式方便得多,特别是在双方人员已经建立起个人交往的情况下更是如此。

(3)这种谈判方式比较节省费用。

书面谈判方式的缺点在于:不便于谈判双方相互了解,信函、电报、电传等通信媒介所能传递的信息量有限。

因此,这种谈判方式只适用于交易条件比较规范、明确,内容比较简单,谈判双方彼此比较了解的情况。对一些内容复杂,而双方又缺少必要了解的谈判是不适用的。

4. 答:这三种谈判方法都是比较理论化的谈判方法,现实中的谈判往往与这三种方法有所差别,或者是三种方法的总和。影响和制约不同谈判方法运用的因素有四个方面。

(1)今后与对方继续保持业务关系的可能性。如果一方想与另一方保持长期的业务关系,并且具有这样的可能性,那么就不能采取立场型谈判法;反之,如果是一次性、偶然的业务关系,则可以适当地考虑使用立场型谈判法。

(2)对方谈判实力与己方谈判实力的对比。如果双方实力接近,可以采取原则型谈判法;如果己方的谈判实力要比对方强许多,则可以考虑适当采用立场型谈判法。

(3)该笔交易的重要性。如果交易很重要,可以考虑采用原则型谈判法或立场型谈判法。

(4)谈判在人力、物力、财力和时间方面的限制。如果谈判的花费很大,在人力、物力、财力上支出较多,谈判时间一长,必然难以负担,故应考虑采用让步型谈判法或原则型谈判法。

5. 答:PRAM 谈判模式由四个步骤组成并运转,即制订计划阶段、建立关系阶段、达成协议阶段和关系维持阶段。与一般的谈判模式相比,PRAM 更加强调谈判是一个连续不断的过程,因而本次交易的成功将会导致今后交易的成功。

第二章　国际商务谈判的主要内容

1. 答:货物买卖谈判的主要内容包括:标的、品质、数量、包装、价格、交货、支付、检验、不可抗力、索赔和仲裁。

2. 答:Know-How 是指专有技术,即知道如何制造的意思,一般指未申请的专利技术。

3. 答:现代租赁主要有自营进口租赁、进口转租赁、回租后的进口转租赁等。

4. 答:“交钥匙合同”也叫一揽子合同,是指承包商从工程的方案选择、建筑施工、设备供应与安装、人员培训直至生产承担全部责任的合同。

5. 答:信托合同是指委托人基于对受托人的信任,将其财产权委托给受托人,由受托人按委托人的意愿以自己的名义为受益人的利益或者特定目的,进行管理或者处分的行为而签署的合同。

第三章 国际商务谈判人员的组织与管理

1. 答:国际商务谈判人员的 T 型知识结构是指不仅要在横的方面有广博的知识,而且在纵向方面要有较深的专门学问,两者构成一个 T 型知识结构。

2. 答:国际商务谈判人员良好的心理素质包括:敏捷清晰的思维推理能力和较强的自控能力,信息表达与传递的能力,坚强的毅力、百折不挠的精神及不达目的决不罢休的自信心和决心,敏锐的洞察力、高度的预见和应变能力。

3. 答:谈判组织的构成原则包括:根据谈判对象确定组织规模,赋予谈判人员法人或法人代表资格,谈判人员应层次分明、分工明确,组成谈判队伍时要贯彻节约原则等。

4. 答:一支谈判队伍应包括以下人员:技术人员、商务人员、法律人员、财务人员、翻译人员、领导人员和记录人员等。

5. 答:对谈判人员的组织管理工作包括健全谈判班子、调整好领导干部与谈判人员的关系、调整好谈判人员之间的关系等方面。

第四章 国际商务谈判前的准备

1. 答:一个国家或地区与商务谈判有关的法律制度因素主要有以下几个方面:

(1)该国的法律制度是什么,它是根据何种法律体系制订的,是属于英美法系还是属于大陆法系,包括哪些内容。

(2)在现实生活中,该国法律执行情况怎样。

(3)该国法院与司法部门是否独立,司法部门对业务洽谈的影响程度如何。

(4)该国法院受理案件的时间长短。法院受理案件时间的长短直接影响业务洽谈双方的经济利益,谈判双方在交易过程中及以后的合同执行过程中往往会发生争议,一旦诉诸法律,就要由法院来审理。如果法院受理案件的速度很快,那么,对交易双方的经营影响不大;如果时间很长,旷日持久,对双方来讲都是难以忍受和难以负担的。

(5)该国在执行其他国家法律的裁决时需要什么程序。对于跨国商务活动而言,一旦发生纠纷并诉诸法律,就自然会涉及不同国家之间的法律适用问题。因此,必须弄清,在某一国家的裁决,拿到对方国家是否具有同等的法律效力,如果不具有同等法律效力,或者干脆无效,那么需要什么样的条件和程序才能生效,才能得到有效执行。

2. 答:从一个国家或地区来看,与商务谈判有关的财政金融状况因素主要有以下几个方面:

(1)该国的外债状况如何。如果该国的外债很高,虽然双方有可能很快达成协议,但在协议履行过程中,有可能因为对方外债偿还问题而无力支付本次交易的款项。

(2)该国的外汇储备情况怎样。如果外汇储备较多,则表明该国有较强的对外支付能力;相反,如果外汇储备较少,则说明该国的对外支付存在困难。另外,还要看该国的出口产品结构如何,因为一个国家的外汇储备与该国出口产品的结构有着密切的关系。通常情况下,如果出口产品以初级产品为主,附加值低,因而换汇能力就较差。

(3)该国的货币是否可以自由兑换。如果不能自由兑换,有何限制条件,汇率变动情况及其趋势如何。

(4)在国际市场上,该国支付方面的信誉如何,是否有延期的情况,原因是什么。

(5)该国适用的税法是什么,征税的种类和方式如何,有没有签订过避免双重征税的协议。此外,该国的外汇汇出是否有限制。

3. 答:在通常情况下,谈判实力取决于以下几个因素:

(1)交易内容对双方的重要程度。一般说来,交易对某一方越是重要,也就是说该方越希望成交,那么该方在谈判中的实力就越弱,反之越强。

(2)看各方对交易内容与交易条件的满意程度。商务谈判双方对交易内容与交易条件的满足程度是存在差异的,某一方对交易内容与交易条件的满足程度越高,那么该方在谈判中就比较占优势,也就是说该方的谈判实力越强。

(3)看双方竞争的形势。如果多个卖主对应较少的买主时,即形成了买方市场,这时无疑会使买方谈判实力增强,而使卖方谈判实力减弱;反之,如果多个买主对应较少的卖主时,即形成了卖方市场,在这种情况下,显然卖方谈判实力会增强,而买方谈判实力会减弱。

(4)看双方对商业行情的了解程度。谈判的一方对交易本身的行情了解得越多、越详细,那么该方在谈判中就越是处于有利地位,也就相应地提高了自身的谈判实力。反之,如果对商业行情了解甚少,其谈判实力显然较弱。

(5)看双方所在企业的信誉和影响力。企业的商业信誉越高、社会影响越大,该企业的谈判实力就越强;反之就越弱。

(6)看双方对谈判时间因素的反应。在谈判过程中,一方如果特别希望早日结束谈判,达成协议,那么时间因素的限制就大大削弱了该方的谈判实力。由于时间限制,该方就不得不做出某些对其不利的让步。

(7)看双方谈判艺术与技巧的运用。在商务谈判中,谈判人员的谈判艺术和技巧越是高超,谈判实力就越强。

4.答:在确定商务谈判目标系统和目标层次时,要注意坚持三项原则:

(1)实用性。它是要求制订的谈判目标能够谈和可以谈。也就是说,谈判双方要根据自己的经济能力和条件进行谈判,如果离开了这一点,任何谈判的结果都不能付诸实施。

(2)合理性。它是指谈判目标的空间和时间的合理性。商务谈判的目标对于不同的谈判对象及其在不同的空间区域、时间区域都有不同的适用程度,只有在合理的谈判时间和空间范围内,商务谈判才有可能取得成功。

(3)合法性。它是指商务谈判目标必须符合一定的法律规则。

5.答:价格水平的高低是谈判双方最敏感的一个问题,是双方磋商的焦点,它直接关系到获利的多少或谈判的成败。

影响价格的因素有主观与客观之分。主观因素包括营销的策略、谈判的技巧等可以由谈判方决定或受谈判方影响的因素。影响价格的客观因素主要有以下几种:

(1)成本因素。成本是构成商品价格的基本因素,国际贸易中的成本是指包括生产成本在内的"市场成本",即包括产品从生产到交货的一切费用。

(2)需求因素。它对价格水平的影响主要通过需求弹性加以体现。

(3)竞争因素。它表明市场对价格的影响。竞争因素可分为完全竞争、完全垄断、垄断竞争、寡头垄断四种情况,企业的产品处于不同的竞争地位时其价格水平各不相同。

(4)产品因素。它是指产品的声誉及产品本身的特点对价格的影响。

(5)环境因素。它涉及的面较广,诸如生产国国民经济或政策的变化、世界经济形势的动向、进出口国的经济和政治状况等。

第五章　国际商务谈判各阶段的策略

1.答:制订国际商务谈判策略的一般步骤包括:了解影响谈判的因素;寻找关键问题;确定具体目标;形成假设性方法;深度分析和比较假设分析;形成具体的谈判策略;拟定行动计划草案。

2.答:谈判的开局是整个商务谈判的起点,开局的效果在很大程度上决定着整个谈判的走向和发展趋势。因此,一个良好的开局将为谈判成功奠定坚实的基础,谈判人员应给予高度重视。

开局阶段谈判人员的主要任务是创造谈判气氛、交换意见和做开场陈述。

开局阶段应考虑的因素有谈判双方之间的关系及双方的实力等。

3. 答：在国际商务谈判中，有两种典型的报价战术，即西欧式报价和日本式报价。

西欧式报价的一般模式是，首先提出含有较大虚头的价格，然后根据买卖双方的实力对比和该笔交易的外部竞争状况，通过给予各种优惠，如数量折扣、价格折扣、佣金和支付条件上的优惠（如延长支付期限、提供优惠信贷等等）来逐步软化和接近买方的市场和条件，最终达成交易。实践证明，这种报价方法只要能够稳住买方，往往会有一个不错的结果。

日本式报价的一般做法是，将最低价格列在价格表上，以求首先引起买主的兴趣。由于这种价格一般是以卖方最有利的结算条件为前提的，并且，在这种低价格交易条件下，各个方面都很难全部满足买方的需要，如果买主要求改变有关条件，则卖主就会相应提高价格。因此，买卖双方最后成交的价格，往往高于价格表中的价格。日本式报价术一方面可以排斥竞争对手而将买方吸引过来，取得与其他卖主竞争中的优势和胜利；另一方面，当其他卖主败下阵来，这时买方原有的市场优势就不复存在了，如果买方想要达到一定需求，只好任卖方把价格抬高才能实现。

4. 答：通常一方报价完毕之后，另一方会要求报价方进行价格解释。在解释时，必须遵守一定的原则，即不问不答，有问必答，避虚就实，能言不书。

5. 答案略。

第六章 国际商务谈判技巧

1. 答：谈判就是要通过交流来实现各自的利益，但追求这种利益并不是要对另一方步步紧逼，丝毫不留回旋的余地。要想长久地维持组织的商业利益，保持和谈判另一方的良好合作关系也许比某次谈判获得的利益更加重要，因为寻找另一个生意伙伴的成本要远远高于与现有伙伴维持关系的成本。再者，如果有良好的关系和信任作为基础，在己方发生危机时，这些相关方也会伸出援手。因此即使谈判对己方完全有利，也要给对方留有一定余地，这与把问题和谈判人分开并不矛盾。因为良好的人际关系是谈判顺利进行的基础，维持关系并不是要混淆关系和利益，更不是拿利益来换取关系。

2. 答：眼睛具有反映人们深层心理的功能，其动作、神情、状态是最明确的情感表现，因此眼睛被人们称为“心灵的窗户”。眼睛的动作及所传达的信息主要有以下几个方面：

（1）根据目光凝视讲话者时间的长短来判断听者的心理感受。通常与人交谈时，视线接触对方脸部的时间在正常情况下应占全部谈话时间的30%~60%。

（2）眨眼频率有不同的含义。在谈判中，如果对方每分钟眨眼次数超过5~8次这个范围，一般表示神情活跃，对某事物感兴趣。

(3)倾听对方谈话时,几乎不看对方是试图掩饰的表现。

(4)眼睛瞳孔所传达的信息。如果谈判桌上有人戴着有色眼镜,就应加以提防,因为他可能很有经验。

(5)眼神闪烁不定所传达的信息。

(6)睁大眼睛看着对方是对其有很大兴趣的表示。

眼神传递的信息远不只这些。人类眼睛所表达的思想,有些确实是只能意会而难以言传的,这就要靠谈判人员在实践中用心加以观察和思考,以不断积累经验,争取把握眼睛的动作所传达的种种信息。

3. 答:说服谈判对手的环节包括:建立良好的人际关系,取得他人信任;分析所提意见可能导致的影响;简化对手接受说服的程序;争取另一方的认同。要点在于:一是换位思考;二是消除对方的戒心,创造良好氛围;三是推敲说服用语。

商务交往中,在说服顽固者时,通常可采取以下几种方法:下台阶法、等待法、迂回法、沉默法。

第七章　国际商务谈判礼仪

1. 答:国际商务谈判中,如果懂得国际商务礼仪惯例,了解对方的文化风俗,就能够赢得客户的尊重和欣赏,就能够达成交易。主要的估计商务礼仪包括:服饰礼仪、馈赠礼品礼仪、迎送礼仪、签约礼仪等,国际商务谈判人员须勤加注意。

2. 答:国际商务谈判活动中表现为私人距离、常规距离、礼仪距离和公共距离。

(1)私人距离。私人距离指的是小于半米的距离,以及身体之间无穷接近的距离。显而易见,私人距离的适用对象是亲朋好友之间、家人之间、夫妻和恋人之间,以及需要扶老携幼之人。私人距离又称亲密距离,在涉外交往中私人距离一般是不可以使用的。

(2)常规距离。常规距离是指半米到一米之间的距离。这种距离是在人际交往中,或站或行时所允许保持的最为正规的距离,所以常规距离也称交际距离。

(3)礼仪距离。礼仪距离又叫尊重的距离,是指1米到1.2米之间的距离。在这样的距离中,自己的动作不会触碰到别人,自己的飞沫不会喷到别人的脸上,另外也是尊重他人私人活动空间的表示。但必须注意的是,不同国家民族的人对礼仪距离的理解是有差别的,比如中东国家的客商表示信任或友好时,他们的礼仪距离大大小于其他国家商人的概念。

(4)公共距离。公共距离是在大庭广众之下与外人相处时的一种距离。如果是谈判对手之间,通常较为自由,在一米到一米半之间。如果是公共场所,陌生人相处距离一般为1.5米以上的距离。

3. 答:在国际商务谈判的场合,谈判者应选择黑色、深蓝色、灰色和深褐色的单色服装,这些颜色会带给谈判对手稳重、成熟、严谨的可信任感觉,不遵守这一礼仪就会带来麻烦。

男士西装分为简易西装和精制西装两类,前者穿着要求比较随意,而后者穿着确有一定的讲究。精制西装在穿着时应符合规定的制式:上衣、西装背心和长裤必须用同一种面料裁制,穿着时不可内套毛衣和外现其他内衣,不可卷袖和翻袖,应佩戴领带或领结,同时应配穿颜色款式协调的皮鞋,不可穿旅游鞋和运动鞋。

4. 答:适度的化妆是尊敬对方的表现,但在国际商务活动中,女性出席商务谈判活动时化妆不宜过浓,尤其不可使用浓香型化妆品。在国际商务谈判过程中,女性切忌在众人面前照镜子和补装,这是不尊重他人的表现。

5. 答:在国际商务活动中握手须注意下述细节:在上下级之间,上级伸手后,下级才能伸手相握;在男女之间,女士伸手后,男士才能伸手,女性与他人握手时应先脱去手套(如果佩戴手套的话),但地位身份较高者例外;男性则必须脱去手套才能与他人握手;在主人与客人之间,主人应先伸手,客人再伸手相握;许多人握手时注意不能交叉,待别人握手完毕后再伸手。

第八章 文化差异对国际商务谈判的影响

1. 答:从总体上讲,美国人的性格是外向、随意的。有些研究美国问题的专家,将美国人的性格特点归纳为:外露、坦率、诚挚、豪爽、热情、自信、说话滔滔不绝、不拘礼节、幽默诙谐、追求物质上的实际利益等。美国商人的谈判风格可概述为以下几点:

(1)热情坦率,讲究效率,珍惜时间,直入主题。

(2)重合同,法律观念强,讲究实际,注重利益。

(3)自信心强,不轻易让步;全盘平衡,一揽子交易。

2. 答:日本人非常讲面子,他们不愿对任何事情说"不"字。他们认为直接的拒绝会使对方难堪,甚至恼怒,是极大的无礼。因此,在谈判过程中,他们即使对对方的提议有保留,也很少直接予以反驳,一般是以迂回的方式陈述自己的观点。同样,在和日本人谈判时,语气要尽量平和委婉,切忌妄下最后通牒。也不要当面和公开批评日本人,如果他们在同事和对方面前丢了脸,他们会感到羞辱和不安,谈判也会因此终结。另外,不要把日本人礼节性的表示误认为是同意的表示。日本人在谈判中往往会不断点头,这样子常常是告诉对方他们在注意听,并不是表示"同意"。因此,在洽谈中,必须善于察言观色,仔细体会,才能准确使用日语进行商谈,避免日语中诸多的隐含意思所引起的误解。最好是找一名双方都信任的翻译,不仅有助于了解日方的想法,还可以避免双方因意见不一致而出现难以下台的局面,保住双方的面子。

3. 答案略。

4. 答案略。

5. 答:跨国商务谈判应做好下述准备:

(1)掌握与不同国家和地区进行商务谈判的技巧。

(2)根据谈判对手制定相应的谈判方式。

(3)制定谈判计划,进行模拟谈判。

第九章　美国企业收购战中的防御战场策略

1. 答:绿票讹诈是以高价回购股份来换取收购方同意放弃敌意收购的行为。它通常伴随着合同停止协议:指定收购方可以囤积或持有的股票数量;限制收购方可以出售所持有股票的情况;限制收购方可以持有股份表决的范围等。

2. 答:白衣骑士交易是指目标公司与一个友好的公司合并或者被其收购。这样的交易可能是公司面临资金充足和积极主动的报价者时的最佳选择。虽然白衣骑士战略必然涉及目标公司独立性的损失,但它仍然可能由于其他替代方案。

3. 答:让产易股的优点在于将市场对每个公司的兴趣独立聚集,使得组合起来的价值相对于目标公司分离前的价值有所增加。但让产易股需要一定的时间才能完成。

4. 答:防御性收购主要有两个优点:①通过增加债务负担,公司会派生出许多杠杆资本重组的防御效益;②收购者不太可能被已经利用其大部分债务能力的公司所吸引。

5. 答:反垄断、违反证券法、违反委托责任、违反保密案件。

附录2 模拟试卷及答案

模拟试卷一

一、名词解释

1. 谈判方案

2. “T”型知识结构

3. 谈判实力

4. 互惠式谈判

5. 一揽子交易

二、单项选择题(在每小题列出的四个选项中只有一个选项是符合题目要求的,请将正确选项前的字母填在题后的括号内)

1. 一般情况下,谈判实力对企业实力的影响是(　　)。

A. 强　　B. 弱

C. 成反比　　D. 无明显影响

2. 在谈判中,幽默方法的运用是为了(　　)。

A. 显示自己的风度　　B. 缓解紧张气氛

C. 在笑中暗示有关谈判内容　　D. 逗人发笑

3. 下列让步方式中,最不理想的让步方式是(　　)。

A. 23-19-11-7　　B. 0-0-0-60

C. 15-15-15-15　　D. 60-0-0-0

4. 一个成功的国际商务谈判是(　　)。

A. 互惠互利的　　B. 己方获利多

C. 对方获利少　　D. 双方获利一样多

5. 在西方,谈判人员谈判时拉下领带,解开衬衫纽扣,卷起衣袖会使对方产生(　　)。

A. 你同对方很亲近　　B. 你已厌烦谈判的感觉

C. 你怀有敌意　　D. 你不修边幅

三、多项选择题(在每小题列出的五个选项中有两个至五个选项是符合题目要求的,请将正确选项前的字母填在题后括号内,多选、少选、错选均不得分)

1. 在谈判中,有争议的问题最好放在(　　)。

A. 谈判开头

B. 谈判中间

C. 谈成几个问题之后,在谈最后一两个问题之前

D. 谈判结尾

E. 无所谓

2. 要想打破谈判中僵局,应当(　　)。

A. 巩固过去的感情与友谊

B. 做出较大的让步

C. 采取强硬手段,压倒对方气势

D. 组织谈判外的旅游、休闲等活动

E. 暂时休会,以后再谈

3. 商务谈判中原则和策略相结合原则(　　)。

A. 坚持原则是第一位的

B. 根据情况做灵活性让步是第一位的

C. 无一二位之分

D. 对原则性问题寸步不让

E. 对非原则性问题,可做适当让步

4. 谈判人员应具备的基本观念有(　　)。

A. 遵纪守法　　B. 平等互惠

C. 以经济利益为目标　　D. 团队精神

E. 忠于职守

5. 谈判人员对谈判的满足形式有(　　)。

A. 不满足式　　B. 对现实谈判交易的满足

C. 部分满足式　　D. 完全满足式

E. 对未来交易的满足

四、简答题

1. 影响谈判实力的主要因素是什么?

2. 避免僵局出现的原则是什么?

3. 洽谈中座次安排的礼仪有哪些?

五、论述题

在商务谈判中,倾听的技巧是怎样的?

六、案例分析题

一个在某市民运动团体工作的人,为购置一台家用电脑走遍了龙山的各家电

子商店,最后走进了一家电脑组装商店。这家商店的推销员听说客人想买 486 电脑,便将该店的 486DX2 级电脑详细地介绍了一番。

此人虽然在办公室也使用电脑,但对有关硬件的知识知道得并不多,所以对推销员的介绍似懂非懂,最后他问了问价格。

推销员答道:“如果您在我们店里购买,我们会给你特别优惠,包括鼠标、调制解调器等 5 项礼品总共 15 000 元。”这比他原本预料的 16 000 元至 18 000 元便宜得多。他心想:“486DX2 才卖 15 000 元,太便宜了。”于是当场决定购买。

购买者从进入商店到做出决定只用了 2~3 分钟,对推销员的第一个报价就“OK”,还自以为占了大便宜,喜滋滋地回家了。然而没过多久,他就开始陷入患得患失的状态:“是不是可以更便宜一些呢? ……价格这么低,不会有什么问题吧?”甚至还想到:“我是不是糊里糊涂地被那个推销员骗了呢?”

那个推销员又会怎样呢? 当然他会因顺利成交而兴奋不已。可时间一长,他就会想:“我是不是要价太低了,说不定价格再高一点也会成交呢。”这两个人当时都只想到可能得到的利益,却完全没有想过接受了对方的初次提议会产生什么后果,所以都后悔不已。

请分析本案例,回答以下问题:

1. 为什么在交易过后买方和卖方都后悔不已?

2. 通过这个案例分析,你能得出什么谈判技巧?

模拟试卷二

一、名词解释

1. 主场谈判

2. 全能型专家

3. 价格解释

4. 协商式发问

5. 进取型对手

二、单项选择题(在每小题列出的四个选项中只有一个选项是符合题目要求的,请将正确选项前的字母填在题后的括号内)

1. 最理性和富有人情味的谈判是(　　)。

A. 原则型谈判　　B. 让步型谈判

C. 立场型谈判　　D. 软式谈判

2. (　　)的谈判应选择全能型的谈判人员。

A. 间接的书面谈判　　B. 一对一的个体谈判

C. 面对面的口头谈判　　D. 集体谈判

3. 筹建谈判队伍首先要考虑的问题是(　　)。

A. 谈判人员的个体素质

B. 确定适度的谈判组织规模

C. 谈判人员的分工

D. 成本问题

4. 若国家对企业管理程度较低,这时,谈判的成功主要取决于:(　　)。

A. 政府部门

B. 企业自身

C. 政府与企业的共同决定

D. 己方和对方中实力较强的一方

5. 谈判策略制订的起点是(　　)。

A. 对影响谈判的各因素的了解　　B. 组织谈判班子

C. 确定谈判目标　　D. 制订谈判计划

三、多项选择题(在每小题列出的五个选项中有两个至五个选项是符合题目要求的,请将正确选项前的字母填在题后括号内,多选、少选、错选均不得分)

1. 当对方要求己方做出让步时,己方强调双方保持良好的业务关系将给对方带来长期的利益,而这一次合作将是这一关系的开始,则(　　)。

A. 对方可能不再要求己方让步

B. 这是予远利谋近惠的让步策略

C. 这属于丝毫无损的让步策略

D. 这是互利互惠的让步策略

E. 这是己方为避免让步所使用的狡诈手段

2. 美国的有关专家把“听”分为以下几种形式,即(　　)。

A. 积极的听　　B. 消极的听

C. 边读边听　　D. 边看边听

E. 边写边听

3. 正式谈判一般要经历哪些环节:(　　)。

A. 邀请发盘　　B. 询盘

C. 发盘　　D. 还盘

E. 接受

4. 按双方所采取的态度与方针来划分,我们可以将谈判划分为以下几种类型:(　　)。

A. 客场谈判　　B. 立场型谈判法

C. 投资谈判　　D. 让步型谈判法

E. 原则型谈判法

5. 巴甫洛夫根据对动物和人的行为表现提出四种基本的高级神经活动类型,它们是:(　　)。

A. 兴奋型　　B. 活泼型

C. 安静型　　D. 懦弱型

E. 激动型

四、简答题

1. 国际商务谈判中的两种典型的报价战术是怎样的?

2. 在谈判中什么时候可以拖延答复?

五、论述题

商务谈判中,倾听的障碍主要有哪些?

六、案例分析题

案例 1. 哈尔滨橡胶厂用 200 万元进口一套现代胶鞋生产设备,由于原料与技术力量跟不上,使设备搁置三年无法使用,后来新任厂长决定转卖给湖北一家橡胶厂。正式谈判时,哈方厂长说:“在贵厂看了一整天,详细了解了贵厂的生产情况,你们的管理水平和技术力量确实使我肃然起敬。年轻有为的厂长,能力非凡,真使我由衷钦佩。如果将我厂的设备转卖给贵厂,我可以断言,贵厂在你这位年轻厂长的领导下,不久将成为中国橡胶行业的明星……”哈方厂长诚挚而不虚伪的赞扬,使对方颇感得意,并不无炫耀地向哈方介绍了本厂的经济实力和技术力量,经一番言语周旋,哈方终于成功地将"休养"三年的设备转卖给了湖北这家橡胶厂。

案例2.一位广告公司的业务员,到一家制鞋厂联系广告业务,与鞋厂厂长经过几轮对话后,特意指着橱窗内的鞋子说:"这些鞋子,款式新颖,美观大方,一定顾客盈门,畅销全国。"语音刚落,对方厂长不无嘲讽地说:"……可惜你是个外行,这些都是远远落后于形势的第八代产品……"这位业务员不但没有拉到广告业务,相反弄得十分尴尬。

请分析本案例,并回答以下问题。

1.通过分析第一个案例,我们能得出什么谈判技巧?

2.通过分析上述两个案例的不同结果,请回答在具体运用该谈判技巧时,应注意哪些问题?

模拟试卷一参考答案

一、名词解释

1. 谈判方案,是指在谈判开始以前对谈判目标、谈判议程、谈判策略预先做的安排。它是指导谈判人员行动的纲领,在整个谈判过程中起着非常重要的作用。

2. "T"型知识结构,是指一名国际商务谈判人员不仅应当在横的方面有广博的知识面,而且在纵向方面要有较深的专门学问,两者构成一个"T"型的知识结构。

3. 谈判实力,是指影响谈判双方在谈判过程中的相互关系、地位和谈判的最终结果的各种因素的总和,以及这些因素对谈判各方的有利程度。

4. 互惠式谈判,是谈判双方都要认定自身需要和对方的需要,然后双方共同探讨满足彼此需要的一切有效途径与办法。即视对方为解决问题者,而不是敌人。

5. 所谓"一揽子交易"主要是指美国商人在谈判某项目时,不是孤立地谈其生产或销售,而是将该项目从设计、开发、生产、工程、销售到价格等一起商谈,最终达成全盘方案。

二、单项选择

1. D　2. B　3. C　4. A　5. B

三、多项选择题

1. BC　2. ADE　3. CDE　4. BDE　5. BE

四、简答题

1. 答:在通常情况下,谈判实力取决于以下几个因素:

(1)交易内容对双方的重要程度。一般说来,交易对某一方越是重要,也就是说该方越希望成交,那么该方在谈判中的实力就越弱,反之越强。

(2)看各方对交易内容与交易条件的满意程度。商务谈判双方对交易内容与交易条件的满足程度是存在差异的。某一方对交易内容与交易条件的满足程度越高,那么该方在谈判中就比较占优势,也就是说该方的谈判实力越强。

(3)看双方竞争的形势。如果多个卖主对应较少的买主时,即形成了买方市场,这时无疑会使买方谈判实力增强,而使卖方谈判实力减弱;反之,如果多个买主对应较少的卖主时,即形成了卖方市场,在这种情况下,显然卖方谈判实力会增强,而买方谈判实力会减弱。

(4)看双方对商业行情的了解程度。谈判的一方对交易本身的行情了解得越多、越详细,那么该方在谈判中就越是处于有利地位,也就相应地提高了自身的谈判实力。反之,如果对商业行情了解甚少,其谈判实力显然较弱。

(5)看双方所在企业的信誉和影响力。企业的商业信誉越高,社会影响越大,该企业的谈判实力就越强,反之就越弱。

(6)看双方对谈判时间因素的反应。在谈判过程中,一方如果特别希望早日结束谈判,达成协议,那么时间因素的限制就大大削弱了该方的谈判实力。由于时间限制,该方就不得不做出某些对其不利的让步,导致不利的结果。

(7)看双方谈判艺术与技巧的运用。在商务谈判中,谈判人员的谈判艺术和技巧越是高超,谈判实力就越强。

2. 答:妥善处理谈判僵局的最有效途径是将形成僵局的因素消灭在萌芽状态,为此,应遵循以下几项原则:

(1)坚持闻过则喜。谈判出现意见分歧是平常的事,提出反对的意见,也是对议题感兴趣或想达成协议的表示。因此,听到对方的反对意见要"闻过则喜"。问题的关键是谈判双方从指导思想上都应坚持正确的谈判态度。提出反对意见者,说话要有充分依据,尊重对方;被提意见者要谦虚,欢迎对方畅所欲言。

(2)态度冷静、诚恳、语言适中。谈判中形形色色的反对意见中,有相当一部分是不合理的。谈判人员在解释、回答这些反对意见时,决不能用针锋相对的愤懑的口吻来反驳,而是应该态度冷静、诚恳,解释时语言适中,既不多讲,也不寡言。

(3)绝不为观点分歧而发生争吵。当谈判中的分歧较大时,言谈中难免会出现一些冷嘲热讽的现象,甚至发生情绪上的对立。为此,谈判者必须有较强的自控能力,防止变争论为争吵。不要为观点分歧的争论而出言不逊,注意语言的委婉性、艺术性,以充分的理由来强化说服力,同时注意对方的情绪变化,分析其心理状态,因势利导,寻求解决分歧问题的途径,使谈判得以顺利进行。

3. 答:洽谈中座次安排的基本讲究是以右为尊,右高左低。在这里高低是指洽谈参与者身份、地位的高低。业务洽谈多使用长方形的桌子。通常宾主相对而坐、各占一边。谈判桌一端对着入口时,以进入正门的方向为准,来宾居右而坐,东道主居左相对而坐。主宾和主人居中相对而坐,其余人员按职务高低的礼宾顺序分坐左右。原则仍以右为尊,但要加上一条原则——就近主谈人的位置。记录员一般位于来宾的后侧,翻译位于主谈人右侧。参与洽谈人员总数不宜是13。多边谈判一般采用圆桌的形式,有时为了强调对贵宾的尊重,己方人员有不满座的习惯,即坐2/3即可,但须视情形而定。由于座次排列属于重要的礼节,来不得半点马虎,为了避免因此出错而失礼或导致尴尬的场面,在座次安排妥当后,在每个位置前可安放一个名签以便识别。此外,让引座员加以指引也是得体和恰当的。

五、论述题

答:倾听的技巧可以归纳为"五要"和"五不要"。

1."五要"是:

(1)要专心致志、集中精力地听。专心致志倾听,要求谈判人员在听对方发言时要聚精会神，同时，还要配以积极的态度去倾听，因为万一讲话者的内容包含隐含意义时，我们没有领会到或理解错误，会造成事倍功半的效果。这一点是倾听艺术中最基本、最重要的问题。

(2)要通过记笔记来集中精力。通常，人们当场记忆并将内容全部保持的能力是有限的，为了弥补这一不足，应该在听讲时记大量的笔记。记笔记也是比较容易做到的用以清除倾听障碍的好办法。

(3)要有鉴别地倾听对方发言。为了达到良好的倾听效果，听话者需要在用心倾听的基础上，鉴别传递过来信息的真伪，去粗取精、去伪存真，这样才能抓住重点，收到良好的效果。

(4)要克服先入为主的倾听做法。先入为主的倾听，往往会扭曲说话者的本意，忽视或拒绝与己方心愿不符的意见，这种做法实为不利，所以必须克服这种做法，将讲话者的意思听全、听透。

(5)要创造良好的谈判环境，使谈判双方能够愉快的交流。良好的有利于己方的谈判环境，能够增强自己的谈判地位和谈判实力。

2. “五不要”是：

(1)不要因轻视对方而抢话、急于反驳而放弃听。人们在轻视他人时，常常会不自觉地表现在行为上，这时就难以从对方的谈话中得到己方所需要的信息。同时，轻视对方还可招致对方的敌意，甚至导致谈判关系破裂。谈判中，抢话不仅会打乱别人的思路，也会影响自己倾听对方的全部讲话内容，它往往会阻塞双方的思想和感情交流的渠道，对创造良好的谈判气氛非常不利。

有时在没有听完对方讲话的时候，谈判人员就急于反驳对方的某些观点，不仅使自己显得浅薄，还会影响收听效果，从而使己方在谈判中陷入被动，对自己十分不利。

(2)不要使自己陷入争论。当你内心不同意讲话者的观点时，对他的话不能充耳不闻，不能只等着自己发言。如果你不同意对方的观点，也应等对方说完以后再阐述自己的观点。

(3)不要为了急于判断问题而耽误听。当听了对方讲述的有关内容时，不要急于判断其正误，因为这样会分散我们的精力而耽误倾听下文。

(4)不要回避难以应对的话题。在商务谈判中，回避一时回答不上来的问题会暴露己方的弱点。在遇到这种情况时，我们要有信心、有勇气去迎接对方提出的每一个问题。只有用心去领会对方提出的每个问题的真实用意，才能找到摆脱难题的真实答案。

(5)不要逃避交往的责任。交往的双方缺一不可，既要有说话者，又要有听话者，而且每个人都应轮流扮演听话者的角色。

如果能从以上几个方面进行努力，谈判过程中“听”的障碍就可以减轻或消除。

六、案例分析题

1. 答：双方过后之所以都后悔不已，是因为之前双方没有经过讨价还价。不经过讨价还价便完全接受对方的初次提议不仅会失去相互间的信任，还会打破对交易本身的信任。如果推销员在开始阶段提出稍高一些的价格，然后双方经过一番讨价还价，最后以 15 000 元成交，便会皆大欢喜了。

因为人们都有一种潜在的谈判心理，谈判过程比结果更重要。有个例子能体现这种潜在的谈判心理。人们都在盼着商品打折，商场或超市打折销售或张贴“清仓大甩卖”的广告就是针对消费者的这种心理。他们会在报纸第一版登半个版面的广告或在报纸中夹进广告传单进行宣传。虽然人们并不十分需要这些商品，但都会被 7 折优惠的字眼所诱惑，蜂拥而至，但与其说是节约了 30%不如说是浪费了 70%。而且那些打折的商品实际上要么是积压商品，要么并不像宣传中所说的打了那么多折扣，可买到打折商品的人却总有些占了便宜似的喜悦感。他会认为买到了价格原来应该高出 30%的东西。可见，人们潜在的谈判心理一旦满足就会欣喜不已，得不到满足便会产生不满。问题不在于价格，而在于谈判过程。

2. 答：谈判者在谈判桌上提出问题的目的往往是多样的，动机也往往是复杂的，如果我们在没有深思熟虑、弄清对方的动机之前，就按照常规来做出回答，效果往往不佳。在该案例中，交易双方之所以在交易之后都后悔不已，就是因为没有弄清对方的谈判心理，所以谈判人员在进行实际的商务谈判中要善于把握谈判对方的真实心理状态，然后经过周密的思考，做出一个高水准的回答。从本案例我们可以看出，一般情况下，对于谈判的第一方案，双方都应慎重考虑，不能马上给以肯定的答复，要经过反复的磋商才能做出答复，从而满足人们潜在的谈判心理。

模拟试卷二参考答案

一、名词解释

1. 主场谈判，是指对谈判的某一方来讲谈判是在其所在地进行，他就是东道主。

2. 全能型专家，“全能”，是指一名商务谈判人员通晓技术、商务、法律和语言，涵盖商务谈判中的各种纵横向的知识，“专家”即指于某一方面具有专长。

3. 价格解释，在对方报价完毕之后，不急于还价，而是要求对方对其价格的构成、报价依据、计算的基础以及方式方法等做出详细的解释，即所谓的价格解释。

4. 协商式发问，是指为使对方同意自己的观点，采用商量的口吻向对方发问。

5. 进取型对手，进取型对手以对别人和对谈判局势施加影响为满足。这类人的特点是，对成功和与对方保持良好关系的期望一般，对于权利的期望也一般。这类人能够与对方建立友好关系,能有力控制谈判过程,在必要的情况下会做出让步,达到一个勉强满意的交易,而不愿意使谈判破裂。

二、单项选择

1. A　2. B　3. B　4. B　5. A

三、多项选择题

1. AB　2. AB　3. BCDE　4. BDE　5. ABCD

四、简答题

1. 答:在国际商务谈判中,有两种典型的报价战术,即西欧式报价和日本式报价。

(1)西欧式报价战术,其一般模式是,首先提出含有较大虚头的价格,然后根据买卖双方的实力对比和该笔交易的外部竞争状况,通过给予各种优惠,如数量折扣、价格折扣等来逐步软化和接近买方的市场和条件,最终达成交易。实践证明,这种报价方法只要能够稳住买方,往往会有一个不错的结果。

(2)日本式报价战术的一般做法是,将最低价格列在价格表上,以求首先引起买主的兴趣。由于这种价格一般是以卖方最有利的结算条件为前提的,并且,在这种低价格交易条件下,各个方面都很难全部满足买方的需要,如果买主要求改变有关条件,则卖主就会相应提高价格。因此,买卖双方最后成交的价格,往往高于价格表中的价格。

日本式报价战术一方面可以排斥竞争对手而将买方吸引过来,取得与其他卖主竞争中的优势和胜利;另一方面,当其他卖主败下阵来纷纷走掉时,这时买方原有的市场优势不复存在了,买方想要达到一定需求,只好任卖方一点一点地把价格抬高才能实现。

2. 答:谈判中碰到很多棘手的问题,使谈判人员不能即刻答复,可以拖延时间再做答复,以取得更好的效果。若出现下列各种情况,则可以拖延答复:①对方提出的反对意见,使你感到不能做出满意的答复时;②反驳对方意见缺乏足够的证据时;③即刻回答会使己方陷入被动时;④确实有把握控制谈判局势,使对方的反对意见随着谈判的深入会逐渐削弱时;⑤对方的反对意见明显偏离议题时;⑥对方由于心理原因而提出"发泄性"的反对意见时。

五、论述题

答:在人们相互交谈的过程中,倾听的障碍主要有以下几种:

1. 判断性障碍。人们喜欢判断耳闻目睹的一切,并且总是从自己的立场出发来判断别人的话,但根据个人信念做出的反应往往是有效倾听的严重障碍。

2. 精力分散,思路较对方慢及观点不一致而造成的少听或漏听。这一点的原因是:

第一,商务谈判是一项十分耗费精力的活动,如果谈判日程安排的紧张,谈判人员得不到充分休息,此时即使是精力十分旺盛的人,也会出现因精力不集中而产生少听或漏听的现象。

第二,由于人与人之间客观上存在着思维方式的不同,如果一方的思维属于收敛型,而另一方的思维属于发散型,那么由于收敛型的人思维速度较慢,发散型的人思维速度较快,双方就很难做到听与说的一致,让收敛型思维的人去听思维速度较快的发散型思维的一方的发言时,收敛型思维的人就会因思路跟不上对方或因双方思路不同而造成少听或漏听。

3. 带有偏见的听。在谈判中,以下几种常见的偏见也会造成倾听的障碍。

第一,自己先把别人要说的话定个标准或做价值上的估计,再去听别人的话。有偏见的听者常常会按自己的好恶对所听的话进行曲解,他们常常根据自己过去的经验把别人的话附加上自己的意义,这样就不可能真正理解对方的话。

第二,因为讨厌对方的外表而拒绝听对方讲话的内容。

第三,有些谈判者尽管心里在想别的事情,却为了使讲话者高兴而假装自己很注意听,伪装实际上也是一种偏见。还有一种伪装者喜欢试着去记住别人的每一句话,却把话题的主要意义忽视了。这种伪装者常使讲话者以为他们的确是在专心倾听。因此,这种伪装的听很容易使对方产生误会,影响沟通。

4. 受收听者的文化知识、语言水平特别是专业知识与外语水平的限制,听不懂对方的讲话内容。商务谈判总是针对专业知识而进行的,因此,如果谈判人员对专业知识掌握的有限,在谈判中一旦涉及这方面的知识,就会造成由于知识水平的限制而形成的收听障碍。特别是在国际商务谈判中,由于语言上的差别,也会造成收听障碍。

5. 环境的干扰形成了听力障碍。由于各地环境不同,商务谈判环境也是千差万别,由于环境的干扰,常常会使人们的注意力分散,而形成听力效果障碍。

六、案例分析题

1. 答:通过分析第一个案例,我们可以得出"真诚赞美"是商务谈判中的一个重要技巧。诚挚而又不虚伪地赞扬对方,显示对方的"重要性"和"伟大",是获得商务谈判成功的一种行之有效的方法。

2. 答:通过对比这两个案例我们可以得出在运用真诚赞美法进行商务谈判时,要特别注意感情的真实和言语的恰当,虚情假意不但不能引起对方感情上的共鸣,相反还可能被对方认为是对他的讥讽和嘲弄。言过其实,无限拔高,极容易使对方觉得你是在阿谀奉承。在第二个案例中,广告业务员由于感情不真实,不但没拉到广告,相反还搞得非常尴尬。总之,如果不顾实情地盲目赞美,就激发不起对方愉悦情感,达不到预期的谈判目标。

附录3 专业名词中英文汇编

A

the Art of Negotiating 谈判的艺术
Acceptance 接受
the Actual Demand Goal 实际需求目标
the Acceptable Goal 可接受目标
Aid Questioning 借助式发问
Aggregate Balancing 综合平衡
Agreement on Agricultural Products 农产品协议
Agreement on Textiles and Clothes 纺织品与服装协议

B

Business Negotiation 商务谈判
Basic Demand Theory 基本需求理论
Business Practice Factor 商业习惯因素
Balance Method 平衡法
Barter Trade Method 易货交易法
Business Negotiation Cases 商务谈判案例

C

Concession Negotiation (or Soft Negotiation) 让步型谈判(或称软谈判)
Commodity Trade Negotiation 货物买卖谈判
Counteroffer 还盘
Climate Factor 气候状况因素
the Concession Strategy 让步策略
the Concession Principle 让步方式
Curb Dealing 场外交易
Closed Questioning 封闭式发问
Clarification Questioning 澄清式发问

Compulsory-choice Questioning　强迫选择式发问
Circuitous Topic Starting　迂回入题
Custom　习俗
Cultural Difference　文化差异
Customs and Habits　风俗习惯
Competitive and Equalitarian Concepts　竞争和平等性等观念
Comprehensive Quality　综合素质
Complete Evasion of Risks　完全回避风险
Control of Damage Caused by Risks　风险损失控制

D

Demand Hierarchy Theory　需求层次理论
Domestic Business Law　国内商法
Dispute Settlement　争端解决
Discussion Etiquette　洽谈礼仪
the Deadlock at the Contracting Period　协议期僵局
the Deadlock at the Execution Period　执行期僵局
Dispute Settlement Mechanism　争端解决机制

E

Enquiry　询盘
Environmental Factor　环境因素
Emphasis on Benefits　注重利益
Emphasis Questioning　强调式发问
Exploration Questioning　探索式发问
Elicitation Questioning　诱导式发问
Elaboration Technique　阐述技巧
Etiquette of Visit for a Dinner　赴宴礼仪
Extra-linguistic Behavior　非语言行为
Exchange Risk　汇率风险
Equal Burden　公平负担

F

Fiscal and Financial Condition Factor　财政金融状况因素

Financial Information　金融信息
the Final Phase　成交阶段
Final Concession　最后让步
Free Trade Principle　自由贸易原则
Fair Play Principle　公平竞争原则
Forecast and Control in Advance　事先预控

G

Group Negotiation　集体谈判
Gifting Etiquette　馈赠礼仪
GATS(General Agreement Trade in Services)　服务贸易总协定

H

Host Negotiation　主场谈判

I

International Business Negotiation　国际商务谈判
Individual Negotiation　个体谈判
Investment Negotiation　投资谈判
Infrastructure and Logistic Factor　基础设施及后勤供应状况因素
International Business Law　国际商法
Individual Psychology　个体心理
Individual Quality　个体素质
Information Preparation　信息准备
International Business Negotiation Technique　国际商务谈判技巧
Identify　认同
Invitation Etiquette　宴请礼仪
Inter-personal Relation　人际关系
the Initial Deadlock　初期僵局
International Business Negotiation Environment　国际商务谈判环境
International Rules　国际规则
International Business Negotiation Participants　国际商务谈判人才
Interest Risk　利率风险

J

the "Judging" Technique “辩”的技巧

L

Labor Force Trade Negotiation 劳务买卖谈判
Legal Factor 法律因素
Legal System Factor 法律制度因素
Lateral Basic Knowledge 横向方面的基本知识
Longitudinal Basic Knowledge 纵向方面的基本知识
the "Listening" Technique “听”的技巧
the "Looking" Technique “看”的技巧
Language Use Etiquette 语言礼仪
Linguistic Behavior 语言行为
the Later Deadlock 后期僵局

M

Multi-party Negotiation 多方谈判
Market Information 市场信息
the Minimum Goal 最低目标
Mock Negotiation 模拟谈判
Mutual Win 双赢
Multi-layer Questioning 多层次式发问
Meeting Etiquette 会见礼仪
the Middle Deadlock 中期僵局
Most-favored-nation Treatment 最惠国待遇
Market Risk 市场风险

N

Negotiation 谈判
Neutral Negotiation 中立地谈判
Negotiation on Compensation for Damages and Breach of Contract 损害及违约赔偿谈判
Negotiation Method of Actual Benefits 实质利益谈判法

Negotiation Structure Theory 谈判结构论
Negotiation Information 谈判信息
the Negotiation Theme 谈判主题
the Negotiation Goal 谈判目标
the Negotiation Scheme 谈判方案
the Negotiation Agenda 谈判议程
the Negotiation Topic 谈判议题
Negotiation Strategies 谈判策略
Negotiation Atmosphere 谈判气氛
Negotiation Questioning 协商式发问
Negotiation Vocabulary 谈判用语
Negotiation Style 谈判风格
the Negotiation Deadlock 谈判僵局
Nondiscriminatory Principle 非歧视原则
National Treatment 国民待遇
Non-staff Risk 非人员风险
Natural Risk 自然风险
Net Risk 纯风险

O

Oral Negotiation 口头谈判
Offer 发盘
Objective Factor 客观因素
Organization Management 组织管理
the Optimal Expected Goal 最优期望目标
Optimization of the Negotiation Goal 谈判目标的优化
Objective Criterion 客观标准
Objectivity 客观性

P

Principle Negotiation(or Value Negotiation) 原则型谈判(或称价值型谈判)
PRAM(Pattern of Business Negotiation) 商务谈判的 PRAM 模式
Power Determination 实力决定论
Psychological Factor 心理因素

Political Factor　政治状况因素
Population Psychology　群体心理
Population Effect　群体效能
Psychological Taboo　心理禁忌
Population Composition　群体构成
Personnel Management　人事管理
the Phase of Price-quoting　报价阶段
Price Interpretation　价格解释
Proof Questioning　证明式发问
the Price Deadlock　价格僵局
the Potential Deadlock　潜在僵局
Political Risk　政治风险
Price Risk　价格风险
Post-remedy　事后补救

Q

Quality Risk　素质风险

R

Revised American Foreign Trade Definitions 1941　1941 年美国对外贸易定义修订本
Religious Belief Factor　宗教信仰因素
Reciprocal Negotiation　互惠式谈判
Right and Obligation Balance Principle　权利与义务平衡原则
Risk Evasion　风险规避
Risk Transfer　风险转移
Retention Risk　自留风险
RMB Evaluation Method　人民币计价法

S

Standpoint Negotiation(or Hard Negotiation)　立场型谈判(或称硬式谈判)
Subjective Factor　主观因素
Social Custom Factor　社会习俗因素
Science and Technology Information　科技信息

the Starting Phase 开局阶段

the Starting Statement 开局陈述

Solve Economic Conflict 破解利益冲突

Separation of Benefits 分割利益

the "Stating" Technique "叙"的技巧

the "Speaking" Technique 封闭式发问

Staff's Quality 人员素质

Staff Risk 人员风险

Speculation Risk 投机风险

Single Balance 单项平衡

T

Two-party Negotiation 双方谈判

Technology Trade Negotiation 技术贸易谈判

Teamwork Spirit 团队精神

T-shaped Knowledge Structure "T"型知识结构

the Top Goal 最高目标

the Time Limit of Negotiation 谈判期限

the Time Strategy 时间策略

the Topic-starting Technique 入题技巧

Taboo 禁忌

the Traditional Festival 传统节日

Thinking Difference 思维差异

Time Concept 时间观念

Transparency Principle 透明度原则

TRIPs(Agreement on Trade-Related Aspects of Intellectual Property Rights) 与贸易有关的知识产权协议

TRIMs(Agreement on Trade-Related Investment Measures) 与贸易有关的投资措施

Technology Risk 技术风险

U

Ultimatum 最后通牒

V

Visitor Negotiation　客场谈判
Visiting Etiquette　参观礼仪
Value System　价值观

W

Warsaw-Oxford Rules　华沙-牛津规则
Written Negotiation　书面谈判
Welcome and Sending-off Etiquette　迎送礼仪
WTO(World Trade Organization)　世界贸易组织

参考文献

1. Nicholas Reid Schaffzin. Negotiate smart: the secrets of successful negotiation [M]. New York: Random House, 1997.

2. Ronald M. Shapiro, Mark A. Jankowski, James Dale. The power of nice: How to negotiate so everyone wins—especially you! [M]. New York: Wiley, 2001.

3. Xiuyun Zhou. Modeling the economic growth rate of E-Commerce firms[J]. USA-China Business Review, 2003.

4. Anne Langdon, Patricia Marshall. Organizational behavior [M]. Addison Wesley Longman Australia Pty. Limited, 1998.

5. 戴维 · A. 拉克斯,詹姆斯 K. 西本斯. 谈判[M]. 北京:机械工业出版社,2004.

6. 杰弗雷 · 埃德芒德 · 卡里. 国际商务谈判[M]. 上海:上海外语教育出版社,2000.

7. 赫布 · 科恩. 谈判天下:如何通过谈判获得你想要的一切[M]. 谷丹,译. 深圳:海天出版社,2006.

8. 盖文 · 肯尼迪. 谈判人[M]. 张丽,译. 上海:上海远东出版社,1997.

9. 埃米尼亚 · 伊瓦拉,德博拉 · M. 科尔布. 谈判[M]. 王旭东等,译. 北京:中国人民大学出版社,2003.

10. 拉塞尔 · 科罗布金. 谈判的理论与策略[M]. 北京:中信出版社,2003.

11. 马克斯 · H. 巴泽尔曼,马格丽特 A. 尼尔. 理性谈判[M]. 魏清江,方海萍,译. 北京:机械工业出版社,2004.

12. 理查德 · 吕克. 谈判[M]. 冯华,译. 北京:机械工业出版社,2005.

13. 罗杰 · E. 阿克斯特. 礼仪与禁忌[M]. 上海:上海译文出版社,1998.

14. Robinson. D. 商务礼仪[M]. 北京:北京大学出版社,1996.

15. Steven. J. Brain, Alan . D. Taylor. 双赢之道[M]. 北京:中国人民大学出版社,2003.

16. 刘园. 谈判学概论[M]. 北京:首都经济贸易大学出版社,2006.

17. 白远. 国际商务谈判:理论案例分析与实践[M]. 北京:中国人民大学出版社,2005.

18. 马克态. 商务谈判理论与实务[M]. 北京:中国国际广播出版社,2004.

19. 方其,冯国防. 商务谈判——理论、技巧、案例[M]. 北京:中国人民大学出版社,2004.

20. 周忠兴. 商务谈判原理与技巧[M]. 南京:东南大学出版社,2003.

21. 孙庆和,张福春. 实用商务谈判大全[M]. 北京:企业管理出版社,2005.

22. 刘必荣. 谈判圣经:终极谈判策略[M]. 北京:中国社会出版社,1999.

23. 王海云,隋宇童,许益峰. 商务谈判[M]. 北京:北京航空航天大学出版社,2003.

24. 宋贤卓. 商务谈判[M]. 北京:科学出版社,2004.

25. 李品媛. 现代商务谈判[M]. 大连:东北财经大学出版社,2003.

26. 陈莞. 实用谈判技巧[M]. 北京:经济管理出版社,2003.

27. 张柱,张炜. 知己知彼的谈判技巧[M]. 广州:广东经济出版社,2004.

28. 李柠. 国际商务礼仪[M]. 北京:中国财政经济出版社,1995.

29. 吕维霞,刘彦波. 现代商务礼仪[M]. 北京:对外经济贸易大学出版社,2006.

30. 刘向丽. 国际商务谈判[M]. 北京:机械工业出版社,2005.

31. 朱凤仙. 商务谈判与实务[M]. 北京:清华大学出版社,2006.

32. 范云峰,贾文华. 谈判高手[M]. 北京:京华出版社,2004.